Martin Denger

Ohne Arbeit – ohne Sinn?

Zur seelsorglichen Begleitung arbeitsloser Männer

Mit einem Geleitwort von Klaus Kießling

Matthias Grünewald Verlag

Glaubenskommunikation
Reihe
zeitzeichen
Band 35

Begründet von:
Günter Jerger (†), Albert Biesinger, Thomas Schreijäck, Werner Tzscheetzsch

Herausgegeben von:

Dr. theol. Albert Biesinger
Professor em. für Religionspädagogik, Kerygmatik und Kirchliche Erwachsenenbildung, Tübingen

Dr. theol., Dr. phil. Klaus Kießling
Professor für Religionspädagogik, Katechetik und Didaktik sowie für Pastoralpsychologie und Spiritualität, Frankfurt a. M.

Dr. theol. Thomas Schreijäck
Professor für Pastoraltheologie, Religionspädagogik und Kerygmatik, Frankfurt a. M.

Für die Schwabenverlag AG ist Nachhaltigkeit ein wichtiger Maßstab ihres Handelns. Wir achten daher auf den Einsatz umweltschonender Ressourcen und Materialien.

Bibliografische Information der Deutschen Nationalbibliothek
Die Deutsche Nationalbibliothek verzeichnet diese Publikation in der Deutschen Nationalbibliografie; detaillierte bibliografische Daten sind im Internet über http://dnb.d-nb.de abrufbar.

Dissertation, Philosophisch-Theologische Hochschule St. Georgen, Frankfurt a. M. 2014

Alle Rechte vorbehalten
© 2015 Matthias Grünewald Verlag der Schwabenverlag AG, Ostfildern
www.gruenewaldverlag.de

Umschlaggestaltung: Finken & Bumiller, Stuttgart
Umschlagabbildung: Martin Denger
Druck: CPI – buchbücher.de, Birkach
Hergestellt in Deutschland
ISBN 978-3-7867-3039-2

Ohne Arbeit – ohne Sinn?

Inhaltsübersicht

Inhalt

Vorwort und Dank

Den Text dieses Buch habe ich im Herbst 2013 unter dem Titel „Männer bei Arbeitsplatzverlust begleiten. Ein narrativer Ansatz für die seelsorgliche Beratung." an der Philosophisch-Theologische Hochschule St. Georgen in Frankfurt als Dissertation eingereicht. Ich möchte mich an dieser Stelle bei allen bedanken, die mich bei der vorliegenden Forschungsarbeit begleitet und unterstützt haben:

Herrn Prof. DDr. Klaus Kießling, dass er mein Dissertationsprojekt mit großem Engagement betreut hat und auf alle meine Fragen nach kürzester Zeit eingegangen ist. Er gab mir die nötige Orientierung bei den verschiedenen Planungsschritten. Seine Bescheidenheit, sein exzellentes Fachwissen und seine Menschenfreundlichkeit nehme ich mir über die Zeit der Promotion hinaus gern zum Vorbild.

Meiner Frau Katharina, die mich viele Monate lang hinter Bücherstapeln suchen musste und mir stets eine kritische Gesprächspartnerin war. Sie hat mir Mut gemacht, wenn ich daran gezweifelt habe, mit der Arbeit noch in diesem Jahrhundert fertig zu werden.

Der Erzdiözese Freiburg als meinem Arbeitgeber und meinen Kolleginnen und Kollegen für die wohlwollende Unterstützung meines Vorhabens. Insbesondere danke ich der Erzbischof Herrmann-Stiftung, die mir für die Endphase der Arbeit ein einjähriges Stipendium gewährte.

Frau Julia Rojahn für das konzentrierte Korrekturlesen der Dissertationsschrift. Von ihr bekam ich wertvolle Anregungen im Hinblick auf die Textgestaltung und Leserfreundlichkeit meiner Arbeit.

Herrn Volker Sühs, dem Lektor des Matthias Grünewald Verlags, für seine Hilfe im Zusammenhang mit der Veröffentlichung meiner Dissertation als Buch.

Wie dem Titel zu entnehmen ist, gehe ich in der vorliegenden Arbeit auf die Situation *männlicher* Arbeitsloser ein. Die männlichen Sprachformen stellen daher keine Diskriminierung der weiblichen Leser dar, sondern sind in den meisten Fällen thematisch begründet. Aufgrund der leichteren Lesbarkeit repräsentiert die männliche Form ansonsten beide Geschlechter. Es wird sprachlich nur dann zwischen männlichen und weiblichen Formen explizit unterschieden, wenn der Inhalt einer Aussage dies erforderlich macht.

Freiburg im Breisgau, Herbst 2014 — Martin Denger

Geleitwort

Der Eintritt in die Arbeitslosigkeit erweist sich für Betroffene als Verlusterfahrung, die erschreckende Analogien dazu aufweist, wie Menschen den Tod Nahestehender erleben und zu bewältigen suchen. Je stärker Betroffene sich mit ihrer beruflichen Arbeit identifizieren, desto drastischer wirkt sich deren Verlust aus. Hier zeigen sich geschlechtsspezifische Unterschiede, weil Männer darin noch mehr als Frauen eine persönliche Demütigung erblicken, die sie gesellschaftlich an den Rand drängt, noch schwerer als Frauen alternative Lebensziele entwickeln können und ein deutlich höheres Krankheitsrisiko ausbilden. Mit Arbeit und Arbeitslosigkeit verbinden sich sozialethische Herausforderungen, die auch dann nichts von ihrer Dringlichkeit verlieren, wenn der Schwerpunkt der Auseinandersetzung mit diesem Thema auf der Pastoralpsychologie liegt. Martin Denger geht es um ein seelsorgliches Angebot zur Begleitung von Männern bei Arbeitsplatzverlust.

***

Erster Teil: Beratungstheoretische Grundlagen
Zu Teil I gehören zwei Kapitel, eines zur Einführung in die Grundlagen seelsorglicher Beratung und ein weiteres zu dem damit verbundenen Anliegen, zur konstruktiven Entwicklung des Selbstkonzepts derer beizutragen, die sich beraten lassen.

1. Beratung: Grundverständnis und Verhältnis zur Seelsorge
Die pastoralpsychologische Bewegung kennt seit ihren Anfängen Konzepte seelsorglicher Beratung. Martin Denger führt in die weiten und einander überlappenden Felder von Seelsorge und Beratung ein und skizziert sein Verständnis von seelsorglicher Beratung, das Menschen als Verweise auf das Geheimnis Gottes würdigt und in ihrer Beziehungsfähigkeit fördert – im Unterschied zu sowie im Zusammenspiel mit Angeboten psychotherapeutischer und Geistlicher Begleitung.
Er zeichnet sodann den idealtypischen Verlauf eines Beratungsprozesses nach und führt schließlich Beratung im Sinne personzentrierter Gesprächsführung ein, wie sie innerhalb und außerhalb der Kirchen weite Verbreitung gefunden hat.

2. Grundanliegen der Beratung: Konstruktive Anpassung des Selbstkonzepts
Der Sozialpsychologe Hans Dieter Mummendey, die psychotherapeutisch tätige Psychologin Annemarie Laskowski und Carl Rogers, der die personzentrierte Psychotherapie und Beratung begründet hat und zu den Pionieren der empirischen Untersuchung professioneller Gesprächsprozesse

gehört, haben die Selbstkonzeptforschung, die Martin Denger ins Zentrum dieses Kapitels stellt, maßgeblich vorangetrieben. Das Selbstkonzept kennzeichnet die durch Erfahrung geprägte Weise, wie eine Person sich in ihrer Welt wahrnimmt, also in ihren Charakteristika und Fähigkeiten, in ihren Beziehungen zu ihrer Mit- und Umwelt, sowie ihre Ziele und Ideale. Dieses Selbstkonzept unterliegt fortwährenden Veränderungen. Ihm ist jedoch eine Tendenz zur Selbststabilisierung eigen, es sucht also vorrangig nach assimilativen Strategien, die dem Selbstkonzept keine Änderung abverlangen. Aber es kommt, insbesondere bei besonderen Lebensereignissen, etwa bei einsetzender Arbeitslosigkeit, immer wieder zu vielfältigen Erfahrungen, die sich nicht assimilieren lassen und mit dem bis dahin entwickelten Selbstkonzept kollidieren. Verstörungen des Selbstkonzepts können zu leidvoller Inkongruenz führen, also zum Auseinanderklaffen zwischen Selbstkonzept einerseits und aktuellem Erleben andererseits. Der Organismus reagiert auf die zunächst unterschwellige Wahrnehmung dieses Klaffens mit Abwehr, schließlich mit spürbarer Angst. Martin Denger stellt heraus, dass die Beratung arbeitsloser Männer ihre Aufmerksamkeit auf ihr Selbstkonzept lenken wird, wenn assimilative Strategien versagen und akkommodative Prozesse angeregt werden müssen, auch wenn sie mit schmerzhaften Veränderungen verbunden sind.

Zweiter Teil: Handlungsspezifische Grundlagen
Dieser mittlere Teil der vorliegenden Untersuchung umfasst drei Kapitel zu drei großen Themen: Arbeit und Arbeitslosigkeit, Männer und Beratung, Verlust und dessen Bewältigung.

1. Arbeitslosigkeit aus theologischer und beraterischer Perspektive
In diesem Kapitel geht es darum, zunächst Grundzüge einer Theologie der Arbeit zu entwickeln, bevor sich auf dieser Folie Beratung konzipieren lässt. Martin Denger argumentiert biblisch, wenn Arbeit als Mitwirkung an der creatio continua Menschen zu Bildern Gottes macht; sozialethisch mit der Enzyklika Laborem exercens aus dem Jahr 1981 und jüngeren kirchlichen Dokumenten; praktisch-theologisch in der Verknüpfung von politischem Engagement mit Beratungsangeboten in Caritas und Pastoral, insbesondere für Arbeitslose, denen keine Neuanstellung in Aussicht steht. Angesichts dieser gesellschaftlichen Stigmatisierung neigen sie zu depressiven, angstvollen und psychosomatisch auffälligen Reaktionen, welche allerdings nicht immer erst infolge der Arbeitslosigkeit in Erscheinung treten, sondern umgekehrt ihr schon vorausgehen und ihren Eintritt begünstigen können. Wer der oft schambesetzten Konfrontation damit nicht dauerhaft ausweicht und nicht in der externalen Kontrollüberzeugung verharrt, wonach kein eigener Handlungsspielraum besteht oder entstehen kann, sondern statt dessen mutig Beratung in Anspruch nimmt,

ergreift die Chance, eigene Kompetenzen zu erweitern und emotionale Stabilität zu erlangen. Kirchliche Angebote bieten dazu gute Gelegenheiten, sie unterliegen im Unterschied zu anderen Beratungseinrichtungen keinem Vermittlungsdruck auf den Arbeitsmarkt hin, allerdings steht ihrer Wahrnehmung allzu oft die soziale Kluft im Wege, die sich zwischen kirchennaher Mittelschicht und Arbeitslosen in vorwiegend kirchenfernem Milieu auftut.

2. Zur Bedeutung des männlichen Geschlechts in der seelsorglichen Beratung

In seiner Hinführung zur Geschlechterthematik greift Martin Denger die gängige Unterscheidung von sex und gender auf, bevor er zwei Ansätze exemplarisch präsentiert: zum einen einen sozialkonstruktivistischen, der Geschlecht als Resultat sozialisatorischer Prozesse versteht, zum anderen einen biologisch-deterministischen, wenn etwa der Sozialpsychologe Roy Baumeister geschlechtsspezifische Verhaltensweisen nicht nur aufspürt und beschreibt, sondern auch Erklärungsversuche anbietet, wie und warum bestimmte Aufgaben innerhalb einer kulturellen Gruppe Frauen, andere Aufgaben dagegen Männern zugewiesen sind.

Die theologische Einordnung der Geschlechterthematik erfolgt zunächst biblisch, dann anhand kirchlicher Dokumente, hernach praktisch-theologisch in der Auseinandersetzung mit heutiger Männerpastoral und darin lebendigen „Männlichkeiten".

Schließlich geht es um Männer in der Beratung, insbesondere um ihre Vorurteile und Vorbehalte gegenüber diesem Setting sowie um eine unter Männern verbreitete Externalisierungstendenz, mit der sie ihre eigenen Stimmungen und Gefühle nicht als zu ihnen gehörig anerkennen. Damit einhergehende emotionale Sprachlosigkeit verlangt nach einer Nachsozialisation, die den Kontakt zur eigenen Person aufzubauen hilft.

3. Konstruktive Verlustbewältigung: Analogien zum Trauerprozess nach einem Personenverlust

Martin Denger stellt sich der Frage, „in wie weit die Erkenntnisse und das Beratungswissen der Trauerforschung dabei helfen können, Arbeitslose bei ihrer Verlustbewältigung professionell zu begleiten". Dabei orientiert er sich insbesondere am Modell der Traueraufgaben, das der Psychologe William Worden entwickelte. Dabei geht es darum, den Verlust als Realität zu akzeptieren, den Trauerschmerz zu erfahren, sich an eine Umwelt anzupassen, in der der Verstorbene fehlt, sowie emotionale Energie abzuziehen und in andere Beziehungen zu investieren.

Martin Denger sucht nach Analogien zwischen der Trauer über den Tod eines nahestehenden Menschen und der Trauer über den Verlust des eigenen Arbeitsplatzes. Er deckt sowohl deutliche und ernst zu nehmende Parallelen als auch Grenzen der Vergleichbarkeit beider Krisenphänomene und des daraus resultierenden Beratungsbedarfs auf.

Dritter Teil: Praxisbezogene Konsequenzen
Der dritte Teil zielt auf ein Angebot seelsorglicher Beratung, das sich an arbeitslose Männer richtet. Im ersten der beiden Kapitel konturiert Martin Denger ein dafür geeignetes Konzept, und im zweiten Kapitel folgt eine Konkretisierung auf einen narrativen Beratungsansatz hin.

1. Zum Profil seelsorglicher Beratung mit der Zielgruppe arbeitsloser Männer
Für die seelsorgliche Beratung macht Martin Denger ihren diakonischen Grundzug stark, zudem eine mystagogische Kompetenz des Beraters im Umgang mit Sinnfragen, die sich angesichts handfester Krisenphänomene unweigerlich stellen, sowie mit Glaubensfragen, schließlich eine Haltung, die Umkehr ermöglicht – nicht in einem legalistischen Sinne, sondern als mögliche „Neuwerdung im Glauben", zuallererst aber als „Bewusstmachung der eigenen Werthaltungen. Anschließend stellt sich die Frage, auf welche Weise eine Sinnerweiterung geschehen kann."

2. Ein narrativer Beratungsansatz
Für den konkreten Umgang mit der spezifischen Problemstellung in der Beratung arbeitsloser Männer schlägt Martin Denger eine narrative Konzeption vor. Diese begegnet der „Gefahr, dass der Verlust des Arbeitsplatzes in fortwährendem Widerspruch zu den Prinzipien des eigenen Selbstkonzepts steht", indem sie versucht, Raum für die Weiterführung bekannter oder für die Entwicklung neuer autobiographischer Erzählungen zu schaffen und so erneut „Kohärenz bezüglich der eigenen Lebensgeschichte" zu gewinnen. Dabei kommt Metaphern eine Wirklichkeit erschließende Kraft zu, und sowohl im Anschluss an eine narrative Psychologie, etwa nach Kenneth J. Gergen, als auch in der Tradition narrativer jüdisch-christlicher Theologie steht der Versuch, in der Auseinandersetzung mit einer überlieferten Geschichte eine persönliche Narration, die nicht mehr trägt, zu dekonstruieren und neu zu erzählen. Ein narrativer Ansatz eröffnet Erzähl- und Spielräume und kommt Männern entgegen, die ihre eigenen emotionalen Regungen ohnehin gern externalisieren, nun in der Konfrontation mit ihnen angebotenen Erzählungen spielerisch Dritten zuweisen und auf diese Weise selber zu verblüffenden Einsichten sowie zu veränderten Perspektiven gelangen können – unter der Voraussetzung, dass sich zwischen der durch den Berater vorgegebenen Narration und der je eigenen Lebensgeschichte Strukturanalogien auftun, die zum Dialog und dazu einladen, sich in zunächst fremde Geschichten verwickeln zu lassen und daraus Eigenes zu entwickeln.

Exemplarisch wählt Martin Denger eine chassidische Lehrgeschichte von Rabbi Nachman aus, die bei Martin Buber überliefert ist und einen Transformationsprozess nachzeichnet, der aus erlebter Hoffnungslosigkeit herausführt. Diese Lehrerzählung gibt denen Fragen auf, die sich mit ihr befassen, und kann mit ihren metaphorischen Angeboten inspirierend wirken, wie Martin Denger zeigt, der diese Geschichte in einzelnen Abschnitten den Traueraufgaben zuordnet, denen sich arbeitslose Männer stellen müssen, wenn sie in der erlittenen Krise nicht verharren wollen.

***

Martin Denger ist es gelungen, ein für Betroffene lebenswichtiges und schambesetztes Thema vielfältig anzugehen und aus der Auseinandersetzung damit einen innovativen Beratungsansatz zu entwickeln. Seine klar strukturierte Untersuchung umfasst drei große Teile, deren erster der seelsorglichen Beratung und ihren theologisch-anthropologischen sowie psychologischen Grundlagen gewidmet ist. Im zweiten Teil nimmt Martin Denger drei große Themen gleichsam in die Mitte: Arbeit und Arbeitslosigkeit, Männer in der Beratung, Verlusterfahrung und ihre Bewältigung. Schließlich kommt er im dritten Teil auf die Frage nach seelsorglicher Beratung zurück und spitzt sie auf einen narrativen Ansatz der Begleitung von Männern, die ihren Arbeitsplatz verloren haben, zu. Auch in den Kapiteln, die nicht schon als solche auf seelsorgliche Beratung ausgerichtet sind, wird ein roter Faden sichtbar, indem Martin Denger die Fragen nach Arbeit und Arbeitslosigkeit, die Geschlechterthematik und auch den Umgang mit Traueraufgaben konsequent und regelmäßig daran zurückbindet und dadurch die Weite der Themenfelder sinnvoll zu begrenzen vermag.

Klarheit entsteht auch dadurch, dass Martin Denger jedes der sieben Kapitel mit einem thesenartig formulierten Fazit abschließt und strukturelle Analogien überall dort aufweist, wo sich diese inhaltlich plausibilisieren lassen, an anderen Stellen aber darauf verzichtet, um die Anliegen dieser Arbeit nicht in ein Prokrustesbett zu packen: Beispielsweise sind die beiden ersten Kapitel des mittleren Teils seiner Arbeit zu „Arbeitslosigkeit aus theologischer und beraterischer Perspektive“ sowie „Zur Bedeutung des männlichen Geschlechts in der seelsorglichen Beratung“ parallel aufgebaut, während das dritte Kapitel dieses mittleren Teils zum Thema „Konstruktive Verlustbewältigung: Analogien zum Trauerprozess nach einem Personenverlust“ bei der Analyse der chassidischen Lehrerzählung im Rahmen des narrativen Beratungsansatzes, also am Ende des gesamten Forschungsgangs, eine systematische Wiederaufnahme findet.

Alle Teile der Arbeit informieren durchgängig zutreffend über den Forschungs- und Diskussionsstand in den einschlägigen theologischen, beratungswissenschaftlichen und psychologischen Fachgebieten. Ausdrücklich füge ich hinzu, dass Martin Denger auch jene Fragestellungen umsichtig bearbeitet, die andere als theologische Kompetenzen verlangen. Angesichts der Vielfalt und der Weite der relevanten Fachgebiete konzentriert er sich auf überblicksartige Darstellungen, die aber dieses Attribut auch verdienen, indem sie die nötige inhaltliche Orientierung schaffen, und die Funktion, die ihnen im Zueinander der Kapitel zukommt, erfüllen. Martin Denger erneuert für die Begleitung von Männern bei Arbeitsplatzverlust den doppelten Anspruch jeder Seelsorge, Betroffene in ihrer Not zu begleiten und diese nach Kräften zu lindern und zugleich prophetisch-kritisch die Stimme zu erheben für diejenigen, die darauf am dringendsten angewiesen sind. Gerade in der Auseinandersetzung mit Arbeitslosigkeit müsste sich sonst der Eindruck aufdrängen, kirchliche Angebote begnügten sich mit dem Auffangen und Vertrösten derer, die im Konkurrenzkampf unterlegen oder anderen Maßnahmen zum Opfer gefallen sind, und gäben sich dafür her, politische und gesellschaftliche Problemlagen sozial abzufedern oder gar zu individualisieren, anstatt mutig anwaltschaftliche Rollen zu übernehmen. In diesem Sinne fragt Martin Denger bei der Profilierung seelsorglicher Beratung nach struktureller Sünde. Hierher gehört auch die Rolle der Umkehr im Rahmen seelsorglicher Beratung, die er klarstellt und so vor Missverständnissen bewahrt. „So steht der Klient nicht vor der Wahl, ob er statt in der beruflichen Arbeit nun im Glauben Sinn findet." Vielmehr gehe es im Angesicht einer existentiellen Krise, die die gesamte Familie unmittelbar betrifft und nicht allein finanziell, sondern ganz vielfältig belastet, darum, das Leben neu auszurichten.

Im dritten Teil ist Martin Dengers kreative Kraft gefragt, wenn er die beratungstheoretischen und die handlungsspezifischen Grundlagen, die er in den Teilen I und II zusammenstellt, so miteinander vermittelt, dass daraus ein eigener zielgruppenspezifischer Beratungsansatz erwächst. Dabei gelingt es ihm, ein seelsorgliches Angebot zur Begleitung von Männern bei Arbeitsplatzverlust zu entwickeln. Dieses vermag insbesondere deswegen innovativ zu wirken, weil Martin Denger die chassidische Lehrerzählung mit den Traueraufgaben verknüpft, mit denen auch Menschen nach Arbeitsplatzverlust konfrontiert sind, und anhand dieser Geschichte exemplarisch aufweist, worin die Chancen eines narrativen Ansatzes gerade im Umgang mit Männern liegen, die in ihrem Selbstkonzept massiv verstört wurden. Sowohl der soliden wissenschaftlichen Arbeit als auch dem daraus hervorgehenden eigenständigen zielgruppenspezifischen Beratungsansatz wünsche ich weite Verbreitung.

Frankfurt am Main, im Oktober 2014 Klaus Kießling

Einleitung

1. Thematische Hinführung

Wer seinen Arbeitsplatz verliert, muss sein Leben meist neu organisieren: Das Einkommen fällt weg, der soziale Abstieg droht. Daher steht beim kirchlich-caritativen Einsatz für betroffene Menschen die praktisch-materielle Hilfe oft an erster Stelle. Es gilt herauszufinden, welche Ansprüche auf Sozialleistungen bestehen, eventuell steht eine Schuldnerberatung an, oder es können kurzfristige finanzielle Beihilfen gewährt werden. Darüber hinaus geht es für die Betroffenen jedoch um eine persönliche Verlustbewältigung. Neben der praktisch-materiellen Hilfe ist daher oft eine seelsorglich-beratende Unterstützung notwendig. Eine ganzheitliche Hilfestellung muss darauf abzielen, auf der Handlungs- wie auf der Haltungsebene Bewältigungsprozesse zu initiieren und zu unterstützen. In modernen Gesellschaften identifizieren sich die Menschen meist stark mit ihrer beruflichen Arbeit. Durch den Verlust der Arbeitsstelle geht bei vielen Betroffenen auch ein Teil ihrer Selbstdefinition und ihres Selbstwertgefühls verloren.[1] Somit wird der Arbeitsplatzverlust als eine persönliche Demütigung erlebt. Arbeitslosigkeit stellt eine dauerhafte psychische Belastung und ein beträchtliches Krankheitsrisiko dar. Diese Belastungen fallen je nach Alter, finanzieller Absicherung und Geschlecht unterschiedlich aus. Vor allem arbeitslosen Männern fällt es schwer, alternative Lebensziele zu finden: „Arbeitslosigkeit stellt für Männer dadurch eine weitaus größere existenzielle, das eigene Selbstbild in Frage stellende Bedrohung dar als für Frauen.“[2] Dies bestätigt unter anderem der medizinische Befund: Arbeitslose Männer zeigen deutlich mehr psychische Belastungsstörungen als die weibliche Vergleichsgruppe.[3]

---

[1] Vgl. Kreutzer 2011, 35.

[2] Sekretariat der Deutschen Bischofskonferenz 2003, 31. Auch der Psychologe Peter Kuhnert schreibt, dass arbeitslose Männer „im Vergleich zu Frauen eine deutlich schlechtere seelische Gesundheit (besonders vermehrte Depressionssymptome) besitzen und kaum medizinische Vorsorgeleistungen (Arztbesuche etc.) in Anspruch nehmen.“ (Kuhnert 2004, 962) Damit ist selbstverständlich nicht gesagt, dass Frauen generell weniger unter Arbeitslosigkeit leiden. In der vorliegenden Arbeit kommt diesem Vergleich zwischen Männern und Frauen nur insofern Bedeutung zu, als gefragt wird, welche spezifischen Herausforderungen sich Männern bei der Bewältigung von Arbeitslosigkeit stellen.

[3] „Die mit Abstand deutlichsten Unterschiede zeigen sich hinsichtlich stationärer Aufenthalte wegen psychischer Störungen: Arbeitslose Männer verbringen nahezu siebenmal mehr Tage mit einer entsprechenden Diagnose im Krankenhaus als Nicht-Arbeitslose, unter Frauen beträgt das Verhältnis 3:1. Nach diesen Ergebnissen lassen sich bei Männern 60% der Unterschiede in der Krankenhausverweildauer zwischen Arbeitslosen und Berufstätigen auf Krankenhaustage mit der Diagnose einer psychischen Störung zurückführen, bei Frauen erklären diese 37% der Differenzen.“ (Grobe & Schwartz 2003, 12)

Diese negativen Folgen der Arbeitslosigkeit resultieren unter anderem daraus, dass Arbeit nach wie vor ein zentraler Integrationsfaktor in der Gesellschaft ist. Wer seine Arbeitsstelle verliert, droht zu einem sozialen Außenseiter zu werden.

Das Phänomen der Arbeitslosigkeit fordert die Kirche nicht nur dazu heraus, Betroffenen im Rahmen einer seelsorglichen Einzelbegleitung zu helfen. Die Kirche stellt sich diesem Problem im konkreten caritativen Einsatz für Arbeitslose, aber auch indem sie sich in den gesellschaftlichen Diskurs einbringt.[4] So schreibt der Sozialarbeitswissenschaftler Peter Kuhnert: „Arbeitslosenberatung muss auch dazu beitragen, dass auf allen gesellschaftlichen Ebenen mehr ‚Integrationsverantwortung' und konkrete Hilfsbereitschaft für Arbeitslose und Menschen in Sorge um ihren Arbeitsplatz entsteht."[5]

Praxisbeispiel
Holger K., 52 Jahre, ist seit mehr als zwei Jahrzehnten in einer Holzfabrik als Produktionsleiter beschäftigt. Mit dem Eigentümer der Fabrik kommt es wegen fachlicher Fragen wiederholt zum Streit. Holger K. ist bei seinen Kollegen beliebt und angesehen, außerdem weiß er um seine Fachkenntnisse und langjährige Erfahrung. Doch dann eskaliert ein Wortgefecht mit seinem Chef. Holger K. wird von heute auf morgen gekündigt. Er darf die Fabrik nicht mehr betreten. Mit seinem Anwalt erstreitet er eine hohe Abfindungssumme. Finanziell ist Holger K. nun vorerst abgesichert. Doch als Familienvater mit eigenem Haus und vielen Freunden am Ort kommt ein Umzug für ihn nicht in Frage. Er versucht sich mit einem kleinen Handwerkergeschäft selbstständig zu machen. Dieses Projekt kostet ihn viel Zeit und Energie. Doch er merkt, dass dieses Vorhaben langfristig nicht gelingen wird. So widmet er sich verstärkt seinen ehrenamtlichen Diensten und seiner Band. Dabei merkt er, dass sein Umfeld nicht weiß, ob er über seine berufliche Situation sprechen möchte.

Die Kirche fragt kritisch nach den strukturellen Bedingungen und Gründen für die Arbeitslosigkeit und argumentiert auf der Grundlage der christlichen Sozialethik für eine Weiterentwicklung der Arbeitsgesellschaft. Indem sich die Kirche arbeitslosen Menschen zuwendet, bezieht sie eine Gegenposition zu denen, die den Arbeitslosen selbst die alleinige

[4] Vgl. Rohfleisch 2010, 260.
[5] Kuhnert 2004, 973.

Verantwortung für ihre Situation zuschreiben.[6] Seelsorgliche Beratung darf folglich nicht darauf reduziert werden, Menschen pastoralpsychologisch geschult in spirituellen Fragen zu begleiten, um so vor allem somato-psychische oder geistliche Krisenhilfe zu leisten.[7] Sonst müsste sie sich den Vorwurf gefallen lassen, „die Erfahrung des psycho-sozialen Elends von der Gesellschaft fernhalten und dadurch die Gesellschaft entschuldigen"[8] zu wollen. Seelsorgliche Beratung hat zwar ihr primäres Arbeitsfeld in der individuellen Begleitung eines Klienten, agiert dabei aber nicht losgelöst von den Anliegen und Initiativen der Kirche insgesamt. Sie ist vielmehr ein Teil des kirchlich-caritativen Einsatzes, der in seiner Gesamtheit auch auf gesellschaftlich-strukturelle Veränderungen hinarbeitet. So können zum Beispiel in der seelsorglichen Beratung bestimmte Nöte und Entwicklungen frühzeitig wahrgenommen werden, die auf Ungerechtigkeiten in der aktuellen Sozial- und Wirtschaftspolitik hinweisen. Diese Wahrnehmungen können anonymisiert an andere Akteure im kirchlich-caritativen Netzwerk weitergeleitet werden. Seelsorgliche Beratung gehört demnach zum innerkirchlichen *Frühwarnsystem*, auf das andere Engagierte in der Kirche nicht verzichten können, wenn sie sich den Sorgen und Nöten der Menschen ihrer Zeit annehmen wollen.

Praxisbeispiel

Stefan W., 36 Jahre, ist promovierter Wirtschaftswissenschafter und arbeitet seit zwei Jahren in einer Unternehmensberatung. Kurzfristig wird seine Abteilung in der Firma aufgelöst und er erhält die Kündigung. Stefan ist verheiratet und hat eine kleine Tochter. Die Kündigung will er nutzen, um den nächsten Karriereschritt zu machen. Er hat große Erwartungen an seine neue Stelle und schreibt umgehend die ersten Bewerbungen. Allerdings hat er über viele Monate keinen Erfolg. Trotz der beruflichen Pause ist er seiner Frau im Haushalt und mit dem Kind keine Hilfe. Seine Stimmung verschlechtert sich, obwohl seine Berufsaussichten nach wie vor gut sind. Seinen Eltern kann er bis zuletzt nicht von der Kündigung erzählen. Nach außen tut er so, als wäre er noch immer bei seinem alten Arbeitgeber angestellt. Schließlich findet er eine neue Stelle und nimmt die mindestens einstündige Anreise dorthin in Kauf. Endlich kann

[6] Schließlich dient es dem Wohl der ganzen Gesellschaft, wenn es durch den Arbeitsplatzverlust nicht zu traumatischen Belastungen und einer dauerhaften Lethargie kommt. Nicht nur ein Wiedereinstieg in den Arbeitsmarkt würde dadurch unwahrscheinlicher, eventuell entstünden darüber hinaus auch Kosten zum Beispiel für therapeutische Hilfe. Vgl. Kieselbach 2001, 389.

[7] Vgl. Nauer 2007, 57.

[8] Pompey 1987, 61.

er sich wieder in berufliche Projekte stürzen.

Allerdings ist es nur ein erster Schritt, die Erfahrungen von und mit Arbeitslosen öffentlich zu kommunizieren, zum Beispiel in Jahresberichten oder Stellungnahmen. Seelsorgliche Beratung kann dazu beitragen, dass die Gesellschaft direkt erfährt, was Arbeitslose beschäftigt, in dem sie den Klienten selbst sprachfähig macht und ihn dazu ermutigt, für seine Rechte einzutreten. So schreibt der Theologe Hans-Joachim Sander: „Wer Arbeitslose sprachfähig macht, leistet einen Dienst an der Humanität aller. Wenn die Erwerbsarbeit das Lebenszeichen einer Gesellschaft ist, dann sind die Arbeitslosen die Wegmarke ihrer Bedrohung. Das zur Sprache zu bringen, ist eine Arbeit wider den Untergang der Humanität des Lebens.“[9] Schließlich kann auf diese Weise ein wechselseitiger Prozess in Gang kommen, in dem Arbeitslose gehört werden und so selber Einfluss auf das arbeitsmarkt- und sozialpolitische Vorgehen nehmen.

2. Fragestellung

In dieser Arbeit geht es vornehmlich um die Frage, auf welche Weise arbeitslosen Männern seelsorglich-beratend geholfen werden kann. Welchen genuinen Beitrag zur Unterstützung dieser Klientel liefert die seelsorgliche Beratung? Wie kann die Kirche arbeitslose Männer dabei unterstützen, mit dem erlittenen Sinnverlust, der persönlichen Verunsicherung sowie der Frage nach Schuld und Verantwortung umzugehen?[10] Dabei bleibt – wie gesagt – die gesellschaftliche Dimension dieser Beratungsarbeit stets im Blick: Kirchliche Beratung bleibt nicht auf den Beratungsprozess als solchen beschränkt, sondern will strukturelle Ungerechtigkeit und Defizite im Wirtschaftssystem aufspüren, benennen und so einen Beitrag zu deren Beseitigung leisten.[11]

Seelsorgliche Beratung nimmt sich das Heilshandeln Jesu Christi zum Vorbild. Dies bedeutet nicht, dass der Glaube an Jesus Christus in jedem Beratungsgespräch zur Sprache kommen muss. Die Beratung kann auch dann erfolgreich abgeschlossen werden, wenn der Klient an religiösen

[9] Sander 1998, 37.

[10] „Obwohl die Arbeitslosigkeit ein gesamtwirtschaftliches Problem darstellt, ist das Vorurteil weit verbreitet, sie beruhe auf individuellem Versagen. Viele Arbeitslose beziehen solche Schuldzuweisungen auf sich, ziehen sich aus Scham zurück und fühlen sich vielfach ausgegrenzt. Sie vermissen die Chance, ihren Lebensunterhalt eigenständig zu sichern, Kontakte zu pflegen, sich weiter zu qualifizieren und am gesellschaftlichen Leben verantwortlich zu beteiligen.“ (Rat der Evangelischen Kirche in Deutschland & Sekretariat der Deutschen Bischofskonferenz 1997, Nr. 52)

[11] Vgl. Nauer 2007, 57.

Fragen kein Interesse zeigt. Die diakonische Dimension der Beratung zeichnet die seelsorgliche Arbeit vor jedem kerygmatischen Handeln aus. Gleichwohl sollte seelsorgliche Beratung ihren Bezug zum christlichen Menschen- und Weltbild erkennbar werden lassen. Sie steht folglich vor der Herausforderung, sich nach zwei Seiten hin zu positionieren. Zum einen darf nicht der Eindruck entstehen, dass in der Beratung die Notlage arbeitsloser Männer für die Missionierung missbraucht werden soll.[12] Es gilt, als Berater sehr sensibel für die Beeinflussbarkeit eines Klienten zu sein, der sich in einer existentiellen Krise befindet. Leitend ist in jedem Fall der Gedanke, dass seelsorgliche Beratung um des Klienten selbst willen geschieht. Zum anderen aber verlöre seelsorgliche Beratung ihr Profil, wenn sie weltanschaulich vollkommen neutral arbeiten wollte. Die Sorge, den Klienten zu vereinnahmen, kann zur Folge haben, dass kirchliche Beratungseinrichtungen kaum von nichtkirchlichen Angeboten zu unterscheiden sind. Die vorliegende Arbeit will für diesen Kontext zeigen, wie seelsorgliche Beratung mit den genannten Herausforderungen konstruktiv umgehen kann.

Praxisbeispiel
Klaus P., 44 Jahre, arbeitet seit vielen Jahren in einem großen Einzelhandelsmarkt. Er ist für eine Abteilung zuständig und ist stolz auf seine Leistungen. Plötzlich verschlechtert sich jedoch das Betriebsklima und er spürt, dass man ihn loswerden will. Wahrscheinlich liegt es an seinen Vertragsbedingungen, die ihm einen vergleichsweise hohen Lohn zusichern. Klaus P. wird kurz darauf gekündigt. Zunächst ist er fest überzeugt, bald eine neue Stelle zu finden. Doch die Stellensuche bringt immer neue Enttäuschungen mit sich. Klaus P. ist verheiratet, hat zwei schulpflichtige Kinder und war Alleinverdiener. Das Geld wird knapp, doch Klaus P. verlässt kaum noch sein Zimmer. Er schließt sich ein und spricht über Monate kaum ein Wort. Seine Frau versucht alles, um die Familie über Wasser zu halten. Doch verliert sie zunehmend das Vertrauen in ihren Mann und beginnt ein Alkoholproblem zu entwickeln.

3. Zielsetzung

Seelsorgliche Beratung macht dem ratsuchenden Klienten ein Beziehungsangebot: In einer vertrauensvollen Beziehung dürfen Sorgen und

[12] „Die Seelsorge kann Vertrauen nur dann gewinnen, wenn sie nicht missionieren will, wenn die Autonomie des Klienten, vor allem seine religiöse Autonomie anerkannt wird." (Schützeichel 2004, 137)

Probleme offen angesprochen werden. Der seelsorgliche Berater lässt sich mitfühlend auf die existentielle Krise des Klienten ein. Dabei geht es nicht darum, vorgefertigte Antworten zu präsentieren, sondern individuelle Lösungs- und Bewältigungsmöglichkeiten in den Blick zu nehmen. Davon ist die Gottesfrage nicht ausgenommen. Es kann sein, dass der Klient gerade aufgrund seiner leidvollen Erfahrungen den Glauben an einen barmherzigen und liebenden Gott in Zweifel zieht. Daher benötigt der seelsorgliche Berater großes Einfühlungsvermögen, wenn er dem Klienten Hoffnung vermitteln will oder von der Liebe Gottes spricht. Es ist daher nicht selbstverständlich, dass die Lebenskrise des Klienten zu einer Chance für seine persönliche Weiterentwicklung wird[13] oder der Klient Halt und Trost im Glauben sucht.

Um diesen Anforderungen gerecht zu werden, braucht der seelsorgliche Berater – wie jeder andere Berater auch – eine professionelle Ausbildung und das entsprechende Fachwissen.[14] Es gehört zu den Aufgaben der Pastoralpsychologie, die unterschiedlichen Beratungsmodelle der Psychologie so zu adaptieren, dass sie in seelsorglichen Prozessen fruchtbar aufgegriffen werden können.[15]

Das Ziel der vorliegenden Arbeit ist daher, das pastoralpsychologische Rüstzeug für die Beratung arbeitsloser Männer zusammenzustellen. Dazu wird der aktuelle Forschungsstand der unterschiedlichen Disziplinen, die in dieser Frage etwas beizutragen haben, analysiert und auf neue Weise zu einem eigenen Beratungsansatz verdichtet. Bisher steht eine solche pastoralpsychologische Forschungsarbeit für die genannte Zielgruppe noch aus. Die Ergebnisse sollen sowohl ein klares Profil seelsorglicher Beratung erkennen lassen als auch zu einem methodischen Zugang führen, der sich für diese Zielgruppe anbietet.

Das benötigte Fachwissen unterteile ich dabei in drei Kategorien:[16]

1. Der Berater benötigt Kenntnisse über *Beratungsmodelle und -methoden*, mit denen sich unabhängig von einem konkreten Arbeitsfeld Beratungs- und Interaktionsprozesse gestalten lassen.[17] Dieses

[13] Vgl. Lemke 1995, 10.

[14] Vgl. Engel 2003, 216-220.

[15] Vgl. Baumgartner 2007b, 11.

[16] Bei dieser Kategorisierung folge ich in den ersten beiden Punkten dem Beratungsverständnis des Pädagogen Frank Engel. Vgl. Engel 2003, 218ff.

[17] Vgl. Engel 2003, 219. Folglich benötigt der Berater zwei Kompetenzen: Er muss über eine kontext-spezifische Expertise verfügen und fähig sein, dieses Wissen auf eine nichtstandardisierbare Weise auf einen individuellen Fall anzuwenden. Vgl. Schützeichel 2004, 113.

Wissen hilft dem Berater, eine professionelle Beziehung zum Klienten aufzubauen. Außerdem gewinnt er eine Vorstellung davon, wie persönliche Entwicklungsprozesse ablaufen und begleitet werden können.

2. Der Berater muss in der Lage sein, *handlungsspezifisch* auf die Situation des Klienten einzugehen: So gibt es etwa in der Ehe- und Familienberatung andere Beratungsschwerpunkte als in der Männer- oder Arbeitslosenberatung. Der Berater kennt zum Beispiel den arbeitsfeldspezifischen Kontext arbeitsloser Menschen, er weiß um psychologische oder soziologische Erkenntnisse und Entwicklungen in diesem Bereich.[18]

3. Der seelsorgliche Berater bringt über dieses handlungsspezifische Wissen und seine methodische Qualifikation hinaus seine *theologisch-mystagogische Kompetenz* ein. Aus christlicher Perspektive gehört zur anthropologischen Verfasstheit des Menschen auch die geistig-geistliche Dimension. Ohne sich als Berater dem Klienten aufzudrängen, gilt es ihn daher auch spirituell-mystagogisch zu begleiten.[19] Dadurch kann der ihm dabei helfen, auch die religiöse Dimension des Lebens wahrzunehmen und darin Halt und Orientierung zu finden.

4. Struktur und Aufbau

Die vorliegende Untersuchung versteht sich als interdisziplinärer Beitrag zur Forschung und soll auf pastoralpsychologischer Ebene zeigen, wie auf die Notlage arbeitsloser Männer reagiert werden kann. Für sich genommen ist jeder einzelne der Themenbereiche *Arbeitslosigkeit, Männerberatung* und *Seelsorge* äußerst umfangreich, und es lassen sich aus vielen humanwissenschaftlichen Forschungszweigen Ergebnisse heranziehen. Um der Komplexität des Themas gerecht zu werden, habe ich mich für folgende Struktur und Schwerpunkte entschieden:

Im ersten Teil der Arbeit wird das benötigte Grundwissen über *Beratungsmodelle und -methoden* präsentiert. Es wird definiert, was unter (seelsorglicher) Beratung zu verstehen ist. Genauer wird dabei auf das Modell der personzentrierten Beratung nach Carl Rogers eingegangen. Ferner wird der Begriff des *Selbstkonzepts* eingeführt, anhand dessen nachvollziehbar wird, auf welche Weise sich der Klient als Person weiterentwickeln kann.

---

[18] Vgl. Engel 2003, 218ff.

[19] Vgl. Nauer 2007, 48-61.

Im zweiten Teil steht das *handlungsspezifische Wissen* im Mittelpunkt. Dabei werden zuerst die theologischen Implikationen der Themenschwerpunkte erörtert. So wird aus theologischer Perspektive auf die Themen *Arbeit* und *Arbeitslosigkeit* bzw. *Mann-Sein* und *Männlichkeit* eingegangen. Anschließend werden zentrale Erkenntnisse aus dem Bereich *Arbeitslosenberatung* und *Männerberatung* vorgestellt. Schließlich sollte der seelsorgliche Berater wissen, welche Aspekte diese Beratungskontexte kennzeichnen. Um angesichts der thematischen Weite nicht der Fülle an Forschungsmaterial zu erliegen, werde ich dabei durchgängig den Bezug zu *seelsorglicher Beratung* aufzeigen. Abschließend wird in diesem Teil gezielt danach gefragt, wie Klienten einen existentiellen Verlust bewältigen können. Dies geschieht anhand der Analogie zwischen dem Arbeitsplatzverlust und einem Personenverlust. In der Trauerforschung wurde in Bezug auf Personenverlust umfassend dargelegt, welche Voraussetzungen nach einem existentiellen Verlust für eine gelingende Ablösung und Neuorientierung gegeben sein müssen. Die Ergebnisse der Trauerforschung lassen sich meiner Ansicht nach gut auf die Verlusterfahrung im Blick auf Arbeitslosigkeit übertragen. Schwerpunktmäßig werde ich dabei auf die vier Traueraufgaben eingehen, die der nordamerikanische Trauerforscher und Psychologe William Worden formuliert hat.

Der dritte Teil fragt danach, wie sich Methodenwissen und handlungsspezifisches Wissen des Beraters mit seiner theologisch-mystagogischen Kompetenz verbinden lassen. Dabei steht seelsorgliche Beratung in einem Spannungsverhältnis: Der Klient soll seine Entscheidungen möglichst eigenständig treffen. Der seelsorgliche Berater soll nicht nach seinen Vorstellungen die Probleme seiner Klienten lösen, sondern den Klienten darin unterstützen, seine Probleme selbst zu bewältigen. Gleichzeitig wird der seelsorgliche Berater das christliche Lebenswissen einbringen wollen, weil er es selbst als lebensdienlich und positiv wirksam erfahren hat. Er bietet den christlichen Glauben als Orientierungsrahmen für das Leben des Klienten an.

Wie aber kann der Berater eine eigenständige Entscheidungsfindung begleiten und gleichzeitig den Glauben an Jesus Christus als eine Hilfe und Kraftquelle erschließen? Diese Frage soll zunächst im Blick auf die Zielgruppe arbeitsloser Männer reflektiert und spezifiziert werden. Dabei wird sich zeigen, dass das Welt- und Menschenbild des Beraters seine Arbeit prägt und auf den Beratungsprozess großen Einfluss hat. Ferner wird auf die Herausforderungen und Grenzen seelsorglicher Beratung eingegangen, wenn die Sinnfrage in der Beratung explizit gestellt wird.

Zum Schluss des dritten Teils wird danach gefragt, wie sich die gesammelten Ergebnisse methodisch umsetzen lassen. Im Mittelpunkt stehen dabei zwei Feststellungen:

1. Die narrative Psychologie hat gezeigt, dass das Selbstkonzept eines Menschen aus dessen lebensgeschichtlichen *Narrationen* resultiert. Erst in Bezug auf die individuellen Lebenserzählungen des Klienten kann daher die Anpassung an neue Situationen gelingen.
2. Der christliche Glaube basiert auf Narrationen. Die Heilsgeschichte Gottes mit den Menschen erschließt sich aus biblischen Erzählungen und aus der Lebens- und Leidensgeschichte Jesu Christi. Aus dieser Perspektive bedeutet alles seelsorgliche Tun, die Lebensgeschichte des Einzelnen mit der Heilsgeschichte in Korrelation zu bringen.[20]

Präsentiert wird ein narrativer Beratungsansatz, der diese psychologische Sicht- und Arbeitsweise auf die seelsorgliche Beratung bezieht. Am Ende entwickle ich konkrete Wege, wie in der seelsorglichen Beratung narrativ-sprachsensibel gearbeitet werden kann. Dieses Vorgehen ist nicht alternativlos, sondern ein eigener Ansatz. Ziel ist es, dem Klienten dabei zu helfen, wieder zu einer hoffnungsvollen und lebensbejahenden Erzählung für sich selbst zu finden. Der Vorteil dieser Methode besteht unter anderem darin, dass nicht so sehr über Defizite und Probleme gesprochen wird, sondern der Blick auf Ressourcen und alternative Handlungsoptionen gerichtet wird. Dabei wird ein Verständnis von Erzählungen und Metaphern gefördert, das auch die religiöse Sprachfähigkeit des Klienten stärkt. Ob diese religiöse Sprachfähigkeit dazu führt, dass sich der Klient in Folge der diakonischen Beratungsarbeit stärker als zuvor für den christlichen Glauben interessiert, bleibt ihm selbst überlassen.

5. Selbstverständnis des Autors

Als Mann schreibe ich über eine männerspezifische Fragestellung. Das erfordert eine kontinuierliche Reflexion des eigenen Standpunkts, von dem aus ich meine Schlüsse ziehe. Diese Reflexion wird in der vorliegenden Arbeit an den entsprechenden Stellen transparent gemacht. Mir geht

---

[20] Den Begriff der Korrelation prägte der evangelische Theologe Paul Tillich. Er fragt danach, wie die Situation des Menschen und die christliche Botschaft aufeinander bezogen sind. So schreibt Tillich: „Beim Gebrauch der Methode der Korrelation schlägt die systematische Theologie folgenden Weg ein: Sie gibt eine Analyse der menschlichen Situation, aus der die existentiellen Fragen hervorgehen, und sie zeigt, daß die Symbole der christlichen Botschaft die Antworten auf diese Fragen sind. Die Analyse der menschlichen Situation erfolgt in Begriffen, die man heute ‚existentiell' nennt." (Tillich 1987/I, 76) Zur Einführung in seine Methode und sein Verständnis von Korrelation siehe Tillich 1987/I, 73-80 und Tillich 1987/II, 19-22.

es nicht darum, bestimmte Geschlechterstereotype zu bewerten oder festzuschreiben. Ich gehe davon aus, dass geschlechtsspezifische Zuschreibungen für beide Geschlechter lediglich Verallgemeinerungen darstellen, die auf den einzelnen Menschen nie idealtypisch zutreffen. Männliches Verhalten wird hier nur deshalb generalisiert, um in der Beratung auf typische Schwierigkeiten leichter eingehen zu können. Damit ist nicht gesagt, dass sich diese stereotypen Zuschreibungen nicht auch verändern können und sollen.

Seelsorgliche Beratungsprozesse können dazu beitragen, dem Klienten alternative Rollenkonzepte zu eröffnen. Schließlich soll die vorliegende Arbeit auch einen Beitrag dazu leisten, Männer von ihrer Fixierung auf die Erwerbsarbeit zu befreien. Wenn danach gefragt wird, woran es liegt, dass die Erwerbsarbeit für die Selbstdefinition vieler Männer eine solch herausragende Rolle spielt, geht es folglich nicht nur um eine Situationsanalyse. Vielmehr dient die Frage der Suche nach neuen Wegen, Männern dabei zu helfen, unabhängiger von beruflichen Leistungen ein gesundes Selbstwertgefühl zu entwickeln.

6. Methoden

Im Rahmen der vorliegenden Untersuchung werden die beratungstheoretischen und theologischen Grundlagen der seelsorglichen Beratung – besonders im ersten und zweiten Teil – im Überblick vorgestellt. Aufgrund dieses Vorgehens kann eine Eingliederung in den aktuellen Forschungsstand nur von Kapitel zu Kapitel vorgenommen werden. Schließlich differenziert sich das behandelte Forschungsfeld seit Jahrzehnten immer weiter aus. Jede wissenschaftliche Disziplin, auf die in dieser Arbeit Bezug genommen wird, trägt mittlerweile eine unüberschaubare Fülle an Literatur zu der Frage bei, wie arbeitslosen Menschen geholfen werden kann. In Anbetracht dessen leiste ich hier eine Zusammenschau zu der Frage: Welche Erkenntnisse stellen Psychologie, Soziologie (hier insbesondere die Geschlechterforschung) und Theologie für die seelsorgliche Beratung arbeitsloser Männer bereit?

Für sich betrachtet erscheinen die Überblicksdarstellungen möglicherweise unvollständig und verkürzt. Die Nach- und Vorteile dieser Arbeitsweise sind mir bewusst: Die Thematik wird teilweise vereinfacht, um wesentliche Aspekte unmittelbar herauszustellen. Anders ließe sich die Materie nicht eingrenzen. Diese Arbeitsweise dient dazu, dem Leser, der sich für seelsorgliche Beratung mit dieser Zielgruppe interessiert, das relevante Wissen zugänglich zu machen. Dabei liegt der Arbeit der Gedanke zugrunde, dass es für spezielle Aufgabenbereiche auch spezifisch ausgebildete Seelsorger braucht, um den Klienten optimal helfen zu können. Für die genannte Zielgruppe will diese Arbeit dazu einen Beitrag leisten.

7. Abschlussbemerkung

In der vorliegenden Arbeit wird dargestellt, auf welche Weise ein seelsorglicher Berater seinen Dienst in der Beratung arbeitsloser Männer professionell wahrnehmen kann. Den Betroffenen soll durch die seelsorgliche Begleitung ermöglicht werden, ein Leben in Würde zu führen und sozial integriert zu bleiben – selbst wenn eine berufliche Neuanstellung ausbleibt. Sie sollen darin gestärkt werden, für sich selbst, ihre Mitmenschen und gegenüber Wirtschaft und Staat Verantwortung zu übernehmen.[21] Ferner gehört es zu den Aufgaben des seelsorglichen Beraters, das Leid der Klienten im öffentlichen Bewusstsein zur Sprache zu bringen. Über den eigentlichen Beratungsprozess hinaus soll seelsorgliche Beratung im Netzwerk Kirche zu einer gesellschaftlich-strukturellen Weiterentwicklung beitragen. So bedeutet die Arbeit am Reich Gottes sowohl die individuelle Zuwendung zu den Sorgen und Nöten des Einzelnen, als auch den Einsatz für Gerechtigkeit auf gesellschaftlicher Ebene.

[21] Vgl. zu diesem Beratungsverständnis: Straumann 2004, 646.

Erster Teil: Beratungstheoretische Grundlagen

1. Beratung: Grundverständnis und Verhältnis zur Seelsorge

1.1 Thematische Einordnung

Kirchliche Beratungsangebote müssen professionellen Ansprüchen genügen. Nur so kann Beratung innerhalb der Seelsorge dem Klienten dabei helfen, neue Bewältigungsstrategien[1] zu entwickeln und individuell passende Entscheidungen zu treffen.

Im Folgenden wird danach gefragt, wie Beratung in der Seelsorge zu verorten ist. Zunächst werden daher die Begriffe *Seelsorge* und *Beratung* als solche problematisiert. Anschließend gebe ich eine Übersicht über den Grundablauf eines Beratungsprozesses. Dann wird der personzentrierten Beratungsansatz nach Carl Rogers als ein in der Seelsorge fest etabliertes Beratungsmodell vorgestellt. Damit wird das beratungstheoretische Fundament gelegt, auf dem die folgenden Kapitel aufbauen.

1.1.1 Zum Begriff *Seelsorge*

Der Begriff *seelsorgliche Beratung* wirft viele Fragen auf: Welches Verständnis von Seelsorge[2] bzw. Beratung[3] liegt ihm zugrunde? Wo innerhalb der kirchlichen Strukturen kann diese Form von Beratung geleistet werden? Lassen sich überhaupt religiöse Überzeugungen in die Beratung einbringen, oder wäre dies bereits eine Grenzüberschreitung im Blick auf den autonomen Klienten?[4]

So ist zuerst zu klären, was unter Seelsorge verstanden wird.[5] Würde Seelsorge als ein einseitiges Vermittlungsgeschehen begriffen, bei dem religiöse Experten bestimmte Inhalte und Wahrheiten lediglich weiterge-

---

[1] Unter einer Bewältigungsstrategie werden „diejenigen psychischen Vorgänge verstanden, die beim Auftreten von Belastungen (Stressoren) von der betroffenen Person mehr oder weniger bewusst, beabsichtigt oder geplant in Gang gesetzt werden, um den Belastungszustand zu mindern oder zu beenden. Die Bewältigungsstrategien können in verschiedener Hinsicht unterschieden werden, etwa nach der Art wie aktional/nicht aktional, innerpsychisch/nicht innerpsychisch oder inhaltlich wie Selbstbeschuldigen oder Herunterspielen.“ (Schmitz 2005, 139)

[2] Eine grundlegende Begriffsdefinition von *Seelsorge* findet sich zum Beispiel bei Nauer 2001, 11-15. Vgl. auch Nauer 2007, 12-20.

[3] Eine grundlegende Begriffsdefinition von *Beratung* findet sich zum Beispiel bei Eckart 2006, 385ff.

[4] Vgl. zu dieser Frage auch Lemke 1992, 48ff.

[5] Ein Überblick über insgesamt dreißig verschiedene Seelsorgekonzepte findet sich bei Nauer 2001.

ben, wären die Begriffe Seelsorge und Beratung unvereinbar. Seelsorgliche Beratung ist nur möglich, wenn mit Seelsorge ein kommunikatives Geschehen gemeint ist, das einen Menschen auf der Grundlage des christlichen Glaubens bei seiner Lebensbewältigung unterstützt.[6] Um diesem Dienst nachzukommen, lassen sich pädagogische, philosophische, psychologische sowie praktisch- und systematisch-theologische Aspekte nicht voneinander trennen. Schließlich findet Seelsorge in den unterschiedlichsten Lebenssituationen statt: „Seelsorge zielt darauf ab, Menschen in außergewöhnlichen oder alltäglichen, in akuten oder chronischen Übergangs-, Unsicherheits-, Krisen-, Problem- und Katastrophensituationen auf individuellem Niveau beizustehen, sie zu beraten und ihnen zu helfen."[7]

Seelsorge kommt somit nicht nur in Zeiten akuter Schwierigkeiten zum Tragen, sondern umfasst ebenso die Alltagsgestaltung und -bewältigung, das kontinuierliche Einüben christlicher Lebenspraxis für sich und in Gemeinschaft. Hinter der großen Bandbreite an pastoralen Tätigkeiten, die damit verbunden sind, steht eine Vielzahl theoretischer Konzepte: „Unterschiedliche, ja sogar widersprüchliche Fassungen und Zielsetzungen von Seelsorge befinden sich somit gegenwärtig am Markt und können von SeelsorgerInnen als Konzeptgrundlage gewählt werden. Alle Funktionsumschreibungen von Seelsorge [...] (diakonisch handeln, trösten, ermahnen, spirituell begleiten, züchtigen, missionieren, predigen, Sünden vergeben, Sakramente Spenden [sic.], psychologisch vorgehen, beraten, moralisch unterstützen...) sind auch heute noch nebeneinander präsent."[8]

Gemeinsam ist dieser Pluralität von Seelsorgekonzepten, dass der Seelsorge eine transzendente Ausrichtung innewohnt. Angestrebt wird ein Prozess, in dem eine Beziehung zwischen Gott, Mensch und Mitmensch entsteht.[9] Hierfür ist das Prinzip der *Personalität* von grundlegender Bedeutung: „Es begreift den Menschen einerseits als Individuum mit unveräußerlichem Eigenwert und unaustauschbarer Einmaligkeit und anderer-

---

[6] Christliche Seelsorge gründet demnach auf der Überzeugung, dass sich die menschliche Seele von anderen Lebensdimensionen nicht isolieren lässt. Seelsorge ist daher eine ganzheitliche Glaubens- und Lebensbegleitung. Vgl. Schmid 1989, 218.

[7] Nauer 2010, 172.

[8] Nauer 2010, 55.

[9] Vgl. Lemke 1992, 11.

seits als soziales Wesen in Beziehung zu anderen, zur Gemeinschaft und als religiöses Wesen in seiner Beziehung auf Gott hin."[10]

Der Bezugspunkt der Seelsorge ist dabei die biblische Botschaft: das Heilshandeln Gottes, wie es sich in besonderer Weise in Jesus Christus offenbart hat. Seelsorge orientiert sich am Vorbild Jesu, der dazu aufruft, allen Menschen das Evangelium in Wort und Tat zu verkünden. Gemäß diesem Sendungsauftrag Jesu richtet sich auch die Seelsorge an alle Menschen, besonders aber an die, „deren göttlich garantierte Würde bedroht ist, die unter und an sozialen und strukturellen Rahmenbedingungen leiden"[11].

Wer leistet Seelsorge?
Grundsätzlich sind alle getauften und gefirmten Christen dazu berufen, einander seelsorglich zu dienen.[12] Alle Christen sollen, je nach Auftrag und Möglichkeiten, füreinander Seelsorger sein.[13] Nach diesem weiten Verständnis handelt nicht nur das hauptamtliche kirchliche Personal seelsorglich. Faktisch findet jedoch auch in diesem Bereich eine Professionalisierung statt, die gegenüber denjenigen, die keine seelsorgliche Qualifikation mitbringen, ausschließend wirkt. Der Soziologe Rainer Schützeichel definiert Seelsorge dementsprechend als eine Kommunikation zwischen „einem religiösen Experten und Gläubigen über eine religiöse oder zumindest religioide Thematik unter dem Aspekt, ob ein Glaube stabilisiert werden kann oder Unglaube in Glauben überführt werden kann."[14]

Daraus lässt sich schließen, dass auf der einen Seite alle Getauften zur gegenseitigen Seelsorge berufen sind, seelsorgliches Handeln auf der anderen Seite aber eine gewisse theologische Qualifizierung und pastorale Eignung voraussetzt.[15] Dabei bezieht sich Seelsorge als Disziplin nicht allein auf theologisches Wissen und die christliche Tradition, sondern entwickelt sich auch in Bezug auf die Erkenntnisse der humanwissenschaftlichen Forschung weiter.[16] Für die seelsorgliche Beratung bedeutet

---

[10] Sekretariat der Deutschen Bischofskonferenz 2011, 18. Vgl. zum Menschenbild des personzentrierten Ansatzes auch Nauer 2001, 167ff.

[11] Nauer 2007, 58.

[12] Vgl. LG 31. Vgl. auch Baumgartner 1990a, 12f.

[13] Vgl. Schmid 1989, 217f., 225f. Vgl. auch Schmid 1994, 20.

[14] Schützeichel 2004, 115. Schützeichel geht so weit, dass er Seelsorge ausschließlich als „Kommunikation zwischen einem religiösen Experten und einem Laien" (Schützeichel 2004, 119) definiert. Dieses enge Verständnis teile ich jedoch nicht.

[15] Vgl. Baumgartner 1990a, 16ff.

[16] Vgl. Pompey 1986, 192.

dies, dass der Berater neben einer geistlich-theologischen Kompetenz auch professionelle Beratungskenntnisse aus dem psychologischen Bereich haben muss. Bevor weiter darauf eingegangen werden kann, was unter seelsorglicher Beratung verstanden wird, ist zuerst zu erörtern, wofür der Begriff *Beratung* unabhängig vom seelsorglichen Kontext steht.

1.1.2 Zum Begriff *Beratung*

In der Beratung erhofft sich ein Klient für seine Problemlage Unterstützung. Zum Beispiel können dem Klienten innerhalb der Beratung materielle oder praktische Hilfeleistungen zugesagt werden.[17] Im Mittelpunkt steht jedoch ein „helfender Kommunikationsprozess“[18], die Hilfestellung durch das vertrauensvolle Gespräch zwischen Klient und Berater.[19] So lässt sich Beratung allgemein definieren als eine „professionelle Kommunikations- und Handlungsform mit unterschiedlichen Ausprägungen, theoretischen Bezügen, Konzepten, Handlungsfeldern und Institutionen“[20]. Es ist kaum möglich, Beratung begrifflich weiter einzugrenzen, da es mittlerweile eine unüberschaubare Fülle an Beratungsanlässen und -methoden gibt. Hinzu kommt, dass Beratungssuchende zwar eine große Auswahl an Beratungsangeboten vorfinden, sich damit jedoch keine allgemeingültigen Qualitätskriterien verbinden.[21] Schließlich ist der Begriff *Beratung* rechtlich nicht geschützt.

Unterscheiden lässt sich aber zumindest, ob in der Beratung stärker darauf abgehoben wird, bestimmte Informationen weiterzugeben, oder aber mit dem Klienten persönliche Probleme zu analysieren und zu reflektieren. Ersteres ist zum Beispiel der Fall, wenn eine Person Finanzfragen bei einer Bankberatung klären möchte oder bei einer Berufsberatung Informationen über bestimmte Berufe erhalten möchte. Jedoch sollte auch bei einer Beratung, bei der es vor allem um Informationsweitergabe geht, der Prozesscharakter der Beratung nicht gänzlich ausgeblendet werden. Erst wenn der Berater die individuellen Bedürfnisse des Klienten in Erfahrung gebracht hat, kann er die passenden Informationen weitergeben. Schließ-

---

[17] Vgl. Schaupp 2001, 76.

[18] Engel 2003, 217.

[19] Beratung baut auf der Überzeugung auf, dass das gesprochene Wort für die Entwicklung des Menschen von großer Bedeutung ist. Die Wirkmächtigkeit des Wortes lässt sich zum Beispiel daran ablesen, dass es eine personale Begegnung zwischen Menschen ermöglicht. Sprache ist nach diesem Verständnis nicht allein deskriptiv, sondern hat auch eine *performative* Dimension: Sprache benennt nicht nur eine Wirklichkeit, sondern kann auch eine Wirklichkeit zwischen Menschen erzeugen. Vgl. Wendel 2009, 136f.

[20] Engel 2003, 216.

[21] Vgl. Eckart 2006, 385f.

lich beeinflusst jede neue Information den Klienten in seiner Entscheidungsfindung.[22]

Gemeinsam ist den verschiedenen Beratungsansätzen, dass dem Klienten bei der Lösung seiner Fragen oder Probleme lediglich geholfen werden soll: „Beratungen zeichnen sich unter anderem dadurch aus, dass dem Beratenen die Entscheidung über die Bewertung und Übernahme von vorgeschlagenen Situationsdefinitionen und Handlungsempfehlungen anheimgestellt und zugeschrieben wird."[23] Beratung hat zum Ziel, dass sich der Klient schließlich selbst helfen kann, indem er individuelle Lösungen für seine Schwierigkeiten findet.[24] Es geht um eine optionale Erweiterung der Handlungsmöglichkeiten, die dem Klienten eine konstruktive Anpassung an die neue Situation erleichtern. In der Beratung sollen dabei die je eigenen Ressourcen und Möglichkeiten abgerufen werden.[25] Insofern handelt es sich bei jeder Beratung möglichst um eine „Minimalintervention"[26].

Aus diesem Verständnis von Beratung ergibt sich ein prinzipieller Widerspruch: Beim Klienten sollen durch die Beratung konstruktive Veränderungen initiiert werden, gleichzeitig soll der Berater diese Veränderungen nur begleiten. Der Klient soll in seiner Eigenständigkeit gestärkt werden und autonome Entscheidungen treffen. Dem Handeln des Beraters sind folglich enge Grenzen gesetzt: Seine eigenen Überzeugungen und sein Expertenwissen dürfen nicht zur Manipulation des Klienten bei seiner individuellen Lösungsfindung führen.[27]

1.1.3 Beratung innerhalb der Seelsorge – seelsorgliche Beratung

Seelsorgliche Beratung folgt denselben Grundsätzen wie eine nichtkirchliche Beratung. Sie will Hilfe zur Selbsthilfe geben und agiert grundsätzlich subsidiär.[28] Das Grundanliegen der seelsorglichen Beratung lautet

[22] Vgl. Engel 2003, 218. So schreibt Engel, dass Informationen heutzutage meist leicht zugänglich seien. Die Leistung der Beratung bestehe nun darin, diese entkontextualisierten Informationen in den jeweiligen Zusammenhang zu übertragen. Sonst blieben die Informationen für den Klienten nutzlos. Vgl. Engel 2003, 226.

[23] Schützeichel 2004, 113.

[24] Vgl. Fatzer 2002, 21f.

[25] Vgl. Straumann 2004, 642.

[26] Engel 2003, 220.

[27] Vgl. Beelitz 2011, 129.

[28] Zum Begriff des *Subsidiaritätsprinzips* siehe Ockenfels 1992, 35. Subsidiär zu handeln meint, die Eigenverantwortung der einzelnen Person zu wahren. Jede und jeder ist zunächst selbst in die Pflicht genommen, für sich zu sorgen. Hilfe zur Selbsthilfe wird von überge-

dabei, einen „konversationalen Freiraum zu entwickeln und den Prozess des gemeinsamen Dialogs zu erleichtern und aufrecht zu halten“[29]. Es geht darum, einen Raum für Gespräche zu eröffnen, der eine dialogische Entwicklung ermöglicht.[30] „Erst im Sprechen erschließt sich zunehmend menschliches Leben in seiner ganzen Wirklichkeit.“[31]

Beratung wird in der Seelsorge in verschiedenen Kontexten geleistet: „Neben den mehr auf die Pfarrseelsorge bezogenen Orten für Beratung befinden sich verschiedene Formen spezialisierter und institutionalisierter Beratungsangebote in kirchlicher Trägerschaft wie etwa Telefonseelsorge, Erziehungsberatung, allgemeine Lebensberatung oder psychologische Beratung bei Ehe-, Familien- und Lebensfragen.“[32]

Wie oben ausgeführt, setzt Beratung handlungsspezifisches Wissen und ein Wissen um Beratungsmodelle voraus. Hier ist zu unterscheiden, ob es sich um ein seelsorgliches Gespräch, ein Beratungsgespräch oder ein seelsorgliches Beratungsgespräch handelt. Allerdings sind die Übergänge in diesem Feld fließend: „Ein grobes Auseinanderdifferenzieren von ‚diakonisch orientierter Beratung‘ und ‚theologisch fundierter Seelsorge‘ ist zumindest, wo es um Seele und Seelenheil geht, menschenbildlich verstanden engstirnig, engherzig und unsachgemäß und in erkenntnis- und kommunikationstheologischem Sinne unvertretbar.“[33] Die bewusste Verbindung psychologischer und seelsorglicher Aspekte in der seelsorglichen Beratung macht ihre Verortung allerdings schwierig: Während die Psychologie sie bisweilen als ausschließlich seelsorglich einstuft, wird sie von Seiten der Seelsorge oft als zu einseitig psychologisch orientiert angesehen.[34] Hier sei ferner darauf hingewiesen, dass die Psychologie nicht als Hilfswissenschaft der Theologie missverstanden werden darf. Vielmehr geht es um einen gleichwertigen wissenschaftlichen Dialog, der beiden Seiten dabei helfen kann, das eigene Profil zu schärfen.[35]

Wie für die Seelsorge allgemein, so gilt auch für die seelsorgliche Beratung, dass sie sich am Handeln Jesu orientiert.[36] Die biblisch-christliche

---

ordneter Seite erst dann geleistet, wenn die Person oder Gruppe mit den anstehenden Aufgaben überfordert ist.

[29] Engel & Sickendiek 2004, 753.

[30] Vgl. Engel & Sickendiek 2004, 753f.

[31] Nidetzky 1990, 56.

[32] Eckart 2006, 386.

[33] Schoppa 2010, 70.

[34] Vgl. Eckart 2006, 389.

[35] Vgl. Nauer 2001, 165f.

[36] „Praxis und praxisleitende Theorie kirchlicher Beratung begründen sich durch die *Begegnungen Jesu mit Suchenden und Leidenden* (mit der Frau am Jakobsbrunnen, Joh 4,1-26; mit

Anthropologie stellt den Bezugsrahmen für die Arbeit in diesem Feld dar: „Seelsorge basiert auf der Annahme, dass menschliches Leben gottgeschenktes Leben ist, weshalb Menschen nichts leisten müssen oder zu tun brauchen, um in ihrer Würde, ihrem Wert und ihrem Status des Gerechtfertigt-Seins anerkannt zu sein."[37] Darüber hinaus wurden in der seelsorglichen Praxis der Kirche über Jahrhunderte vielfältige Erfahrungen im Umgang mit Menschen gesammelt – gerade auch in Krisensituationen und Wandlungsprozessen.[38] Seelsorgliche Beratung stellt sich vor diesem Hintergrund der Aufgabe, die „existentiellen lebensweltlichen Kontingenzen bewältigbar zu machen"[39]. Ob und auf welche Weise der Glaube an Jesus Christus in der konkreten Beratung zur Sprache kommt, hängt davon ab, inwieweit der Klient bereit ist, sich auf die religiöse Sinndimension des Lebens einzulassen. Entscheidend ist, dass der seelsorgliche Berater über sein eigenes Rollenverständnis von Anfang an Klarheit schafft. Meist besteht in dieser Frage kein zusätzlicher Informationsbedarf, da der seelsorgliche Berater zum Beispiel in einer kirchlichen Einrichtung arbeitet oder einen pastoralen Beruf ausübt. So kann der Klient erwarten, dass bei einer seelsorglichen Beratung auch religiöses Wissen zur Sprache kommen kann. Zur seelsorglichen Kommunikation gehört es schließlich, dass sie sich am „Code Immanenz/Transzendenz"[40] orientiert. Jedoch muss dieser Code in der seelsorglichen Beratung nicht dazu führen, dass religiöse Inhalte das Gespräch bestimmen. Hier schließe ich mich der Einschätzung Schützeichels folglich nur teilweise an. Selbst wenn nicht explizit über Gott gesprochen wird, findet das Beratungsgespräch (wie gesagt) auf einer bestimmten weltanschaulichen Grundlage statt, nämlich der des christlichen Menschenbilds.[41]

Durch seelsorgliche Beratung soll – wie durch Seelsorge allgemein – die individuelle Beziehungsfähigkeit des Menschen in ihren unterschiedlichen Dimensionen gefördert werden: „Mit der Beratungsarbeit soll dazu beigetra-

---

dem sog. reichen Jüngling, Mk 10,17-31; mit Nikodemus, Joh 3,1-13; mit den Jüngern beim Emmausgang, Lk 24,13-35; mit den Kranken bei den Exorzismusgesprächen, Mk 5,1-20 usw.)." (Pompey 1987, 44)

[37] Nauer 2010, 191.

[38] Vgl. Pompey 1986, 179-182.

[39] Schützeichel 2004, 134.

[40] Schützeichel 2004, 114. Zu dieser Orientierung am Code Immanenz/Transzendenz bemerkt
Schützeichel: „So wird beispielsweise Profanes auf etwas Heiliges bezogen, allgegenwärtiges Leiden löst die Sinn- oder Theodizeefrage aus, oder der Gläubige fühlt sich in seinem Tun und Unterlassen von Gott beobachtet und ist deshalb darauf bedacht, seine und die Lebensführung anderer an religiösen Maßstäben auszurichten." (Schützeichel 2004, 114)

[41] Vgl. dazu das 1. Kapitel im dritten Teil dieser Arbeit.

gen werden, dass Menschen – ihrer Würde als von Gott geliebtem Du entsprechend – ihre Beziehungsfähigkeit zu sich selbst, zur lebendigen und materiellen Mitwelt und zu Gott entfalten können, um so zu erfülltem Leben zu finden."[42] Eine solche Beziehungsfähigkeit zu entwickeln bedeutet aber noch nicht, sie zum Beispiel im Blick auf Gott auch zu nutzen. So kann es sein, dass dem Einzelnen durch die Beratung zwar geholfen wurde, jedoch die Frage nach dem Glauben an Jesus Christus nicht zum Thema wurde.

1.1.4 Seelsorgliche Beratung in Abgrenzung zu anderen Gesprächsformen

Seelsorgliche Beratung weist eine große Schnittmenge zu geistlicher Begleitung, psychotherapeutischen Prozessen und außerkirchlicher Beratung auf. Eine pauschale Abgrenzung zu diesen Gesprächsformen ist häufig nicht möglich.

Der Berater sollte wissen, wie in Therapie und geistlicher Begleitung gearbeitet wird und wann es geboten ist, auf entsprechende Angebote zu verweisen.[43] Dies empfiehlt sich nicht nur bei krankhaften Störungen, die nur durch eine Therapie behandelt werden können. Auch im Blick auf geistliche Begleitung kann es sinnvoll sein, dem Klienten zumindest vorzuschlagen, die Methodik und den Gesprächspartner zu wechseln, falls sich der Gegenstand der Beratung entsprechend verlagert hat.

1.1.4.1 Abgrenzung zur Psychotherapie

Seelsorgliche Beratung ist in ihrer konkreten Handlungsweise häufig vergleichbar mit der Arbeitsweise einer Psychotherapie.[44] Von außen lassen sich unter Umständen nur wenige Unterschiede erkennen.[45] So bemerken die Deutschen Bischöfe: „Schon in der Theorie, aber erst recht in der Praxis, lassen sich also Beratung, Psychotherapie und Seelsorge nur schwer voneinander abgrenzen."[46] Die Komplexität des menschlichen Lebens lässt es nicht zu, im Vorfeld eindeutig zu bestimmen, auf welche Weise Probleme gelöst werden können: „Geht man von der Einheit der menschlichen Person aus, so werden Menschen immer wieder die Erfahrung machen, dass Lebensereignisse, Erfahrungen, Begegnungen oder ‚nicht-

[42] Eckart 2006, 388.
[43] Vgl. Schaupp 2001, 78f.
[44] Vgl. dazu das Seelsorgekonzept der Therapeutischen Seelsorge bei Nauer 2001, 138-148.
[45] Vgl. Engel 2003, 220f. Lemke bemerkt hierzu: „Wenn wir den Bedürfnissen des Menschen gerecht werden wollen, brauchen wir eine Seelsorge, die auch therapeutisches Handeln mit einbezieht." (Lemke 1981, 67)
[46] Sekretariat der Deutschen Bischofskonferenz 1997, 21.

therapeutische Gespräche' eine therapeutische Wirkung haben *können*. Umgekehrt *kann* auch eine Psychotherapie oder eine Supervision zu einer geistlichen Vertiefung führen, ohne dass diese direkt angezielt war."[47]

Gleichwohl gibt es grundlegende Unterschiede zwischen einer Psychotherapie und einer seelsorglichen Beratung: Die Psychotherapie legitimiert sich über einen *Heilungsdiskurs*, die Beratung über einen *Hilfediskurs*.[48] Daher kann eine Beratung erst dann aufgenommen werden, wenn der Klient prinzipiell in der Lage ist, sich selbst zu helfen. Man muss sicherstellen, dass der Fähigkeit zur Selbsthilfe keine krankhaften Prozesse entgegen stehen. Unter Umständen ist Beratung erst nach einer entsprechenden Therapie des Klienten möglich.[49] Wie die Heilung in der Psychotherapie erreicht werden soll, ist zum Beispiel durch die Psychotherapeutengesetze geregelt. Beratung hingegen ist mehr als eine reduzierte Therapieform, sie „speist sich in ihren theoretischen Modellen und in ihren Handlungskonzeptionen [...] aus unterschiedlichen Disziplinen und Handlungsfeldern, unter denen das psychotherapeutische nur eines unter vielen ist."[50]

Ferner geht seelsorgliche Beratung darüber hinaus, psychische Gesundheit und Zufriedenheit bei dem Klienten erreichen zu wollen.[51] Sie nimmt Maß an der Botschaft vom Reich Gottes, die weit mehr umfasst als psychische Stabilität. Seelsorgliche Beratung weist demnach andere Kategorien und Ziele auf als die Psychotherapie: Bestimmend für die Seelsorge sind nicht allein Kategorien wie krank/gesund oder integrierbar/nicht integrierbar, denn es wird auch nach dem *Heil* des Menschen gefragt. Dieses Heil erschließt sich erst in einer lebendigen Gottesbeziehung, zu der die Seelsorge verhelfen will.[52] Diese Ausrichtung und Zielsetzung zu wahren, ist für den seelsorglichen Berater zum einen eine Herausforderung, zum anderen auch eine Entlastung: Durch diesen religiösen Aspekt wird gewährleistet, dass sich die seelsorgliche Beratung nicht auf einen

---

[47] Schaupp 2001, 76.

[48] Vgl. Engel 2003, 220f. Vgl. auch Schmid 1989, 51-57.

[49] Vgl. Straumann 2004, 647.

[50] Engel 2003, 221.

[51] Vgl. Hetterich 2007, 228. Hetterich schreibt: „Ein evangelisierendes Bemühen hat als oberstes Ziel, zu einem gelingenden Leben zu verhelfen. Das Heil der Erlösung von der Sünde ist von Heilung zwar nicht zu trennen, aber doch nicht gleichzusetzen mit psychischem Glück oder Gesundheit." (Hetterich 2007, 228) Seelsorgliche Beratung strebt danach, dem Klienten Wege zu diesem Heil in Christus zu eröffnen – auch wenn die seelsorgliche Beratung selbst selten evangelisierenden Charakter annimmt.

[52] Vgl. Schützeichel 2004, 119f.

rein psychotherapeutischen Prozess reduzieren lässt und allein dessen Maßstäben genügen muss.[53]

1.1.4.2 Abgrenzung zur geistlichen Begleitung

Im Unterschied zur geistlichen Begleitung steht in der seelsorglichen Beratung eine konkrete Problemsituation im Vordergrund. Inwieweit religiöse Fragen dabei eine Rolle spielen, bleibt zunächst offen. In der geistlichen Begleitung ist es prinzipiell umgekehrt: Der eigene Glaube und die Beziehung zu Gott sind in jedem Fall Thema. Eine konkrete Problemlage kann hinzukommen, muss aber nicht.

Eine strikte Abgrenzung von seelsorglichen Beratungs- und Begleitungsangeboten ist allerdings kaum möglich. Auch geistliche Begleitung will den Menschen in seiner Lebensbewältigung unterstützen.[54] Gleichermaßen kann eine geistliche Begleitung sich in Richtung eines Beratungsgesprächs entwickeln, wenn der Klient zum Beispiel unbewältigte, krisenhafte Erfahrungen thematisiert. Ist der Klient bereits im Glauben verwurzelt oder wird im Zuge der Beratung sein Interesse an religiösen Fragen geweckt, kann die Beratung den Charakter einer geistlichen Begleitung annehmen.

Dem Pastoraltheologen Klemens Schaupp zufolge sollte man aber zumindest versuchen zu klären, welcher methodische Zugang den Treffen zugrunde liegt. Selbst wenn der seelsorgliche Berater auch eine Qualifizierung als geistlicher Begleiter, Supervisor oder Therapeut mitbringt, sollte er diese unterschiedlichen Zugänge gegenüber dem Klienten nicht öfter wechseln. Kurzzeitige Wechsel in der Arbeitsmethodik sind jedoch möglich.[55] Verlaufen wiederum Beratung und geistliche Begleitung parallel zueinander, so sollten Berater und Begleiter voneinander wissen und sich darüber verständigen, welche Themen besprochen werden und wie im Fall von Konflikten vorgegangen wird, für die sich beide zuständig fühlen.[56]

1.1.5 Zum Ort seelsorglicher Beratung

Im Idealfall findet seelsorgliche Beratung an vielen Orten statt: auf Ebene der Gemeinden, in der kategorialen Seelsorge und in den diakonischen

---

[53] Vgl. Müller 1990, 23f.
[54] Vgl. Kießling 2010b, 17ff.
[55] Vgl. Schaupp 2001, 80. Vgl. auch Kießling 2010b, 20f.
[56] Vgl. Schaupp 2001, 79.

Einrichtungen der Kirche.[57] In der Praxis droht jedoch in den diakonischen Einrichtungen das seelsorgliche Profil gegenüber einer Orientierung an anderen Kriterien zu schwinden: Normiert wird das eigene Beratungsangebot zunehmend durch die psychologisch-fachlichen Standards, die in dem jeweiligen Beratungsfeld gelten. Dazu trägt bei, dass zunehmend nichttheologische Experten eingestellt werden, die über keine theologisch-seelsorgliche Qualifikation verfügen.[58] Kirchliche Beratungseinrichtungen unterscheiden sich daher in vielen Fällen kaum „von den anderen Organisationen und Verbänden in diesen Feldern psycho-sozialer Beratung"[59].

Anders verhält es sich mit seelsorglicher Beratung im Kontext einer Pfarrgemeinde: Hier stellt sich weniger die Frage nach dem seelsorglichen Profil der dort tätigen pastoralen Mitarbeiter. Anders als in einer institutionalisierten Beratungseinrichtung ist es hier sogar möglich, dass sich Gespräche situativ ergeben.[60] Pastorale Mitarbeiter sind vertraut mit der Lebensrealität der Menschen vor Ort und können bei wahrgenommenen Schwierigkeiten selbst auf die Person zugehen. Die Initiative geht vom Seelsorger aus, etwa wenn die Person selbst nicht mehr die nötigen psychischen oder physischen Kräfte mobilisieren kann.[61] An diese Begegnungen können sich Beratungsgespräche anschließen.[62] Voraussetzung dafür ist, dass die pastoralen Mitarbeiter auch über ein entsprechendes Interaktions- und Kommunikationswissen verfügen.[63] Statt nach dem

[57] Schließlich sind die drei Grundformen kirchlichen Handelns (*leiturgia*, *diakonia* und *martyria*) aufeinander verwiesen und möglichst miteinander vernetzt. Vgl. Baumgartner 1990a, 15f.

[58] Vgl. Schützeichel 2004, 116ff.

[59] Schützeichel 2004, 116. Schützeichel schreibt, dass zwar viele Angestellte kirchlich-sozialer Einrichtungen für ihre Arbeit christlich motiviert seien, aber die Handlungsprogramme, ihre konkreten Hilfsleistungen, in den Einrichtungen religionsneutral ausgerichtet seien. Vgl. Schützeichel 2004, 116f.

[60] „Beratungsgespräche in der Seelsorge können als eigens vereinbarter Termin mit dem Pfarrer stattfinden, aber genauso anlässlich einer zufälligen Begegnung am Gartenzaun, nach dem Gottesdienst in der Sakristei, in einem Gesprächskreis mit Jugendlichen oder bei einem Besuch am Krankenbett." (Eckart 2006, 386) Vgl. dazu auch Baumgartner 1990a, 17f.

[61] Zum Beispiel kommen ehrenamtliche Besuchsdienste der Pfarrgemeinden bei ihren Hausbesuchen auch mit Arbeitslosen und ihren seelischen und wirtschaftlichen Problemen in Berührung. Vgl. Rohfleisch 2010, 263.

[62] Vgl. Lemke 1995, 24.

[63] „Es bedarf Seelsorgerinnen und Seelsorger, die sich genügend mit Interaktions- und Kommunikations-prozessen, welcher Richtung auch immer, vertraut gemacht haben, damit auch in den Gemeinden eine wirkungsvolle, auf den Menschen bezogene Arbeit gewährleistet ist." (Lemke 1995, 11)

seelsorglichen Profil ist in diesem Zusammenhang danach zu fragen, ob das Angebot zur Einzelseelsorge kommuniziert wird und wie es wahrgenommen werden kann. Im Kontext einer Pfarrgemeinde ist es zum Beispiel möglich, dass ein pastoraler Mitarbeiter zwar zum seelsorglichen Berater ausgebildet wurde, aber nicht als solcher nachgefragt wird.[64] Grund dafür kann ein pastorales Berufsprofil sein, das sich vornehmlich aus organisatorisch-konzeptionellen und katechetischen Aufgaben ableitet. Allerdings geht auf Ebene der Gemeinden das seelsorgliche Beratungs*angebot* tendenziell zurück:[65] Das pastorale Personal muss aktuell den Strukturwandel in den Gemeinden und Pfarrverbänden organisieren. In Zukunft werden weniger ausgebildete Seelsorger in größer werdenden Gemeinden oder Gemeindeverbünden ihren Dienst tun. Entsprechend wird der einzelne Seelsorger seltener vor Ort leben und arbeiten, wodurch der unmittelbare Zugang zur Lebensrealität der Menschen in den Gemeinden verloren zu gehen droht.[66]

Seelsorgliche Beratung steht folglich vor der Herausforderung, Orte zu definieren, an denen sie nachgefragt werden kann. „Zugleich mit der Institutionalisierung von Seelsorgeangeboten in spezifischen sozialen Krisenbereichen wird auch das Seelsorgeangebot entgrenzt. Sie wird aus dem institutionellen und organisatorischen Kontext der Kirchen und ihrer Gemeinden gelöst und auf informelle Füße gestellt."[67] Wird aber das seelsorgliche Angebot dermaßen entgrenzt, dass ein Bezug zum christlichen Glauben nicht mehr erkennbar ist, steht der Begriff *Seelsorge* selbst in Frage. Im Blick auf kirchliche Beratungseinrichtungen muss daher das Ziel lauten, dass der seelsorgliche Aspekt erkennbar bleibt. Auf Gemeindeebene besteht wiederum die Herausforderung darin, den beraterischen Aspekt zu stärken und Einzelseelsorge trotz des Strukturwandels zu ermöglichen.[68]

---

[64] Vgl. Blattner 1990, 42.

[65] Vgl. Müller 1990, 22f.

[66] Müller beschreibt diese Entwicklung bereits im Jahr 1990: „Angesichts ihrer vielen Verpflichtungen verschwinden auch die Seelsorger und Seelsorgerinnen zunehmend aus der vordersten Front, wo sie die Menschen am meisten brauchen. Die Folge ist, daß diese unmittelbare und direkte Begegnung mit ihnen genauso schwierig, wenn nicht unmöglich wird, wie bei so vielen anderen helfenden Berufen." (Müller 1990, 22) Zur aktuellen Situation der kirchlichen Strukturreformen siehe beispielhaft Krupp 2012, 181-183.

[67] Schützeichel 2004, 122.

[68] Baumgartner bemerkt hierzu: „Deshalb dürfen wir auch Beratung und Begleitung im Bereich von Caritas/Diakonie nicht als ‚bloße Sozialarbeit' abqualifizieren. Und umgekehrt darf aus der Seelsorge der Gemeinden beratende und begleitende Seelsorge nicht ausgeklammert werden." (Baumgartner 1990a, 16)

Der Pastoraltheologe Rolf Zerfass regt hier einen gegenseitigen Lernprozess an: Mitarbeiter der Caritas können ihren Erfahrungshintergrund einbringen, theologische Fachkräfte können diesen Erfahrungen die biblische Überlieferung gegenüberstellen und Caritasmitarbeiter solidarisch begleiten.[69] Damit es Mitarbeitern aus Caritas und Pastoral darüber hinaus besser gelingt, eine gemeinsame Perspektive einzunehmen, empfiehlt Zerfass, Fortbildungen und Praxisbegleitungen vermehrt gemeinsam durchzuführen.[70] Die Pastoraltheologin Doris Nauer fordert darüber hinaus, dass Seelsorgern konzeptionelle und strukturelle Mitwirkung in den Caritaseinrichtungen ermöglicht wird. Die Kirche müsse zu erkennen geben, dass der Einsatz ihrer seelsorglichen Fachkräfte in der Kategorialseelsorge einen unverzichtbaren Wert darstellt.[71] Nauer verweist auf das Qualitätsplus von Seelsorge für Caritaseinrichtungen, das sich aus der doppelten organisationalen Zugehörigkeit von Seelsorgern ergibt. Sie können in caritativen Einrichtungen eine prophetisch-kritische Perspektive von außen einbringen und sie „immer wieder auf ihr Humanisierungs- und Gerechtigkeitspotential hin befragen“[72].

Nach dieser vorläufigen Standortbestimmung seelsorglicher Beratung wird das Thema *Beratung* noch einmal grundsätzlich aufgegriffen. Vorgestellt wird ein abstrahierter Beratungsprozess mit den dazugehörigen Gestaltungselementen. Auch für die seelsorgliche Beratung braucht es ein solches Grundverständnis als Orientierungshilfe.

1.2 Zum idealtypischen Ablauf eines Beratungsprozesses

In der vorliegenden Arbeit geht es um einen seelsorglichen Beratungsprozess, nicht um ein einmaliges oder sich zufällig ergebendes seelsorgliches Gespräch.[73] Bei mehreren aufeinanderfolgenden Treffen können gegenüber dem einmaligen Gespräch weitergehende Ziele verfolgt werden. Im Folgenden gebe ich einen kurzen Überblick über den idealtypischen Verlauf eines Beratungsprozesses.

---

[69] Vgl. Zerfass 1990, 35ff.
[70] Vgl. Zerfass 1990, 37-40.
[71] Vgl. Nauer 2007, 77f.
[72] Nauer 2007, 77.
[73] Im Mittelpunkt seelsorglicher Beratung steht das persönliche Gespräch. Dies schließt eine ergänzende Kommunikation über das Internet oder das Telefon jedoch nicht aus.

1.2.1 Die Kontaktaufnahme

Die Kontaktaufnahme geht in der Regel vom Klienten aus. Voraussetzung dafür ist, dass ihm das Beratungsangebot bekannt ist. Pastorale Mitarbeiter können unter Umständen auch selber auf hilfsbedürftige Menschen zugehen.

In der Arbeitslosenberatung werden in der Einstiegsphase häufig drängende lebenspraktische Probleme (rechtliche Fragen, finanzielle Akuthilfe, etc.) bestimmend sein. Erst wenn diese äußeren Bedingungen sich verbessert haben, wird es dann auch möglich sein, Entwicklungs- und Bewältigungsfragen zu behandeln, die die Persönlichkeit des Klienten betreffen.

Für den Berater beginnt mit der Kontaktaufnahme etwas Neues, wohingegen der Klient bis zu diesem Schritt bereits einen längeren Weg hinter sich hat. Wer zur Beratung kommt, hat sich selbst bereits dafür entschieden, einen Lern- und Veränderungsprozess anzugehen. Der Klient musste sich seine Not und Ratlosigkeit bereits eingestehen, wenn er eine Beratung aufsucht.[74] Dies muss der seelsorgliche Berater berücksichtigen. Für ihn geht es bei der Kontaktaufnahme nicht darum, solche Prozesse zu initiieren, sondern aufzugreifen und zu begleiten.[75] Dazu bemerkt der Psychologe Günter G. Bamberger, „dass Klienten häufig schon von Veränderungen vor der Beratung berichten, wenn sie danach gefragt werden und zu entsprechenden Suchprozessen angeregt werden“[76].

1.2.2 Die Vereinbarung zwischen Klient und Berater

Wird Beratung in Anspruch genommen, die über ein Einzelgespräch hinaus geht, soll sie den Beteiligten auch als solche bewusst sein: Kann der Klient zwischen einer seelsorglichen Beratung, einer geistlichen Begleitung und einem Therapieangebot unterscheiden?[77] Sind sich beide Seiten ihrer Rolle als Klient bzw. Berater bewusst? Gerade im gemeindlichen Kontext übernimmt zum Beispiel ein Priester meist eine Vielzahl an Funktionen und Ämtern, die voneinander abzugrenzen sind.

Berater und Klient besprechen daher gemeinsam, in welchem Rahmen die Beratungsgespräche stattfinden sollen und was sie voneinander erwarten.[78] „Erst durch die Formulierung eines ‚Auftrags‘ ist der Berater legi-

---

[74] Vgl. Knieling 2009, 394.
[75] Vgl. Prömper 2003, 203.
[76] Bamberger 2001, 51.
[77] Vgl. Lemke 1995, 25f.
[78] Vgl. Roth 2006, 207f.

timiert, mit fachlichen Interventionen direkten Einfluss auf eine förderliche Beziehungsgestaltung zu nehmen.“[79] Wenn beide Seiten ihre Vorstellungen vom Ablauf eingebracht haben und vom Anliegen des anderen wissen, erhöht sich die Wahrscheinlichkeit, dass die Beratung positiv erlebt wird und zu einem guten Abschluss kommt. Von Vorteil kann es ferner sein, wenn ungefähr vereinbart wird, über welchen Zeitraum die Beratung erfolgen soll. Was genau vereinbart wird, hängt von der Situation des Klienten ab. Inhalte und Ziele können konkret oder allgemein formuliert werden.[80] Der Berater wird an dieser Stelle auch erklären, auf welche Weise er arbeitet und auf welche Methoden und Medien er zurückgreift bzw. nach welchem Beratungsansatz die Beratung stattfindet. Er weist darauf hin, dass er nur Hilfe zur Selbsthilfe leisten wird.

Klärungsbedarf besteht, wenn der Klient die eigenen Probleme nicht konkret benennen kann, die in der Vereinbarung festgehalten werden sollen. Dies kann zum Beispiel daran liegen, dass der Klient von anderen zur Beratung gedrängt wurde, ohne selbst einen Bedarf zu sehen. Sofern sich beim Erstgespräch diese Einstellung des Klienten nicht noch wandelt, fehlt der Beratung hier die Grundlage.[81] Bei anderen bleibt die Problembeschreibung letztlich diffus, weil die Person zum Beispiel mit einer Situation unzufrieden ist, bei sich selbst jedoch keinen Veränderungsbedarf wahrnimmt. Auch in solchen Fällen muss zuerst geklärt werden, ob ein Beratungsprozess begonnen werden kann.[82]

Einmal getroffene Vereinbarungen über Beratungsinhalte und die Arbeitsweise schließen nicht aus, dass diese im weiteren Verlauf noch einmal geändert werden. Es liegt im Ermessen der Gesprächspartner, das Anliegen der Beratung neu zu formulieren oder weiter zu fassen, falls dies erforderlich erscheint. In jedem Fall hat der Berater zu gewährleisten, dass er bei den Gesprächen nicht unter Zeitdruck steht und die notwendige innere Ruhe mitbringt. Die Rahmenbedingungen sollten so gestaltet werden, dass eine gute Gesprächsatmosphäre entstehen kann.[83]

1.2.3 Der Beratungsprozess

In der Beratung wird ein Veränderungsprozess begleitet. Gewohnte Denk- und Handlungsmuster haben sich als problematisch erwiesen und lassen

[79] Bamberger 2001, 41.
[80] Vgl. Bamberger 2001, 41.
[81] Vgl. Straumann 2004, 645f.
[82] Vgl. Bamberger 2001, 43f.
[83] Vgl. Lemke 1995, 76f.

die momentane Krise oft ausweglos erscheinen. In der Beratung werden negative und positive Gefühle zur Sprache gebracht, um Einsicht in die dahinterliegenden Denk- und Handlungsmuster zu bekommen. Der Berater fragt danach, was der Klient als Problem sieht, wie er die aktuelle Situation (Ist-Zustand) erlebt und welche Wünsche er für die Zukunft (Soll-Zustand) hat. Dabei erfasst der Berater die Situation des Klienten ganzheitlich und beachtet die Wechselwirkungen zum sozialen Umfeld.[84] In der Beratung werden darüber hinaus gesellschaftliche Strukturen analysiert und kritisiert, wenn sie mit dem Problem des Klienten in Zusammenhang stehen. Beratung darf schließlich nicht den Eindruck erwecken, alle Ressourcen und Lösungsmöglichkeiten lägen allein beim Klienten. Jede Lebenskrise ist eingebunden in einen sozialen Kontext und kann nur im Blick auf die jeweilige Beziehungsstruktur angemessen behandelt werden.[85] Zwar geht es bei seelsorglicher Beratung vor allem um Entwicklungsprozesse, bei denen der Einzelne sein Selbstkonzept[86] überdenkt, in seiner Eigenverantwortung gestärkt wird und neue Verhaltensweisen erproben kann.[87] In jedem Fall wird die Entwicklung des Einzelnen aber von den Reaktionen des sozialen Umfelds beeinflusst und umgekehrt. Vom Beratungsgeschehen ist folglich nicht nur der Klient betroffen, sondern zumindest indirekt auch die Menschen in seinem Umfeld. Daraus leitet sich eine *systemische Perspektive* auf das Beratungsgeschehen ab: Das Umfeld beeinflusst Prozesse auf vielfältige Weise und muss entsprechend in den Veränderungsprozess integriert werden.[88] „Die Pläne und Ziele, die wir für unsere Zukunft aufstellen, stehen unter Rahmenbedingungen, die wir nicht durchweg selbst gewählt haben. Eigene Ziele müssen mit denen anderer Personen – insbesondere von Partnern und Familienmitgliedern – abgestimmt werden; hieraus ergeben sich für die individuelle Lebensorganisation und Lebensplanung besondere Koordinierungserfordernisse und Konfliktspannungen."[89]

So lassen sich zwar zu Beginn eines Beratungsprozesses bestimmte Ziele formulieren, ob und wie diese erreicht werden, wird aber zu guten Teilen offen bleiben. Schaupp bemerkt hierzu: „Die menschliche Person und ihre Beziehungen sind eine viel zu komplexe Wirklichkeit, als dass alle

---

[84] Vgl. Nestmann 2004, 784.
[85] Vgl. Lemke 1995, 99.
[86] Vgl. zum Begriff *Selbstkonzept* das 2. Kapitel im ersten Teil dieser Arbeit.
[87] Vgl. Eckart 2006, 387.
[88] Zur Einführung in das systemische Beratungsverständnis für die Seelsorge siehe Eckart 2008, 15-28.
[89] Brandstätter 2007, 103.

Wirkungen einer Intervention mit Sicherheit vorhergesagt werden könnten."[90]

Schließlich wird danach gefragt, welche Veränderungen notwendig erscheinen und wie diese eingeleitet werden können. Dieses kognitive Vorgehen kann jedoch nur dann erfolgreich sein, wenn auch emotionale Reaktionen wahrgenommen und eingeordnet werden.[91] Beratung erschöpft sich demnach bei Weitem nicht darin, durch eine genaue Problemdiagnose zu rationalen Lösungsansätzen zu kommen. Vielmehr sind Geduld und Einfühlungsvermögen nötig, um die emotionalen Reaktionen des Klienten im Beratungsprozess aufgreifen und deuten zu können. Dann erst können sich aus einem wechselseitigen Prozess neue Perspektiven ergeben: „Die Kommentare und die Exploration des Helfers haben eine verändernde Funktion, weil sie den Klienten dazu anregen, sich mit der Perspektive des Helfers auseinander zu setzen. Durch diesen Vorgang treffen die Sichtweisen oder Realitätsauffassungen von Klient und Helfer aufeinander und wirken gegenseitig verändernd aufeinander."[92] Insofern kann Beratung als ein *koevolutiver* Prozess[93] bezeichnet werden: Auch der Berater verändert sich durch den Beratungsprozess.

1.2.4 Abschluss der Beratung

Der Beratungsprozess kann auf verschiedene Weise zum Abschluss kommen. Zum Beispiel kann sich die Problemstellung durch äußere Entwicklungen erübrigen: Wenn ein Arbeitsloser eine neue Stelle gefunden hat, wird er kaum weiteren Beratungsbedarf sehen – auch wenn es aus Sicht des Beraters wünschenswert wäre, mit der Beratung fortzufahren, um innere Veränderungsprozesse beim Klienten weiterzuführen.

Die Beratung kann auch dadurch zum Abschluss kommen, dass sich das Selbstkonzept des Klienten gewandelt hat und er einen neuen Bewertungsrahmen gefunden hat. Der Klient kann in diesem Fall seine eigene

---

[90] Schaupp 2001, 76.

[91] Idealtypisch stellt Gerhard Fatzer die verschiedenen emotionalen Zustände, die zu einem Veränderungsprozess gehören, in einem Phasenmodell dar. Nach dem Modell Fatzers lassen sich insgesamt sieben Phasen unterscheiden: Schock, Verneinung, Einsicht, Akzeptanz, Ausprobieren, Erkenntnis, Integration. Dieser idealtypische Verlauf wird nicht in jeder Beratung gleichermaßen erkennbar sein. Fatzer zeigt aber, dass Klienten zu Veränderungsprozessen in der Regel emotionale Widerstände aufbauen und Frustrationsgefühle entwickeln. Zu diesen Reaktionen kommt es, wenn es der Person nicht gelingt, sich mit der veränderten Situation mit gewohnten Einstellungen und Verhaltensweisen zu arrangieren. Vgl. Fatzer 2002, 13-16.

[92] Giernalczyk 2006, 480.

[93] Vgl. Bamberger 2001, 94f.

Situation anders deuten. Eine konstruktive Bewältigung ist daran erkennbar, dass der Klient sich als eigenständig und positiv handlungsfähig erfährt, wodurch sein Hilfsbedürfnis nachlässt.[94]

Ferner kann es dazu kommen, dass die Beratung ohne zufriedenstellendes Ergebnis abgebrochen wird. In der Beziehung zwischen Klient und Berater hat sich unter Umständen nicht das nötige Vertrauensverhältnis eingestellt. „Im Allgemeinen endet der Beratungsprozess entweder damit, dass der Klient sich zu einer Therapie entscheidet, also weitermacht, oder sein Problem als gelöst ansieht, oder sich so weit gestärkt fühlt, dass er nun allein weiterarbeiten kann. Es gibt aber auch Situationen, in denen der Berater ein Ende setzen muss, wenn er den Eindruck gewinnt, nicht die notwendige Beziehung zum Klienten aufbauen oder aufrechterhalten zu können."[95]

In jedem Fall gehört zu einem Beratungsprozess, dass abschließend die Inhalte der Vereinbarung verifiziert werden: Wurden alle relevanten Punkte besprochen? Welche Erwartungen wurden erfüllt oder enttäuscht? Welche Alternativen wurden entwickelt und welche Entscheidungen getroffen? Welche Konsequenzen hatten oder hätten andere Verhaltensweisen?[96] Diese abschließende Klärung zeigt auch bei einem positiven Beratungsprozess weitere Entwicklungspotentiale auf. Aus jedem Beratungsprozess ergeben sich in der Regel neue Fragen, auch wenn das nicht bedeutet, dass ein weiterer Beratungsprozess begonnen werden muss.

1.3 Beratung als personales Geschehen: Personzentrierte Gesprächsführung nach Carl Rogers

Zu einer professionellen Beratung gehört wesentlich ein Kommunikations- und Interaktionswissen. Während in früheren Zeiten der psychologische Ansatz der Psychoanalyse vorherrschte, werden in der Pastoralpsychologie mittlerweile vielfältige psychologische Perspektiven behandelt, „um der Komplexität und Vielfalt der Realitätskonstruktionen einigermaßen gerecht zu werden"[97]. Es würde den Rahmen dieser Arbeit sprengen,

[94] Vgl. Schmid 1989, 150.
[95] Roth 2006, 210.
[96] Vgl. Weinberger 2008, 109f.
[97] Klessmann 2004, 69.

über die verschiedenen Beratungsansätze und -disziplinen, die der seelsorglichen Beratung zugrunde liegen können, Auskunft zu geben.[98]

Im Folgenden beschreibe ich das Grundmodell der personzentrierten Beratung des US-amerikanischen Psychologen und Psychotherapeuten Carl R. Rogers.[99] Es stellt ein Konzept der *humanistischen Psychologie*[100] dar.[101] Für sein Modell spricht in diesem Zusammenhang, dass der personzentrierte Ansatz „in der Ausbildung von Seelsorgern in den beiden christlichen Kirchen eine große Verbreitung gefunden"[102] hat. Auch der Pastoralpsychologe Isidor Baumgartner bestätigt: „In der seelsorglichen Krisenbegleitung gehört die personzentrierte Gesprächsführung zu den am häufigsten aus der Psychotherapie entlehnten und aufgegriffenen Konzepten."[103]

Mitarbeiter kirchlicher Beratungseinrichtungen und die verschiedenen pastoralen Berufsgruppen, aber auch viele qualifizierte ehrenamtliche Mitarbeiter werden mehrheitlich nach diesem Ansatz ausgebildet oder zumindest mit den Grundlagen des Modells vertraut gemacht.[104] Darüber hinaus entsprechen die Grundhaltungen des personzentrierten Ansatzes dem Anliegen der christlichen Seelsorge, „weist doch das aus sorgfältiger Beobachtung und existentieller Betroffenheit stammende Menschenbild, auf dem dieser Ansatz beruht, oft eine beachtliche Nähe zu biblischen Aussagen über den Menschen auf"[105]. Anknüpfend an die Gesprächspsy-

---

[98] Zu den verschiedenen psychologischen Ansätzen seelsorglicher Beratung liefert der Pastoralpsychologe und Caritaswissenschaftler Heinrich Pompey einen Überblick. Siehe dazu Pompey 1986, 182-192.

[99] Für eine tiefer gehende Auseinandersetzung mit dem personzentrierten Ansatz verweise ich auf die einschlägige Literatur. Zur Person Rogers: Siehe Schmid 1989, 76-90. Eine genauere Aufarbeitung dieses Ansatzes für die Seelsorge liefert zum Beispiel die evangelische Theologin und Psychotherapeutin Helga Lemke, die das zugrunde liegende humanistische Menschenbild auch theologisch reflektiert. Siehe Lemke 1995, 46-60.

[100] Zum Begriff der *humanistischen Psychologie* und ihren unterschiedlichen Konzepten siehe Kießling 2002, 70-74 und 102-111.

[101] Aus der Vielzahl der Publikationen zur personzentrierten, seelsorglichen Beratung seien exemplarisch angeführt: Baumgartner 2007a, 29-43, Lemke 1995, Schmid 1989.

[102] Moser 2011, 81.

[103] Baumgartner 2007a, 29.

[104] Vgl. Moser 2011, 81. Allerdings werden viele Seelsorger während des Theologiestudiums und der anschließenden praktischen pastoralen Ausbildung nur marginal beraterisch ausgebildet. Daher ist ihr Wissen um psychische Vorgänge und Gesetzmäßigkeiten oftmals gering. Vgl. Eckart 2006, 386.

[105] Schmid 1989, 214. Zur theologischen Grundlegung der personzentrierten, beratenden Seelsorge siehe ferner Pompey 1986, 195-200. Vgl. dazu auch Moser 2011, 83. Vgl. dazu auch Lemke 1981, 32. Ferner zeigt Lemke, dass das partnerbezogene Vorgehen sich gut mit dem Verhalten Jesu vergleichen lässt. Siehe dazu Lemke 1992, 35-50. Nauer wiederum

chotherapie Rogers ist auch ein eigenes partner- bzw. personzentriertes Seelsorgekonzept entstanden.[106]

Der nicht-direktive[107], personzentrierte Ansatz hat sich dahingehend als wirksam erwiesen, dass durch ihn Beratung zu einem *personalen Geschehen* wird. Die *Subjekthaftigkeit* des Klienten steht im Zentrum: Was den Klienten bewegt, was ihn belastet, wonach er sich sehnt, soll in der Beratung Raum finden. Sein Bezugsfeld und seine Erfahrungen stellen das Fundament der Gesprächsführung dar.[108] Die Probleme eines Menschen werden dabei nicht als losgelöste Objekte behandelt. Vielmehr geht es um das Interesse an der Person, die ein Problem hat, nicht um das Problem an sich.[109] Die subjektiv geprägten Deutungsweisen und individuellen Ressourcen und Potentiale des Klienten werden exploriert, damit dieser wieder aktiv und eigenverantwortlich sein Leben gestalten kann.[110] Der Klient sucht nach Rogers zwar aktiv und freiwillig nach Hilfe, hat jedoch nicht die Absicht, seine eigene Verantwortlichkeit für die Situation an den Berater abzutreten.[111]

Wie es gelingen kann, dass Klient und Berater sich in ihrer Personalität einbringen können und so eine personale Begegnung[112] stattfindet, wird anhand des personzentrierten Ansatzes im Folgenden dargestellt.

---

weist darauf hin, dass sich diese theologischen Fundierungen nicht vereinheitlichen lassen. Die Grundhaltungen, die Rogers für seinen Ansatz formuliert hat, werden in der Forschung auf unterschiedliche Weise mit dem Verhalten Jesu verglichen. Vgl. Nauer 2001, 163ff.

[106] Vgl. dazu Nauer 2001, 156-172.

[107] Rogers bezeichnete seinen Ansatz ursprünglich als nicht-direktiv, mit der Weiterentwicklung seines Ansatzes veränderte sich dann aber auch die Bezeichnung: Zuerst sprach Rogers vom klientenzentrierten Ansatz, schließlich – als der Ansatz nicht mehr nur auf den therapeutischen Bereich bezogen war – nannte er ihn personzentriert. Vgl. Schmid 1989, 55-57, 90ff. Nach wie vor ist es das zentrale Kennzeichen des personzentrierten Ansatzes, dass der Berater jede Fremdbestimmung unbedingt vermeidet. Beratung, die auf Interpretationen, Ratschläge und bestimmte Erwartungen an den Klienten verzichtet, erlaubt dem Klienten, (wieder) auf seine eigenen Überzeugungen und Bedürfnisse zu vertrauen. So wird ein angstfreier Raum geschaffen, der es ermöglicht, innere Widerstände zu überwinden. Vgl. Lemke 1995, 39f.

[108] Vgl. Lemke 1995, 39.

[109] Vgl. Schmid 1990, 74f. Vgl. auch Schmid 1989, 39-44.

[110] Vgl. Straumann 2004, 645. Vgl. auch Lemke 1995, 39.

[111] Vgl. Rogers 1976, 40-43.

[112] Vgl. Schmid 1989, 104-107.

1.3.1 Die personzentrierte Beratung: Die drei Grundhaltungen des Beraters

Im Folgenden gehe ich auf das Verständnis der *personzentrierten Beratung* in der Seelsorge ein, um anhand dieser Schule exemplarisch zu zeigen, welche zentralen Kompetenzen für die Gesprächsführung benötigt werden. Der personzentrierte Ansatz basiert auf drei Grundhaltungen des Beraters, die hier skizziert werden sollen. Sie dienen der Entwicklung einer vertrauensvollen Beziehung zwischen Klient und Berater, welche wiederum die Voraussetzung dafür ist, dass der Klient seine Probleme selbst bewältigen kann.

Die drei Grundhaltungen[113] gelten heute auch in anderen Konzepten als Basis einer förderlichen Beratungsbeziehung.[114]

1.3.1.1 Kongruenz

Eine vertrauensvolle Beziehung zwischen Berater und Klient kann nur dann entstehen, wenn der Berater sich als Person unverstellt auf sein Gegenüber einlässt. Sein Verhalten wird dann als kongruent bezeichnet, das heißt, dass der Berater *mit sich selbst übereinstimmt.*[115] Kongruenz meint hier eine Authentizität, die Vertrauen zwischen zwei Personen schafft, weil sie einander nichts vorspielen. Rogers schreibt dazu: „Je mehr der Therapeut in der Beziehung er selbst ist, das heißt, kein professionelles Gehabe und keine persönliche Fassade zur Schau trägt, desto größer ist die Wahrscheinlichkeit, daß sich der Klient äußern und auf konstruktive Weise wachsen wird."[116]

Außerdem ermöglicht diese Haltung dem Klienten, sich selbst besser wahrzunehmen: „Nur indem ich die authentische Realität, die in mir ist, biete, kann der andere mit Erfolg nach der Realität in sich suchen."[117] Dies erfordert, die Gefühle mitzuteilen, die in direktem Zusammenhang mit der Beziehung zum Klienten stehen. Authentizität setzt außerdem voraus, dass der Berater eigene Erfahrungen, gerade auch in schwierigen Zeiten und Lebenswenden, reflektiert hat.[118] Im Kontext dieser Arbeit ist

---

[113] Vgl. Rogers 1983, 23-32. Vgl. auch Rogers 2009, 46-49. Hier fasst Rogers seine Theorie der Therapie zusammen, deren Fundament die drei Grundhaltungen Kongruenz, bedingungslose Wertschätzung und Empathie darstellen.

[114] Vgl. Nestmann 2004, 792.

[115] Vgl. Schmid 1989, 122-129.

[116] Rogers 1987, 67.

[117] Rogers 1982, 47.

[118] Vgl. Müller 1990, 26f.

es ferner von besonderer Bedeutung, dass der Berater auch *geschlechtsreflektiert* ist. Das heißt, er muss die eigene Sexualität, das eigene Partnerschaftsverhalten und den eigenen Umgang mit Aggressionen reflektiert haben.[119]

Rogers gesteht zu, dass man nicht erwarten kann, dass der Berater oder Therapeut ständig völlig kongruent ist. „Es reicht aus, wenn er in diesem besonderen Augenblick der unmittelbaren Beziehung mit seinem spezifischen Gegenüber ganz und gar er selbst ist, wenn er die Erfahrung dieses Augenblicks exakt symbolisiert und in sein Selbstbild integriert."[120]

1.3.1.2 Positive Wertschätzung

Die zweite Grundhaltung besteht darin, den Klienten ohne Vorbedingungen wertzuschätzen und anzunehmen. Der Berater schafft so die Grundlage für ein wechselseitiges Vertrauensverhältnis.[121] Wenn eine Person in einer Krise Beratung nachfragt, fühlt sie sich selbst meist durch die Situation oder ihr Umfeld in Frage gestellt. Dieser Unsicherheit begegnet der Berater mit *uneingeschränktem Akzeptieren* des anderen: Er zeigt sowohl durch seine Körpersprache als auch durch seine Äußerungen, dass er den anderen so annimmt wie er ist. Ein konstruktives Vertrauensverhältnis entsteht, wenn der Klient auch seine Fehler und Schwächen zeigen darf, ohne dafür kritisiert zu werden.[122] Wertschätzung und emotionale Wärme erfolgen nicht selektiv, das heißt nur in Bezug auf bestimmte Aussagen oder Verhaltensweisen, sondern werden dem Klienten als ganzer Person entgegen gebracht.[123] Der Berater unterscheidet dabei zwischen „eigenen Bewertungsmaßstäben und urteilsfreiem Annehmen"[124]. So kann es vorkommen, dass bestimmte Verhaltensweisen des Klienten auf Seiten des Beraters Kritik hervorrufen. Die unbedingte Wertschätzung der Person besteht in jedem Fall weiter und ermöglicht dem Klienten, sich ohne Vorbehalte gegenüber dem Berater zu öffnen: „Die Art der beschriebenen Wertschätzung umfaßt ebenso sehr das Gefühl des Akzeptierens für die

---

[119] Vgl. Prömper 2003, 293.

[120] Rogers 2009, 49. Nach Rogers werden Erfahrungen *exakt symbolisiert*, wenn die Erfahrungen des eigenen Organismus angemessen im Bewusstsein repräsentiert werden. Störungen liegen in dieser Hinsicht zum Beispiel vor, wenn eigene Gefühle oder körperliche Bedürfnisse nur verzerrt wahrgenommen werden.

[121] Diese Herangehensweise prädestiniert die personzentrierte Beratung für Fälle, in denen die „Grenzen von Ratschlägen, Empfehlungen, Wissensvermittlung und Informationsberatungen erfahrbar werden." (Straumann 2004, 645)

[122] Vgl. Rogers 1987, 67f.

[123] Vgl. Schmid 1989, 132-136.

[124] Schmid 1989, 134.

Äußerungen defensiver, feindlicher, negativer und schmerzvoller Gefühle des Klienten wir für seine Äußerungen von liebevollen, reifen oder positiven Gefühlen."[125]

1.3.1.3 Einfühlendes Verstehen

Für den Beratungsprozess ist es konstitutiv, dass sich der Klient verstanden fühlt. Daher nimmt der Berater eine Haltung ein, aus der heraus er den anderen *einfühlend verstehen* will.[126] Er engagiert sich emotional für sein Gegenüber, lässt sich auf die Gefühls- und Gedankenwelt des Klienten ein und verbalisiert seine Wahrnehmungen.[127] Der Berater ist folglich empathisch, bleibt sich dabei aber seiner Position des „als-ob" (als ob er der andere wäre) bewusst.[128] Der Berater teilt dem Klienten seine Wahrnehmungen bewertungsfrei mit. „Richtiges Verbalisieren stellt sicher, daß fremde Aspekte im Gespräch weitestgehend vermieden werden, daß der Klient im Mittelpunkt bleibt und so zu weiterer Selbstexploration angeregt wird."[129] Ein Vertrauensverhältnis kann wachsen, wenn der Klient sich in dem wiederfindet, was der Berater ihm zurückgemeldet hat.

Dazu muss der Berater gelernt haben, eigene Probleme und Gedanken falls nötig zurückzustellen. Ferner ist ein gewisses Maß an Lebenserfahrung erforderlich, um empathisch auf die Schilderungen des Gegenübers reagieren zu können.[130] Schließlich kann einfühlendes Verstehen leichter gelingen, wenn der eigene Erfahrungshorizont Anknüpfungspunkte zum Leben des anderen aufweist.[131] Um sich auf den Erfahrungshintergrund des Klienten einstellen zu können, gilt auch für die personzentrierte Beratung, dass sie kontextgebunden stattfindet und für das jeweilige Anwendungsfeld präzisiert werden muss.[132]

---

[125] Rogers 1991b, 199.

[126] Zum Stichwort *Empathie* siehe Pawlowsky 1984, 128-139.

[127] Vgl. Schmid 1989, 139-150. Vgl. auch Lemke 1995, 65.

[128] Vgl. Rogers 2009, 44. Vgl. auch Schmid 1989, 142-146.

[129] Schmid 1989, 149. „Im Gesprächspartner wird durch die Verbalisierung seines emotionalen Erlebens und die damit verbundene Zuwendung und Wertschätzung durch einen als echt erfahrenen Helfer die ‚Selbstexploration', das heißt die vermehrte, differenzierte Auseinandersetzung mit seinem inneren Erleben, gefördert." (Schmid 1989, 150)

[130] Vgl. Lemke 1995, 64f. Vgl. auch Straumann 2004, 651.

[131] Dazu gehört auch, selber an Supervision teilzunehmen, um Gemeinsamkeiten und Unterschiede mit Klienten realistisch einschätzen zu können. Jedoch ist große Vorsicht geboten, wenn der Berater ähnliche Krisen wie der Betroffene erlebt hat und diese noch nicht ausreichend bewältigt hat. Hier besteht die Gefahr, sich zu stark mit dem Betroffenen zu solidarisieren oder in Selbstmitleid zu verfallen. Vgl. Lemke 1995, 98f.

[132] Vgl. Straumann 2004, 642.

An den Klienten stellt die personzentrierte Beratung daher nur eine zentrale Anforderung: Er muss sich öffnen und mitteilen, das heißt Anteil geben an seinen Erfahrungen, Wünschen, Ängsten und inneren Bewegungen. Nur dann kann der Beratungsprozess einen konstruktiven Verlauf nehmen.[133]

Wenn der Berater die erforderlichen drei Grundhaltungen einnimmt, entsteht ein Beratungsklima, das dem Klienten hilft, zu individuellen Lösungen zu kommen: „Das Individuum verfügt potentiell über unerhörte Möglichkeiten, um sich selbst zu begreifen und seine Selbstkonzepte, seine Grundeinstellungen und sein selbstgesteuertes Verhalten zu verändern; dieses Potential kann erschlossen werden, wenn es gelingt, ein klar definierbares Klima förderlicher psychologischer Einstellungen herzustellen.“[134]

Diese Grundhaltungen dürfen jedoch nicht als eine Technik verstanden werden, mit denen sich in einem Gesprächsprozess bestimmte Ergebnisse produzieren lassen.[135] Vielmehr geht es um ein Zusammenspiel dieser drei Haltungen, die den Berater ganzheitlich betreffen: „Echtheit erfordert Kongruenz mit sich selbst; emotionale Wärme setzt voraus, kontrolliert mit eigenen Machtansprüchen umzugehen, um Andersartigkeit akzeptieren zu können; Empathie ist ein bewußtes Umgehen mit eigenen Wahrnehmungen, Kognitionen und den durch sie ausgelösten Gefühlen.“[136] Der Berater muss jede Grundhaltung hinreichend verinnerlichen. Im Blick auf die wertschätzende Annahme des anderen bedeutet das zum Beispiel, dass der Berater es selbst zulassen kann, Liebe anzunehmen und ambivalente Gefühle auszuhalten.[137]

Darüber hinaus ist es wichtig, dass die drei Grundhaltungen für den Klienten auch erfahrbar werden: „Es genügt nicht, daß diese Bedingungen im Therapeuten existieren. Sie müssen zu einem gewissen Grad dem Klienten erfolgreich vermittelt worden sein.“[138] Nur so kann es gelingen, dass der Klient selbst zu diesen Haltungen findet. Insofern handelt es sich beim personzentrierten Ansatz um ein Lernen am Modell: Wer selbst er-

---

[133] Vgl. Lemke 1995, 54.

[134] Rogers 1987, 66-67.

[135] Vgl. Rogers 1976, 34. Vgl. auch Schmid 1990, 76f. Für Schmid sind die personzentrierten Grundhaltungen vielmehr Ausdruck einer *Lebenseinstellung*.

[136] Lemke 1995, 45. Vgl. dazu auch Schmid 1990, 78-81.

[137] Vgl. Schmid 1989, 138f.

[138] Rogers 1982, 278.

fahren hat, empathisch verstanden zu werden, kann auch gegenüber sich selbst und anderen empathischer werden.[139]

Im folgenden Kapitel wird weiterführend darauf eingegangen, wie dem Klienten anhand dieser Grundhaltungen geholfen werden kann und welche Veränderungen in seinem Selbstkonzept dadurch angestrebt werden.

1.4 Fazit zur Einordnung seelsorglicher Beratung

Folgende Grundlagen der seelsorglichen Beratung sind festzuhalten:

1. Die Begriffe *Beratung* und *Seelsorge* umfassen jeweils ein enormes Bedeutungs-spektrum. Ich plädiere jedoch dafür, den Begriff *seelsorgliche Beratung* nicht für jedes zwischenmenschliche Gespräch im Kontext von Kirche zu verwenden. Es wurde gezeigt, dass es durchaus Unterschiede zu anderen Gesprächsformen, wie der geistlichen Begleitung oder einer Supervision, gibt.

2. Zu einem modernen Beratungsverständnis gehört, dass die Entscheidungsfreiheit des Klienten gewahrt bleibt. Seelsorgliche Beratung geschieht daher zwischen zwei Personen, die sich auf Augenhöhe und in gegenseitiger Autonomie begegnen.[140]

3. Seelsorgliche Beratung erfordert Beratungswissen: Dieses Beratungswissen umfasst auch organisatorische Standards. So wurde ein idealtypischer Verlauf eines Beratungsprozesses geschildert, an dem sich der seelsorgliche Berater orientieren sollte. Dabei zeigte sich, dass ein persönlicher Veränderungsprozess bestimmte Rahmenbedingungen erfordert, um sich als Klient professionell begleitet zu wissen.

4. Meines Erachtens kann erst dann von Beratung gesprochen werden, wenn Kenntnisse über ein Beratungsmodell vorliegen. Hier habe ich das Modell von Rogers vorgestellt, welches in der Seelsorge erfolgreich eingesetzt wird.

Diese allgemeine Einführung zur seelsorglichen Beratung stellt das Fundament für die weiteren Überlegungen dar, die auf die Zielgruppe arbeitsloser Männer im Beratungsprozess abheben.

---

[139] Vgl. Schmid 1989, 52ff.

[140] „Im Seelsorgeprozess treffen somit zwei Subjekte auf der Basis gegenseitiger Achtung ihrer Subjektwürde, Autonomie und Entwicklungsfähigkeit partnerschaftlich aufeinander." (Nauer 2001, 170) Vgl. dazu auch Schmid 1994, 20.

2. Grundanliegen der Beratung: Konstruktive Anpassung des Selbstkonzepts

In diesem Kapitel wird anhand des Begriffs vom Selbstkonzept ausgeführt, vor welchem theoretischen Hintergrund die seelsorgliche Beratung stattfindet. Da das Selbstkonzept die Selbstwahrnehmung bestimmt und vorgibt, wie Informationen interpretiert werden, lässt sich damit erklären, warum Menschen auf ähnliche Situationen ganz unterschiedlich reagieren. Warum gelingt es manchen Personen sich nach dem Verlust des Arbeitsplatzes bald wieder neue Ziele zu setzen und die veränderte Situation aktiv zu gestalten? Warum verlieren andere ihren inneren Antrieb, ziehen sich aus ihrem Umfeld zurück und geraten in eine soziale Abwärtsspirale? Um auf diese Fragen eine Antwort zu finden, benötigt der Berater ein psychologisches Grundverständnis dafür, wie sich das Selbstkonzept des Klienten und damit seine Selbst- und Weltdeutung entwickeln. Im Folgenden wird daher zum einen gezeigt, wie sich das Selbstkonzept einer Person entwickelt, von dem auch ihr Verhalten in Krisensituationen abhängt. Zum anderen wird danach gefragt, warum manchen Personen die Anpassung an neue Situationen gelingt und warum andere daran scheitern. Auf der Grundlage dieser Ergebnisse wird im weiteren Verlauf der Arbeit gezeigt, wie arbeitslose Männer bei einem konstruktiven Bewältigungsprozess begleitet werden können.

Die zugrunde liegende These lautet, dass der Verlust des Arbeitsplatzes bei vielen Männern eine existentielle Verlusterfahrung auslöst. In diesem Fall hat der seelsorgliche Berater die Aufgabe, dem Klienten dabei zu helfen, die eigene Selbst- und Weltdeutung zu überdenken.[141] Dafür muss zuerst einmal das bisherige Selbstkonzept des Klienten im Gespräch zutage treten.

2.1 *Selbstkonzept* – Definition und Vorverständnis

Es ist eine psychologische Grundfrage, wie sich die Werte und Selbstannahmen einer Person entwickeln und biografisch verändern. Zu dieser Frage gibt es eine unüberschaubare Fülle an Theorien und Forschungsmethoden. So ist auch die Forschung zum Selbstkonzept nicht zu vereinheitlichen.[142] Ich möchte an dieser Stelle dennoch versuchen, für den seel-

[141] Vgl. Schmid 1989, 159-165.

[142] Vgl. Mummendey 1993, 171-189. Dies zeigt sich unter anderem an der Vielfalt der Begriffe, mit denen die Forschung zu diesem Thema arbeitet. Hier ist unter anderem von Selbstkognitionstheorien, Selbstkonsistenztheorien, Selbstdarstellungstheorien, Selbstorganisationstheorien, Selbstverwirklichungstheorien oder Theorien der sozialen Identität die

sorglichen Berater Grundlinien gängiger Selbstkonzept-Theorien nachzuzeichnen.[143] Trotz vieler Unterschiede in der Forschung lassen sich bestimmte Grundaussagen festhalten, die für diese Arbeit relevant sind. Anschließend gehe ich auf das Modell zum Selbstkonzept von Rogers genauer ein, da sein Beratungsansatz in dieser Arbeit besondere Beachtung findet.

Da es keine allgemein akzeptierte Definition des Begriffs *Selbstkonzept*[144] gibt, formuliere ich in der Zusammenschau unterschiedlicher Ansätze folgende, eigene Definition[145]:

> In der sozialen Interaktion erfährt sich jeder Mensch als gekennzeichnet durch eine spezifische Kombination von Merkmalen, Fähigkeiten und Einstellungen. In ihrer verdichteten Gesamtheit wird diese Kombination als *Selbstkonzept* bezeichnet. Gemäß diesem Selbstkonzept werden auch die Beziehungen zur sozialen Umwelt auf spezifische Weise wahrgenommen und gestaltet. So erschließen sich aus dem Selbstkonzept die typischen Reaktionsmuster einer Person.

2.2 Wie entwickeln sich Selbstkonzepte?

Jeder Mensch entwickelt im Laufe seiner Kindheit und Jugend ein Selbstkonzept. Es repräsentiert die Maßstäbe des eigenen Handelns, die transsituativ gültig sind. Ohne Selbstkonzept wäre eine Person hand-

---

Rede. Zu den Schwierigkeiten der Selbstkonzeptforschung siehe auch Mummendey 2006, 92ff. Zur Geschichte und zu Perspektiven der Selbstkonzeptforschung siehe Filipp 2000, 7-14. So ist zum Beispiel zu fragen, wie Veränderungen des Selbstkonzepts sicher festgestellt werden können. Ist das überhaupt von außen möglich oder muss man sich dabei auf die Einschätzung des Klienten verlassen? Da Selbstkonzepte hochgradig subjektive Merkmale umfassen, erscheinen objektive Aussagen darüber fraglich. Insofern können lediglich Äußerungen über das Selbstkonzept objektiv erfasst werden. Kommen also zwei Beurteiler unabhängig voneinander zu übereinstimmenden Feststellungen, gewährt dies die Objektivität nach Mummendey hinreichend. Vgl. Mummendey 2006, 214f.

[143] Diese Grundlinien dienen der Orientierung im Beratungsprozess, sie können gleichwohl vom Berater nur bedingt auf die konkrete Beratungsarbeit übertragen werden. „Personen, Individuen lassen sich auch nicht auf der Basis allgemein formulierter Modelle, Theorien oder Ideologien wirklich angemessen verstehen oder aus ihnen ableiten.“ (Roth 2006, 197) Der Berater steht stets vor der Aufgabe, sein Fachwissen mit den konkreten Gegebenheiten zu konfrontieren und dabei zu individuellen Lösungswegen zu kommen.

[144] So werden in der Forschung zum Beispiel auch die Begriffe *Selbstkonzept*, *Identität*, *Selbstbild*, *Selbstschema*, *Selbstmodell* oder *Selbsttheorie* mehrheitlich synonym verwendet. Vgl. Laskowski 2000, 12f.

[145] Dabei stütze ich mich vor allem auf die Ausführungen der Psychologin Annemarie Laskowski. Vgl. Laskowski 2000, 10ff, 36ff.

lungsunfähig und könnte Informationen aus ihrer Umwelt nicht einordnen.[146] Die Psychologin Sigrun-Heide Filipp nennt fünf Quellen[147], aus denen sich das Selbstkonzept einer Person speist. Je nach Alter und Situation können manche von ihnen von größerer Bedeutung sein als andere. In jedem Fall sind jedoch direkte und indirekte Zuschreibungen durch das soziale Umfeld prägend.

a. Direkte Eigenschaftszuweisungen durch andere Personen
   In der verbalen Kommunikation erfährt eine Person, welches Bild andere von ihr haben – auch wenn dies eher selten explizit geschieht. Eine direkte Eigenschaftszuweisung lautet etwa: *Du bist unmusikalisch.* Diese Aussagen anderer über die eigene Person werden mit den eigenen Vorstellungen von sich selbst verglichen. Je mehr Interaktionspartner ähnliche Zuschreibungen vornehmen, desto bedeutsamer werden sie.

   Fremdattributionen beziehen sich jedoch nicht allein auf einzelne Personen, sondern auch auf eine Gruppe oder ein Geschlecht. Dann heißt es zum Beispiel, eine bestimmte Eigenschaft sei *typisch* für einen Lehrer, eine Italienerin oder einen Mann. Derartige Fremdzuschreibungen können mit der Zeit als internalisierte kollektive Meinungen zu Selbstzuschreibungen werden.[148]

   Ob aus Fremdzuweisungen Selbstzuweisungen werden, hängt davon ab, welche Bedeutung der Interaktionspartner für die betreffende Person hat. Einfluss auf das Selbstkonzept haben vor allem nahestehende Sozialpartner, zum Beispiel Familienangehörige und Freunde, oder Repräsentanten einer für die Person wichtigen Bezugsgruppe.[149] Dabei ist zu beachten, dass der Einzelne durch die Wahl seiner Interaktionspartner und seine Selbstdarstellung die Fremdzuschreibungen zumindest teilweise mitbestimmt.[150]

b. Indirekte Eigenschaftszuweisungen durch andere Personen
   Filipp schreibt: „Indem andere Menschen sich gegenüber einer Person in bestimmter Weise verhalten, vermitteln sie auch immer (absichtlich oder nicht) ihre Einschätzung und Urteile über diese Person.“[151] Menschen entwickeln ihr Selbstkonzept somit auch danach,

---

[146] Vgl. Laskowski 2000, 38.
[147] Vgl. Filipp 1993, 131-139.
[148] Vgl. zu diesem Abschnitt Filipp 1993, 132ff.
[149] Vgl. Mielke 2000, 168f.
[150] Vgl. Laskowski 2000, 156.
[151] Filipp 1993, 134.

wie sie das Verhalten anderer sich selbst gegenüber wahrnehmen und interpretieren. Auch hier ist von einer komplexen Wirkungskette auszugehen, da ähnliche Verhaltensweisen unterschiedlich wahrgenommen, interpretiert und auf die eigene Person bezogen werden. Auch bei indirekten Fremdzuschreibungen ist der Einzelne nicht nur passiver Rezipient, sondern beeinflusst selbst mit, wie andere sich ihm gegenüber verhalten.[152]

In der Beratung muss der Berater darauf achten, welche direkten und vor allem indirekten Eigenschaftszuweisungen er gegenüber dem Klienten vornimmt. Zum Beratungserfolg wird wesentlich beitragen, wenn der Klient wahrnimmt, dass der Berater ihm positive Eigenschaften zuschreibt. Gleichwohl müssen diese Rückmeldungen authentisch sein. Sonst wird der Klient diese Eigenschaftszuweisungen nicht ernst nehmen, sondern sie zum Beispiel als Schmeicheleien abtun.

c. Selbstzuweisungen von Eigenschaften als Resultat von Vergleichen

Menschen verarbeiten nicht nur von außen kommende Informationen, sondern generieren auch selbst Informationen, die sich evaluativ-reflexiv auf ihr Selbstkonzept beziehen. Um sich selbst einschätzen zu können, orientiert sich der Einzelne am Ergebnis von sozialen Vergleichen. Dabei ist die Person zum einen in ein bestimmtes Umfeld eingebettet, zum anderen kann sie aus diesem Umfeld Referenzpersonen oder -gruppen wählen.[153] Erst im Vergleich mit anderen können die meisten eigenen Fähigkeiten eingeschätzt werden und Selbstzuschreibungen (wie zum Beispiel: *ich bin kontaktfreudig*) erfolgen. Von den Vorgaben des bestehenden Selbstkonzepts hängt es wiederum ab, wie häufig und mit wem verglichen wird und wie die Vergleiche subjektiv bewertet werden.[154]

Dabei lässt sich die Selbstbewertung durch soziale Vergleiche innerhalb kurzer Zeit sowohl positiv als auch negativ stark beeinflussen.[155] Daraus kann man schließen, dass das eigene Selbstkonzept

---

[152] Vgl. zu diesem Abschnitt Filipp 1993, 134f.

[153] Vgl. Laskowski 2000, 19f.

[154] Vgl. zu diesem Abschnitt Filipp 1993, 135f.

[155] Der amerikanische Psychologe Kenneth J. Gergen hat in Experimenten zur Erfassung des Selbstwertgefühls gezeigt, dass sich die Höhe des Selbstwertgefühls durch die bloße Anwesenheit einer weiteren Person deutlich beeinflussen lässt. Fällt der soziale Vergleich situativ positiv oder negativ aus, schlägt sich dies direkt auf die Selbstbewertung und damit das Selbstwertgefühl der Person nieder. Vgl. Gergen 1993, 80ff.

teilweise diffus ist und erst an Kontur gewinnt, wenn sich die Person direkt mit anderen vergleichen kann.

d. Selbstzuweisungen von Eigenschaften aus der Selbstbeobachtung
Eine weitere Möglichkeit, sich selbst Eigenschaften zuzuschreiben, liegt in der Selbstbeobachtung. Unabhängig von Interaktionspartnern können Menschen ihre eigenen Handlungen wahrnehmen und einschätzen. Zum Beispiel kann eine Person, während sie tanzt, zu dem Schluss kommen, ein guter Tänzer zu sein, weil sie sich in diesem Moment selbst als solchen wahrnimmt.[156]

e. Selbstzuweisungen von Eigenschaften durch selbstbezogenes Denken
Menschen können sich nicht nur selbst beobachten, sie können auch über sich selbst nachdenken und sich vergangene Verhaltensweisen vergegenwärtigen. Diese gespeicherten Selbsterfahrungen können die Grundlage dafür sein, neue selbstbezogene Informationen zu generieren. Zum Beispiel kann eine Person sich selbst für einen guten Tänzer halten, weil sie sich daran erinnert, wie sie bei früheren Gelegenheiten getanzt hat.

Bei der Rekonstruktion vergangener Ereignisse ist nicht entscheidend, ob es sich um objektive Informationen handelt. Aus einer individuellen Neuzusammenstellung verschiedener Erinnerungselemente kann der Einzelne neue Selbstzuschreibungen generieren. Dabei erfolgen Selbstbeurteilungen nicht allein retrospektiv, sondern auch prospektiv: Eigenes Verhalten und dessen Folgen können antizipiert werden, wodurch sich neue Informationen für das Selbstkonzept ergeben.[157]

Allerdings ist zu beachten, dass längst nicht immer ein solcher innerer Dialog über persönliche Eigenschaften geführt wird. In der Beratung kann dies angeregt werden, um in einem weiteren Schritt Kriterien für die Selbsteinschätzung besprechen zu können.[158]

Diese fünf Quellen beeinflussen eine Person nie unabhängig voneinander. Vielmehr handelt es sich um eine fortwährende Wechselwirkung zwi-

---

[156] Vgl. zu diesem Abschnitt Filipp 1993, 136ff.

[157] Vgl. zu diesem Abschnitt Filipp 1993, 138f.

[158] „Die Selbstaufmerksamkeit lässt sich auch induzieren, indem man selbstbezogene Rückmeldungen verstärkt, zum Beispiel durch Spiegel, Video, akustisches Feedback, durch Fotos der Person in früheren Situationen und durch psychotherapeutische Interventionen." (Hauke 2001, 13)

schen Umwelt und Person.[159] Welche Bedeutung die einzelnen Quellen für das Selbstkonzept haben, ist zum Beispiel abhängig vom individuellen Status des Selbstkonzepts. Es gibt Selbstkonzepte, die starr und dominierend sind, und solche, die eher diffus und fragil sind.[160] Dies hängt unter anderem vom Lebensalter der Person ab: In der Jugend erfolgen viele Zuschreibungen erstmalig, so dass man entsprechend sensibel auf neue, relevante Informationen reagiert. Erste Erfahrungen werden in dieser Lebensphase oft generalisiert. Daher weisen Kinder und Jugendliche eine höhere Dynamik in der Entwicklung ihres Selbstkonzepts auf.[161] Ferner sind Kinder nur bedingt zu selbstreflexivem oder prospektivem Denken in der Lage.

In der früheren Forschung war man der Auffassung, dass Erwachsene ihr Selbstkonzept nicht mehr verändern können und wollen. Diese Annahme konnte jedoch widerlegt werden. Es hat sich gezeigt, dass es in jedem Lebensalter zu erheblichen Veränderungen kommen kann.[162] Der Psychologe Hans Dieter Mummendey weist jedoch darauf hin, dass diese Anpassung des Selbstkonzepts häufig von den Betreffenden selbst nur eingeschränkt wahrgenommen und eingestanden wird: „Konstanz und Stabilität im Erwachsenenalter scheint es also vor allem in der subjektiven Sicht der Individuen zu geben. Erwachsene Personen scheinen subjektive, phänomenale Stabilität zu benötigen, um Identität und quasi eine abgerundete Autobiographie zu konstruieren."[163]

Diesem Bedürfnis nach einer konstanten und stabilen Autobiographie laufen krisenhafte Erfahrungen entgegen. So geht der Beratung in der Regel eine solche krisenhafte Erfahrung voran. Um diese in der Beratung aufzuarbeiten, darf das Selbstkonzept des Klienten jedoch nicht als autonome Größe behandelt werden. Wie gezeigt wurde, steht es stets in enger Wechselwirkung mit anderen Interaktionspartnern. „Verändert die krisenauslösende Bedrohung das soziale Gefüge, kann ein Verlust der Identität eintreten, so dass der Betroffene sich in seinem Selbstbild total in Frage

[159] Siehe dazu auch das Prozessmodell der Psychologin Bettina Hannover. Nach Hannover stellt der soziale Kontext bestimmte Aktivierungsquellen bereit, durch die einzelne Inhalte des Selbstkonzepts angesprochen werden. Daraus leiten sich wiederum bestimmte Verhaltensweisen und Selbstzuschreibungen ab. Diese kontextbedingten Aktivierungen können mit der Zeit das Selbstkonzept verändern. Vgl. Hannover 2000, 234ff.

[160] Vgl. Laskowski 2000, 58f.

[161] Vgl. Laskowski 2000, 150.

[162] Vgl. Mummendey 2006, 104f.

[163] Mummendey 2006, 108.

gestellt sieht.“[164] Dem entsprechend muss der Berater auch eine neue Verortung im sozialen Kontext begleiten.

Ferner ist zu beachten, dass in einer existentiellen Krise nicht nur die Vorstellungen des Klienten von sich selbst massiv erschüttert werden, sondern damit zusammenhängend auch sein Verständnis von der ihn umgebenden Welt. Die Selbst- und Weltdeutung des Menschen korrespondieren miteinander: „Wie das Individuum sich selbst sieht, ist natürlich nicht unabhängig von der Wahrnehmung seiner Umwelt. Wie es seine Umwelt konzeptualisiert, ist in hohem Maße eine Reflexion seiner Selbstkognitionen und umgekehrt.“[165] In der Beratung lässt sich daher die Wiedergewinnung des Vertrauens in die eigene Person nicht trennen von der Wiedergewinnung des Vertrauens in die eigenen Wahrnehmungen und die daraus resultierenden Weltdeutungen.

2.2.1 Die Tendenz zur Selbststabilisierung

Bevor darauf eingegangen wird, wie sich Selbstkonzepte an neue Situationen anpassen und wie dies in der Beratung begleitet werden kann, wird danach gefragt, wie sich bestimmte Selbstzuschreibungen manifestieren.

Ein Selbstkonzept ist auf Stabilität angewiesen, damit planvolles Handeln möglich ist und sich im Alltag feste Handlungsmuster herausbilden können. So muss nicht jede Handlung nach neuen Kriterien bewertet werden. Grundsätzlich suchen Personen daher nach Anhaltspunkten, die ihr Selbstkonzept bestätigen. Der Psychologe Jochen Brandstätter vergleicht diese Vorgänge mit dem Immunsystem eines Menschen: „Wie das Immunsystem unseres Körpers auf antigene Substanzen mit der Bildung von Antikörpern reagiert, so antwortet unser Selbstsystem auf Informationen und Argumente, die es in seiner Integrität und Stabilität bedrohen, mit der Mobilisierung von Prozessen, welche die Kontinuität und Kohärenz des Selbstbildes zu sichern versuchen.“[166]

Beinhaltet das Selbstkonzept zum Beispiel eine positive Erwartungshaltung gegenüber der eigenen Person, sucht die eigene Wahrnehmung selektiv nach Informationen, die zu dieser Selbstzuschreibung passen.[167] Ist eine Person etwa davon überzeugt, belastbar und widerstandsfähig zu

---

[164] Lemke 1995, 98.

[165] Epstein 1993, 16.

[166] Brandstätter 2007, 38.

[167] Vgl. Becker 1987, 54-61. Vgl. auch Frey, Jonas, Frank & Greve 2000, 341ff. So führt ein hohes Selbstwertgefühl zum Beispiel dazu, dass Misserfolge und Konflikte seltener dem eigenen Verhalten angelastet werden. Vielmehr werden vor allem die Dinge wahrgenommen, die das positive Selbstbild bestätigen.

sein, werden Verlusterfahrungen und Misserfolge tendenziell ignoriert oder relativiert. Demgegenüber neigen Menschen mit einer überwiegend negativen Erwartungshaltung sich selbst gegenüber dazu, sich bei Misserfolgen in ihrer Selbsteinschätzung bestätigt zu sehen. Im Vergleich zeigt sich, dass die Bereitschaft zu planen, Strategien für das eigene Leben zu entwickeln und zielgerichtet zu handeln bei Personen, deren Selbstkonzept viele negative selbstbezogene Erwartungshaltungen aufweist, deutlich niedriger ist.[168] Jedes Selbstkonzept hat folglich eine starke Tendenz, sich selbst zu stabilisieren.[169] Dieser Mechanismus verstärkt sich noch einmal dadurch, dass das Selbstkonzept nicht nur die subjektive Informationsverarbeitung betrifft, sondern auch beeinflusst, welche Situationen aufgesucht oder gemieden werden, wie die Reaktionen in der jeweiligen Situation ausfallen und wie die Resultate aus diesem Verhalten bewertet werden.[170]

Die Tendenz, dass sich das Selbstkonzept nicht nur aus sich selbst heraus stabilisiert, sondern mit der Zeit bestimmte Selbstzuschreibungen verstärkt und bestimmte Handlungsmuster reproduziert, kann dazu führen, dass aus einer Erwartungshaltung, die sich im Selbstkonzept verfestigt hat, eine sich selbst erfüllende Prophezeiung wird.[171] Dies ist bei negativen Selbstzuschreibungen besonders problematisch und kann unter anderem zu sozialer Isolation führen.[172] Geht zum Beispiel ein Arbeitsloser von Beginn an davon aus, in einem Bewerbungsverfahren chancenlos zu sein, wirkt sich dies wahrscheinlich auch auf sein Auftreten gegenüber dem potentiellen Arbeitgeber negativ aus.

2.2.2 Auslöser für eine Destabilisierung und für Veränderungsprozesse

Jedes Selbstkonzept ist einerseits relativ stabil, verändert sich andererseits aber auch fortlaufend und passt sich neuen Gegebenheiten an.[173] In den meisten alltäglichen Situationen kann ein Erwachsener auf bestimmte Einstellungen, Fähigkeiten und habitualisierte Verhaltensabläufe zurückgreifen. Veränderungen oder Erweiterungen des Selbstkonzepts sind geboten, wenn sich in einer ungewohnten Situation aus dem Selbstkonzept

[168] Vgl. Laskowski 2000, 27.
[169] Vgl. Laskowski 2000, 22f.
[170] Vgl. Laskowski 2000, 118.
[171] Vgl. Laskowski 2000, 34.
[172] Vgl. Laskowski 2000, 33.
[173] Vgl. dazu Gergen 1993, 76-91.

keine adäquaten Reaktionsmöglichkeiten ableiten lassen.[174] Geht es schlicht um die Erweiterung des Selbstkonzepts durch zusätzliche Selbstzuschreibungen, ist dies unproblematisch. Es kann aber auch ein Veränderungsdruck dadurch entstehen, dass eine Person wiederholt eine Diskrepanz zwischen den Ansprüchen des Selbstkonzepts und den eigenen Handlungen empfindet, sei es durch Selbstbeobachtung oder Rückmeldungen von außen. Die daraus resultierende kognitive Dissonanz wird als unangenehm erlebt.[175] Veränderungen werden folglich durch nicht integrierbare Informationen initiiert. Hierbei ist entscheidend, von welchen und von wie vielen Personen ähnliche Informationen in welcher Frequenz ausgehen und wie groß die Diskrepanz zwischen der Selbsteinschätzung und der Information ausfällt.[176] Eine solche Diskrepanz kann der Verlust des Arbeitsplatzes auslösen. In unserer Gesellschaft ist der „Beruf selbst als bedeutsame Determinante des Selbstkonzepts zu betrachten“[177]. Beginnend mit dem Jugendalter lässt sich nachweisen, dass das berufliche Selbstkonzept zur Identitätsentwicklung von großer Bedeutung ist.[178] So erklärt sich, dass Arbeitslosigkeit bei vielen einen starken inneren Konflikt auslöst.

2.2.2.1 Zur inneren Verfasstheit des Selbstkonzepts

Im Laufe des Lebens bilden sich bestimmte Einstellungen heraus, anhand derer die eigenen Entscheidungen und Handlungen bewertet werden. Diese Bewertungskriterien sind für das Selbstkonzept konstitutiv und werden von den Psychologen Edgar Schmitz und Gernot Hauke *Standards* genannt.[179] Aus diesen Standards leitet sich ab, ob das eigene Leben subjektiv als sinnvoll und als kontinuierlicher Prozess empfunden wird. Mit ihnen sind somit immer auch positive oder negative Gefühlsreaktionen verknüpft.[180]

Innerhalb dieser Standards besteht eine Hierarchie, nach der die unterschiedlichen Werthaltungen organisiert sind.[181] Während einzelne Standards vor allem auf bestimmte soziale Kontexte und Situationen bezogen

---

[174] Vgl. Greve 2000, 104-107.

[175] Rogers spricht hier von Inkongruenz zwischen Erfahrung und Bewusstsein. Vgl. Schmid 1989, 107f.

[176] Vgl. Laskowski 2000, 159f.

[177] Heil & Scheller 1993, 267.

[178] Vgl. Mummendey 2006, 101f. Vgl. auch Becker-Schuh 2012, 446f.

[179] Vgl. Schmitz & Hauke 1992, 274f.

[180] Vgl. Schmitz & Hauke 1992, 274f.

[181] Vgl. dazu auch das Modell generalisierter Erwartungshaltung bei Krampen 1987, 122-125.

sind, wird bei abstrakten Wertvorstellungen, die über konkrete Handlungsmuster hinausgehen, von der *Prinzipienebene* gesprochen.[182] Diese stehen für „allgemeine Einstellungen, moralische Wertsetzungen oder abstrakte, verhaltensführende Inhalte".[183] Diese übersituativ gültigen Prinzipien repräsentieren die Person als Ganzes.[184] Eine Person richtet im Normalfall ihr eigenes Verhalten an individuellen Standards und Prinzipien, die die „Führungsgrößen des Handelns"[185] darstellen, aus. Ihr eigenes Verhalten wird dann von ihr selbst als sinnvoll und als Teil eines kontinuierlichen Entwicklungsprozesses wahrgenommen. Geschieht dies ohne Störungen, wird die Person ihre Standards und Prinzipien kaum reflektieren. Anlass und Motivation für eine intensivierte Selbstaufmerksamkeit geben zum Beispiel Verluste, Ungerechtigkeiten oder Verletzungen.[186] Grundsätzlich gilt, dass sich periphere Selbstdefinitionen leichter verändern lassen als zentrale.[187] Je dominierender jedoch die Prinzipien für das Selbstkonzept sind, desto schwieriger werden Neuausrichtungen und desto stärker müssen die Impulse sein, die für den Veränderungsdruck sorgen.[188]

Zum Beispiel kann ein peripherer Standard einer Person darin bestehen, dass sie sich selbst als talentierten Tischtennisspieler sieht. Je nach Lebensalter, Gesundheit und sportlichem Erfolg kann dieser Selbstbewertungsstandard aber kurzfristig Veränderungen unterliegen. Enttäuschte Selbsterwartungen auf dieser peripheren Ebene werden allerdings keine existentielle Krise auslösen. Lassen sich hingegen auf der Prinzipienebene, wie etwa dem Gerechtigkeitssinn, widersprüchliche Informationen von außen nicht mit eigenen Wertvorstellungen in Einklang bringen, stellt das eine enorme Belastung dar.[189] „Die Wertung des Gelingens oder Misslingens einer Handlung entspricht auf dieser Ebene der Wertung der ganzen Person."[190]

---

[182] Vgl. Schmitz & Hauke 1992, 275f. Diese Prinzipien weisen starke Parallelen zur Definition von Werten nach Hauke auf: Hauke 2001, 7. Danach lassen sich Prinzipien bzw. Werte wie folgt definieren: Prinzipien bzw. Werte beziehen sich auf das subjektiv Wünschbare, sie sind abstrakt, situationsübergreifend und emotional eingefärbt. Sie haben eine Orientierungsfunktion und steuern als Referenzwerte das Handeln.

[183] Schmitz & Hauke 1992, 275. Vgl. dazu auch Hauke 2001, 12.

[184] Vgl. Schmitz & Hauke 1992, 278.

[185] Schmitz & Hauke 1999, 56.

[186] Vgl. Hauke 2001, 13.

[187] Vgl. Schmitz & Hauke 1992, 287ff.

[188] Vgl. Brandstätter 2007, 36.

[189] Vgl. Schmitz & Hauke 1999, 57f.

[190] Schmitz & Hauke 1999, 57.

Die dauerhafte Diskrepanz zwischen Ansprüchen an sich selbst und der erlebten Wirklichkeit kann hier zu einer existentiellen Sinnkrise führen.[191] Bei Arbeitslosigkeit trifft zum Beispiel die prinzipielle Selbstzuschreibung *ich bin fleißig und erfolgreich* auf die Erfahrung der fortwährenden Untätigkeit und Erfolglosigkeit bei Bewerbungen. Bleiben die assimilativen Strategien wirkungslos, können daraus Angstgefühle resultieren, die die ganze Person betreffen.[192] „Es handelt sich um eine spezifische Kategorie von Ängsten, nämlich um Existenzängste."[193] Hier kommt es zu einer Sinnkrise, weil das Gefühl von Kontinuität im eigenen Leben durch den starken Konflikt auf der Prinzipienebene verloren geht. Es entsteht der subjektive Eindruck, dass das gesamte gegenwärtige Leben „wertlos, fragwürdig, brüchig und unterhöhlt"[194] ist. Derartige Krisen können sich über längere Zeiträume, das heißt mehrere Wochen bis Jahre, erstrecken.[195] Eine solche Krise birgt einerseits eine Wachstumschance, da in dieser Situation Veränderungen auch fundamentaler Werte im Selbstkonzept möglich sind.[196] Andererseits stellen solche Krisen aber auch eine Gefährdung dar, „weil in einer solchen Umbruchsituation die Einheit der Person verloren gehen kann"[197].

Besonders gefährdet sind in einer solchen Krise Menschen, deren Selbstkonzept nur über eine geringe Anzahl von Standards verfügt, die strikt vertreten werden.[198] In diesem Fall gewinnt ein Konflikt auf der Prinzipienebene sehr schnell eine existentielle Dimension. Ferner sind Menschen betroffen, deren Standardsystem keine selbst-transzendenten Ziele kennt. Die Standards dieser Personen dienen ausschließlich der Selbstbestätigung und zeugen von einer starken Selbstbefangenheit.[199]

---

[191] Vgl. Laskowski 2000, 55. Vgl. auch Schmitz & Hauke 1999, 57f.

[192] „Solche intensiven Gefühle zeigen auch, wie tief unsere Werte in unserem Selbstverständnis, unserer Identität verankert sind, selbst wenn wir manchmal wünschen, frei von diesen Maßstäben zu sein, und auch wenn wir uns nicht immer bewusst sind, dass wir diese Maßstäbe haben. Persönliche Werte stellen somit einen einzigartigen Zugang zum Leben eines Menschen, seinen Krisen und Kämpfen dar." (Hauke 2001, 5)

[193] Schmitz & Hauke 1992, 279.

[194] Schmitz & Hauke 1992, 283.

[195] Vgl. Schmitz & Hauke 1992, 282.

[196] Vgl. Epstein 1993, 33.

[197] Schaupp 2001, 68.

[198] Vgl. Schmitz & Hauke 1992, 284.

[199] Vgl. Schmitz & Hauke 1992, 285. Vgl. auch das Kapitel 1.3 im dritten Teil dieser Arbeit.

Nach Schmitz und Hauke gibt es zwei grundsätzliche Möglichkeiten, wie eine Person auf eine existentielle Krise reagieren kann, wenn assimilative Strategien erfolglos bleiben:[200]

1. Eine Möglichkeit besteht in der Strategie der dauerhaften Vermeidung. Zum Beispiel reagiert eine Person auf den Verlust des Arbeitsplatzes mit Passivität. Obwohl sie bisher viel Engagement im Beruf gezeigt hat und unterschiedlichen Aktivitäten nachging, zieht sie sich nun in ihre Wohnung zurück, verbringt viel Zeit vor dem Fernseher und unternimmt nichts, um ihre Situation zu verändern. Manifestiert sich dieses Verhalten, ist nach Schmitz und Hauke davon auszugehen, dass die Person der Konfrontation mit ihren existentiellen Ängsten ausweicht und so einen „Mechanismus der kognitiven Dekonstruktion"[201] in Gang setzt. Die Person konzentriert sich dauerhaft nur auf die unmittelbaren, aktuellen Aufgaben des Alltags, wie zum Beispiel Einkaufen oder Putzen. Dabei blendet sie zentrale Prinzipien ihres Selbstkonzepts aus und vermeidet alle Fragen nach den übergreifenden Sinnstrukturen ihres Lebens. „Damit ist die Verfügbarkeit komplexer, Information verarbeitender Netzwerke von Zielen und Teilzielen und von Pfaden über verschiedene Hierarchiestufen von Zielen, Unterzielen und abstrakten Zielen erheblich eingeschränkt."[202] Der Klient wird in diesem Fall gegenüber dem Berater keine mittel- oder langfristigen Lebenspläne benennen können.

   Auslöser dieser Reaktionsweise ist der Versuch, in der existentiellen Krise den eigenen Ängsten aus dem Weg zu gehen. Weil die Person die neue Situation als derart belastend erlebt, vermeidet sie generell, sich mit ihr beschäftigen zu müssen. Die Folge ist ein zunehmend apathischer Zustand, da aufgrund dieser Vermeidungsstrategie auch das gesamte Gefühlsleben vermindert wird. Es kommt auf emotionaler Ebene zu einer Verarmung, weil negative Gefühle wie Ängste und Sorgen nicht eingestanden werden. Die Person *funktioniert* weiter, wobei die innere Leere an Gefühlen und sinnhaltigen Gedanken häufig dazu führt, dass irrationale Vorstellungen entwickelt werden oder die Person nach ständiger Ablenkung sucht.[203] Durch die bestrebte Inaktivierung der ansonsten bestimmenden Prinzipien des Selbstkonzepts werden ferner Hemmungen vermindert oder aufge-

---

[200] Vgl. Schmitz & Hauke 1992, 285-289.

[201] Schmitz & Hauke 1992, 286.

[202] Schmitz & Hauke 1999, 58.

[203] Vgl. Schmitz & Hauke 1992, 287. Vgl. auch die Ergebnisse der Studie zu Lebenssinn und innerer Langeweile bei Schmitz & Hauke 1999, 50-55.

hoben, wodurch sich unter anderem leichter eine (Drogen-) Sucht entwickelt.[204] Solche Reaktionsweisen wurden auch bei Arbeitslosigkeit nachgewiesen.[205] Schmitz und Hauke sprechen hier von *Dekonstruktion* statt einer Neukonstruktion auf der Prinzipienebene. Je länger die Bewusstmachung und Beschäftigung mit den existentiellen Ängsten aufgeschoben wird, desto stärker wirken sich die beschriebenen negativen Folgen aus.[206]

Wenn der Klient die Auseinandersetzung mit seinen eigenen Einstellungen vermeidet und nur ein inneres Chaos verspürt, ist es für den Berater schwierig, einen persönlichen Zugang zum Klienten zu finden. In der vorliegenden Arbeit wird es wiederholt darum gehen, wie der Berater die Gründe für derartige Vermeidungsstrategien erkennen und diesen Verhaltenstendenzen etwas entgegen setzen kann. Für arbeitslose Männer entsteht sonst häufig eine Abwärtsspirale aus sozialer Vereinsamung, Drogensucht und Obdachlosigkeit.

2. Die zweite Möglichkeit besteht darin, einen konstruktiven Veränderungsprozess einzuleiten. Dazu muss sich die Person „mit der existentiell bedrohlichen Diskrepanz auf der Prinzipienebene“[207] auseinandersetzen. Um die Diskrepanz zwischen den Prinzipien des Selbstkonzepts und der erlebten Situation nachhaltig zu reduzieren, muss sich der Betreffende der Diskrepanz und den damit verbundenen Ängsten bewusst werden und diese inhaltlich benennen. Er muss seine eigenen Prinzipien reflektieren und verbalisieren, um sich den veränderten Gegebenheiten anpassen zu können.[208]

Für die Beratung bedeutet dies, dass der Klient sich zuerst einmal eingesteht, unter seiner Arbeitslosigkeit zu leiden. Zum Beispiel spricht der arbeitslose Mann darüber, welche Bedeutung beruflicher Erfolg für ihn hat. Das setzt voraus, dass der Klient Vertrauen zu seinem Berater gefasst hat. Ob der Berater einen Zugang zur Gefühls- und Gedankenwelt des Klienten findet, hängt nämlich auch davon ab, wie gut es ihm gelingt, empathisch und aktiv zuhörend auf den Klienten einzugehen.[209] Wenn der Berater gegenüber dem Klienten seine Wahrnehmungen verbalisiert und so zeigen kann, dass er sich wirklich auf ihn einlässt und ihn verstehen will,

---

[204] Vgl. Schmitz & Hauke 1992, 287.
[205] Vgl. Steinmetz 1997, 145f.
[206] Vgl. Schmitz & Hauke 1992, 289.
[207] Schmitz & Hauke 1992, 287.
[208] Vgl. Schmitz & Hauke 1992, 287ff. Vgl. auch Schmitz 2005, 143.
[209] Vgl. Schmid 1989, 34ff.

wird es möglich, immer mehr vom Selbstkonzept des Klienten nachzuvollziehen.[210] In der Beratung kann in einem weiteren Schritt gemeinsam überlegt werden, wie die bisherigen Lebensziele mit der neuen Situation vereinbart werden können.

2.2.2.2 Zur Bedeutung des Selbstkonzepts in der Beratung

Jeder Mensch macht immer wieder die Erfahrung, dass Ist- und Sollzustand, das heißt die erlebte Wirklichkeit und die Erwartungen an das eigene Leben, differieren. Daher braucht es sowohl eine *assimilative Persistenz* (es werden Versuche unternommen, den Ist-Zustand zu verändern) als auch eine *akkomodative Flexibilität* (bei ausbleibendem Erfolg ist die Person in der Lage, ihre Erwartungen der Situation anzupassen). Zu einer dauerhaften Diskrepanz zwischen Wirklichkeit und eigenen Erwartungen kommt es, wenn sich die assimilativen Strategien der Person als erfolglos herausgestellt haben.[211] „Assimilative Strategien werden solange eingesetzt, wie Personen an die mögliche Erreichung angestrebter Ziele glauben."[212] Lässt sich auf diesem Weg die Diskrepanz nicht beseitigen, muss die Person akkommodative Strategien anwenden, das heißt das eigene Selbstkonzept und die damit verbundenen Ziele überdenken.[213]

Die Herausforderung bei der Anpassung des Selbstkonzepts besteht meines Erachtens auch darin, für derartige Veränderungen den passenden Zeitpunkt zu finden. Bis wann man an bestimmten Lebenszielen und Überzeugungen festhalten sollte, kann nur im konkreten Fall beantwortet werden. Das eigene Leben als ständigen Veränderungsprozess zu begreifen und selbst für Neuausrichtungen offen zu sein, ist sicher hilfreich.[214] Die Aufgabe des Beraters besteht dann darin, das Selbstkonzept gegenüber dem Klienten als dynamischen, selbstreflexiven Prozess zu deuten und „die Veränderung einseitiger, starrer Deutungsmuster anzuregen"[215].

---

[210] Vgl. Lemke 1995, 44.

[211] Unter einer assimilativen Strategie versteht man den Versuch, so auf die äußere Umwelt Einfluss zu nehmen, dass von ihr keine dem Selbstkonzept widersprechenden Signale mehr ausgehen. Vgl. Bayer & Gollwitzer 2000, 221.

[212] Bayer & Gollwitzer 2000, 221.

[213] Vgl. Bayer & Gollwitzer 2000, 220ff.

[214] Dazu bemerken die Psychologen Ute Bayer und Peter Gollwitzer: „Auch die Wahl von Identitätszielen erfordert eine open-mindedness, in der sich die Person möglichst unvoreingenommen die Bandbreite der Möglichkeiten (zum Beispiel einer Berufswahl) erarbeitet und daraus mögliche Selbstentwürfe formuliert. Die abwägende Bewusstseinslage begünstigt dabei eine offene Informationssuche." (Bayer & Gollwitzer 2000, 212) Vgl. dazu auch Brandstätter 2007, 39f.

[215] Tobler 2004, 92.

Ein ständiges Wechseln der Vorstellungen über sich selbst und die eigenen Ziele wäre jedoch kein Ausweis psychischer Gesundheit.[216] So ist zu beachten, dass feste Überzeugungen und Wertvorstellungen bei Krisen auch Orientierung bieten und sich als nützlich erweisen können.[217] Bei Arbeitslosigkeit ist es unter Umständen sehr schwer abzuschätzen, ob die Person weiterhin nach einer Stelle suchen soll (assimilative Persistenz) oder ihr Selbstkonzept neu ausrichten soll (akkomodative Flexibilität). Hier muss die individuelle Situation vom Berater sehr genau analysiert werden. In der Regel wird der Arbeitslose eine Beratung allerdings erst dann aufsuchen, wenn seine Versuche, den Ist-Zustand zu verändern, gescheitert sind. Der Arbeitslose geht in dem Fall selbst nicht davon aus, kurzfristig wieder eine neue Arbeitstelle zu finden.

2.3 Das Selbstkonzeptmodell von Carl Rogers

Nach dieser Einführung zur Entwicklung, Selbststabilisierung und Veränderungsfähigkeit von Selbstkonzepten wird im Folgenden ergänzend auf das Modell zum Selbstkonzept von Rogers eingegangen.[218] Schließlich soll es in einer professionellen personzentrierten Beratung möglich sein, festzustellen, „welches Selbstbild, Selbstkonzept und Selbstideal eine Person hat“[219]. Um personzentriert arbeiten zu können, sollte der Berater auch das Selbstkonzeptmodell von Rogers kennen.

Nach Rogers kann therapeutisch nur *phänomenologisch* vorgegangen werden: Jeder Mensch besitzt ein individuelles Wahrnehmungsfeld. Welche Bedeutung eine bewusste oder unbewusste Wahrnehmung für den Einzelnen hat, wird vom *inneren Bezugsrahmen* der Person bestimmt.[220] Der Berater muss von dieser subjektiv erfahrenen Realität ausgehen, da das Verhalten des Einzelnen von seinem subjektiven Erleben bestimmt wird. Die Erlebniswelt des Klienten ist sowohl Ausgangs- als auch Zielpunkt des Beratungshandelns.[221] Der personzentrierte Berater begegnet dem Klienten daher möglichst offen und unvoreingenommen, um zu verstehen, wie der Klient seine Umwelt wahrnimmt und bewertet. Rogers

---

[216] Vgl. Brandstätter 2007, 101.

[217] Vgl. Tobler 2004, 89.

[218] Dabei lassen sich die Arbeiten Rogers wie gesagt in unterschiedliche Phasen unterteilen (die nicht-direktive Phase, die klientenzentrierte Phase und die personzentrierte Phase). Vgl. Weinberger 2008, 22f. Gänzlich vereinheitlichen lassen sich folglich auch die Theorien zum Selbstkonzept bei Rogers nicht.

[219] Straumann 2004, 649.

[220] Vgl. Rogers 2009, 44.

[221] Vgl. Roth 2006, 195.

bemerkt hierzu: „Diese innere Welt kann niemals durch einen anderen erfahren werden, es sei denn durch empathisches Einfühlen, jedoch auch dann niemals ganz.“[222]

2.3.1 Der Begriff *Selbstkonzept* bei Rogers

Das Selbstkonzept ist für Rogers ein Teil des inneren Bezugsrahmens, der sich auf den eigenen Organismus bezieht, dass heißt auf die ganze Person als eine psychosomatische Einheit. Es „beinhaltet die Wahrnehmungscharakteristiken des Ich, die Wahrnehmungen der Beziehungen zwischen Ich und anderen und verschiedenen Lebensaspekten, einschließlich der mit diesen Erfahrungen verbundenen Werten“[223]. Das Bewusstsein eines Menschen von sich selbst als eigenständiger Person entwickelt sich ab dem Kindesalter. Sobald ein Kind sich seiner selbst bewusst geworden ist, bildet es in der Interaktion mit seiner Umwelt sein Selbstkonzept aus.[224] Nach Rogers entwickelt jeder Mensch ein Selbstkonzept, dass das mehr oder weniger bewusste Bild der Person von sich selbst repräsentiert. Dazu schreibt Rogers: „Es ist dem Bewußtsein zugänglich, aber nicht notwendig im Bewußtsein. Es ist ein konstanter Bezugspunkt für die Person, die ihm entsprechend handelt.“[225]

Nach Rogers entwickelt sich das Selbstkonzept fortwährend weiter, da ständig neue Wahrnehmungen und Empfindungen hinzukommen. „Das bedeutet, der Mensch ist ein fließender Prozeß, kein festgelegtes und statisches Wesen; ein fließender Strom der Veränderung, kein Block aus festem Stoff; eine sich ständig verändernde Konstellation von Möglichkeiten, keine bestimmte Quantität von Eigenschaften.“[226] Großen Einfluss auf diesen Prozess hat die soziale Interaktion mit Bezugspersonen wie Eltern, Freunden oder Arbeitskollegen. Doch ist der Einzelne nicht völlig von diesem sozialen Kontext abhängig. Nach Rogers kann ihm sein Potential erschlossen werden, um „sich selbst zu begreifen und seine Selbst-

---

222 Rogers 2009, 44.

223 Rogers 2009, 31. Rogers hat 1959 im Auftrag der *American Psychological Association* eine systematische Darstellung seines psychotherapeutischen Ansatzes verfasst (siehe Rogers 2009). Ferner schreibt Rogers zum Selbstkonzept: „Man kann es sich als eine organisierte, konsistente begriffliche Gestalt denken, zusammengesetzt aus den Wahrnehmungen des ‚Ich‘ [‚me‘ or ‚I‘] und den Wahrnehmungen der Beziehungen dieses ‚Ich‘ zur Außenwelt und zu anderen. Es schließt Werte ein, die mit diesen Wahrnehmungen verbunden sind.“ (Rogers 1991b, 212)

224 Vgl. Rogers 2009, 56ff.

225 Rogers 1991b, 212.

226 Rogers 1982, 128.

konzepte, seine Grundeinstellungen und sein selbstgesteuertes Verhalten zu verändern“[227].

Um zu erklären, wie es zu Veränderungen im Selbstkonzept kommt, führt Rogers die Begriffe *Real-Selbst* und *Ideal-Selbst* ein. Das Real-Selbst steht für die tatsächlich wahrgenommenen eigenen Eigenschaften und Fähigkeiten. Das Ideal-Selbst meint hingegen die Vorstellung eines Menschen davon, wie er sein will, aber auch wie andere ihn haben wollen. Innere Spannungen werden dadurch ausgelöst, dass Real-Selbst und Ideal-Selbst als nicht übereinstimmend erfahren werden.[228] Für eine gesunde Entwicklung der Person ist es daher erforderlich, dass Real-Selbst und Ideal-Selbst weitgehend als identisch erlebt werden. Rogers spricht hier von der notwendigen Kongruenz bei der Wahrnehmung der eigenen Person.[229] Problematisch wird es, wenn sich zwischen Real-Selbst und Ideal-Selbst sehr große Differenzen ergeben. Für die Person kann eine erforderliche Anpassung an das Ideal-Selbst dann unmöglich erscheinen.

2.3.2 Die Aktualisierungstendenz

Auf dieses Streben des Menschen, sich weiterzuentwickeln und dem Ideal-Selbst zu entsprechen, hebt auch der Begriff der *Aktualisierungstendenz* ab. Nach Rogers ist jedem Menschen eine Tendenz zu Eigen, nach der er alle seine Möglichkeiten so zu entwickeln versucht, dass sich der eigene Organismus am Leben erhalten und entfalten kann.[230] Rogers spricht hier vom *Axiom der Aktualisierungstendenz*, die dazu führt, dass Menschen auch ihr Selbstkonzept immer wieder anpassen und erweitern.[231] Während nach Rogers jedes Lebewesen eine Aktualisierungstendenz aufweist, besitzt der Mensch darüber hinaus die Fähigkeit zur *Selbstaktualisierung*. Als Teil der Aktualisierungstendenz betrifft sie den psychisch-sozialen Bereich und reguliert somit die emotionalen und kognitiven Bewertungen einer Situation.[232] „Ob man dies eine Tendenz zur Entfaltung, einen Drang zur Selbstaktualisierung, oder eine sich vorwärtsentwickelnde Gerichtetheit nennt, es handelt sich um die Haupttriebfeder des Lebens und ist letztendlich die Tendenz, von der die ganze Psychotherapie abhängt.“[233]

---

[227] Rogers 1987, 66.
[228] Vgl. Weinberger 2008, 28.
[229] Vgl. Rogers 2009, 52f.
[230] Vgl. Rogers 2009, 26f. Vgl. auch Schmid 1989, 100ff.
[231] Vgl. Straumann 2004, 649f. Vgl. auch Schmid 1990, 77f.
[232] Vgl. Roth 2006, 201.
[233] Rogers 1982, 49.

Diese dem Menschen inhärente Tendenz kann allerdings auf verschiedene Weise gestört werden. So macht jeder Mensch Erfahrungen, die seinem Streben nach Selbstverwirklichung und Selbst-Wertschätzung zuwider laufen.[234] „Der Betroffene spürt, dass vertraute Verhaltensmuster nicht ausreichen, um bestimmten Bedrohungen standhalten zu können, und reagiert darauf mit Angst, Unsicherheit und Verzweiflung. Nach Rogers wird eine Krise durch eine erhebliche Inkongruenz zwischen Erfahrung und Selbstkonzept des Betroffenen ausgelöst."[235]

Eine solche Inkongruenz kann zum Beispiel aus einer gestörten Beziehung resultieren.[236] Der starke Einfluss des sozialen Umfelds auf die Selbstwahrnehmung kann sich auf die Aktualisierungstendenz hemmend auswirken, wenn die von dort kommenden Signale nicht mit dem eigenen Selbstkonzept vereinbar sind. Die Person verhält sich dann nur noch so, wie sie meint, dass andere es von ihr erwarten, damit die Beziehungen nicht abgebrochen werden.[237] Inkongruenzen können sich auch dann ergeben, wenn die Bedürfnisse des Organismus (zum Beispiel Ruhe und Erholung) zu den Anforderungen des Selbstkonzepts (zum Beispiel ein fleißiger Mensch zu sein) in Widerspruch stehen. So können sich zwischen Selbstkonzept und organismischen Erfahrungen[238] bzw. der Aktualisierungstendenz Spannungen aufbauen. Um diese Spannungen zu reduzieren, ignoriert die Person bestimmte Wahrnehmungen oder nimmt bestimmte Sachverhalte nur auf entstellte oder selektive Weise wahr, damit sie wieder mit dem Selbstkonzept übereinstimmen.[239] So wird die Inkongruenz mit dem Selbstkonzept zumindest zeitweise ausgeblendet. Werden aber dauerhaft bestimmte Erfahrungen verdrängt, ist die Person in ihrer Entwicklungsfähigkeit massiv gestört.[240] Die Person verzerrt dann immer mehr, was sie an Erfahrungen macht.[241] Diese fortwährende Inkongruenz

---

[234] Vgl. Rogers 2009, 61f.

[235] Lemke 1995, 96.

[236] Vgl. Rogers 2009, 73-76.

[237] Vgl. Rogers 1982, 168-171.

[238] Für Rogers ist es von großer Bedeutung, auf die organismischen Reaktionen Rücksicht zu nehmen und diese in die kognitiven Bewertungsschemata einer Situation zu integrieren. Dies ist in der Psychologie nicht selbstverständlich. In Anknüpfung an die Philosophie René Descartes' wurden Körper und Geist auch in der Psychologie vielfach als zwei unabhängige Größen behandelt. Vgl. Kießling 1998, 23-34, insbesondere 26f.

[239] Vgl. Rogers 2009, 62.

[240] „Wenn eine bestimmte *Erfahrung korrekt* im *Gewahrsein symbolisiert* würde, könnte das Selbstkonzept nicht länger seine geschlossene Gestalt behalten, die *Bewertungsbedingungen* würden verletzt, und das *Bedürfnis* nach *Selbst-Wertschätzung* würde frustriert. Dies würde zu einem *Angstzustand* führen." (Rogers 2009, 62)

[241] Vgl. Rogers 2009, 36-37.

kann nach Rogers unterschiedliche Störungen zur Folge haben: Es kann zu Störungen im *Selbsterleben* kommen, die dazu führen, dass bestimmte Erfahrungen anders als zuvor erlebt werden. Erfahrungen, die den Selbstwert oder gar die Existenz einer Person bedrohen, „werden also abgewertet oder so verzerrt, dass die Bedrohung aufgehoben erscheint“[242]. Wer zum Beispiel seine Freizeit für gewöhnlich genießen konnte, wird dies als Arbeitsloser – auch aufgrund der nun wahrgenommenen negativen Bewertungen seiner Umwelt – häufig nicht mehr tun können. Ferner ist es möglich, dass die *Wahrnehmung* gestört wird, insofern die Person ihren eigenen Sinneseindrücken nicht mehr wie bisher vertraut.

Eine weitere Folge kann eine Störung des *Selbstwertes* sein. Dazu kommt es, wenn die Person mit Idealen konfrontiert wird, die zu den eigenen Vorstellungen in großer Spannung stehen. Im Extremfall, etwa wenn in einer Krise gravierende Negativ-Erfahrungen gemacht werden, gelingen dem Organismus keine Abwehrprozesse mehr. Dann kommt es zu einem Zustand der *Desorganisation*, in dem die Verhaltensregulierung auf keinen festen Orientierungsrahmen mehr zurückzuführen ist: „Einmal ist es das Selbstkonzept, dann wieder die organismische Befriedigung, die die Rückmeldung liefert, durch die der Organismus sein Verhalten reguliert.“[243]

2.3.3 Selbstkonzeptveränderungen in der Beratung

Personzentrierte Beratung soll Menschen dabei helfen, ihre gestörte Aktualisierungstendenz und damit die Gefahr einer Selbstentfremdung zu überwinden. Die zentrale Herausforderung am Anfang eines Beratungsprozesses besteht darin, die Selbstexploration des Klienten zu fördern. Der Klient soll sich den emotionalen Aspekten seiner Erfahrungen bewusst werden. Er kann über sich selbst sprechen, ohne eigene Probleme von seiner Person abzuspalten. Es wird darauf hingearbeitet, die Aktualisierungstendenz mit dem organismischen Bewertungsprozess wieder in Einklang zu bringen. Der Klient soll das Vertrauen zum eigenen Organismus und seinen Signalen bzw. Bewertungen zurückgewinnen. Er soll

[242] Roth 2006, 201.

[243] Rogers 2009, 65. Dieser Zustand lässt sich mit den Ausführungen von Schmitz und Hauke zur *Dekonstruktion* vergleichen. Nach Schmitz und Hauke kommt es in diesem Fall dazu, dass die Person den Kontakt zum eigenen Selbstkonzept fortwährend abbricht. Nach Rogers, der von einer Desorganisation spricht, kann es aber auch dazu kommen, dass die Person zwischenzeitlich das eigene Verhalten mit dem Selbstkonzept wieder in Verbindung bringt. Dann kann es sein, dass die Person von sich selbst sagt, sie sei eine verrückte, unangepasste und unzuverlässige Person. Vgl. Rogers 2009, 65f.

gegenüber „allen Elementen seines organischen Erlebens offener“[244] werden.

Daraus folgt, dass der Klient auch mehr Selbstvertrauen entwickelt und mehr Eigenverantwortung übernimmt.[245] Er kann sein Leben als fließenden Prozess begreifen, zu dem kontinuierliche Veränderungen gehören.[246] Der Klient kann es dann zulassen, sich ständig neuer Aspekte des eigenen Wesens bewusst zu werden und sein Selbstkonzept dem entsprechend zu reorganisieren. Diese Bereitschaft, neue Wahrnehmungen und Gefühle anzunehmen, sorgt für einen permanenten Prozess des Wachsens und der Entwicklung. Nach Rogers kann in der Beratung diese Selbstkonzeptentwicklung des Klienten zwar unterstützt werden, jedoch gehen die entscheidenden Fortschritte vom Klienten selbst aus: „Das Individuum besitzt die Fähigkeit und hat die Tendenz, sein *Selbstkonzept* zu reorganisieren; und zwar in der Weise, dass es *kongruenter* mit der Ganzheit seiner *Erfahrung* wird, so dass es sich von einem Zustand der *psychischen Fehlanpassung* zu einem Zustand der *psychischen Ausgeglichenheit* entwickelt.“[247] Nach Rogers kann der Berater folglich auf diese positive Entwicklungstendenz jedes Menschen vertrauen, die es im Beratungsprozess lediglich zu erschließen gilt: „Das ist aber das höchst Aufregende beim Menschen: wenn das Individuum innerlich frei ist, wählt es als das gute Leben diesen Prozess des Werdens.“[248]

Die Beratung soll dem Klienten dabei helfen, eine weitgehende Übereinstimmung seiner organismischen Bewertungen und der Bewertungen seines Selbstkonzepts herbeizuführen: „Inwieweit eine Krise konstruktiv bewältigt werden kann, hängt nach dem klientenzentrierten Konzept davon ab, wie groß die Diskrepanz zwischen Selbsterleben und Erfahrung ist, d.h. wie groß die Inkongruenz ist.“[249] So wird darauf hingearbeitet, dass Erfahrungen angstfrei symbolisiert werden und in die eigene Entwicklung integriert werden können. Die Abwehrhaltung gegenüber bestimmten Wahrnehmungen, die vorerst nicht zum eigenen Selbstkonzept zu passen scheinen, wird abgebaut.[250] „Wenn der Klient kongruenter ist, weniger zu verteidigen hat, ist er dem Erleben gegenüber offener, nimmt

---

[244] Rogers 1982, 129.
[245] Vgl. Rogers 2009, 52f.
[246] Vgl. Rogers 1982, 129.
[247] Rogers 2009, 55.
[248] Rogers 1982, 195.
[249] Weinberger 2008, 147.
[250] Vgl. Schmid 1989, 161f.

mehr Daten genauer auf."[251] Der Klient kann seine Bewertungskriterien mit seinen Erfahrungen in Übereinstimmung halten.[252]

Um den Klienten dabei zu unterstützen, zu solch einem flexiblen Selbstkonzept[253] zu kommen, muss der Berater die zuvor beschriebenen Grundhaltungen einnehmen: Er muss selbst in einem Zustand der Kongruenz sein, den Klienten als Person wertschätzen und sich empathisch auf ihn einlassen.[254] Unter solchen Bedingungen kann der Klient seine eigenen Inkongruenzen wahrnehmen, und seine Ängste gegenüber den damit verbundenen Erfahrungen nehmen ab.[255] „Der Berater schlägt dem Klienten nichts vor, sondern nimmt beide Seiten des gespaltenen Selbst an, ohne eine der beiden vorzuziehen, und stellt sie sich als in des Klienten Erleben begründet vor."[256]

Indem also der Berater sich auf die Selbsterfahrungen des anderen einlässt und für den Klienten erkennbar wird, dass keiner seiner Erfahrungen eine positive Beachtung verwehrt wird, kann er sich selbst für diese Erfahrungen öffnen. „Das Gefühl, akzeptiert und geborgen zu sein, ermöglicht dem Gesprächspartner, neue Erfahrungen in sein Selbstkonzept zu

---

[251] Rogers 1991b, 216. Vgl. dazu auch Schmid 1989, 156ff.

[252] Vgl. Rogers Theorie der *voll entwickelten Persönlichkeit*: Rogers 2009, 70ff.

[253] Auf die Unterscheidung zwischen einem eher *statischen* und einem eher *flexiblen* Selbstkonzept geht die Psychologin Carol Dweck umfassend ein. Hat die Person ein statisches Selbstkonzept, bei dem sie Erfolge und Misserfolge in direkten Zusammenhang mit der eigenen Person bringt, erlebt sie Fehler und Niederlagen als persönliche Demütigung. Eine Weiterentwicklung grundlegender Fähigkeiten scheint der Person unwahrscheinlich oder unmöglich. Besitzt eine Person hingegen ein dynamisches, flexibles Selbstkonzept, sieht sie Schwierigkeiten vor allem als Herausforderung, sich neue Ziele zu setzen. Personen mit einem solchen Selbstkonzept beziehen einen Misserfolg nicht wertend auf die eigene Person, sondern sehen sich selbst in einem ständigen Lernprozess. Vgl. Dweck 2007, 24ff.

[254] Vgl. Kießling 2002, 102f.

[255] Bei Rogers liegt somit der Schluss nahe, dann von einem positiven Selbstkonzept zu sprechen, wenn es möglichst wenige Widersprüche aufweist. Jedoch kann eine hohe Kongruenz zwischen Real- und Idealbild mit übertriebener Kontrolle und Realitätsverleugnung verbunden sein. Insofern deuten eher mittlere Kongruenzgrade auf psychische Gesundheit hin. In diesem Fall kann die Person den Unterschied zwischen Ist- und Sollzustand besser wahrnehmen und bleibt so zugänglicher für persönliche Veränderungen. Vgl. dazu Krampen 1987, 106f. Eine Neuausrichtung des Selbstkonzepts führt außerdem nicht automatisch zu einer verbesserten Lebenspraxis, soweit sich dies von außen beurteilen lässt. „Selbstwertbelastungen lassen sich […] auch dadurch verhindern, daß man sein Anspruchsniveau verändert." (Laskowski 2000, 95) Zum Beispiel würde ein arbeitsloser Ingenieur sich damit arrangieren, nun als faul und unmotiviert zu gelten. Er würde es selbst darum nicht mehr versuchen, seine Situation aktiv zu verändern. Das Selbstkonzept kann dahingehend angeglichen werden, dass die Person immer weniger von sich selbst erwartet oder negative Fremdzuschreibung übernimmt und sich auf diese Weise mit der Situation arrangiert.

[256] Belau 2011, 20.

integrieren und dadurch mehr und mehr mit seinem Selbst und seinem Organismus in Einklang zu kommen."[257] Darin liegt das besondere Potential einer zwischenmenschlichen Beziehung gemäß der personzentrierten Beratung.[258] „Je tiefer der Kontakt zu einem Menschen wird, um so mehr wird man von der oberflächlichen Wortebene zu den Haltungen und Einstellungen vordringen."[259] Nach Rogers führt dies auch zu einer Veränderung gegenüber der eigenen Gefühlswelt. Der Klient akzeptiert seine Gefühle bei sich selbst und erlebt sie jetzt unmittelbar statt distanziert.[260] Sie können auch deshalb angenommen werden, weil der Zwang, sie mit der eigenen Vergangenheit zu vereinbaren, wegfällt. Der Klient kann wählen, ob er auf neue Weise leben will.[261] Zum Beispiel wollte der Klient bisher stets als *harter, durchsetzungsstarker* Mann gelten, weshalb er sich gegenüber Gefühlen der Schwäche oder des Mitleids verschlossen hat. Akzeptiert er nun auch solche Gefühle bei sich, kann sich dies positiv auf seine Lebensgestaltung auswirken.

Der personzentrierte Ansatz könnte dahingehend missverstanden werden, dass er rein individualistisch vorgeht und nur um das Ich des Klienten kreist. Diesem Eindruck steht entgegen, dass durch die personale Begegnung „ein Bewußtsein der Gemeinsamkeit und Verantwortlichkeit"[262] entstehen soll. Indem der Klient in seiner Beziehungsfähigkeit gestärkt wird, kann er sich auch besser auf andere einlassen und sich für andere einsetzen.[263] Daher ist auch das soziale Umfeld des Klienten von Bedeutung, und es wird während des Beratungsprozesses reflektiert, auf welche Weise sich die Beziehungen zu anderen verändern und weiterentwickeln lassen.[264]

---

257 Lemke 1995, 38.

258 Vgl. Rogers 1976, 36ff. Vgl. auch Schmid 1989, 154ff. Vgl. auch Lemke 1995, 34.

259 Schmid 1989, 37.

260 Vgl. Rogers 1982, 143-147. Wie stark die Emotionen eines Menschen von seinen Kognitionen abhängen, beschreibt Epstein. In vielen Fällen hängt die emotionale Reaktion eines Menschen davon ab, wie er eine Situation bewertet. Kognitionen und Emotionen stehen folglich in einem engen Verhältnis und beeinflussen sich gegenseitig. Vgl. Epstein 1993, 22f.

261 Vgl. Rogers 1982, 154-158. Vgl. auch Rogers 1987, 84.

262 Schmid 1989, 163.

263 Vgl. Schmid 1989, 163-165, 215.

264 So lautet eine Grundannahme der Humanistischen Psychologie: „Menschen benötigen für ihre Entwicklung den sozialen Kontext, ohne dass sie durch ihn ihre Individualität verlieren müssten oder aus ihm ‚erklärt' werden könnten." (Roth 2006, 197)

2.4 Fazit zur Theorie des Selbstkonzepts

Wie in diesem Kapitel gezeigt wurde, geht es für den Berater darum, die innere Logik des Selbstkonzepts des Klienten nachzuvollziehen. Dabei würde es der positiven Wertschätzung und der Empathie des Beraters entgegen stehen, wenn er versuchte, Selbstkonzepte anhand allgemeiner Entwicklungsziele zu bewerten und zu kategorisieren. Jedes Selbstkonzept weist aufgrund des individuellen Erfahrungshintergrundes in sich eine gewisse Logik auf.

Folgende Aussagen dieses Kapitels scheinen mir für den weiteren Verlauf der Arbeit von besonderer Bedeutung:

1. Selbstkonzepte bilden sich durch Fremd- und Selbstzuschreibungen heraus. In der Beratung wird eine Reflexion auf diesen Prozess beim Klienten angeregt, der meist unbewusst erfolgt. Dabei wird der Berater selbst zu einem wichtigen Interaktionspartner, der gegenüber dem Klienten Eigenschaftszuschreibungen vornimmt. Daher muss sich der Berater mit seinen Einstellungen über arbeitslose Männer beschäftigt haben. Worauf diese Einstellungen des seelsorglichen Beraters gründen und Bezug nehmen können, wird im kommenden Kapitel theoretisch erörtert.

2. In einer existentiellen Krise kommt es zur massiven Verunsicherung des eigenen Selbstkonzepts: Die eigenen Bewertungskriterien sind mit der erlebten Situation nicht mehr zu vereinbaren. Dieser Widerspruch führt dazu, dass die Person zumindest zeitweise nicht mehr weiß, woran sie sich orientieren soll. Warum Männer den Verlust des Arbeitsplatzes häufig als eine solch gravierende Verunsicherung erleben, wird im zweiten Teil der Arbeit erörtert.

3. Auf eine existentielle Krise reagieren manche Personen mit dauerhafter Vermeidung. Diese Vermeidungsstrategien stellen für den Berater eine große Herausforderung dar. Eine zentrale Herausforderung für den Beratungsprozess besteht darin, dieser Gruppe von Klienten dabei zu helfen, wieder Zugang zu ihrer eigenen Gefühlswelt und ihren Lebenszielen zu finden. Wie dies bei arbeitslosen Männern gelingen kann, wird im dritten Teil der Arbeit vorgestellt. Dort werden folgende Fragen eine Rolle spielen: Wie kann der Klient alternative Problembewältigungsformen kennenlernen, aus diesen eigenverantwortlich auswählen und sie angemessen umsetzen? Wie findet der Klient zu einem stabilen Selbstwertgefühl und zu sozialer Beziehungsfähigkeit?

Als übergeordnetes Ziel wird festgehalten: Der Klient soll das krisenhafte Ereignis in seinen bisherigen Lebenslauf so integrieren können, dass er sein Leben weiterhin als sinnvoll erlebt und sich Ziele setzen kann.

4. Jede Selbstkonzepttheorie impliziert ein bestimmtes Menschenbild. Carl Rogers geht davon aus, dass jeder Mensch eine positive Entwicklungstendenz in sich trägt. Er spricht von der Aktualisierungstendenz. Der Berater steht folglich vor der Aufgabe, den Klienten dazu zu unterstützen, selbst wieder Zugang zu diesem Potential zu finden. Dieses Verständnis trägt dazu bei, dass die Probleme und Defizite des Klienten nicht ständig im Mittelpunkt der Aufmerksamkeit stehen, sondern dass positiv nach seinen Entwicklungsmöglichkeiten gefragt wird.

Zweiter Teil: Handlungsspezifische Grundlagen

1. Arbeitslosigkeit aus theologischer und beraterischer Perspektive

„Freude und Hoffnung, Trauer und Angst der Menschen von heute, besonders der Armen und Bedrängten aller Art, sind auch Freude und Hoffnung, Trauer und Angst der Jünger Christi.“[1] Diese einleitenden Worte der Pastoralen Konstitution des Zweiten Vatikanischen Konzils über die Kirche in der Welt von heute begründen auch das kirchliche Engagement für arbeitslose Menschen. Die Kirche stellt sich selbst die Aufgabe, Freude und Hoffnung mit den Notleidenden zu teilen. In diesem Kapitel soll aufgezeigt werden, vor welchem theologischen Hintergrund dies im Blick auf arbeitslose Menschen geschieht. Schließlich entwickelt jede wissenschaftliche Disziplin, die sich mit dem Thema *Arbeitslosigkeit* beschäftigt, ihre eigenen Zugänge zu diesem Phänomen und zieht daraus je eigene Konsequenzen für den Umgang mit Betroffenen. Zunächst wird erläutert, auf welcher theologischen Grundlage die seelsorgliche Beratung Arbeitsloser stattfindet. Anschließend wird darauf eingegangen, welche psychologischen Erkenntnisse aus der Arbeitslosenberatung von Bedeutung sind.

1.1 Hinführung zur Thematik der Arbeitslosigkeit

1.1.1 Vorbemerkung

Erst seit Ende des 19. Jahrhunderts werden Arbeitslose als eigenständige soziale Gruppe wahrgenommen. Vorher zählten sie allgemein zur Gruppe der Armen.[2] Die Bezeichnung *Arbeitsloser* wirft insofern Fragen auf, als sie eine Person darüber definiert, dass sie in keinem Beschäftigungsverhältnis steht. Arbeitslosigkeit scheint zum wesentlichen Merkmal eines Menschen zu werden.[3] Alternativ kann zwar von *Erwerbslosen* oder von *arbeitssuchenden Menschen* gesprochen werden, jedoch konnten sich diese Begriffe bisher weder im alltäglichen Sprachgebrauch noch in der Forschung durchsetzen.

Grundsätzlich hat jede der genannten Formulierungen ihre Schwächen, da ein Arbeitsloser privat durchaus arbeiten kann, nur dass er dabei in keinem Lohnverhältnis steht.[4] Die Bezeichnung *Erwerbsloser* beschränkt

---

[1] GS 1.

[2] Vgl. Paul, Zempel & Moser 2005, 5.

[3] In ähnlicher Weise tritt dieses sprachliche Problem auf, wenn statt von *Menschen mit Behinderung* von *Behinderten* gesprochen wird.

[4] Schließlich gibt es viele Arten von Arbeit: Man spricht von ehrenamtlicher Arbeit, Hausarbeit, Schwarzarbeit und Erwerbsarbeit. Offiziell als arbeitslos gilt nur derjenige, der als ar-

sich lediglich auf den Aspekt der Vergütung der eigenen Arbeit. Hier verengt sich der Blick auf die bezahlte Arbeit, von der eine ehrenamtliche Arbeit oder die Betreuung der eigenen Kinder unterschieden werden. Die Bezeichnung *Arbeitssuchender* trifft hingegen nicht auf alle Arbeitslosen zu, da nicht jeder Arbeitslose tatsächlich arbeitssuchend ist. Zum Beispiel kann eine Person aufgrund einer (psychischen) Erkrankung ihre Arbeit verloren haben. Dann muss zuerst diese Krankheit überwunden werden, bevor ein neues Arbeitsverhältnis aufgenommen werden kann.

1.1.2 Definition von Arbeitslosigkeit

Unter *Arbeitslosigkeit* versteht man gemäß der deutschen Sozialgesetzgebung, dass eine Person vorübergehend in keinem Beschäftigungsverhältnis steht, obwohl sie eine versicherungspflichtige Beschäftigung anstrebt und den Vermittlungsbemühungen der Agentur für Arbeit zur Verfügung steht.[5]

Im Rahmen dieser Arbeit folge ich dieser Gruppendefinition nur bedingt: Zur Gruppe der Arbeitslosen werden hier diejenigen gezählt, die ihre Arbeitsstelle verloren haben und darunter leiden, keine neue zu finden. Damit grenze ich die Gruppe der Arbeitslosen insofern ein, als die Person zuvor in einem Beschäftigungsverhältnis gestanden haben muss. Das Phänomen der Jugendarbeitslosigkeit brächte zum Beispiel andere Voraussetzungen mit und wäre eigens zu untersuchen. Andererseits interessiert es in der vorliegenden Arbeit nicht, ob die arbeitslose Person noch arbeitsfähig ist und die Agentur für Arbeit Vermittlungsbemühungen unternimmt. Unter dem Verlust des Arbeitsplatzes können auch diejenigen leiden, die nicht in der Lage sind, eine Beschäftigung auszuüben und daher in den offiziellen Statistiken nicht geführt werden.[6]

---

beitssuchend gemeldet ist. Arbeitslose sind ferner von anderen Gruppen Nichterwerbstätiger abzugrenzen, zum Beispiel Studenten, Hausfrauen und Rentner.

[5] Vgl. Sozialgesetzbuch (SGB III) 1998, § 16. Laut SGB III gilt als arbeitslos, wer das 65. Lebensjahr noch nicht vollendet hat, nicht oder mit weniger als 15 Stunden wöchentlich einer Beschäftigung nachgeht und umgehend ein Arbeitsverhältnis aufnehmen könnte.

[6] So zeigt sich, dass auch den unterschiedlichen Statistiken zu Arbeitslosigkeit verschiedene Kriterien zur Gruppendefinition zugrundeliegen. „Obwohl Begriffe wie ‚Arbeitslosigkeit' oder ‚Arbeitslosenquote' jedem geläufig sind, ist ihre Definition und Erfassung keineswegs trivial und wird – insbesondere im internationalen Vergleich – recht unterschiedlich gehandhabt. So basieren beispielsweise Zahlen zu Erwerbstätigen und Arbeitslosen aus den Vereinigten Staaten auf monatlich durchgeführten repräsentativen Befragungen von Bevölkerungsstichproben." (Grobe & Schwartz 2003, 5) In Deutschland hingegen wird die Zahl der Arbeitslosen dadurch ermittelt, dass die Arbeitsämter diejenigen melden, die sich dort als Arbeitssuchende vorstellen.

Eine Beratung kann unter diesen Voraussetzungen auch dann sinnvoll sein, wenn die Person zum Beispiel in Rente gegangen ist oder aufgrund einer Erkrankung keiner neuen Beschäftigung nachgehen kann.

1.1.3 Dimensionen von Arbeit

Arbeitslosigkeit hat unterschiedliche Dimensionen, die sich aus der Bedeutung der Arbeit ableiten.[7] Zentrale Dimensionen sind folgende:

1. *Existenzsichernde Dimension*: Das Erwerbseinkommen dient dem eigenen Lebensunterhalt.[8] Für sich selbst sorgen zu können und gegebenenfalls auch für eine Familie aufkommen zu können ist ein Grundbedürfnis des Menschen. Allerdings greift die wirtschaftswissenschaftliche Prämisse zu kurz, nach der die monetäre Vergütung der einzige Schlüssel zur Arbeitsmotivation ist. Den folgenden Dimensionen der Arbeit kommt daher keine geringere Bedeutung zu.

2. *Personale Dimension*: In der Arbeit kann sich der Einzelne mit seinen Fähigkeiten entfalten und darin Sinn finden. Gemäß den eigenen Fähigkeiten tätig zu sein ist eine wichtige Quelle des Lebensglücks.

3. *Soziale Dimension*: Arbeit ist in mehrfacher Hinsicht für das Soziale konstitutiv.[9] Für viele Menschen ist der Arbeitsplatz im Alltag der Ort, auf den sich ihre zwischenmenschlichen Kontakte konzentrieren. Ferner leistet der Arbeitende einen Beitrag zum Erfolg seines Unternehmens und ist eingebunden in das Wirtschaftssystem, das das Fortbestehen der Gesellschaft sichert.

1.1.4 Eigenes Vorverständnis von Arbeitslosigkeit

Ich gehe bei der weiteren Beschäftigung mit dem Thema *Arbeitslosigkeit* von folgenden Grundsätzen aus:

1. Arbeitslosigkeit ist eine Folge komplexer Kooperationsformen, die in jeder höher entwickelten Gesellschaft anzutreffen sind. Ein gewisser Prozentsatz von Arbeitslosigkeit gehört unter makroökonomischen Gesichtspunkten zu einem funktionierenden marktwirtschaftlichen System. Eine Arbeitslosenquote von wenigen Prozent ist unter

---

[7] Vgl. Prast 2009, 39.

[8] Arbeit bleibt ungeachtet aller Unterteilung in positive und negative Aspekte eine „alltägliche Notwendigkeit, die der Erfüllung menschlicher Grundbedürfnisse zugute kommt." (Kießling 2010a, 120)

[9] Dies geschieht entweder direkt, indem derjenige etwas herstellt, verkauft oder Dienstleistungen am Mitmenschen erbringt, oder indirekt über die Steuern und Sozialabgaben auf den Arbeitslohn, durch den sich die Sozialsysteme finanzieren.

anderem eine Folge der Fluktuation von Arbeitnehmern, ohne die der Wechsel von Stellen aufgrund von Verrentungen, Arbeitsplatzwechsel und Eintritt ins Erwerbsleben nicht vonstattengehen könnte. Arbeitslosigkeit ist außerdem kein statisches Phänomen, sondern einem gesellschaftlich-wirtschaftlichen Wandel unterworfen.[10] Schließlich verändern sich auch die Arbeitsverhältnisse und beruflichen Anforderungen ständig. Aus Solidarität mit dem Klienten kann der Berater versucht sein, allein ungerechte Strukturen für die Arbeitslosigkeit geltend zu machen und Politik und Wirtschaft ein moralisches Versagen vorzuwerfen. Dies kann aber zum einen den Klienten in seiner Opferrolle bestärken, zum anderen verzerren pauschale Schuldzuweisungen den Blick auf die ökonomischen Sachzwänge und Problemlagen, denen die Verantwortlichen in der Wirtschaft ausgesetzt sind.[11] So ist es zwar erforderlich, in der Seelsorge prophetisch-kritisch gegenüber wirtschaftlichen und sozialen Missständen und Strukturen Stellung zu beziehen. Diesem Anliegen wird jedoch nicht dadurch Genüge getan, dass die strukturellen Bedingungen pauschal verurteilt werden.

2. Die Bewertung von Arbeitslosigkeit hängt auch vom kulturellen Kontext ab. Zum Beispiel galt in der griechisch-römischen Antike körperliche Arbeit als minderwertige Aufgabe, die vor allem von Sklaven verrichtet werden musste.[12] Wer es sich leisten konnte, widmete sich der Politik, dem Kriegsdienst oder der Philosophie und Wissenschaft. Die hohe Wertschätzung der Erwerbsarbeit und die negative Interpretation von Arbeitslosigkeit in unserer Gesellschaft sind daher nicht alternativlos.[13]

3. Arbeitslos zu sein ist ein gesellschaftliches Stigma. Dies ist ein Grund dafür, dass Arbeitslosigkeit bei Betroffenen eine persönliche Krise auslöst. Beratung kann ihnen dann helfen, wenn sie ohne „Betroffenheitspathos" nach den Ressourcen, Entwicklungschancen und persönlichen Alternativen fragt. Wie in jeder Krise kann hier auch die Chance zu einem Neuanfang und zu einer persönlichen Weiterentwicklung liegen.

---

[10] Vgl. Steinmetz 1997, 110-121. Arbeitslosigkeit wird somit als ein dynamisches Geschehen verstanden, das verbunden ist mit sozialen, wirtschaftlichen und politischen Prozessen. Zwar mag es dem Betroffenen so vorkommen, als würde die Arbeitslosigkeit ihn von diesen gesellschaftlichen Prozessen abschneiden. In Wirklichkeit bleibt auch der Arbeitslose Teil einer Gesellschaft, die für jedes ihrer Mitglieder sozialethische Verantwortung trägt.

[11] Vgl. Ockenfels 1992, 7ff.

[12] Vgl. Lehmann 2010, 17. Vgl. auch Fetscher 1985, 164. Vgl. auch Steinmetz 1997, 20-23.

[13] Vgl. Meier 1998, 31-35.

Der Fokus meiner Arbeit liegt auf erwachsenen, männlichen Arbeitslosen. Auf eine weitere Differenzierung in Subgruppen, zum Beispiel nach Alter oder Ausbildungsstand, wird verzichtet. Es wird danach gefragt, warum der Arbeitsplatzverlust insbesondere bei Männern häufig eine existentielle Verlusterfahrung bedeutet. Dabei stellen sich unabhängig von Alter, sozialem Status und beruflichem Werdegang arbeitslosen Männern ähnliche Bewältigungsaufgaben. Bevor auf diese Aufgaben näher eingegangen wird, behandle ich das Thema *Arbeitslosigkeit* aus theologischer Perspektive.

1.2 Theologische Einordnung des Phänomens *Arbeitslosigkeit*

Ich nähere mich dem Themenfeld *Arbeitslosigkeit* aus theologischer Perspektive auf drei Wegen: Zuerst wird die Bedeutung der Arbeit aus biblischer Sicht reflektiert. Danach wird die sozialethische Perspektive auf Arbeit und Arbeitslosigkeit beleuchtet, wobei ich mich vor allem auf die Enzyklika *Laborem Exercens* sowie kirchenamtliche Dokumente der Deutschen Bischofskonferenz beziehe. Zuletzt wird der Bogen zu den praktisch-pastoralen Herausforderungen geschlagen, die sich durch Arbeitslosigkeit ergeben. So wird in diesem Kapitel eine Theologie der Arbeit zumindest in ihren Grundzügen skizziert. Die dabei aufgezeigten grundlegenden Aspekte bilden die Folie, auf der seelsorgliche Beratung für die Zielgruppe arbeitsloser Männer zu entwickeln ist.

1.2.1 Biblisch-theologische Perspektive

Das biblische Hebräisch und Griechisch kennen keinen umfassenden Arbeitsbegriff. Es wird von Tun, Machen oder Dienen gesprochen.[14] So bemerkt der Theologe Franz Segbers, dass Arbeit nur scheinbar eine „anthropologische und überzeitliche Kategorie"[15] sei. Welche Vorstellungen sich mit dem Begriff *Arbeit* verbinden, ist seit jeher in starkem Maße abhängig von den politisch-wirtschaftlichen Rahmenbedingungen. Eine systematische Darstellung von Arbeit und Arbeitslosigkeit unter biblischen Gesichtspunkten ist daher kaum möglich.

Im Folgenden konzentriere ich mich deshalb auf zentrale Punkte, die den Sinn und Wert der Arbeit in der Bibel erschließen. Anschließend gehe ich darauf ein, welche negativen Seiten von Arbeit die Bibel benennt. Zwar lässt sich die Bibel nicht auf die beiden Extreme *Segen und Fluch der Ar-*

[14] Vgl. Segbers 2009, 11.
[15] Segbers 2009, 11.

beit reduzieren.[16] Jedoch zeigt sie das ambivalente Verhältnis des Menschen zur Arbeit auf. Dieses Verhältnis wird auch in der seelsorglichen Beratung immer wieder zur Sprache kommen: Zum einen gilt es, den Wert der menschlichen Arbeit klar zu benennen, denn eine sinnvolle Tätigkeit ist für die Entwicklung der Person unverzichtbar. Zum anderen wird die Bedeutung der Arbeit in der Bibel auch relativiert. So sollte der Berater einer etwaigen Idealisierung der Arbeit durch den Klienten kritisch gegenüber stehen.

1.2.1.1 Vom Sinn und Wert der Arbeit

a) *Weltgestaltung als abbildhafte Fortführung des göttlichen Schöpfungshandelns*
Der erste biblische Bezugspunkt menschlicher Arbeit ist das Schöpfungshandeln Gottes (vgl. Gen 1,1-3,24). Zwar unterscheidet sich das göttliche Schaffen vom Tätigsein der Menschen[17], gleichwohl erhielt der Mensch als Ebenbild Gottes selbst den Auftrag, die Schöpfung zu gestalten (vgl. Gen 1,28 und 2,15). Gott setzt den Menschen als sein Abbild auf Erden ein und beteiligt ihn so an der *creatio continua*.[18] Der Mensch ist aufgefordert, die gute Schöpfung um ihn herum wie einen Garten zu bearbeiten. Die Theologin Dorothee Sölle schreibt dazu: „Die Größe der Arbeiter ist es, an der Schöpfung teilzunehmen und diese Schöpfung weiter fortzusetzen. Arbeiten ist eine Art, Ebenbild Gottes zu werden.“[19] Schöpfung ist demnach kein statisches Werk, sondern besitzt eine von Gott gestiftete, innere Dynamik, an der der Mensch durch sein Tun Anteil hat.[20]

b) *Arbeit als Dienst am Menschen: Teilhabe an der Liebe Gottes*
Der evangelische Theologe Hans G. Ulrich hebt die soziale Dimension der Arbeit hervor: „Arbeit ist darin selbst sozial, dass Menschen nicht für sich arbeiten, sondern mit jeder Arbeit in ihrem Ertrag ein Dienst am Nächsten verbunden ist. Hier geht es um die immer gegebene soziale Dimension in der Arbeit.“[21] Die gute Arbeit ist dadurch erkennbar, dass sie dem Wohle der Gemeinschaft dient und somit auch ein Dienst am Reich Gottes ist.[22] Erst wenn die Arbeit nur noch

[16] Vgl. Segbers 2009, 27ff.
[17] Vgl. Kehl 2006, 33-34. Vgl. auch Kießling 2010a, 118f.
[18] Vgl. Kehl 2006, 335-345. Vgl. auch Kießling 2010a, 119.
[19] Sölle 1983, 39.
[20] Vgl. Kehl 2006, 335-345. Vgl. auch LE 25.
[21] Ulrich 2009, 138. Vgl. dazu auch Nauer 2007, 35.
[22] So heißt es im 1. Petrusbrief: „Dient einander als gute Verwalter der vielfältigen Gnade Gottes, jeder mit der Gabe, die er empfangen hat.“ (1. Petr 4,10) Nach christlichem Ver-

der Bereicherung einiger weniger dient, setzt die theologische Kritik ein. Ungerechte und ausbeuterische Arbeits- und Sozialstrukturen stehen dem Heilswillen Gottes entgegen.[23]

c) *Der Wert der Arbeit in Bezug auf die eschatologische Vollendung*
Der Dogmatiker Medard Kehl schreibt: „Für die von Gott versprochene und von ihm gewährte Vollendung der Welt hat das weltgestaltende Handeln des Menschen, das die ganze Geschichte durchzieht, seine unaufhebbare Bedeutung."[24] Es würde der biblischen Sicht auf den Menschen widersprechen, wenn alle menschlichen Taten angesichts der eschatologischen Vollendung irrelevant gewesen sein sollten.[25] Die heilsgeschichtliche Valenz der menschlichen Arbeit ist unverlierbar.[26] Insofern trägt die menschliche Arbeit auch stets eine zukünftige Dimension in sich.

1.2.1.2 *Zur Relativierung und Problematisierung der Arbeit*

In der Bibel wird keine Idealisierung der menschlichen Arbeit betrieben. Vielmehr lassen sich aus der Bibel Bedingungen ableiten, die erfüllt sein müssen, damit ein gutes Arbeiten möglich ist.

a) Der Sabbat
Das Finale der ersten Schöpfungserzählung ist der Sabbat, die Ruhe von der Arbeit (vgl. Gen 2,2-3). Der Sabbat ist sowohl eine zeitliche Grenze der Arbeit als auch eine Grenze der Herrschaftsverhältnisse: Neben den Herren sollen auch alle Diener und abhängig Beschäftigte an diesem Tag ruhen.[27] Der evangelische Theologe Friedrich Kiss hebt hervor, dass der Sabbat weniger kultisches Gebot als arbeitsrechtliche, soziale Weisung sei.[28] Begründet wird das Sabbatgebot mit den negativen Erfahrungen Israels in Ägypten: Das Volk wird daran erinnert, wie es selbst in der Sklaverei gelitten hat.[29] Nun soll

---

ständnis sind die eigenen Gaben und Fähigkeiten somit von Gott geschenkt und sollen für das Wohl der Gemeinschaft eingesetzt werden.

[23] Entsprechend sozialkritisch äußern sich zum Beispiel die Propheten Amos (Am 2-4) und Jeremia (Jer 5).

[24] Kehl 2006, 83.

[25] So schreibt Nauer: „Diese eschatologische Zusage impliziert nicht, dass ein Geschöpf vor dem Angesicht Gottes davor bewahrt bliebe, sich mit seinen eigenen Taten und Unterlassungen auseinander zu setzen." (Nauer 2007, 36)

[26] Vgl. Sander 2010, 105.

[27] Vgl. Segbers 2009, 19f.

[28] Vgl. Kiss 1983, 16ff.

[29] Die Abhängigkeit von anderen, das Ausgeliefertsein als Arbeitssklaven, ist eine Grunderfahrung des Volkes Gottes und die Überwindung dieses Zustandes eine zentrale Heilserfah-

es sich gegenüber den eigenen Arbeitern und Sklaven anders verhalten (vgl. Dtn 5,13-15). „Mit dem Arbeitsverbot unterbricht der Sabbat das Wechselspiel von Produktion und Konsum, das den Alltag beherrscht.“[30] Eine Bedingung für gute Arbeit sind demnach Zeiten der Ruhe und der Freiheit von ökonomischen Zwängen.

b) Arbeit als Strafe und Last

Scheint die Arbeit im paradiesischen Urzustand mühelos gewesen zu sein, ändert sie in Folge des Sündenfalls ihren Charakter: Die Strafe Gottes besteht darin, dass der Mann nun im Schweiße seines Angesichts für das tägliche Brot arbeiten muss (vgl. Gen 3, 17-19). Der harte Kampf um eine ausreichende Ernte steht einer beschönigenden Sicht auf die Arbeit entgegen.[31] Das moderne Arbeitsleben hat sich gegenüber diesen früheren Arbeitsformen einerseits stark verändert, da der wissenschaftliche und technische Fortschritt die Arbeit zumindest in körperlicher Hinsicht erleichtert hat. Andererseits ist die Arbeit heute auf neue Weise mühselig: Vor allem psychische Belastungen und Risiken nehmen stark zu.

c) Arbeitslosigkeit in der Bibel

In Israel bestand über Jahrhunderte ein System ungleicher Besitzverhältnisse, das große Bevölkerungsteile in Sorge um das tägliche Überleben hielt.[32] Von Arbeitslosigkeit wird in der Bibel zum Beispiel an den Stellen berichtet, in denen es um die Gruppe der Bettler und Tagelöhner geht. Die Bettler mögen häufig krank, körperlich oder geistig behindert gewesen sein, weshalb sie unter Umständen

---

rung. Mit Blick auf diese Leidenszeit wurden später auch die Vorschriften für gerechte Arbeitsverhältnisse begründet. So wurde die Leibeigenschaft auf sieben Jahre begrenzt und sollte der Zugang zur Arbeit auch für Fremde möglich sein. Vgl. zum Beispiel Lev 25.

[30] Lehmann 2010, 19.

[31] Vgl. Kießling 2010a, 118. „Es entscheidet sich am Wie der menschlichen Tätigkeit, ob sie unter der Verheißung des Segens der Befreiungsgeschichte oder unter dem Gesetz des Fluches zur Entfremdungsgeschichte des Menschen gehört.“ (Kießling 2010a, 119)

[32] Vgl. Schottroff 1983, 104ff. Das Muster für deren Entstehung wiederholte sich: Vermögende Beamte oder Kaufleute konnten immer mehr Land und Vermögen anhäufen und wurden Großgrundbesitzer. Auf ihren Ländereien ließen sie Sklaven oder Bauern, die durch Kredite in Schuldknechtschaft geraten waren, für sich arbeiten. Durch diese vergleichsweise günstigen Arbeitskräfte konnten sie die Preise diktieren und ruinierten so die Preise für die Kleinbauern, die die gleichen Produkte anbauten. Diese mussten sich häufig verschulden, um ihre Betriebe aufrecht zu erhalten und gerieten so in eine Abwärtsspirale, die für sie und ihre Familien oft in der Schuldknechtschaft endete. Spätestens seit der Königszeit herrschte daher ein krasses Ungleichgewicht in der Gesellschaft, die Ausbeutung und Verelendung breiter Massen zur Folge hatte. So forderten die Propheten des Alten Testaments Reformen für eine gerechtere Wirtschaftsordnung. Vgl. zum Beispiel die Sozialkritik bei den Propheten Amos, Hosea, Micha und Jesaja.

ohnehin nicht in der Lage waren, dauerhaft ihren Lebensunterhalt selbst zu bestreiten. Die Tagelöhner wiederum standen, wie ihr Name schon sagt, nur tageweise in einem Arbeitsverhältnis. Ihr Überleben und das ihrer Familien waren demnach nur kurzfristig gesichert. Arbeit und Arbeitslosigkeit wechseln sich kurzfristig ab. Diese Zustände lassen sich für das Land Israel, das zur Zeit Jesu unter römischer Besatzung stand, nachweisen. „Die Arbeitslosen in der Landwirtschaft Palästinas sind Menschen, die ihr eigenes Land verloren haben und die nicht weit entfernt sind von den Blinden, Lahmen und anderen Kranken, die für Matthäus das Volk repräsentieren. Die Existenznot der Arbeitenden und der Arbeitslosen wird im übrigen nicht voneinander getrennt. Arbeitslose sind keine zu isolierende Gruppe."[33] Zur Zeit Jesu konnte sogar die paradoxe Lage entstehen, dass Sklaven gegenüber Tagelöhnern besser abgesichert waren, da ihre Besitzer ein Interesse an ihrer Leistungsfähigkeit hatten.[34]

Eine weitere biblisch begründete Bedingung für ein Arbeiten, das dem Menschen entspricht, ist folglich der Zugang zu einem beständigen Arbeitsverhältnis, über das sich der eigene Lebensunterhalt absichern lässt.

1.2.1.3 Abschlussbemerkung zur biblisch-theologischen Perspektive

In den Texten des Alten wie des Neuen Testaments spiegelt sich die soziale Realität der damaligen Zeit. Daraus lässt sich auch die damalige Arbeitswelt rekonstruieren. Wie wir heute mit den Herausforderungen der Arbeitsgesellschaft und Arbeitslosigkeit umgehen sollen, lässt sich aus den biblischen Schriften daher nicht direkt ableiten. Gezeigt wurde im Bezug auf die biblischen Quellen, dass der menschlichen Arbeit eine heilsgeschichtliche Bedeutung zukommt. Ihr Wert leitet sich aus theologischer Perspektive auch aus dieser religiösen Dimension ab. Gleichwohl haben Menschen auch zu biblischen Zeiten die Erfahrung gemacht, dass gute Arbeit bestimmter Rahmenbedingungen bedarf. Diese Rahmenbedingungen wurden auch im Blick auf den Heilswillen Gottes eingefordert. Im Blick auf die Exodus-Erzählung (vgl. Ex1-14) und die Fronarbeit am Hofe Salomons (vgl. 1König 9ff.) lässt sich festhalten: „Gott ist parteilich. Er steht auf der Seite der Unterdrückten und hilft ihnen in ihrem Widerstand. Er ist parteilich gegen unterdrückerische Strukturen, unmenschliche Arbeitsbedingungen und Eskalation von Ausbeutung menschlicher

---

[33] Schottroff 1983, 187-188.
[34] Vgl. Schottroff 1983, 187f.

Arbeitskraft. Von daher ist es eine zutiefst christliche Aufgabe, unmenschliche Arbeitsbedingungen zu bekämpfen."[35]

Im Folgenden wird darauf eingegangen, welche sozialethischen Grundwerte und Prinzipien sich aus kirchenamtlicher Perspektive für heute ergeben.

1.2.2 Sozialethische Einordnung aus kirchenamtlicher Perspektive

Die Themen *Arbeit* und *Arbeitslosigkeit* sind Gegenstand der Katholischen Soziallehre, die sich sowohl auf die Heilige Schrift als auch auf das Naturrecht bezieht. Wesentliche Inhalte der Katholischen Soziallehre sind die Sozialverpflichtung des Eigentums, Chancen-Gerechtigkeit, Mitverantwortung und Mitbestimmung im Unternehmen sowie der Interessenausgleich zwischen Kapital und Arbeit.[36]

Im Folgenden wird dargestellt, wie Papst Johannes Paul II. in der *Enzyklika Laborem Exercens* das Verhältnis von Mensch und Arbeit beschreibt. Dabei kommt auch die Situation der Arbeitslosen zur Sprache.

1.2.2.1 Die Enzyklika Laborem exercens

Papst Johannes Paul II. bezieht sich in seiner dritten Enzyklika *Laborem exercens* aus dem Jahre 1981 auf das moderne Verständnis von Arbeit als produktiver Tätigkeit, die Wohlstand schafft und der Selbstverwirklichung dient.[37] Das Dokument lässt sich weder darauf reduzieren, fromme Erbauungsliteratur zu sein, noch ist es eine rein sozialwissenschaftliche Abhandlung. Zwar lassen sich sozialpolitische Konsequenzen aus der Enzyklika ableiten,[38] im Vordergrund steht jedoch eine *theologische Anthropologie* der menschlichen Arbeit.

---

[35] Kegler 1983, 70.

[36] „In ihrem wesentlichen Kern stellt die Katholische Soziallehre eine prinzipielle Entfaltung des christlichen Menschenbildes dar. Ihre bleibende Substanz, ihre Hauptprinzipien lassen sich schnell nennen: Solidarität, Subsidiarität, Gemeinwohl." (Ockenfels 1992, 21)

[37] „Mit ‚Laborem exercens' (1981) wird die Wandlung von der alten Arbeiterfrage zur neuen Arbeitsfrage besiegelt. Der Arbeitsbegriff wird ‚entgrenzt', seine sozialethische und religiöse Werthaftigkeit hervorgehoben. Damit wird auch der kreative und innovatorische Charakter der Arbeit unterstrichen." (Ockenfels 1992,16)

[38] Vgl. Nell-Breuning 1983, 14. Der Papst liefert mit dieser Enzyklika kein eigenes Wirtschaftsmodell. Wie einzelne Forderungen zu verwirklichen sind, zum Beispiel die des Vorrangs der Arbeit vor dem Kapitel, wird nicht weiter ausgeführt. Vgl. Nell-Breuning 1983, 92f.

Primär geht es dem Papst darum, Aussagen zu formulieren, die unabhängig von der historischen Situation gültig sind.[39] Während frühere Enzykliken bestimmte Fragen zur menschlichen Arbeit behandelten, geht es in dieser Enzyklika um die menschliche Arbeit an sich.[40] Ausgangspunkt sind nicht die gesellschaftlichen Umstände, sondern der Mensch: So ist die Arbeit nach Johannes Paul II. ein wichtiges Kennzeichen, das den Menschen von anderen Geschöpfen unterscheidet.[41] Arbeit drückt daher auch immer die Würde des Menschen aus.[42] Wenn jedoch der Mensch innerhalb ungerechter Strukturen arbeiten muss oder rein funktional als Arbeitskraft behandelt wird, verletzt dies die Würde des Menschen. Der Mensch ist dann als Person nicht mehr das Subjekt der Arbeit.[43] Es ist aber erforderlich, dass alle Handlungen eines Arbeitsprozesses „der Verwirklichung seines Menschseins dienen, der Erfüllung seiner Berufung zum Personsein, die ihm eben aufgrund seines Menschseins eigen ist“[44].

Dies ist eine zentrale Aussage der Enzyklika: Die Würde der Arbeit ergibt sich allein aus dem handelnden Subjekt, dem Menschen. Folglich entscheidet nicht die Art der Tätigkeit darüber, welche Würde der Arbeit zukommt.[45] Vielmehr gilt es, die Würde des Menschen zum Maßstab zu nehmen und sie nicht wirtschaftlichen Zielen unterzuordnen.[46]

Für die theologische Bewertung der Arbeit bezieht sich Johannes Paul II. zuvorderst darauf, dass der Mensch als Ebenbild Gottes den Auftrag hat, die Erde zu gestalten und zu bewahren.[47] „Indem er diesen Auftrag erfüllt, spiegelt der Mensch und jeder Mensch das Wirken des Weltenschöpfers selber wider.“[48] Da Arbeit und Menschenwürde in diesem Sinne auch theologisch eng miteinander verknüpft sind, muss die Arbeit dem Menschen

---

[39] Vgl. Nell-Breuning 1983, 73.

[40] Vgl. Nell-Breuning 1983, 9.

[41] Vgl. LE Vorwort/Segen.

[42] Vgl. LE 6; 9. Der Sozialethiker Wolfgang Ockenfels führt dazu aus: „Die Würde des Menschen ist darin zu sehen, dass er als personales Ebenbild Gottes einen eigenen und einmaligen Wert besitzt, der ihm von keiner Instanz genommen werden kann. Jeder einzelne Mensch trägt seinen Zweck in sich und ist nicht Mittel zu irgendeinem gesellschaftlichen Zweck.“ (Ockenfels 1992, 31)

[43] „Die Arbeit darf nicht von ihrem Subjekt abgelöst werden. Der Mensch als Träger der Arbeit ist nicht als bloßer Produktionsfaktor zu behandeln. Seine Arbeitsbedingungen sind vielmehr menschenwürdig zu gestalten. Geboten sind Maßnahmen zur ‚Humanisierung der Arbeit‘ und arbeitsrechtliche Schutzbestimmungen. Dennoch bleibt die Arbeit meist mit Dornen und Disteln, mit Mühe und Last verbunden.“ (Ockenfels 1992, 44)

[44] LE 6.

[45] Nell-Breuning 1983, 26f.

[46] Vgl. LE 7.

[47] Vgl. LE 12.

[48] LE 4.

dienen und nicht umgekehrt.[49] Schließlich dient die menschliche Arbeit gemäß dem göttlichen Schöpfungsauftrag letztlich auch der „Vollendung des Schöpfungswerkes Gottes“[50].

So soll die Kirche darauf hinwirken, dass sich eine *Spiritualität der Arbeit* entwickelt, die den Menschen tiefer erfahren lässt, wie seine Arbeit dem Heilsplan Gottes dienen kann und er so durch die Arbeit Gott, dem Schöpfer und Erlöser, näherkommen kann.[51] An anderer Stelle heißt es zur spirituellen Dimension der Arbeit: „In der menschlichen Arbeit findet der Christ einen kleinen Teil des Kreuzes Christi und nimmt ihn mit der gleichen Erlösergesinnung auf sich, mit der Christus für uns sein Kreuz auf sich genommen hat.“[52] Um diesen hohen Wert der Arbeit dem Einzelnen zugänglich werden zu lassen, sieht sich die Kirche in der Pflicht, für die Würde und die Rechte der arbeitenden Menschen einzutreten und zum gesellschaftlichen Fortschritt beizutragen.[53]

Wie bereits deutlich geworden ist, hat nach der Enzyklika die Arbeit eine große Bedeutung für die Entwicklung des Menschen und seine Verhältnisbestimmung zur Welt. „Die Arbeit – als ‚transitive' Tätigkeit aufgefaßt, das heißt als ein Wirken, das vom Menschen als Subjekt ausgeht und auf ein äußeres Objekt gerichtet ist – setzt eine spezifische Herrschaft des Menschen über die ‚Erde' voraus und bestätigt und entwickelt ihrerseits diese Herrschaft.“[54]

In diesem Zusammenhang wird mehrfach von der Notwendigkeit einer sozialen Ordnung gesprochen, die es dem Menschen ermöglicht, in der Arbeit „mehr Mensch zu werden“[55]. Seiner Personalität, der gemäß der Mensch seine Anlagen und Fähigkeiten entfalten soll und so seiner Berufung zur Gemeinschaft mit Gott und zur Solidarität mit seinen Mitmenschen entsprechen soll, können ungerechte Arbeitsverhältnisse auf vielfache Weise entgegenstehen. Die Personalität jedes Menschen setzt denjenigen klare Grenzen, die über das Kapital[56] und damit über die Unternehmen innerhalb des Wirtschaftssystems verfügen.[57]

---

[49] Vgl. LE 6.
[50] GS 67. Vgl. auch LE 25.
[51] Vgl. LE 24.
[52] LE 27.
[53] Vgl. LE 1.
[54] LE 4. Vgl. auch GS 1.
[55] LE 9.
[56] Zum Begriff des Kapitals bei Papst Johannes Paul II. siehe Nell-Breuning 1983, 84f.
[57] Vgl. LE 13 und 14. Vgl. auch Thien 1998, 31.

Neben dem Kapital nimmt Johannes Paul II. aber auch die Strukturen in den Blick, welche sich die Beziehungen im Arbeitsleben bestimmen. Anhand des Begriffs des *indirekten Arbeitgebers* führt er aus, dass es einer ethisch korrekten Arbeitspolitik bedürfe, dass sich also das ganze sozioökonomische System an gerechten Verhaltensprinzipien orientieren müsse.[58] Diesem indirekten Arbeitgeber kommt auch eine besondere Bedeutung in Bezug auf das Problem der Arbeitslosigkeit zu: „Aufgabe der genannten Institutionen, die hier unter dem Namen des indirekten Arbeitgebers verstanden werden, ist es, *die Arbeitslosigkeit zu bekämpfen,* die in jedem Fall ein Übel ist und, wenn sie große Ausmaße annimmt, zu einem echten sozialen Notstand werden kann."[59]

1.2.2.2 Zur Kritik an der Enzyklika

Die Enzyklika bezieht sich auf jede Art von Arbeit, „die der Mensch verrichtet, unabhängig von ihrer Art und den Umständen"[60]. Zwar wird gesagt, dass vor allem ausbeuterische Wirtschaftsstrukturen der Selbstentfaltung des Menschen durch die Arbeit entgegenstehen können. Dennoch kritisiert zum Beispiel der Moraltheologe Dietmar Mieth an der Enzyklika, dass sie eine Idealisierung des Arbeitsbegriffs betreibe. Nicht jede Arbeit biete Potential zur Selbstentfaltung. Zum Beispiel fänden sich in der modernen Industrie viele stumpfsinnige Tätigkeiten, die keinen Beitrag zur menschlichen Entwicklung leisten könnten. Mieth selbst differenziert daher zwischen *wirken* und *arbeiten*, wobei nur das Wirken sich auf das Schöpfungswirken Gottes beziehen lässt und moderne Arbeitsformen davon deutlich zu unterscheiden sind. Nach seiner Auffassung stehen moderne Arbeitsverhältnisse und -rhythmen der freien Selbsttätigkeit des Menschen entgegen.[61]

Überhöht also die Enzyklika die Bedeutung der Erwerbsarbeit? Diese Frage stellt sich insbesondere im Blick auf diejenigen, die dauerarbeitslos sind und keine Hoffnung auf eine Rückkehr in die Berufswelt mehr haben. Hier gilt es, die Vielfalt menschlicher Tätigkeitsformen in ihrem je-

---

[58] Vgl. LE 17.

[59] LE 18.

[60] LE Vorwort/Segen.

[61] Vgl. Mieth 1985, 27f. Auch Sölle schreibt: „Nicht jede Arbeit gibt mich mir selbst zurück, nicht jede Arbeit läßt die Erfahrung von Sinnfindung, die Erfahrung von Glück, zu." (Sölle 1983, 36) Unterschiedliche Studien zeigen, dass viele Erwerbstätige in Deutschland ihre Arbeitssituation als defizitär erleben. Unsichere Beschäftigungsverhältnisse, schlechte Bezahlung und eintönige Abläufe vermindern die Zufriedenheit vieler Arbeitnehmer. Eine große Mehrheit scheint für sich nicht von guter Arbeit sprechen zu können. Vgl. Hengsbach 2009, 166f.

weiligen Wert zu benennen und herauszustellen, welche Arbeit tatsächlich Wirkelemente aufweist.[62] Im Blick auf den Menschen ist festzuhalten, dass er auch ohne Arbeit Würde hat[63] – oder anders ausgedrückt: Das Recht auf Arbeit ist Folge des Menschseins, nicht dessen Voraussetzung.

1.2.2.3 *Sozialethische Postulate der Kirche*

In den letzten Jahren haben auch die Deutschen Bischöfe zu den sozialethischen Fragen Stellung genommen, die mit Arbeit und Arbeitslosigkeit verbunden sind. In der Zusammenschau von den Aussagen der Enzyklika *Laborem exercens* sowie aktueller bischöflicher Dokumente entwickle ich drei sozialethische Postulate. So stellen die folgenden Ausführungen eine Systematisierung und Aktualisierung des sozialethischen Standpunkts der Kirche dar.

Dargelegt wird, wie die zentralen Forderungen nach Arbeitsformen, die der Selbstentfaltung des Menschen und dem Wohle aller dienen, umgesetzt werden können.[64] Die Kirche argumentiert hier aus dem Bewusstsein heraus, dass bestimmte Rahmenbedingungen unverzichtbar sind: „Um wahrhaft human zu sein, bedarf die Arbeit wie alles menschliche Handeln der ethischen Weisung und der rechtlichen Regelung.“[65]

Postulat der Selbstentfaltung des Menschen
Es gehört zur Würde und Bestimmung des Menschen, gemäß seinen Fähigkeiten tätig zu sein, sich seinen Lebensraum über die Arbeit zu erschließen und dadurch ein Auskommen zu haben.[66] Ist dem Menschen die Möglichkeit genommen, sich in der Arbeit selbst zu entfalten, fehlt ihm ein wichtiger Aspekt menschlichen Lebens.[67] Aufgrund der Bedeutung

---

[62] Vgl. Mieth 2010, 166ff.

[63] Gemäß einer biblisch-theologischen Anthropologie wird der Mensch nicht erst durch die Arbeit zum Menschen. „Es ist sein besonderer Gottesbezug und nicht seine Arbeit, die ihn als Menschen auszeichnet und die seine Würde begründet. Der von Gott unter allen Lebewesen so ausgezeichnete Mensch erhält dann den Auftrag, die Welt durch seine Arbeit zu gestalten.“ (Lehmann 2010, 18)

[64] Diese Forderungen der Kirche an das Wirtschaftssystem lassen sich allerdings nicht unmittelbar in ein politisches Programm übertragen. So schreibt Ockenfels: „Für die Wirtschaftsordnung hat die Kirche kein konkretes Modell oder System entwickelt. Sie wendet sich vielmehr den allgemeinen Sinnfragen der Wirtschaft zu, fragt nach der Stellung des Menschen im Wirtschaftsgeschehen und stellt sozialethische Grundwerte und Prinzipien für eine am Gemeinwohl orientierte Ordnung der Wirtschaft auf.“ (Ockenfels 1992, 38)

[65] Lehmann 2010, 18.

[66] „Überdies sollte der arbeitende Mensch in seiner Arbeit selbst Gelegenheit haben zur Entwicklung seiner Anlagen und Entfaltung seiner Personwerte.“ (GS 67)

[67] Vgl. Rat der Evangelischen Kirche in Deutschland & Sekretariat der Deutschen Bischofskonferenz 1997, Nr. 151f.

der Arbeit als zentralem Zugang zur eigenen Lebenserhaltung und als Beteiligung am gesellschaftlichen Leben „wird der Anspruch der Menschen auf Lebens-, Entfaltungs- und Beteiligungschancen zu einem Menschenrecht auf Arbeit“[68]. Gemäß der katholischen Soziallehre bedeutet dieses Menschenrecht auf Arbeit keinen einklagbaren Anspruch auf eine konkrete Arbeitsstelle, sondern stellt ein Freiheitsrecht dar: Der Staat ist verpflichtet, alles zu unterlassen oder zu unterbinden, was die Arbeitsmöglichkeiten des Einzelnen behindert.[69]

Allerdings dient nicht jede Form der menschlichen Arbeit auch der Selbstentfaltung. Es muss ein Mindestmaß an Gestaltungsfreiraum geben, um sich selbst kreativ einbringen zu können. Erst dann kann sich die Person mit dem Arbeitsprozess und -ergebnis identifizieren. Besteht die Arbeit zum Beispiel nur aus der Wiederholung der immer gleichen Arbeitsschritte, wird kein Beitrag zur Selbstentfaltung geleistet. Vor allem durch die industrielle Arbeitsteilung reduziert sich der eigene Beitrag zum Produkt häufig bis zur Unkenntlichkeit. Dann aber kann von Selbsttätigkeit und Selbstbestimmung keine Rede mehr sein.[70] Der Selbstentfaltung dient die Arbeit nur, wenn sie auch *Wirkelemente* aufweist.[71]

Darüber hinaus fragt die Kirche nach der gemeinschaftlichen Dimension der Arbeit. So verfolgt die christliche Ethik „ein strukturbildendes Interesse, nämlich den einzelnen zu befähigen, seine Leistung im Prinzip füreinander, nicht voreinander zu erbringen, also den gesellschaftlichen Charakter von Arbeit anzuerkennen und nicht mit einem formalen Gruppenprinzip zu verwechseln“[72]. Deutlich wird dies auch am Beispiel der Familie, in der die Haushaltsarbeit und Erziehungsarbeit *füreinander* geleistet wird.[73]

Ziel ist, das bestehende Wirtschaftssystem strukturell so zu verändern, dass sich neue Bereiche fürsorgender Arbeit bilden können. Die hier geleistete Arbeit kann aber erst dann in gleichem Maße der Selbstentfaltung dienen, wenn die bisher vergleichsweise geringe gesellschaftliche Anerkennung zunimmt: „Um so notwendiger ist es, die Haus-, Erziehungs- und Pflegearbeit und den ehrenamtlichen Dienst gesellschaftlich aufzuwerten und Benachteiligungen, zum Beispiel bei den sozialen Sicherungs-

---

[68] Rat der Evangelischen Kirche in Deutschland & Sekretariat der Deutschen Bischofskonferenz 1997, Nr. 151.
[69] Vgl. Ockenfels 1992, 44.
[70] Vgl. Kießling 2010a, 124.
[71] Vgl. Kießling 2010a, 116-120.
[72] Börsch 1983, 225.
[73] Vgl. Nell-Breuning 1983, 30f.

systemen, im Maße des finanziell Machbaren abzubauen."[74] Dieser Aspekt betrifft auch die Gleichstellung der Geschlechter: Sie hat zum Ziel, dass „Frauen einen gerechten Anteil an der Erwerbsarbeit erhalten und die Männer einen gerechten Anteil an der Haus-, Erziehungs- und Pflegearbeit übernehmen"[75].

Postulat der gerechten Entlohnung
Ein Schlüsselproblem der Sozialethik ist die Forderung nach einer gerechten Entlohnung: „Es gibt heutzutage keine wichtigere Weise, die Gerechtigkeit im Verhältnis zwischen Arbeitnehmer und Arbeitgeber zu verwirklichen, als eben die Bezahlung der Arbeit."[76] Nach *Laborem Exercens* ist dies der entscheidende Maßstab für die Gerechtigkeit des gesamten soziökonomischen Systems.[77] Ein Mensch muss durch seine Arbeit für sich und diejenigen, die ihm anvertraut sind, sorgen können.[78]

In Zeiten einer globalisierten Wirtschaft ist es gemäß der katholischen Soziallehre erforderlich, dass ausbeuterische Arbeit von der Politik auch international verhindert wird. Schließlich fällt die Ausbeutung von Arbeitnehmern in anderen Ländern auf den heimischen Arbeitsmarkt zurück.[79] So wird in *Laborem Exercens* angeregt, dass die Arbeitenden auch auf Weltebene als solidarische Bewegungen dafür eintreten, dass keine Ausbeutung mehr stattfinden kann.[80] Auf nationaler Ebene sichern Tarifpartnerschaften faire Löhne und den sozialen Frieden, was „sich als bedeutsamer Standortvorteil erwiesen hat"[81].

Eine angemessene Entlohnung für diejenigen, die Arbeit haben, bedeutet jedoch keine Diskriminierung derjenigen, die keine Arbeit haben. Auch wer keinen Lohn empfängt, bleibt gleichwertiges Mitglied der Gesellschaft. Arbeitslosigkeit darf kein Kriterium für Exklusion sein.[82] Die So-

---

[74] Rat der Evangelischen Kirche in Deutschland & Sekretariat der Deutschen Bischofskonferenz 1997, Nr. 153.
[75] Rat der Evangelischen Kirche in Deutschland & Sekretariat der Deutschen Bischofskonferenz 1997, Nr. 153.
[76] LE 19.
[77] Vgl. LE 19.
[78] Vgl. Ulrich 2009, 132. Vgl. auch Ockenfels 1992, 44.
[79] Vgl. Rat der Evangelischen Kirche in Deutschland & Sekretariat der Deutschen Bischofskonferenz 1997, Nr. 84-90.
[80] Vgl. LE 8. Vgl. auch Nell-Breuning 1983, 28f.
[81] Rat der Evangelischen Kirche in Deutschland & Sekretariat der Deutschen Bischofskonferenz 1997, Nr. 8.
[82] „Auch wer nicht am Arbeitsleben teilnehmen kann, hat einen gesellschaftlichen Anspruch auf Teilhabe am sozialen und kulturellen Leben. Die individuellen Lebenszweifel, die nicht selten mit dem Verlust des Arbeitsplatzes einhergehen, sollten nicht noch dadurch verschärft

lidarität der Gesellschaft muss auch die erreichen, die keine Leistung erbringen können.[83]

Postulat der Mitbestimmung und Beteiligung
Ein Arbeitnehmer muss in einem Unternehmen über seine dienstliche Aufgabe hinaus als Person anerkannt sein. Dazu gehört, dem Arbeitnehmer Formen der Mitbestimmung und Beteiligung einzuräumen.[84] Jeder soll an seinem Arbeitsplatz, zum Beispiel durch die Gründung eines Betriebsrats, Mitverantwortung übernehmen können und Prozesse mit gestalten können.[85] Der Arbeitsplatzverlust eines Einzelnen ist dann nicht die Entscheidung einiger weniger Führungskräfte, sondern das Ergebnis einer kollektiv wahrgenommenen Verantwortung für das Wohl des Unternehmens. In der Praxis bestehen jedoch vielfältige Machtasymmetrien, die das Verhältnis von Arbeitgebern und Arbeitnehmern bestimmen.[86] Daher müssen sich Arbeitnehmer über das konkrete Unternehmen hinaus vernetzen und sich auch politisch engagieren, um gerechte Strukturen zu schaffen.[87] So können sich Arbeitnehmergruppen zu Gewerkschaften zusammenschließen, um ihre Interessen überregional zu vertreten. Auf dieser Ebene kann zum Beispiel für Gesetze gestritten werden, die die Rechte desjenigen stärken, dessen Arbeitsplatz abgebaut werden soll.

1.2.2.4 *Abschlussbemerkung zur sozialethischen Perspektive*

Grundsätzlich sollen alle Menschen die gleichen Möglichkeiten haben, sich für den Arbeitsmarkt zu qualifizieren und Zugang zu ihm zu finden. Diesem Ideal entspricht die gesellschaftliche Realität nur bedingt. „Das autonome Individuum, das seinen Lebensentwurf und seine wirtschaftliche Karriere souverän ergreift, dessen Selbstorganisation von der Gesellschaft lediglich zu schützen wäre, ist nicht der Regelfall.“[88] Selbst wenn der Einzelne sich bemüht, alle geforderten Leistungen zu erbringen, kann er damit scheitern, wenn er sich dabei auf das Leistungsprinzip als den Schlüssel des gesellschaftlichen Aufstiegs verlässt. Auf die Eigenverant-

---

werden, dass man auch finanziell und sozial von heute auf morgen an den Rand der Gesellschaft gedrängt wird.“ (Sekretariat der Deutschen Bischofskonferenz 2011, 31)

[83] „Theologische Sozialethik muß daher der sozialdarwinistischen Ansicht widerstehen, als dürfte man die Mitglieder der Leistungsgesellschaft einteilen in leistungskräftige und in solche, die entweder noch nichts geleistet haben oder nichts mehr leisten (und dies am Berufserfolg festmachen).“ (Börsch 1983, 222)

[84] Vgl. Rat der Evangelischen Kirche in Deutschland & Sekretariat der Deutschen Bischofskonferenz 1997, Nr. 151.

[85] Vgl. LE 15. Vgl. auch Mieth 1985, 32.

[86] Vgl. Hengsbach 2009, 170f.

[87] Vgl. GS 68.

[88] Hengsbach 2009, 169.

wortung eines Arbeitslosen zu verweisen ergibt folglich erst dann Sinn, wenn der Einzelne Strukturen vorfindet, die es ihm erlauben, seine Situation selbst zu ändern. Darum kritisiert die Kirche die verschiedenen Formen struktureller Arbeitslosigkeit und ungerechter Arbeitsverhältnisse. Die Chancengleichheit ist zum Beispiel dann gestört, wenn Menschen, die nach Deutschland immigriert sind, dadurch benachteiligt werden, dass ihre in ihrem Heimatland erworbenen Bildungsabschlüsse hier nicht anerkannt werden. Dazu wird in *Laborem Exercens* bemerkt, dass niemand im Bereich der Arbeitnehmerrechte gegenüber den heimischen Arbeitern schlechter gestellt sein darf.[89] Immigrierte Arbeitskräfte begegnen bei ihrer Stellensuche ferner oftmals Vorurteilen und Fremdenfeindlichkeit. Dem entgegen lenkt die Kirche den Blick auf die Potentiale einer Integration in die Arbeitswelt: „Wer Arbeitslose und Ausländer ausgrenzt, verzichtet auf die Inanspruchnahme ihrer Fähigkeiten und Erfahrungen."[90]

Gemäß dem christlichen Menschenbild und seinem Freiheitsbegriff[91] erklären die sozialen Umstände aber nie vollständig, wovon die Entwicklung des Einzelnen abhängt. Der Einzelne wird durch sein Umfeld beeinflusst, ist jedoch mehr als die Summe äußerer Prägungen. Die Kirche betont die Freiheit des Einzelnen und seine Verantwortung für das eigene Schicksal.[92] Neben ungünstigen oder ungerechten gesellschaftspolitischen Rahmenbedingungen gibt es meist auch individuelle Gründe für die Arbeitslosigkeit des Einzelnen. Es besteht stets ein Zueinander aus den Vorgaben des sozialen Kontextes und der Verantwortung, des Einzelnen für sich selbst und seine Entwicklung.[93] Dieser eigene Anteil an der als negativ erfahrenen Situation sollte in der Beratung ebenfalls Beachtung finden. Erst dann wird eine ganzheitliche Bewältigung des Arbeitsplatzverlustes möglich sein.

1.2.3 Praktisch-theologische Perspektive

Aus praktisch-theologischer Perspektive eröffnen sich verschiedene Dimensionen kirchlichen Engagements für Menschen in Arbeitslosigkeit. Diese stelle ich in einer Übersicht vor.

---

[89] Vgl. LE 23.

[90] Rat der Evangelischen Kirche in Deutschland & Sekretariat der Deutschen Bischofskonferenz 1997, Nr. 135.

[91] Vgl. zum christlichen Freiheitsverständnis das Kapitel 1.3.2 im dritten Teil dieser Arbeit.

[92] „Zweifellos ist die Arbeitslosigkeit (im Sinne des Mangels an Möglichkeiten zur Erwerbstätigkeit) eine noch ungelöste soziale Frage. Für deren Lösung sind nach dem Subsidiaritätsprinzip nicht in erster Linie der Staat, sondern zunächst einmal die einzelnen Arbeitnehmer und Arbeitgeber und dann die Tarifparteien verantwortlich." (Ockenfels 1992, 44)

[93] Vgl. Sekretariat der Deutschen Bischofskonferenz 2011, 19ff.

1.2.3.1 *Alternativen zur Leistungsgesellschaft?*

In den hoch entwickelten Industrienationen zeichnet sich seit Jahrzehnten ab, dass die Massenarbeitslosigkeit ein bleibendes Problem darstellt. Außerhalb und innerhalb der Kirche wird daher darüber nachgedacht, wie alternative Wirtschaftsformen aussehen könnten. Angesichts von Millionen arbeitsloser Menschen in ganz Europa wird sogar die Frage diskutiert, ob den westlichen Gesellschaften nicht grundsätzlich die Arbeit ausgeht.[94] Auch die Bedeutung der Arbeit wird dabei kritisch reflektiert. Das christliche Menschen- und Gesellschaftsverständnis steht im Widerspruch zu einem Diktat ökonomischer Interessen, denen sich alles andere unterordnen soll. So bemerkt Kardinal Lehmann: „Man möchte den Menschen haben, wie man ihn braucht. Wir sprechen zum Beispiel von flexiblen Arbeitszeiten und sollen ihnen möglichst entsprechen. Von vielen Menschen in der Arbeit wird verlangt, dass sie offen für kurzfristige Veränderungen sind und ständig Risiken eingehen."[95]

Es stellt sich grundsätzlich die Frage, ob es sinnvoll ist, angesichts der zunehmenden Automatisierung und Computerisierung innerhalb der Unternehmen daran festzuhalten, dass gesellschaftliche Anerkennung vor allem durch ein (hohes) Erwerbseinkommen erreicht werden kann. Könnte die Erwerbsgesellschaft daher von einer Tätigkeitsgesellschaft abgelöst werden?[96] Der Zwang zur Erwerbsarbeit könnte zum Beispiel durch ein *Bürgergeld* und/oder neue Dienste im sozialen und ökologischen Bereich überwunden werden.[97] Lehmann ermahnt dazu, besser wahrzunehmen, „dass Arbeit nicht nur Erwerbsarbeit ist, sondern dass in unserer Gesellschaft eine neue Verantwortung entsteht für ein Unmaß von Arbeit, das nicht dem Erwerb dient, von dem wir aber alle auch leben: die Arbeit der Mütter in den Familien nicht weniger als viele Ehrenämter."[98] Diesen Bewusstseinswandel zu fördern ist neben strukturellen Reformen unerlässlich. Leicht geschieht es sonst, dass jedwede Maßnahme gut geheißen wird, sofern sie Arbeit schafft. Hier weist Mieth darauf hin, dass die Schwierigkeiten mit der Arbeitslosigkeit „nicht auf Kosten der *Humanisierung* der Arbeit gelöst"[99] werden dürfen.

---

[94] Vgl. Fosler 1998, 154-164. Allerdings wird aktuell auch danach gefragt, ob aufgrund des demographischen Wandels nicht ein Mangel an Arbeitnehmern droht. Hier sind folglich unterschiedliche Entwicklungen zu beobachten, die nicht erkennen lassen, wie die Zukunft der Arbeitsgesellschaft aussieht.

[95] Lehmann 2005, 17.

[96] Vgl. Frey, Jonas, Frank & Greve 2000, 351.

[97] Vgl. Kitzmüller 1998b, 21f. Vgl. auch Kitzmüller 1998a, 28-29.

[98] Lehmann 2005, 20.

[99] Mieth 1985, 53.

1.2.3.2 Der Einsatz der Kirche für Arbeitslose

Neben einem Engagement für einen gesamtgesellschaftlichen Bewusstseinswandel kann die Kirche in konkreten Projekten darauf hinwirken, dass sich die Lage arbeitsloser Menschen verbessert. „Ob Arbeitslosigkeit oder Obdachlosigkeit [...] – die Kirchen können sich einer diakonischen oder caritativen Fürsorge oder Beratung nicht entziehen. Die Religion stellt Inklusionsangebote letzter Instanz bereit.“[100] Auf der Ebene der Pfarrgemeinden kann dabei sowohl einer sozialen Isolierung entgegen gewirkt werden, als auch exemplarisch gezeigt werden, wie eine Neubewertung bzw. Aufwertung nichtökonomischer Arbeit aussehen kann.[101] Dadurch können Pfarrgemeinden zu einem Ort werden, an dem Vorurteile gegenüber Arbeitslosen abgebaut werden.[102] Nach Möglichkeit soll offen über Arbeitslosigkeit und die damit einhergehenden Belastungen gesprochen werden.[103]

Arbeitslose sollen dabei aber nicht zu Objekten einer fürsorgenden Pastoral werden, sondern Subjekte ihrer Entwicklung bleiben: Sie selbst sollen sich in der Gemeinde mit ihren spezifischen Qualifikationen aktiv einbringen.[104] Daneben bieten sich im caritativen Bereich vielfältige Einsatzmöglichkeiten, die zum Teil auch mit einer Entlohnung verbunden sind. Freiwilligendienste, die von Seiten der Caritas angeboten werden, helfen unter anderem dabei, den eigenen Tagesablauf zu strukturieren und sich mit der Arbeitswelt wieder vertraut zu machen. Solidarisch Kirche zu sein bedeutet dann zum Beispiel, diejenigen zum Eintreten für ihre Rechte zu ermutigen, die sich haben einschüchtern lassen.[105] „Die reale Angst vor der Arbeitslosigkeit lässt viele Menschen still werden, mit wenig Bereitschaft zu solidarischen Aktionen. Der einzelne Mensch kann es sich nicht leisten, Anklagen gegenüber denen zu erheben, die für die Massenarbeits-

---

[100] Schützeichel 2004, 117.

[101] Vgl. Mieth 1985, 72f.

[102] Von der Erfahrung, dass es diese Vorurteile auch unter Gemeindemitgliedern gibt, berichtet Monika Rohfleisch im Blick auf ihr Engagement für Arbeitslose auf Dekanatsebene. Vgl. Rohfleisch 2010, 260-263, insbesondere 260f.

[103] Vgl. Sekretariat der Deutschen Bischofskonferenz 1982, 3f. Vgl. auch Tobler 2004, 97.

[104] Vgl. Schoppa 2010, 71f.

[105] Wie es gelingen kann, als Kirche dazu beizutragen, dass diese Angst und dieses Schweigen überwunden werden, hat Paul Schobel während seiner jahrzehntelangen Arbeit als Betriebsseelsorger wiederholt eindrücklich gezeigt. An seinen Erfahrungen lässt sich ablesen, dass das kirchliche, wirtschaftliche und politische Leben keine getrennten Welten darstellen dürfen, sondern aufeinander bezogen werden müssen, um nachhaltige Veränderungen zu erreichen. Kirchliches Engagement kann dann ganz konkret bedeuten, dass Aktionen schon im Vorfeld einer Kündigung oder einer Verminderung von Arbeitnehmerrechten organisiert werden. Vgl. Siedler & Zweigle 2008.

losigkeit verantwortlich sind."[106] Kirche muss das Bewusstsein dafür schärfen, dass Arbeitslosigkeit nicht nur den Einzelnen betrifft, sondern immer auch Symptom systemischer Ungerechtigkeiten ist. Die Kirche will diesen Menschen Gehör verschaffen, weil sie sich nicht damit abfinden kann, „dass ganze Gruppen der Gesellschaft dauerhaft vom Arbeitsmarkt ausgeschlossen werden"[107]. So schreibt der Caritaswissenschaftler Ulrich Thien: „Jede(r) Arbeitslose hat eine individuelle Geschichte, die sich immer auch auf gesellschaftliche und wirtschaftliche Verursachungszusammenhänge bezieht."[108]

Sander sieht den kirchlichen Einsatz für Arbeitslose auch als Chance für die eigene gesellschaftliche Wahrnehmung: Indem sich die Kirche mit den Arbeitslosen solidarisiert, ist sie ganz nah bei hilfsbedürftigen Menschen und tritt gleichzeitig „in ein wirksames Gegenüber zur Gesellschaft"[109]. Dies setzt allerdings voraus, dass die beiden großen Kirchen in Deutschland, die selbst als bedeutende Arbeitgeber auftreten, glaubwürdig agieren und faire Bedingungen für ihre Angestellten schaffen. Die Kirche wird zum Beispiel im Blick auf die Anwendung von Tarifverträgen ihren eigenen arbeitsrechtlichen Forderungen selbst nicht gerecht.[110]

1.2.3.3 Abschlussbemerkung zur praktisch-theologischen Perspektive

Wie gezeigt wurde, geht es nicht darum, Arbeitslose als Objekte kirchlicher Fürsorge zu verstehen. Daher ist von Mitgliedern bzw. Mitarbeitern der Kirche ein hohes Maß an Sensibilität erforderlich, wenn sie mit Arbeitslosen in Kontakt treten. Nur so kann gewährleistet werden, dass arbeitslose Menschen sich als gleichwertige Akteure innerhalb der Kirche begreifen. Im Idealfall unterstützt die Kirche Arbeitslose auf unterschiedlichen Ebenen in einem Netzwerk: Im sozialen Nahbereich sind die Pfarrgemeinden gefordert, integrativ und unterstützend zu handeln. Zentrale Beratungsstellen, zum Beispiel der verbandlichen Caritas, können auf spezifische Fragestellungen besser eingehen und bei Bedarf Kontakt zu anderen Hilfsangeboten herstellen. Darüber hinaus kann die Kirche durch

[106] Thien 1998, 23.
[107] Lehmann 2010, 28.
[108] Thien 1998, 27.
[109] Sander 1998, 38.
[110] Vgl. Siedler & Zweigle 2008, 132. Auch im Sozialwort der Kirchen heißt es: „In jüngster Zeit sind die Kirchen durch Rückgänge bei den Einnahmen erstmals nach einer langen Phase der Expansion in die Lage geraten, die Zahl der Arbeitsplätze vermindern zu müssen. In dieser angespannten Situation sind alle gefordert, mit sozialem Verantwortungsbewusstsein, sozialer Phantasie und Flexibilität soziale Härten abzuwenden." (Rat der Evangelischen Kirche in Deutschland & Sekretariat der Deutschen Bischofskonferenz 1997, Nr. 245)

ihre diözesanen und bundesweiten Strukturen auch sozialpolitische Anliegen vertreten und so die Not arbeitsloser Menschen bekämpfen.

1.3 Arbeitslose in der Beratung

Nachdem die theologischen Grundbezüge von Arbeitslosigkeit dargelegt wurden, wird im Folgenden auf das spezifische Beratungswissen in diesem Kontext eingegangen. Dabei geht es um die Frage, welche zentralen Erfahrungswerte und Erkenntnisse aus der Arbeitslosenberatung und der dazugehörigen Theoriebildung der seelsorgliche Berater kennen muss.

1.3.1 Vorbemerkung

Zuerst gehe ich an dieser Stelle darauf ein, wie sich Arbeitslosigkeit psychodynamisch auf die Betroffenen auswirkt. Von welcher Problemanzeige ist in der seelsorglichen Beratung auszugehen? Ferner wird danach gefragt, auf welchem Weg diese Zielgruppe mit seelsorglicher Beratung in Kontakt kommen kann.

1.3.1.1 Zu den Belastungen durch Arbeitslosigkeit

In der Arbeitslosenberatung geht es in vielen Fällen vor allem zu Beginn um organisatorisch-praktische Fragen zum Arbeitslosengeld, Wohngeld oder Kündigungsrecht.[111] Manche Klienten brauchen schlichtweg Hilfe beim Prüfen von Bescheiden oder dem Ausfüllen von Formularen. Daneben suchen sie in der Beratung Hilfe bei Bewerbungen: Welche Stellen sind frei? Welche Fortbildungsmöglichkeiten gibt es? Wie lassen sich passende Bewerbungsunterlagen erstellen und wie kann man sich auf Vorstellungsgespräche vorbereiten?

Der seelsorgliche Berater sollte entweder selbst in diesen Fragen Auskunft und Hilfe geben können oder auf kompetente Ansprechpartner verweisen.[112] Bei kurzzeitiger Arbeitslosigkeit, in der der Arbeitslose davon ausgehen kann, bald wieder eine Anstellung zu finden, wird die Beratung selten über organisatorisch-praktische Fragen hinausgehen. Daher gehe ich im Folgenden schwerpunktmäßig auf diejenigen Arbeitslosen ein, die

---

[111] Vgl. Kuhnert 2004, 967. So schreibt der Theologe Rolf Siedler: „Im Vordergrund stehen jedoch unmittelbar nach der Kündung die *materiellen, existentiellen* Sorgen. Erst allmählich wird auch der Verlust der nicht-materiellen, personalen und sozialen Funktionen von Arbeit ‚realisiert'." (Siedler 2006, 152)

[112] „Sowohl bei Arbeitslosigkeit wie auch bei Problemen in der Arbeit handelt es sich nicht primär um ‚therapeutische' Probleme, Beratung müsste deshalb neben dem traditionell eher therapeutischen Ansatz einen deutlich ‚sozialarbeiterischen' Ansatz entwickeln und entsprechende Kompetenzen erwerben." (Siedler 2006, 157)

keine Neuanstellung in Aussicht haben. Schließlich geht es in der seelsorglichen Beratung darum, die personale Entfaltung und die Subjektwerdung zu fördern.[113] Deshalb wird vor allem danach gefragt, wie der Arbeitsplatzverlust auf der Persönlichkeitsebene bewältigt werden kann. Hier zeigen Studien, dass Arbeitslosigkeit vielfältige psychische Beeinträchtigungen mit sich bringt: „Arbeitslose zeigen mehr psychische Symptome, mehr Kennzeichen der Depression und der Angst, mehr psychosomatische Symptome, externalere Kontrollüberzeugungen, weniger Lebenszufriedenheit, ein schlechteres emotionales Wohlbefinden und ein geringeres Selbstwertgefühl als die erwerbstätigen Vergleichspersonen."[114]

Wie stark sich diese negativen Effekte auf die psychische Gesundheit auswirken, ist jedoch sehr unterschiedlich. So stellen zum Beispiel die finanzielle Lage des Klienten und die Dauer der Arbeitslosigkeit moderierende Effekte dar.[115] Die (voraussichtliche) Dauer der Erwerbslosigkeit beeinflusst daher auch die Themen der Beratung. Am deutlichsten zeigt sich dies bei der Gruppe der Dauererwerbslosen: Je länger die Arbeitslosigkeit andauert, desto mehr steht die innere Bewältigung im Vordergrund: „Bezogen auf den ‚harten' Kern der Dauererwerbslosen besteht die Anforderung, Hilfe und Betreuung beim eventuell erforderlichen Rollenwechsel anzubieten und neue Konzepte der Lebensgestaltung zu finden und einzuüben."[116]

Seelsorgliche Beratung kann so auch dann dazu beitragen, die Situation des Klienten zu verbessern, wenn ein beruflicher Wiedereinstieg nicht absehbar ist. Schließlich zeigt sich, dass „positive Beratungserfahrungen signifikant die Kompetenzerwartung, protektive Ressourcen und emotionale Stabilität von Langzeitarbeitslosen erhöhen"[117].

Allerdings zeigen Studien, dass dieses Ziel eine enorme Herausforderung darstellt. (Langzeit-)Arbeitslosen gelingt es nur selten, alternative Lebensziele zu entwickeln und sich zum Beispiel verstärkt ehrenamtlich zu

---

[113] Vgl. Baumgartner 2007b, 17f.

[114] Paul & Moser 2001, 91.

[115] „Soziale und gesundheitliche Einschränkungen sind eng mit der Dauer der Arbeitslosigkeit assoziiert. Als Langzeitarbeitslose gelten in amtlichen Arbeitsmarktstatistiken in Deutschland Personen, die zum Erhebungszeitpunkt mindestens ein Jahr lang durchgängig arbeitslos gemeldet waren." (Grobe & Schwartz 2003, 7)

[116] Mohr 2001, 127.

[117] Kuhnert 2004, 965. Unter protektiven Ressourcen wird all das verstanden, was dem Einzelnen hilft, sich mit der Situation konstruktiv auseinanderzusetzen. Dazu zählen einerseits soziale Ressourcen, andererseits persönliche Einstellungen, Werte und Selbstannahmen.

engagieren.[118] Selbst wenn ein solches Engagement zustande kommt, wird es von den Betroffenen meist nicht als vollwertiger Ersatz für eine Erwerbstätigkeit wahrgenommen.

In diesem Zusammenhang stellt sich die Frage, inwieweit psychische und physische Belastungssymptome die Folge oder aber die Ursache des Stellenverlustes sind. Noch zeigen die Forschungsergebnisse kein eindeutiges Bild zu der Frage, ob Arbeitslosigkeit das Risiko von Krankheiten erhöht (Kausalitätshypothese) oder vorhandene Krankheiten das Risiko des Arbeitsplatzverlustes erhöhen (Selektionshypothese).[119] So gilt zum einen: „Schwächere oder leistungsgeminderte MitarbeiterInnen, gesundheitlich beeinträchtigte, auch falsch Qualifizierte oder Überqualifizierte müssen Angst vor Arbeitslosigkeit haben."[120] Zum Beispiel werden psychische Probleme sowohl das Risiko eines Arbeitsplatzverlustes erhöhen als auch die Bewältigung nach dem Verlust erschweren.

Ebenso ist aber unstrittig, dass der Gesundheitszustand Arbeitsloser gegenüber Beschäftigten deswegen statistisch schlechter ausfällt, weil er sich erst während der Arbeitslosigkeit negativ entwickelt. So spricht eine Vielzahl von Ergebnissen dafür, dass Arbeitslosigkeit ein bedeutsamer und ursächlicher Effekt für die sich verschlechternde Gesundheit Arbeitsloser ist.[121]

Trotzdem sucht nicht jeder, der den Arbeitsplatz verliert, eine Beratung. Die Mehrzahl der Betroffenen passt sich an die veränderte Situation an und kann die Belastungen mit Hilfe eigener Ressourcen bewältigen. Andere verzichten auf eine Beratung, weil sie der Konfrontation mit der eigenen Situation dauerhaft ausweichen. Fraglich ist, ob zu dieser Vermeidungsstrategie eine generelle Problematisierung der Arbeitslosigkeit nicht sogar beiträgt. In der Wissenschaft wird deshalb diskutiert, ob der Verlust

---

[118] Vgl. Mohr 2001, 111-131. Die Psychologin Gisela Mohr zieht das Fazit, dass Langzeiterwerbslose kaum die Chance nutzen, neue Lebenskonzepte zu entwickeln. „Mit aller Vorsicht – abgeleitet aus Befunden der arbeitspsychologischen Forschung (zum Beispiel Leitner, 1993) – lässt sich jedoch annehmen, dass die Erwerbslosigkeit mehrheitlich (noch) keinen Raum bietet für Potentialentfaltung oder neue Modelle der Lebensführung." (Mohr 2001, 124) Darauf nehmen anscheinend auch geschlechtstypische Rollenerwartungen Einfluss: Bei den meisten Frauen signalisiert das Umfeld, dass ihre Hauptaufgabe darin besteht, zu Hause die Familie zu versorgen. Bei Männern gibt es bislang kaum Alternativen zur Rolle als Haupternährer der Familie. Vgl. Mohr 2001, 124.

[119] Vgl. Grobe & Schwartz 2003, 5. „Obwohl diese Hypothesen als gegenläufige Standpunkte formuliert sind, dürfte kaum zu bestreiten sein, dass sich beide Möglichkeiten eines ursachlichen Zusammenhanges von Ar-beitslosigkeit und Krankheit im Einzelfall belegen lassen." (Grobe & Schwartz 2003, 5)

[120] Thien 1998, 26.

[121] Vgl. Grobe & Schwartz 2003, 20.

des Arbeitsplatzes überhaupt problematisiert werden sollte und es nicht besser wäre, ihn grundsätzlich neutral zu betrachten.[122] Schließlich werden kontinuierliche Erwerbsbiographien immer seltener und berufliche Übergänge, zu denen auch Zeiten ohne Anstellungsverhältnis gehören, häufiger.[123]

Stehen die negativen Aspekte der Lebenssituation als Arbeitsloser nämlich im Zentrum, beeinträchtigt dies sogar die Bereitschaft, bei einer Beratung Hilfe zu suchen. So weisen aktuelle Studien[124] darauf hin, dass die Bereitschaft zur Beratung steigt, wenn eine Kombination unterschiedlicher individueller Beratungs- und Hilfsangebote zur Verfügung steht. Beratung sollte sich folglich nicht nur auf das Problemfeld von Arbeitslosigkeit und Stellensuche konzentrieren, sondern offen für die verschiedenen Lebensdimensionen des Klienten sein.[125] Ohnehin nimmt die Zahl derjenigen, die während ihrer Berufsbiographie wiederholt Übergangsprozesse durchlaufen, tendenziell zu.[126] Beratung in diesem Bereich dient insofern dem Erwerb von Kompetenzen, die auch für Beschäftigte immer bedeutsamer werden.[127] Sowohl Beschäftigte als auch Arbeitssuchende benötigen in Zukunft variable Bewältigungsstrategien und die Fähigkeit zur Selbstorganisation, um auf berufliche Transitionen und damit einhergehende Zeiten der Arbeitslosigkeit vorbereitet zu sein.[128] Psychosoziale Beratung und Begleitung sind dann als elementare Bestandteile der angestrebten beruflichen Wiedereingliederung zu verstehen.[129]

1.3.1.2 Zum Ort seelsorglicher Beratung von Arbeitslosen

In Deutschland werden beschäftigungsfördernde Maßnahmen im engeren Sinne vorrangig von staatlichen oder kommunalen Institutionen angeboten. Daneben gibt es psychosoziale Beratungs- und Betreuungsangebote,

---

[122] Tobler schlägt zum Beispiel vor, den Sprachgebrauch dahingehend zu ändern, den Verlust des Arbeitsplatzes schlicht als eine „herausfordernde Veränderung der Lebenssituation“ (Tobler 2004, 54) zu bezeichnen.

[123] Vgl. Kuhnert 2004, 962f.

[124] Vgl. Kuhnert 2004, 968.

[125] Vgl. Kuhnert 2004, 968.

[126] „Grundsätzlich ist davon auszugehen, dass Berufsbiografien in Zukunft weniger stetig als in zurückliegenden Jahrzehnten verlaufen und bei einer höheren Zahl von Tätigkeitswechseln insbesondere weniger flexible Arbeitnehmer von negativen Auswirkungen betroffen sein werden.“ (Grobe & Schwartz 2003, 21)

[127] Arbeit erhält derjenige, der „sich dem Strukturwandel anpaßt, der über Flexibilität verfügt und so den im Wirtschaftsmarkt gewachsenen Anforderungen entspricht.“ (Frey, Jonas, Frank & Greve 2000, 339)

[128] Vgl. Kieselbach 2001, 390-393.

[129] Vgl. Kuhnert 2004, 964.

die sich mehrheitlich in freier oder kirchlicher Trägerschaft befinden oder von Gewerkschaften und Verbänden organisiert werden.[130] Jedoch ist dieses Angebot begrenzt: Die geringen personellen Ressourcen der nichtstaatlichen Arbeitslosenberatungsstellen tragen mit dazu bei, dass nur mit einem Bruchteil der Arbeitslosen ein Beratungsgespräch geführt werden kann.[131] Darüber hinaus steht im Fall einer Beratung die organisatorische Bewältigung im Mittelpunkt und weniger die psychosoziale[132] – und dies, obwohl bei Langzeitarbeitslosen „sich die meisten Ratsuchenden in eindeutig vermittlungshemmenden psychosozialen Problemsituationen befinden wie Krankheit, Behinderung, Alkoholabhängigkeit, instabile familiäre Strukturen etc."[133]. Notwendig wäre hier eine Reform der bestehenden Strukturen, um besser auf die demoralisierenden Folgen von fortwährender Arbeitslosigkeit eingehen zu können.[134]

Wie also kommt die Kirche mit Arbeitslosen in Kontakt, so dass sich auch ein seelsorglicher Beratungsprozess ergeben kann? Bei spezifischen Beratungseinrichtungen der Kirche für Arbeitslose ist davon auszugehen, dass sich Betroffene von selbst melden, sofern sie das Angebot wahrnehmen wollen. Da auf diesem Weg jedoch nur ein geringer Teil der Arbeitslosen erreicht werden kann, wäre es wünschenswert, wenn auch auf Ebene der Pfarrgemeinde Unterstützungs- und Beratungsmöglichkeiten bestünden.[135] In den Pfarrgemeinden besteht in der Regel jedoch wenig Kontakt zu dieser Zielgruppe. „Faktisch ist es so, dass die Beteiligung an der kirchlichen Arbeit und insbesondere an ihrer Leitung eine deutliche Verengung auf bestimmte Klassen, Schichten oder neuerdings auf Milieus aufweist."[136] Vor allem in den Sozialmilieus, in denen Menschen vorwiegend niedrige Bildungsabschlüsse vorweisen und entsprechend häufig in prekären Arbeitsverhältnissen stehen, ist die Bindung zur Kirche gering.[137] „Wir müssen [...] damit rechnen, dass viele Menschen, die arbeitslos sind, nicht einer kirchennahen Mittelschicht angehören, sondern eher einem kirchenfernen Milieu."[138] Diese soziale Kluft zwischen Ortsgemeinde und sozial schwachen Menschen müsste folglich überwunden werden, bevor sich auf dieser Ebene Kontakte ergeben können.

---

130 Vgl. Grobe & Schwartz 2003, 20.
131 Vgl. Schoppa 2010, 14f.
132 Vgl. Kuhnert 2004, 966.
133 Kuhnert 2004, 966.
134 Vgl. Kuhnert 2004, 966f.
135 Vgl. Schoppa 2010, 77f.
136 Wegner 2009, 186.
137 Vgl. Wegner 2009, 187.
138 Schoppa 2010, 20.

1.3.1.3 *Anspruch und Selbstverständnis der seelsorglichen Beratung*

Ein Berater einer öffentlichen Arbeitsvermittlung führt die Gespräche mit Arbeitslosen im Blick auf deren berufliche Vermittlung. Zu seinen Aufgaben gehört es daher, auf den Klienten Druck auszuüben, wenn er den amtlichen Auflagen nicht nachkommt. Die psychologischen Dienste innerhalb der Arbeitsämter führen die Gespräche wiederum bezüglich erforderlicher Gutachten, die sich zum Beispiel auf die Bereiche Rehabilitation, Umschulungen oder Sperrzeiten beziehen.[139] Auf diese Weise wird eine konsensuale Verständigung zwischen Berater und Klient, ohne die eine individuelle Lösung kaum möglich ist, behindert.[140]

Seelsorgliche Beratung dagegen unterliegt keinem Vermittlungsdruck, demzufolge die arbeitslose Person möglichst bald dem Arbeitsmarkt wieder zur Verfügung stehen muss. Es geht um mehr als *sozialtechnologische* Problemlösungen, die die individuellen Schwierigkeiten außer Acht lassen oder als persönliche Schwächen betrachten.[141] Bei seelsorglicher Beratung soll ein personaler Entwicklungsprozess initiiert werden, der „die innere und soziale Verarbeitung dieser Situation“[142] ermöglicht. Arbeitslosigkeit selbst wird dabei durchaus als ein Prozess verstanden, der vom Klienten in hohem Maße mitgestaltet werden kann. Auch in diesem Beratungsfeld steht der Klient, hier: der Arbeitslose, selbst in der Verantwortung, seine Situation zu verbessern.[143] Damit dies gelingt, gehört es zu den Aufgaben von Beratung, „einerseits Ressourcen zu fördern und selbstverantwortete Strategien zu unterstützen, andererseits einen kritischen und realistischen Bezug zu arbeitsmarktlichen Bedingungen zu wahren“[144].

Daraus ergeben sich für den seelsorglichen Berater besondere Anforderungen: „Seelsorger/-innen und Berater/-innen können Unterstützung geben, wenn sie die Situation Arbeitsloser verstehen und ihnen eine wertschätzende solidarische Beziehungsgestaltung gelingt, in der auch Konfrontation und kritische Infragestellung ihren Platz haben, und wenn sie sich selbst mit ihrem eigenen Arbeits- und Leistungsethos, aber auch mit

---

[139] Vgl. Kuhnert 2004, 964f.

[140] Vgl. Kuhnert 2004, 969.

[141] Vgl. Mieth 1985, 104f.

[142] Schoppa 2010, 7. Vgl. dazu auch Schoppa 2010, 86.

[143] Vgl. Schoppa 2010, 16f.

[144] Tobler 2004, 101.

ihren Selbstunterstützungsmechanismen und Selbstzweifeln auseinandergesetzt haben."[145]

1.3.2 Dimensionale Zugänge

Seelsorgliche Arbeitslosenberatung baut auf den Erkenntnissen der psychologischen Arbeitslosenforschung auf. Dieses Forschungsfeld hat sich in den vergangenen Jahrzehnten stark differenziert und sich von dem Anspruch, allgemeingültige Erklärungsmodelle zu entwerfen, verabschiedet.[146] Passende Bewältigungsformen ergeben sich erst im Blick auf den individuellen Fall, bei dem sowohl die Defizite und Belastungen als auch die vorhandenen Ressourcen berücksichtigt werden. Gerade der Verzicht auf Generalisierungen macht die psychologische Arbeit in diesem Feld so anspruchsvoll.[147] Aufgrund der heterogenen Forschungsansätze und Studienergebnisse systematisiere ich die Erkenntnisse der psychologischen Arbeitslosenforschung nach grundlegenden Dimensionen. Dabei beziehe ich mich auf die individuelle, soziale, berufliche und zeitliche Dimension der Reaktionen auf Arbeitslosigkeit.[148] Dadurch wird ersichtlich, wie subjektive Deutungsmuster entstehen und worauf sie sich beziehen.

---

[145] Schoppa 2010, 17. Ferner haben sich in der Praxis der Arbeitslosenberatung Personen als Berater bewährt, die durch ihren beruflichen Erfahrungshintergrund ein hohes Maß an sozialer und emotionaler Kompetenz, Selbstsicherheit und positivem Denken mitbringen. Ihnen gelingt es, sich auf die Erfahrungswelt und Wahrnehmungen des Klienten einzulassen. Vgl. Kuhnert 2004, 970.

[146] Die psychologische Arbeitslosenforschung bezieht sich vor allem auf die individuellen Reaktionen eines Betroffenen. Sie fragt nach typischen Reaktionsmustern und ihrer Entstehung. Die einschlägige Literatur ist mittlerweile sehr umfassend und uneinheitlich. In der psychologischen Arbeitslosenforschung, deren Anfänge in den 1930er Jahre liegen, wurde zunächst versucht, bestimmte Reaktionstypen zu definieren und Phasenmodelle zu entwickeln. Im Laufe der Forschungsgeschichte wurde dieser Ansatz aufgegeben, da sich gezeigt hat, dass Typologien aufgrund der Vielzahl von Variablen, die die Reaktionen auf den Arbeitsplatzverlust betreffen, nicht zielführend sind. Folglich kommt es in der Forschungsgeschichte zu einer immer weiter gehenden Ausdifferenzierung der Ansätze und Erklärungsversuche. Gegenwärtig gibt es in der Arbeitslosenforschung kein dominierendes Modell oder einen allgemein akzeptierten methodischen Schlüssel, um die psychischen Folgen von Arbeitslosigkeit zu deuten. Eine weitere Grundlinie der Forschungsgeschichte ist die belastungsorientierte Perspektive, die vor allem in den ersten Jahrzehnten vorherrschend war. Der Fokus lag auf den Defiziten und gesundheitlichen Störungen, die sich durch Arbeitslosigkeit entwickeln können. In der neueren Forschung wird auch nach den Ressourcen gefragt, mit Hilfe derer Arbeitslose ihre Situation bewältigen können. So wird der Arbeitslose zunehmend als selbstverantwortliches und aktives Subjekt verstanden, das in sich selbst die Ressourcen für eine gelingende Neuorientierung trägt. Vgl. Tobler 2004, 67-71.

[147] Vgl. Tobler 2004, 105.

[148] Dabei orientiere ich mich an der Systematisierung von Tobler. Vgl. Tobler 2004, 79-101.

1.3.2.1 Individuelle Dimension

Wenn im Folgenden die individuelle Dimension behandelt wird, dann unter dem Vorbehalt, dass sie von anderen Lebensaspekten nicht zu trennen ist. Individuelle Einstellungen stehen in ständiger Wechselwirkung zum jeweiligen sozialen Kontext. Beratung kann daher nur in dem Bewusstsein geschehen, dass das Bewältigungsgeschehen des Klienten sich nicht auf seine Person reduzieren lässt.

Die Frage nach der Verantwortung
Wird eine Person arbeitslos, wird sie sich fragen, wie es dazu kommen konnte. Die Frage nach der Verantwortung lässt sich psychologisch auf die Theorie der individuellen Kontrollüberzeugung beziehen. Im Folgenden soll anhand dieser Theorie gezeigt werden, wovon es abhängt, ob der Klient eher aktive oder passive Reaktionsweisen in Folge seines Arbeitsplatzverlustes zeigt.[149] Schließlich ist es für die Bewältigung einer schwierigen Situation bedeutsam, dass der Klient überzeugt ist, „selbst im größten Chaos noch Möglichkeiten der Beeinflussung und Steuerung verschiedener Ereignisse zu haben"[150].

Individuelle Kontrollüberzeugung
Unter Kontrollüberzeugungen versteht man die Art und Weise, wie der Einzelne seine Situation herleitet und ob er sich dabei subjektiv als eher selbst- oder eher fremdbestimmt begreift. „Kontrollüberzeugungen sind handlungstheoretisch als Generalisierung von situationsspezifischen Handlungs-Ergebnis-Erwartungen konzipiert."[151] Wie auch im Zusammenhang mit anderen Krisenerfahrungen ist das Maß der internalen oder externalen Zuschreibung ein wesentlicher Faktor für die subjektive Deutung einer Situation.

Ein Klient mit starker *internaler Kontrollüberzeugung* sieht zuerst sich selbst in der Verantwortung für die eigene Lage, in diesem Fall die Arbeitslosigkeit. In der Überzeugung, selbst für Erfolge und Misserfolge verantwortlich zu sein, sieht er auch bei sich selbst die Möglichkeit, die Situation anders zu gestalten. Eine internale Kontrollüberzeugung begünstigt folglich proaktives Verhalten. „Experimentell belegt ist auch, daß Personen mit internalen Kontrollüberzeugungen bei der Aufgabenbewältigung zumeist mehr Informationen suchen, mehr Informationen verarbei-

---

[149] Vgl. Tobler 2004, 91f. Vgl. auch Laskowski 2000, 93ff.
[150] Hauke 2001, 20.
[151] Krampen 1987, 109. Zur Einführung in die Theorie der Kontrollüberzeugung siehe Krampen 1987, 109-118.

ten und situativen Parametern gegenüber sensibler sind."[152] In einer Studie der Psychologinnen Andrea Abele und Mahena Stief zeigte sich im Blick auf Akademikererwerbslosigkeit, dass es von den beruflichen Selbstwirksamkeitserwartungen abhängt, ob der Berufs(wieder-)eintritt gelingt. Das Vertrauen in die eigenen Kompetenzen und die Erreichbarkeit der eigenen Ziele erreichen ist – unabhängig von den Studienleistungen – ein signifikanter Prädiktor. Wer sich selbst beruflich etwas zutraut, findet mit deutlich höherer Wahrscheinlichkeit eine Stelle.[153]

Bei ausbleibendem Bewerbungserfolg besteht bei einer internalen Kontrollüberzeugung allerdings die Gefahr, sich selbst fortlaufend die Schuld daran zu geben, arbeitslos zu sein und zu bleiben. Somit hat es psychologisch betrachtet auch Nachteile, die Situation vor allem über die eigenen Handlungen erklären zu wollen. Hohe Motivation und Verantwortungsbereitschaft können vor allem bei unrealistischen Erwartungen, die sich trotz großem Einsatz nicht erfüllen lassen, in ihr Gegenteil umschlagen.[154] Veränderungen bei den individuellen Kontrollüberzeugungen treten ein, wenn die Person sich trotz aller Bemühungen fortwährend als kaum selbstwirksam erlebt. Dann kann es sein, dass der Betreffende mit der Zeit eine eher externale Kontrollüberzeugung entwickelt.[155]

Eine Person, die eine starke *externale Kontrollüberzeugung* entwickelt hat, sieht sich selbst in einer passiven Rolle, das heißt mit wenig bis keinen Möglichkeiten, die eigene Lage eigenständig zu verändern.[156] Verantwortlich für die eigene Situation werden die äußeren Bedingungen gemacht, zum Beispiel politische Institutionen oder die Unternehmensleitung. Dies wiederum schützt vor weiteren Enttäuschungen, die bei einer internalen Kontrollüberzeugung auftreten können. Menschen mit vorwiegend externaler Kontrollüberzeugung ergreifen selbst nur selten die Initiative, da sie keinen Handlungsspielraum für sich erkennen, der zum Beispiel zur Rückkehr in den Arbeitsmarkt führen könnte. Insgesamt ist dieses Gefühl des *Ausgeliefertseins* dem individuellen Wohlbefinden abträglich. Resignation und Hilflosigkeit sind die Folge.[157] Eine Person mit externaler Kontrollüberzeugung wird selbst bei Erfolgen, wie zum Beispiel einem neuen Stellenangebot, keinen Zusammenhang zu eigenen Anstrengungen herstellen. In solchen Fällen werden externe Faktoren wie

---

[152] Krampen 1987, 179.
[153] Vgl. Abele & Stief 2001, 62ff.
[154] Vgl. Mohr 2001, 124ff.
[155] Vgl. Schmitz 2005, 124. Daneben resultieren Kontrollüberzeugungen auch aus sozialen Vergleichsprozessen. Vgl. dazu Krampen 1987, 114ff.
[156] Vgl. Krampen 1987, 111.
[157] Vgl. Krampen 1987, 139-146.

Zufall, Glück oder Irrtum des Verantwortlichen angeführt.[158] Grundsätzlich fördert das Gefühl, fremdbestimmt zu leben, eine pessimistische Einstellung und eine reduzierte Motivation, eigene Ziele und Pläne zu entwickeln.[159]

Auf dasselbe Ereignis, zum Beispiel ein Stellenangebot, reagieren Personen mit internaler oder externaler Kontrollüberzeugung folglich ganz unterschiedlich. Problematisch ist, dass eine externale Kontrollüberzeugung die eigene Handlungsmotivation bereits im Vorfeld derart abschwächt, dass Erfolgserlebnisse unwahrscheinlich werden.[160] Eine moderate internale Kontrollüberzeugung bleibt daher in der Mehrheit der Fälle zuträglicher für das psychische Wohlbefinden[161] und erhöht die Wahrscheinlichkeit, eine neue Stelle zu finden. Allerdings ist bei Arbeitslosen die Selbstwirksamkeits- und Kompetenzerwartung deutlich schlechter als bei Erwerbstätigen.[162] So gilt es in der Beratung, die Eigenverantwortung des Klienten zu stärken und die Einsicht zu fördern, dass es nicht nur Täter und Opfer gibt, „sondern jeder an seinen Beziehungen und seinem Gewordensein auch verantwortlich mitwirkt“[163].

Der Psychologe Hans-Günter Schoppa berichtet diesbezüglich aus seiner Beratungspraxis, dass Klienten psychisch zwar mit dem Anspruch auf Wiedergutmachung auf den Arbeitsplatzverlust reagieren, dabei jedoch die eigene Verantwortung ausblenden. Dies führt zu widersprüchlichen Erwartungshaltungen: „Die Abhängigkeit von äußerer Versorgung wird gleichzeitig geleugnet und eingefordert.“[164] Für viele ist es ehrenrührig, staatliche Unterstützung in Anspruch zu nehmen. Das Selbstwertgefühl des Arbeitslosen leidet darunter, auf diese Gelder angewiesen zu sein.[165] Um die Selbstverantwortung des Einzelnen zu stärken, muss demnach auch offen darüber gesprochen werden, wie die staatliche Arbeitslosenunterstützung verstanden wird.

---

[158] Vgl. Krampen 1987, 112f.

[159] Vgl. Laskowski 2000, 99.

[160] Vgl. Brandstätter 2007, 33. Personen mit ausgeprägter internaler Kontrollüberzeugung zeigen nach Brandstätter im Allgemeinen eine größere Zuversicht und verfolgen ihre Ziele ausdauernder.

[161] Vgl. Krampen 1987, 117f. Allerdings korrelieren sowohl hohe Internalität als auch hohe Externalität mit extrem unrealistischen Erwartungen. Extreme Kontrollüberzeugungen führen folglich entweder zum Gefühl der Hilflosigkeit oder zu Selbstüberschätzung und Allmachtsgefühlen. Daher können Internalität und Externalität sich gegenüber der Realität als unangemessen erweisen. Vgl. Krampen 1987, 118.

[162] Vgl. Kuhnert 2004, 961.

[163] Lemke 1995, 123.

[164] Schoppa 2010, 54.

[165] Vgl. Schoppa 2010, 54.

Seelsorgliche Beratung bringt in das Feld der Arbeitslosenberatung mit ein, dass sie die Verantwortung für den Arbeitsplatzverlust weder einseitig dem Klienten zuschreibt noch allein strukturelle Gründe geltend macht. Einerseits kann der Klient von der Verantwortung für seine als negativ erlebte Situation nicht völlig entbunden werden. Andererseits wird nicht so getan, als käme es nur auf die Motivation und Veränderungsbereitschaft des Klienten an: „Seelsorgerinnen können Menschen dabei unterstützen, individuelle Identitäts-Krisen nicht nur als persönliches Versagen zu interpretieren, sondern sie auf der Folie gesellschaftspolitischer Dynamiken lesen und dadurch entschärfen zu lernen.“[166]

Berufliche Orientierung

Wie stark die Belastung nach einem Stellenverlust ausfällt, hängt davon ab, welchen Stellenwert Beruf und Arbeitsplatz für das Leben des Betroffenen hatten.[167] Hatte die Person eine „arbeits- und beschäftigungsunabhängige Sinn- und Wertsetzung im eigenen Leben“[168], oder liegt eine „vollständige psychische Abhängigkeit von der eigenen Berufs- oder Karrierebiografie“[169] vor? Je mehr Wert die Person ihrer beruflichen Arbeit zuspricht, desto schwerer wird ihr der Verlust fallen.[170] „Inwiefern ein persönliches Lebensskript, ja persönlicher Lebenssinn auf Arbeit aufgebaut ist, bestimmt das Ausmaß der persönlichen Beeinträchtigung bei deren Wegfall.“[171]

Menschen mit hoher Berufsorientierung neigen dazu, ihre Arbeitserfahrungen nach dem Arbeitsplatzverlust zu idealisieren. Folglich sind sie hoch motiviert, eine neue Stelle zu finden. Dies führt wiederum dazu, dass bei ausbleibendem Erfolg auch die Belastung höher ausfällt.[172] Hier spielt es unter anderem eine Rolle, wie konkret oder allgemein berufliche

---

[166] Nauer 2010, 187. So schreiben auch der Theologe Christoph Hutter und der Psychologe Bernhard Plois: „Eine den Kontext einbeziehende Beratung beschränkt sich nicht auf psychosomatische, psychologische und psychosoziale Zugänge zu den Rat Suchenden, sondern sie fragt auch mit Hilfe soziologischer, ökonomischer und anderer gesellschaftsanalytischer Wahrnehmungsfolien nach deren Lebenslage. Sie zeigt gesellschaftliche Zusammenhänge auf und ermöglicht den Rat Suchenden, sich mit den gesellschaftlichen Plausibilitäten auseinanderzusetzen, in denen sie sich bewegt.“ (Hutter & Plois 2006, 22)

[167] Vgl. Tobler 2004, 89.

[168] Schoppa 2010, 41.

[169] Schoppa 2010, 41.

[170] Vgl. Tobler 2004, 100. Dorothee Sölle beschreibt diese Arbeitsfixiertheit im Blick auf einen Mann aus ihrem sozialen Umfeld exemplarisch: „Die andere Art, auf die er um sein Leben betrogen wird, ist die Sinnlosigkeit, die in der Arbeitslosigkeit sichtbar wird. Er hat niemals gelernt, sich selbst auch außerhalb der Arbeit zu verwirklichen, er selber, auch arbeitsfrei, zu sein.“ (Sölle 1983, 35)

[171] Schoppa 2010, 59.

[172] Vgl. Tobler 2004, 100f.

Ziele angestrebt werden. Der Wunsch, beruflich erfolgreich zu sein, lässt sich zum Beispiel leichter an veränderte Bedingungen anpassen, als das Ziel, eine bestimmte Position zu erreichen. Allgemein gehaltene Zielorientierungen sind insofern von Vorteil und dienen dem Erleben personaler Kontinuität.[173]

Es liegt auf der Hand, dass in der Beratung die Bedeutung der Arbeit für den Klienten zur Sprache kommen wird. Es sollte danach gefragt werden, worin der Klient alternativ zur Erwerbsarbeit in seinem Leben Sinn gefunden hat oder finden kann. Vor allem wenn keine Neuanstellung in Aussicht ist, sollte die berufliche Orientierung relativiert werden: „Es muss eine neue veränderte Selbstdefinition und -bewertung abseits der oder über die beruflich-arbeitsmäßige Funktion und deren Bedeutung hinaus erfolgen."[174] In der seelsorglichen Beratung wird daher auch der ambivalente Charakter von Arbeit angesprochen, wie er zum Beispiel in den biblischen Schriften zum Ausdruck kommt.

1.3.2.2 Soziale Dimension

Der Verlust des Arbeitsplatzes wirkt sich für den Betroffenen auch gravierend auf seine Beziehungskonstellationen aus. Die berufliche Rolle prägt die sozialen Codes und Verhaltensweisen, mit denen wir uns in unseren Beziehungen bewegen. „In der Sprache der soziologischen Rollentheorie: durch den Beruf gewinnt man eine soziale Position im Sinne eines überdauernden und fest definierten Platzes im Gefüge der gesellschaftlichen Beziehungen, auf die sich mehr oder weniger spezifische, normativ begründete ‚Verhaltenserwartungen' von Seiten verschiedener ‚Rollenpartner' richten."[175] Dem Arbeitsplatz wird gesellschaftlich somit eine weit reichende Definitionsmacht über die jeweilige Person zugestanden. Dies gilt auch nach dem Arbeitsplatzverlust: Nun wird die Person über das definiert, was sie nicht mehr hat.[176] Daher stellt der Verlust der Arbeitsstelle den Platz im gesellschaftlichen Gefüge in Frage.[177] Diese (Rollen-) Veränderungen lösen häufig Konflikte aus.[178] Der Wegfall der beruflichen Rolle führt zu einer Verunsicherung in der Beziehungsgestaltung auf bei-

---

[173] Vgl. Brandstätter 2007, 34.

[174] Schoppa 2010, 41.

[175] Schaupp & Tillmanns 2001, 87.

[176] Vgl. Sander 1998, 34f.

[177] „In einer um Arbeit zentrierten Gesellschaft stellt die Berufstätigkeit die wichtigste Verknüpfung mit der gesellschaftlichen Realität dar." (Kieselbach 2001, 382)

[178] Vgl. Tobler 2004, 98.

den Seiten: sowohl auf Seiten des Erwerbslosen als auch auf Seiten der Menschen, die in ihrer gewohnten Rolle bleiben.[179]

Gesellschaftliche Attribution
In der Beratung stellt sich die Frage, wie das jeweilige soziale Umfeld die Arbeitslosigkeit des Klienten bewertet. Erfährt der Arbeitslose eine pauschalisierend negative Zuschreibung, erschwert dies die Bewältigung. Die Stigmatisierung von Arbeitslosen wirkt vielfach sozial ausschließend.[180] Zu den negativen Stereotypen über Arbeitslose zählt unter anderem die Ansicht, dass Arbeitslose ein bequemes Leben auf Kosten der Allgemeinheit hätten und Arbeit finden würden, wenn sie tatsächlich arbeiten wollten. Häufig wird auch unterstellt, dass Arbeitslose *schwarz arbeiten* und auf diese Weise dem Sozialsystem schaden.[181] „Wer arbeitslos ist, gilt als unnütz, überflüssig und wertlos. Er verliert geradezu stündlich an Würde und Respekt – und niemand weiß dies besser als die verschämten Arbeitslosen, die oft die aussichtslosesten Strategien aushecken, um vor ihren Familien und Freundeskreisen den Schicksalsschlag des plötzlichen Arbeitsplatzverlustes, den oft völlig abrupt einbrechenden Zustand gesellschaftlicher Überflüssigkeit zu verheimlichen.“[182]

Kollektive Negativdeutungen beeinflussen die Selbstwahrnehmung und erzeugen dadurch zusätzlichen Druck, da internalisierte Bewertungsmuster in dem Fall ein negatives Selbstbild und Schuldzuschreibungen fördern.[183] Viele Arbeitslose schämen sich nämlich für ihre Situation und deuten die eigene Arbeitslosigkeit als persönliches Versagen.[184] Diese Tendenz zur Isolation kann so weit gehen, dass Bezugspersonen und soziale Kompetenzen (dauerhaft) verloren gehen.[185] Fatal ist es auch, wenn der Klient negative Fremdzuschreibungen schließlich für sein Selbstkonzept übernimmt und sich auf diese Weise mit der Situation arrangiert.

In der Beratung werden die gesellschaftlichen Attributionen thematisiert, um sich ihnen gegenüber distanzieren zu können. Denn trotz offensichtlicher Ausgrenzung werden Bewältigungsprobleme mit der Arbeitslosigkeit den Betroffenen in der Regel selbst angelastet. So entsteht der Eindruck,

---

[179] „Änderungen und Umbrüche sind mit veränderten Rollenanforderungen verbunden. Eine Rollenänderung ist aber nichts anderes als eine (teilweise) Änderung des Selbstkonzeptes.“ (Frey, Jonas, Frank & Greve 2000, 340)

[180] Zum negativen Einfluss der gesellschaftlichen Stigmatisierung auf das Selbstbild und Selbstwertgefühl von Arbeitslosen siehe Friedel 2000, 52-60.

[181] Vgl. Tobler 2004, 95f.

[182] Große Kracht 2010, 192.

[183] Vgl. Kreutzer 2011, 71ff.

[184] Vgl. Thien 1998, 25. Vgl. auch Schoppa 2010, 16f.

[185] Vgl. Tobler 2004, 98f.

als bedürfe es nur der entsprechenden Willenskraft, um diesen belastenden Zustand zu überwinden. Arrangiert sich eine Person hingegen mit einem Leben ohne Beschäftigungsverhältnis, wird ihr häufig sogar verstärkt vorgeworfen, die sozialen Sicherungssysteme zu missbrauchen.[186]

Qualität sozialer Beziehungen

Der soziale Kontext kann den Umgang mit der Arbeitslosigkeit nicht nur erschweren, sondern im Gegenteil auch dabei helfen, sich konstruktiv mit der Situation auseinanderzusetzen. So stellen die sozialen Kontakte des Klienten eine wichtige Ressource für die Bewältigung der Arbeitslosigkeit dar. Allerdings verfügen Männer „nur eingeschränkt über soziale Netze, die fast ausschließlich über ihr Berufsleben funktionieren"[187]. So gaben nach dem Bundes-Gesundheitssurvey von 1998 12% der arbeitslosen Männer an, maximal eine Person zu kennen, auf die sie sich im Notfall verlassen könnten. Bei berufstätigen Männern waren es nur 5%, die dieser Aussage zustimmten. Bei Frauen fällt der Unterschied mit 9% zu 6% deutlich geringer aus.[188] Langzeitarbeitslose können meist kaum auf soziale Ressourcen und Hilfen zurückgreifen.[189]

Von Bedeutung ist in diesem Zusammenhang ferner die Beziehungsqualität *vor* dem Eintritt in die Arbeitslosigkeit. Eine hohe Beziehungsqualität im sozialen Umfeld, verbessert die Chancen, einen neuen Arbeitsplatz zu finden und wirkt sich positiv auf den Gesundheitszustand des Arbeitslosen aus.[190]

Ist die Beziehungsqualität im Vorfeld niedrig, kann sie kaum eine befriedigende Entlastungsfunktion übernehmen. Vielmehr werden vorhandene Schwierigkeiten größer, worunter im Kontext einer Familie besonders die Kinder leiden. Oft sind sie es, die die Frustration des arbeitslosen Elternteils besonders zu spüren bekommen. Dazu kommt, dass ihnen finanziell weniger ermöglicht werden kann.[191] Arbeitslosigkeit wirkt sich demnach nicht nur auf den einzelnen Betroffenen negativ aus, sondern umfasst meist eine ganze Reihe von Menschen aus dessen sozialem Umfeld: die eigene Familie, aber auch ehemalige Arbeitskollegen und Freunde.[192] In jedem Fall stellt Arbeitslosigkeit die Beziehungen zu den nächsten Angehörigen auch bei denjenigen vor Schwierigkeiten, die zum Zeitpunkt des

---

[186] Vgl. Kieselbach 2001, 383.
[187] Hollstein 2008, 43. Vgl. dazu auch Hollstein 2008, 42-48.
[188] Vgl. Grobe & Schwartz 2003, 8.
[189] Vgl. Kuhnert 2004, 962.
[190] Vgl. Kuhnert 2004, 972.
[191] Vgl. Schoppa 2010, 55ff.
[192] Vgl. Paul, Zempel & Moser 2005, 10.

Arbeitsplatzverlustes über ein funktionierendes soziales Netz verfügen. „Der arbeitslose Vater, der bisher seinen Selbstwert auf seine Rolle in der Arbeitswelt und seine Leistung zur materiellen Existenzsicherung gegründet hat, verliert in seiner Familie relativ schnell an Prestige, wenn er arbeitslos geworden ist. Ein solcher Rollenverlust bedeutet für die Beziehung der Eltern wie für das Gesamtsystem Familie eine enorme Umstellung und Belastung; nicht selten lassen die Kinder in der schulischen Leistung nach und entwickeln gar psychische Störungen. Selbstkonzept und Selbstwert aller Beteiligten sind bedroht."[193]

Allein der Umstand, dass durch die Arbeitslosigkeit häufig die gemeinsam im Haushalt verbrachte Zeit zunimmt, birgt ein Spannungsrisiko – vor allem, wenn der Ehemann versucht, seinen Prestigeverlust durch Einflussnahme auf Haushalt und Familie zu kompensieren.[194] Kommen weitere negative Erfahrungen wie Absagen auf Bewerbungen hinzu, erhöht dies auch die Belastung für die Beziehungen. „Im Extremfall wird die am Arbeitsplatz erlittene Demütigung in der Familie wiederholt und verdoppelt – mit den häufig beschriebenen Folgen des Ausweichens in Lethargie oder gar Sucht."[195]

In der Beratung ist aus systemischer Perspektive immer wieder danach zu fragen, welche Kontakte dem Klienten wichtig sind und ihn stützen. „Die Bedeutung der Aufrechterhaltung zumindest minimaler sozialer Netzwerke wird kontinuierlich thematisiert."[196] Eine Grundfrage in der Beratung lautet daher, wie der Klient diese Netzwerke pflegen oder gegebenenfalls neu aufbauen kann.

Alternative Sozialräume

Die Arbeitsstelle ist für viele Menschen ein zentraler Ort der sozialen Interaktion. Fällt dieser Ort durch den Stellenverlust weg, resultiert daraus ein wesentlicher Belastungsfaktor. Die Beziehungen zu Arbeitskollegen können zwar prinzipiell auch außerhalb der Arbeitsstelle weitergeführt werden. Jedoch geht ein gewohnter Kommunikationsraum verloren, der unter Umständen über längere Zeit auch das emotionale Gleichgewicht gestützt hat. In der Praxis misslingt es zudem häufig, zu den ehemaligen Kollegen ein unbelastetes Verhältnis zu pflegen.[197]

Hier stellt sich die Frage, welche sozialen Beziehungen wie Freundschaften oder Vereinszugehörigkeiten vor dem Verlust des Arbeitsplatzes ge-

---

[193] Frey, Jonas, Frank & Greve 2000, 351.

[194] Vgl. Frey, Jonas, Frank & Greve 2000, 351.

[195] Schoppa 2010, 56.

[196] Schoppa 2010, 125. Vgl. dazu auch Nauer 2007, 59.

[197] Vgl. Kieselbach 2010, 72.

pflegt wurden. Gab es Aufgaben und Ziele, die unabhängig vom Beruf verfolgt wurden und dem Leben Sinn gaben? Speiste sich das Selbstwertgefühl zum Beispiel auch aus einer ehrenamtlichen Tätigkeit, die auch als Arbeitsloser weitergeführt werden kann?[198] Es hat sich gezeigt, dass freizeitinaktive Arbeitslose ihre Situation deutlich schlechter bewältigen als andere Betroffene.[199] Alternative Sozialräume können nach einem Stellenverlust stabilisierend wirken, indem sie ein Abgleiten in die soziale Isolation verhindern. Allerdings zeigen Studien, dass Arbeitslose zum Beispiel weniger Sport treiben als Berufstätige, obwohl sie dafür mehr Zeit zur Verfügung hätten.[200] Es ist folglich ein Warnsignal, wenn das Aktivitätsniveau des Klienten immer weiter absinkt.[201] Der seelsorgliche Berater animiert den Klienten in diesem Fall dazu, sich neue Aufgaben und Projekte zu suchen.

1.3.2.3 Dimension der Zeit

Wird ein Mensch arbeitslos, verändert sich seine gewohnte Alltagsstruktur grundlegend. Darüber hinaus erwarten viele Betroffene, insbesondere Langzeitarbeitslose, sich nichts mehr von ihrer Zukunft. Um die aktuelle Situation des Klienten verbessern zu können, sollten daher in der Beratung seine Zukunftserwartungen zur Sprache kommen.[202] Positive Erwartungen an die persönliche Zukunft sind schließlich von fundamentaler Bedeutung für einen selbstverantwortlichen Entwicklungsprozess. Um in der Beratung zu einem positiven Lebensausblick für den Klienten zu kommen, braucht es zuvor den Blick auf zurückliegende Erfahrungen. Gemäß der Selbstkonzeptforschung setzt das Erleben von Kontinuität voraus, dass „die Selbstaufmerksamkeit zeitlich vorwärts und rückwärts ausgerichtet werden kann. Fäden und Muster des vergangenen und mo-

---

[198] So zeigt die Psychologin Bettina Hannover, dass das Selbstkonzept davon abhängt, wie stark die sozialen Kontexte variieren, in denen sich die Person bewegt. „Dies bedeutet, dass sich unser Selbst um so stärker ändert, je vielfältiger und abwechslungsreicher die Kontexte sind, denen wir ausgesetzt sind oder die wir aufsuchen. Auf diese Weise ist das Selbst keine statische Personeigenschaft, sondern dynamisch, nämlich durch den sozialen Kontext bewegt." (Hannover 2000, 236)

[199] Vgl. Kuhnert 2004, 962.

[200] Wöchentlich mindestens eine Stunde Sport treiben – trotz eines vermeintlich höheren Zeitkontingents – nur ca. 30% der Arbeitslosen im Vergleich zu ca. 40% der Berufstätigen. Diese Aussage gilt gleichermaßen für Männer und Frauen. Vgl. Grobe & Schwartz 2003, 9.

[201] Grundsätzlich ist das Aktivitätsniveau ein wichtiger Indikator dafür, in wie weit der Klient sich als selbstverantwortlich und handlungsfähig erlebt. Wenn möglich, sollte in der Beratung besprochen werden, welche (neuen) Aktivitäten aufgenommen werden können, auch um der Tendenz vorzubeugen, dass Arbeitslosigkeit die Zahl der sozialen Kontakte vermindert. Vgl. Tobler 2004, 95.

[202] Vgl. Nauer 2007, 56.

mentanen Lebens und Erlebens müssen mit zukünftigen Lebensplänen in einen sinnvoll interpretierbaren Zusammenhang gebracht werden.“[203] Dieses Kontinuitätserleben wird durch kritische Lebensereignisse wie zum Beispiel den Arbeitsplatzverlust bedroht.[204] Das subjektive Empfinden eines Bruches in der eigenen Biografie erschwert die konstruktive Bewältigung der Situation.

Im Folgenden werden daher alle drei Zeitdimensionen in den Blick genommen.

Vergangenheit
Zum einen ist hier von Bedeutung, welche Einstellung der Klient aufgrund seiner Biografie gegenüber Beruf und Arbeit entwickelt hat: „Was hat ein Mensch etwa in seiner kindlichen und jugendlichen Entwicklung gelernt über Arbeitsfreude, -motivation und -zufriedenheit – hatte er überhaupt die Chance, ein positives Verhältnis zum eigenen Tun und seiner späteren Ausformung, der in der Regel abhängigen Beschäftigung, zu bekommen? Und was wurde ihm in seiner Familie und vorausgehenden Generationen darüber vermittelt, was an seiner Person seinen Wert und seine Würde ausmacht?“[205]

Zum anderen ist danach zu fragen, welche Verlusterfahrungen in der eigenen Lebensgeschichte gemacht wurden und wie die Person damit umging. Eine Anamnese früherer Verluste und der darauffolgenden Reaktionen kann der Erarbeitung individueller Bewältigungsstrategien dienen. Reagierte die Person in der Vergangenheit auf Verluste eher mit Rückzug, mit Übersprungshandlungen oder besonnen und überlegt?[206] Kann die Person über zurückliegende Verluste offen sprechen oder weicht sie dem Gespräch darüber aus? Anhand dieser Fragen zeigt sich, ob der Klient an bisherige Bewältigungsstrategien anknüpfen kann oder ob er vor allem neue Strategien entwickeln muss. Ferner ist danach zu fragen, wie der Verlust des Arbeitsplatzes erlebt wurde. War der Stellenverlust absehbar, oder kam er plötzlich und unerwartet? Von der Art der Beendigung des Arbeitsverhältnisses und den Gründen hängt ab, wie Arbeitslosigkeit aktuell erfahren wird.[207]

---

[203] Hauke 2001, 15.
[204] Vgl. Hauke 2001, 15.
[205] Schoppa 2010, 15.
[206] Vgl. dazu auch das 3. Kapitel im zweiten Teil dieser Arbeit.
[207] Zum Beispiel kann es sich auch um ein befristetes Arbeitsverhältnis gehandelt haben, oder die Person geht in Rente.

Gegenwart
Auf der individuellen Ebene bedeutet Arbeitslosigkeit eine enorme Umstellung in Bezug auf die Tagesstruktur und den Tagesrhythmus. Die Fixpunkte, die durch die Arbeitszeiten bislang vorgegeben waren, fallen weg: „Menschen ohne geregelte Arbeits- und Beschäftigungs-verhältnisse müssen ihre zeitlichen Abläufe selbst strukturieren, und in vieler Hinsicht bestimmt dann ihr Charakter und ihr Lebensstil, wie sie das tun. Auch ob dies als Befreiung oder Orientierungslosigkeit erlebt wird, wird von der Person selbst oder im sozialen Nahfeld bestimmt."[208]

Gerade bei Langzeitarbeitslosigkeit fällt es den Betroffenen zunehmend schwer, sich selbst zeitlich so zu organisieren, dass eine Rückkehr auf den Arbeitsmarkt möglich ist. Maßnahmen der Wiedereingliederung durch die Arbeitsagenturen zielen daher häufig darauf ab, einen strukturierten Tagesablauf (wieder) aufzunehmen.[209]

Es wäre fatal, wenn sich die Person mit ihrem aktuellen Zustand abfände und vor der Situation kapitulierte: Die Motivation, sich um eine neue Stelle zu kümmern oder alternative Lebensziele zu entwickeln, nimmt in diesem Fall stark ab – selbst wenn sich die äußeren Umstände weiter verschlechtern.[210] Das Gefühl der Sinnlosigkeit führt außerdem leicht dazu, dass vorhandene Suchtneigungen und Süchte gesteigert werden. Der Konsum von Suchtstoffen erhöht sich dann trotz abnehmender Finanzen.[211] Betroffene wissen zwar oft um die destruktive Tendenz ihres Verhaltens, bringen jedoch nicht die Kraft für Veränderungen auf.

Zukunft
Ein belastendes Moment für Arbeitslose ist die unsichere Zukunft. Wenn die Dauer der Arbeitslosigkeit nicht absehbar ist, ist es schwierig, langfristig zu planen. Je länger keine neue Stelle gefunden wird, desto unwahrscheinlicher ist es, jemals wieder in den Arbeitsmarkt zurück zu finden. Ein ständiger Wechsel zwischen Zukunftsängsten, Hoffnungen und Enttäuschungen bezüglich neuer Beschäftigungsmöglichkeiten erhöht da-

---

[208] Schoppa 2010, 45.

[209] Staatlich geförderte Arbeit kann darüber hinaus dabei helfen, die negativen Effekte von Arbeitslosigkeit, wie zum Beispiel soziale Exklusion oder psychische Labilisierung, zu vermindern. Vgl. dazu Promberger 2008, 13f.

[210] „Nicht nur körperliche Erkrankungen, sondern auch seelischer Stress, ausgelöst durch schwere Verlusterfahr-ungen oder traumatische Erlebnisse, die auch in Folge von Mobbing am Arbeitsplatz beziehungsweise permanenter Arbeitslosigkeit auftreten können, tragen dazu bei, dass ein Mensch sich nicht mehr weiterentwickelt, dass er stagniert, sich zurückentwickelt, resigniert, selbst- und/oder fremdschädigende Verhaltensweisen aufweist." (Nauer 2007, 41)

[211] Vgl. Schoppa 2010, 53.

bei sogar die psychischen Belastungen gegenüber denjenigen, die resignieren und sich mit der aktuellen Situation auch für die Zukunft abfinden. Mangelnde Zukunftsperspektiven wirken sich jedoch negativ auf die eigene Zeitgestaltung aus: Der Alltag verliert zunehmend an Struktur, Passivität und das Gefühl der Hilflosigkeit nehmen zu.[212] „Eine längerfristige Lebensplanung hat für viele Langzeitarbeitslose ohne berufliche oder gesellschaftliche Aufstiegsmöglichkeiten kaum Relevanz und die kurzfristige Bedürfnisbefriedigung dominiert deutlich das Alltagsgeschehen."[213]

Dauerhafter Misserfolg bei der Stellensuche kann folglich dazu führen, dass die Person zunehmend eine externale Kontrollüberzeugung entwickelt oder darin bestärkt wird. Externale Kontrollüberzeugungen kovariieren wiederum mit eingeschränkten Zeit- und Zukunftsperspektiven.[214] Welche negativen Konsequenzen daraus erwachsen, ist offensichtlich: Die Wahrscheinlichkeit einer Wiedereingliederung in den Arbeitsmarkt nimmt weiter ab, die Belastungserscheinungen nehmen zu.[215]

Die individuellen Reaktionsmuster hängen ferner von der sozioökonomischen Situation und den damit verbundenen Perspektiven in Bezug auf eine Wiederanstellung ab. In einem gesellschaftlichen Kontext mit einer hohen Quote an Langzeitarbeitslosen ist es für den Einzelnen wesentlich schwieriger, sich zu motivieren. „Insbesondere in Situationen, in denen die arbeitsmarktlichen Chancen geringer sind, wird es darum gehen mittel- und längerfristige Perspektiven zu klären und die Entwicklung sinnvoller, hoffnungsvoller und realistischer Perspektiven zu unterstützen."[216] Für die seelsorgliche Beratung ist diese Zeitdimension von besonderer Bedeutung. In der Seelsorge wird hier von den Begriffen *Hoffnung* oder *Zuversicht* gesprochen.[217] Der Beratungserfolg hängt in hohem Maße davon ab, ob der Berater gegenüber dem Klienten dieses Vertrauen in die Zukunft ausstrahlt. Dazu ist es erforderlich, nicht bei den Schwierigkeiten und Defiziten stehen zu bleiben, sondern gemäß einer salutogenetischen[218] Orientierung auch Potentiale zu benennen. Das Ziel lautet

---

[212] Vgl. Tobler 2004, 85.
[213] Kuhnert 2004, 971.
[214] Vgl. Krampen 1987, 179ff.
[215] Vgl. Tobler 2004, 83.
[216] Tobler 2004, 101.
[217] Vgl. Kapitel 1.2.3 im dritten Teil dieser Arbeit.
[218] Der Begriff *Salutogenese* steht für das Anliegen, sich nicht an etwaigen Krankheiten, sondern an der Gesundheit des Klienten zu orientieren und prozesshaft darauf hinzuarbeiten, diese (wieder-)herzustellen und/oder zu erhalten.

daher, die positive Einstellung des Klienten zum Leben und so auch eine positive Erwartungshaltung gegenüber der eigenen Zukunft zu fördern.[219]

1.4 Fazit zum Themenkomplex *Arbeitslosigkeit*

In diesem Kapitel wurde gezeigt, auf welcher theologischen Grundlage Beratung mit der Zielgruppe arbeitsloser Menschen stattfindet. Der seelsorgliche Berater bringt sein christlich reflektiertes Verständnis von Arbeit in die Gespräche mit dem Klienten ein. Ferner wurde dargelegt, welche Erkenntnisse der Arbeitslosenberatung besondere Beachtung verdienen.

Das Fazit des Themenkomplexes *Arbeitslosigkeit* kann in folgenden Aussagen zusammengefasst werden:

1. Den christlichen Glauben kennzeichnet ein positives Arbeitsverständnis. Arbeit wird als zentrale Möglichkeit menschlicher Selbstwerdung und als Teilhabe am göttlichen Schöpfungswerk gesehen. Arbeitslosigkeit bedeutet aus dieser Perspektive daher eine nicht hinzunehmende Störung menschlicher Entwicklungsmöglichkeiten.

2. In der seelsorglichen Beratung geht es jedoch um mehr als nur um eine erfolgreiche Reintegration in den Arbeitsmarkt. Zwar will die seelsorgliche Beratung dazu beitragen, dass der Arbeitssuchende eine neue Arbeitsstelle oder eine sonstige sinnstiftende Aufgabe findet. Doch die Doppeldeutigkeit der Arbeit wird darüber nicht vergessen. Seelsorgliche Beratung fragt daher nach den Bedingungen der Arbeit: Wird der Einzelne gerecht entlohnt? Kann er Mitverantwortung übernehmen? Dient sein Tun dem sozialen Fortschritt? Prophetisch-kritisch weist die seelsorgliche Beratung in diesem Zusammenhang darauf hin, welche gesellschaftlichen Veränderungen vorgenommen werden müssen, damit jeder Zugang zu einer humanen Arbeit findet.

3. Seelsorgliche Beratung findet rückgebunden an die Institution Kirche statt. Dies eröffnet ihr einen spezifischen Handlungsspielraum, wenn es darum geht, arbeitslose Menschen vor der sozialen Isolation zu bewahren. Kirchliche Gruppen und Gemeinden sollen hier einladend auf Betroffene zugehen und alternative Sozialräume erschließen.

4. In der Beratung wird danach gefragt, welche Bedeutung die berufliche Arbeit für das Selbstkonzept des Klienten hat. Eine hohe berufliche Orientierung führt häufig dazu, dass sich der Klient auf Lebens-

[219] Vgl. Kuhnert 2004, 971.

ziele konzentriert, die mit dem beruflichen Weiterkommen verbunden sind. Hier steht der seelsorgliche Berater vor der Aufgabe, neue Lebensziele zu erschließen, wenn keine berufliche Perspektive gegeben ist.

5. Negative Stereotype über Arbeitslose bewirken soziale Exklusion. Zum einen können solche Stereotype dazu führen, dass sich der Klient aus seinem sozialen Umfeld zurückzieht. Zum anderen besteht die Gefahr, dass der Klient diese negativen Zuschreibungen in sein Selbstkonzept übernimmt.

6. Seelsorgliche Beratung zielt darauf ab, die internale Kontrollüberzeugung des Klienten zu stärken. Der Klient soll sich selbst als handlungsfähig erfahren und seine eigene Zukunft aktiv planen. Der Bruch in seiner Erwerbsbiografie wird dabei insofern relativiert, als er nicht den Wert der Person in Frage stellt.

Im weiteren Verlauf der Arbeit werden diese Punkte wieder aufgenommen. Ich werde erklären, wie die daraus abzuleitenden Aufgaben vom seelsorglichen Berater inhaltlich wie methodisch bearbeitet werden können.

2. Zur Bedeutung des männlichen Geschlechts in der seelsorglichen Beratung

Dieses Kapitel orientiert sich am Aufbau des vorhergehenden Kapitels. Es wird danach gefragt, auf welcher theologischen Grundlage seelsorgliche Beratung für *Männer* stattfindet. Im Anschluss daran wird das handlungsspezifische Wissen für die Männerberatung skizziert. Im Vorfeld ist jedoch zu klären, was unter dem Begriff *Geschlecht* zu verstehen ist.

2.1 Hinführung zur Geschlechterthematik

2.1.1 Vorbemerkung

Der Begriff *Geschlecht* steht für die Einordnung in die Kategorien weiblich – männlich. Abhängig vom kulturellen Kontext wird den beiden Geschlechtern ein eigenes Spektrum an Charakteristika zugeschrieben. Zum Teil weisen diese im interkulturellen Vergleich aber auch große Ähnlichkeiten auf. Es ist umstritten, auf welche Ursachen sich diese Charakteristika der Geschlechter zurückführen lassen. Grundsätzlich lassen sich zwei konträre Erklärungsansätze unterscheiden: Auf der einen Seite versucht der *Sozialkonstruktivismus*[220] zu belegen, dass geschlechterspezifische Verhaltensweisen weitgehend auf die Sozialisation zurückzuführen sind.[221] Auf der anderen Seite gibt es Ansätze, die vor allem biologische Faktoren anführen, um geschlechtertypisches Verhalten zu erklären. Geschlechterunterschiede werden hier nicht als variable Größen verstanden, sondern als in der Natur festgelegte Eigenschaften. Dabei handelt es sich anders als beim Sozialkonstruktivismus um keine einheitliche Theoriebildung[222], sondern um ein heterogenes Feld an Erklärungsansätzen.

2.1.2 Ein Definitionsversuch: Zur Unterscheidung von *sex* und *gender*

Bevor auf diese beiden unterschiedlichen Erklärungsansätze eingegangen werden kann, muss der Begriff *Geschlecht* näher bestimmt werden. Im deutschsprachigen Diskurs verbindet sich mit diesem Begriff eine gewisse Unschärfe. Daher wird auch hier das englische Begriffspaar *sex* und *gender* verwendet, um die unterschiedlichen Kategorien von Geschlecht benennen zu können. Unter *sex* wird das biologisch determinierte Geschlecht verstanden.

Als zentrale Kriterien für die Bestimmung des biologischen Geschlechts gelten prinzipiell:[223]

- das *Chromosomengeschlecht*, das durch die Geninformation im menschlichen
  Erbgut bestimmt werden kann (XX = weiblich, XY = männlich). Es gibt jedoch Fälle, in denen Menschen entweder kein geschlechtsbestimmendes Chromosom oder aber zusätzliche Chromosomen haben.
- das *Keimdrüsengeschlecht*, also die Entwicklung der Keimdrüsen zu Eierstöcken oder Hoden. Diese Differenzierung kann in der embryonalen Entwicklung allerdings ausbleiben oder gestört sein.
- das *morphologische Geschlecht*, welches sowohl an den inneren und äußeren Geschlechtsmerkmalen als auch am geschlechtstypischen Körperbau erkennbar ist. Die Ausprägung des morphologischen Ge-

---

220 Zum Begriff des *Sozialkonstruktivismus* siehe Gergen & Gergen 2009, 7-48.

221 Vgl. Metz-Göckel 1999, 131.

222 Damit ist nicht gesagt, dass es nur einen einzigen Erklärungsansatz zur Geschlechterkonstruktion gibt. Auch hier finden sich unterschiedliche Ansätze und Schulen. Dennoch lassen sich gemeinsame Grundzüge feststellen, die sich zu einem schlüssigen Gesamtbild zusammenführen lassen. Vgl. Wetterer 2008, 129.

223 Vgl. Hagemann-White 1984, 33ff.

schlechts hängt jedoch von der körpereigenen Hormonproduktion ab, so dass hormonelle Abweichungen auch das morphologische Geschlecht beeinflussen.

- das *Hormongeschlecht*, das an der geschlechtstypischen Konzentration bestimmter Hormone ablesbar ist. Hier gibt es zum Beispiel starke, individuelle Schwankungen bei der Hormonkonzentration von Frauen, die drei X-Chromosomen aufweisen.
- *geschlechtstypische Besonderheiten im Gehirn*, die die Produktion und Ausschüttung von Hormonen beeinflussen. Bei Frauen schwankt die Hormonausschüttung gemäß dem Menstruationszyklus, aber auch bei Männern ist sie nicht konstant.

Es zeigt sich, dass dieser Kriterienkatalog in vielen Fällen keine eindeutige Unterscheidung und dadurch keine absolute Sicherheit bei der Definition des biologischen Geschlechts zulässt.

Bei der Rede vom Geschlecht als einem Status, der durch Sozialisation angeeignet wird, hat sich der Begriff *gender* etabliert. Konstitutiv dafür sind psychologische, soziale und kulturelle Faktoren.

2.1.3 Der Ansatz des Sozialkonstruktivismus: Geschlecht als Ergebnis sozialer Interaktion

Der Sozialkonstruktivismus geht davon aus, dass alles, was Menschen als Wahrheit bzw. Realität erachten, sozial konstruiert ist.[224] Demnach sind auch alle Aussagen über Männer oder Frauen Folge eines sozialen Aushandlungsprozesses. *Gender* resultiert nach diesem Ansatz aus sozialer Interaktion. Gemäß dieser These wird danach gefragt, wie diese Aushandlungsprozesse ablaufen und wirken. In der Anfangsphase der Sozialisationstheorie ging man davon aus, dass der geschlechtsbezogene Prozess der Sozialisation bereits in den ersten fünf Lebensjahren weitgehend vollzogen sei, so dass *gender* von da an eine unveränderliche Größe, ähnlich wie *sex,* sei.[225] Hervorgehoben wurde der starke Einfluss von geschlechtsbezogenen Verhaltensweisen und Erwartungen, mit denen Mädchen und Jungen von Geburt an konfrontiert werden.[226] Bald erkannte man jedoch, dass die soziale Konstruktion des Geschlechts weit über die kindliche Sozialisationsphase hinaus geht. Man geht davon aus, dass die Konstruktionsprozesse auf mehreren Ebenen erfolgen, vor allem auf der Ebene der Interaktion von Personen und auf der Ebene der in Gesellschaf-

[224] Vgl. Gergen & Gergen 2009, 8ff.

[225] Vgl. West & Zimmerman 1991, 13.

[226] Vgl. Bilden 1991, 281.

ten existierenden Strukturen und Abläufe. Die biologische Konstitution des Menschen nimmt nach diesem Ansatz dagegen kaum Einfluss auf dessen *gender*.

Richtungweisend wurde in den 90er Jahren des 20. Jahrhunderts das Konzept der Soziologen Candace West und Don H. Zimmerman, die *gender* als routinemäßige, methodische und wiederkehrende Fertigkeit bzw. Leistung verstehen.[227] Die Konstruktionsprozesse wurden grundsätzlich als reversibel verstanden. Seit den 90er Jahre wurde diese These zur Sozialisation von Geschlecht weiter differenziert. So versteht man heute in der Frauen- bzw. Geschlechterforschung Geschlecht mehrheitlich als *soziale Konstruktion*[228], die zu keinem Zeitpunkt im Leben abgeschlossen ist.

Zum Ausdruck bringt dies der Begriff *doing gender*, mit dem der Soziologe Erving Goffman bereits 1977 das interaktionistische Verständnis von Geschlecht bezeichnete. West und Zimmerman haben diesen Begriff später weiterentwickelt.[229] Ihr Ansatz lenkt den Fokus von den feststellbaren Geschlechterdifferenzen auf die Prozesse der „Vergeschlechtlichung"[230]. Mit dem Begriff des *doing gender* benennen West und Zimmerman einen Komplex von sozial geleiteten, wahrnehmungsbezogenen Interaktionen, die bestimmte Verhaltensmuster als Ausdruck von Männlichkeit bzw. Weiblichkeit ausgestalten. Zwar betrifft *doing gender* immer eine konkrete Person und wird von ihr vollzogen. Jedoch geschieht dies nur in situativer Interaktion mit anderen. Jede und jeder drückt in seinen und ihren sozialen Handlungen auch die eigene geschlechtliche Rolle aus. Gleichzeitig wird auch das Gegenüber in seiner geschlechtlichen Rolle wahrgenommen. So entsteht Geschlecht als soziale Größe im alltäglichen Beziehungsgeschehen und aktualisiert sich fortwährend, denn der geschlechtliche Status des Einzelnen ist im Alltag „omnirelevant"[231].

Doing gender betrifft daher nicht nur die Tätigkeiten und Verhaltensweisen, die bewusst auf gängige Normen von Männlichkeit oder Weiblichkeit rekurrieren, sondern jedwedes Verhalten. Somit schreibt tendenziell jede Interaktion *gender* fort: „To \`do\` gender [...] is to engage in behaviour *at the risk of gender assessment.*"[232] So entsteht ein Kreislauf, der die Zweigeschlechtlichkeit als eine der bedeutendsten gesellschaftlichen Differenzierungen konstant erneuert und strukturell manifestiert.

---

[227] Vgl. West & Zimmerman 1991, 13.
[228] Vgl. Wetterer 2010, 126-136.
[229] Vgl. Cornelißen & Stürzer 2003, 15f.
[230] Metz-Göckel 1999, 131.
[231] West & Zimmerman 1991, 23.
[232] West & Zimmerman 1991, 23.

2.1.3.1 *Zum Konstrukt Männlichkeit*

Gemäß dem Sozialkonstruktivismus ist die Bedeutung der biologischen Vorgaben für die geschlechtliche Rollenzuweisung zu vernachlässigen. Das bedeutet jedoch nicht, dass der Einzelne frei über seine Geschlechterrolle verfügen kann. Der Männerforscher Walter Hollstein stellt fest, dass Vorstellungen von Männlichkeit sich über lange geschichtliche Zeiträume entwickeln und durch unterschiedliche Institutionen wie zum Beispiel Familie, Schule, Militär und Kirche tradiert werden.[233] Welche Werte, Verhaltensweisen und Überzeugungen sich dabei manifestieren, wird nicht von einem Einzelnen oder einer Gruppe in einem freiwilligen Definitionsakt für sich und andere festgelegt, sondern unterliegt, wie sich nach dem Konzept des *doing gender* zeigt, gesellschaftlichen Dynamiken.

Der einzelne Mann bzw. die einzelne Frau kann sich nur bedingt von diesen Vorgaben emanzipieren: Die Möglichkeiten zur Selbstdefinition des Einzelnen bleiben gebunden an die Bedingungen und Prägungen seiner Zeit.[234] Kein Mensch kann autonom von kulturellen Einflüssen seine geschlechtliche Rolle entwerfen. Vielmehr sind Stereotype als ein gesellschaftlich geprägter Vorstellungskomplex sowohl implizit als auch explizit wirksam.[235] Dabei übernehmen Stereotype wie die Unterscheidung zwischen *männlich* und *weiblich* für die Gesellschaft eine Orientierungs- und Entlastungsfunktion. Die Entlastungsfunktion besteht in den vielen internalisierten Regeln, die bestimmte Reaktionsschemata beinhalten. Dadurch lässt sich das Verhalten von Männern und Frauen je nach Kontext tendenziell antizipieren. Hinter geschlechtsspezifischen Zuschreibungen stehen somit bestimmte Erwartungshaltungen gegenüber dem Einzelnen, die dazu beitragen, dass gesellschaftliche Interaktionsformen standardisiert werden. Diese Erwartungshaltungen haben unter anderem Einfluss auf die berufliche Arbeitsteilung innerhalb der Gesellschaft.[236]

Ablesen lässt sich dies auch am Begriff *Männlichkeit*. Männlichkeit steht für eine gesellschaftliche Konstruktion von impliziten und expliziten Annahmen über männliches Verhalten. Diese Annahmen wirken sich auch

---

[233] Vgl. Hollstein 2008, 52.

[234] Vgl. Hollstein 2008, 52f. Zwar können Frauen sich an Merkmalen eines maskulinen Selbstkonzeptes orientieren, umgekehrt Männer an typisch weiblichen Verhaltenszuschreibungen. Doch wird diese Möglichkeit durch die gesellschaftlichen Realitäten und sozialen Erwartungen deutlich begrenzt. Vgl. dazu Laskowski 2000, 111f.

[235] Tobler schreibt diesbezüglich, dass Stereotype Komplexität reduzieren und dadurch das gesellschaftliche Miteinander einfacher machen. Stereotype geben Sicherheit, obwohl sie häufig nicht auf selbst gemachten Erfahrungen basieren. Vgl. Tobler 2004, 97.

[236] Vgl. Wetterer 2010, 130ff.

psychodynamisch-emotional aus.[237] Männlichkeit steht dabei für Eigenschaften, die für das Geschlecht des Mannes in der Regel positiv besetzt sind. Einem Mann, der diese Erwartungen nicht erfüllt, wird die Männlichkeit abgesprochen, was abqualifizierend gemeint ist. Umgekehrt gibt es auch bei übersteigertem Geschlechterrollenverhalten bestimmte (negative) Titulierungen wie zum Beispiel *Macho*. Männlichkeit stellt demnach einen bestimmten Erwartungsrahmen dar, dem Männer auf unterschiedliche Weise *nicht* entsprechen können.[238]

Darüber hinaus wird die Nichteinhaltung geschlechtsspezifischer Codes und Verhaltensweisen von der Gesellschaft sanktioniert, zum Beispiel durch soziale Ausgrenzung.[239] Bestimmte Verhaltensweisen werden aber auch positiv verstärkt. So kann danach gefragt werden, welche Gratifikationsmuster bei der Erziehung und in der sozialen Begegnung vorherrschen. Mädchen und Jungen erhalten für ähnliches Verhalten häufig in unterschiedlicher Weise Lob und Anerkennung. Ähnliches Verhalten wird zum Beispiel bei einem Geschlecht bestraft, beim anderen gefördert. Klettert zum Beispiel ein Junge auf einen hohen Baum, wird er für seine Fähigkeiten gelobt. Ein Mädchen hingegen wird für eine solche Aktion getadelt, weil das zu gefährlich sei.

Gleichwohl ist zu beachten, dass in einer modernen, pluralistischen Gesellschaft Jungen und Männern eine breite Palette an Optionen zur Verfügung steht, nach denen sie ihr Geschlecht interpretieren und individuell leben können.[240] Geschlechterstereotype können sich dabei je nach sozialer Bezugsgruppe oder Milieu voneinander unterscheiden oder sogar einander widersprechen.

2.1.3.2 Kritische Würdigung der Sozialisationstheorie

Dass Sozialisationsprozesse die Entstehung der geschlechtlichen Rollen beeinflussen, ist offensichtlich. Dadurch lassen sich auch die interkulturellen Unterschiede erklären, die sich bei Geschlechterstereotypen beobachten lassen. Jedoch wirft dieser interkulturelle Vergleich auch Fragen auf. Geschlechtertypisches Verhalten ähnelt sich in vielerlei Hinsicht auch

---

[237] Vgl. Böhnisch 2004, 21f.

[238] Für Frauen gelten ähnliche Mechanismen unter veränderten Vorzeichen. So ist es für Frauen meist negativ konnotiert, wenn ihr Verhalten als *männlich* bezeichnet wird.

[239] Vgl. Neumann & Süfke 2004, 29.

[240] Allerdings besteht darin auch eine Aufgabe für jeden einzelnen Mann. Da sich bisherige Männlichkeits-vorstellungen in der Krise befinden, muss der Einzelne sein Mann-Sein selbst mit entwickeln. Vgl. Hollstein 2008, 225-229. Vgl. auch Connell 2006, 205. Die australische, transsexuelle Männerforscherin Raewyn Connell veröffentlichte bis 2007 unter dem Namen Robert W. Connell.

dann, wenn die gesellschaftlichen Bedingungen ansonsten divergieren. „Damit verbunden ist dann zwangsläufig ein gewisser Erklärungsnotstand der sozialwissenschaftlichen Geschlechterforschung im Hinblick auf überhistorische und überkulturelle Gemeinsamkeiten in der Ausgestaltung von Geschlechterrollen sowie in der Ausgestaltung der geschlechtsspezifischen Arbeitsteilung. Kann es angesichts dieser Umstände nicht möglich sein, dass sich in der Kultur Natur widerspiegelt?“[241]

So wendet sich die Forschung auch wieder stärker der direkten Wechselwirkung zwischen *sex* und *gender* zu.[242] Erkenntnisse der Neuroendokrinologie, der Genetik und der Neurowissenschaften werden für eine Neubewertung bezüglich biologischer Einflüsse auf die Geschlechtsentwicklung herangezogen.[243] So schreibt zum Beispiel die amerikanische Neurologin Louann Brizendine, die sich mit dieser Wechselwirkung beschäftigt: „Durch die umfangreichen neuen Erkenntnisse der Gehirnforschung und die Arbeiten mit meinen eigenen männlichen Patienten bin ich zu der Überzeugung gelangt, dass die einzigartigen Gehirnstrukturen und Hormone von Jungen und Männern in allen Lebensphasen eine männliche Realität entstehen lassen, die sich grundlegend von der weiblichen unterscheidet und nur allzu oft übermäßig vereinfacht oder falsch verstanden wird.“[244]

Obwohl es in dieser Frage weiterer Forschung bedarf, halten einige Geschlechterforscher meiner Ansicht nach an argumentativen Engführungen fest. So wird nach wie vor die These vertreten, dass sich die Entwicklung der Geschlechteridentität allein durch soziale Konstruktion erklären lasse.[245]

Ich greife sozialkonstruktivistische Erklärungsansätze im weiteren Verlauf wiederholt auf, weil sie im sozialwissenschaftlichen Diskurs aktuell von großer Bedeutung sind. Wie ich zeigen werde, lässt sich anhand des Sozialkonstruktivismus auch vieles von dem erklären, was in der Beratung an Beziehungsprozessen geschieht. Ich selbst gehe jedoch nicht davon aus, dass sich mit sozialkonstruktivistischen Theorien die Selbstwerdung des Menschen vollumfänglich erklären lässt. Meiner Ansicht nach werden hier die realen Voraussetzungen von Kommunikationsprozessen

---

[241] Döge 2009, 324.
[242] Diesbezüglich wird im sozialkonstruktivistischen Diskurs selbstkritisch angemerkt, dass die Begriffe sex und gender mittlerweile nicht mehr deutlich genug voneinander abgegrenzt würden. Die synonyme Verwendung der beiden Begriffe verwässere in der Folge das sozialkonstruktivistische Erklärungsmodell. Vgl. Wetterer 2010, 133.
[243] Vgl. Brizendine 2010, 13ff.
[244] Brizendine 2010, 12.
[245] Vgl. Döge 2009, 324.

zu wenig berücksichtigt. Den konkreten Vorgaben von Zeit und Raum, in diesem Zusammenhang der biologischen Verfasstheit menschlichen Lebens, kommt aus sozialkonstruktivistischer Perspektive keine Bedeutung an sich zu. Jede Form von Wirklichkeit und Wahrheit konstituiert sich aus dieser Perspektive lediglich innerhalb sozialer Kommunikationsprozesse. Diese Sichtweise beginnt und endet folglich bei der sprachlichen Verständigung zwischen Menschen über die Wirklichkeit. „Auf die Kategorie ‚Geschlecht‘ bezogen folgt daraus: Es gibt für Radikalkonstruktivistinnen kein nichtdiskursiv verfasstes ‚Außerhalb‘ etwa im Sinne von ‚sex‘, wovon ein kulturell geprägtes, sprachlich erzeugtes Verständnis von Geschlecht (gender) zu unterscheiden ist. Somit ist ‚sex‘ radikalkonstruktivistisch interpretiert immer schon ‚gender‘.“[246]

Ich gehe jedoch davon aus, dass der menschlichen Kommunikation ein bestimmter Bezugsrahmen gesetzt ist, der sozialen Aushandlungsprozessen entzogen ist.[247] Auf diese Grenzen sozialkonstruktivistischer Prozesse müsste meines Erachtens nach die entsprechende Literatur deutlicher hinweisen.

Nachdem die konstruktivistische Theorie der Entwicklung von Geschlechterrollen dargestellt wurde, wird im folgenden auf ein Modell eingegangen, dass tendenziell deterministisch argumentiert.

2.1.4 Der biologisch-deterministische Ansatz: Am Beispiel eines Modells des Sozialpsychologen Roy Baumeister

Wie gesagt vertreten die Kritiker eines sozialkonstruktivistischen Geschlechterverständnisses keine einheitliche Theorie. Vielmehr gibt hier ein großes Spektrum an alternativen Erklärungsmodellen, die Geschlechterunterschiede auf andere Weise herleiten.[248] Exemplarisch wird hier das Modell des amerikanischen Sozialpsychologen Roy Baumeister vorge-

---

[246] Wendel 2009, 136.

[247] Dieser Bezugsrahmen ist zuvorderst durch die biologische Person (die Leiblichkeit des Menschen) selbst gesetzt. Dazu bemerkt die Theologin Saskia Wendel: „Auf der Personebene jedoch entfaltet sich das gesamte Feld an performativen Akten und sozialen Konstruktionen, die etwa Radikalkonstruktivisten so bestechend analysieren, dabei aber vergessen, dass diese Akte einer Möglichkeitsbedingung bedürfen, die selbst nicht wiederum diskursiv erzeugt sein kann, da das zu Begründende auf diese Weise durch sich selbst erklärt werden würde.“ (Wendel 2009, 138)

[248] Vgl. Connell 2006, 65f. Hier heißt es: Dieses Konzept „übersetzt im Prinzip die herrschende Ideologie in die Sprache der Biologie und hält den Körper für eine natürliche Maschine, welche die Geschlechtsunterschiede produziert – aufgrund der Unterschiede hinsichtlich der Gene, der Hormone oder der unterschiedlichen Aufgaben bei der Fortpflanzung.“ (Connell 2006, 65)

stellt, an dem sich Stärken und Schwächen eines deterministischen Modells erläutern lassen. Umfassend hat er dieses Modell in seinem aktuellen Buch *Is There Anything Good About Men? How Cultures Flourish by Exploiting Men*[249] dargestellt.

Der Sozialpsychologe Roy Baumeister vertritt zwar kein dezidiert biologistisches Modell, legt aber den Schluss nahe, dass Männer und Frauen auf bestimmte Aufgaben innerhalb der Gesellschaft festgelegt werden können und sollen. Dabei belässt es Baumeister nicht dabei, bestimmte geschlechtlich geprägte Verhaltensweisen zu beschreiben, sondern entwickelt ein eigenes explikatorisches Modell. Er versucht zu erklären, *warum* sich Männer in vielerlei Hinsicht anders verhalten als Frauen. Bei seinem Forschungsansatz lässt er sich von folgender Frage leiten: Wie trägt geschlechtstypisches Verhalten dazu bei, dass das Überleben der eigenen Spezies bzw. der jeweiligen Gesellschaft gesichert wird? Hierbei versucht er zu zeigen, dass jedes Verhalten Vor- und Nachteile für das jeweilige Geschlecht mit sich bringt.

Baumeister greift in seiner Argumentation zum einen auf Vergleiche mit dem Verhalten männlicher und weiblicher Tiere einer Art zurück. Unter Säugetieren sucht er nach bestimmten Verhaltensmustern, die für das jeweilige Geschlecht typisch sind. Zum anderen verweist er auf Entwicklungen innerhalb menschlicher Sozialsysteme: Menschen errichten und erhalten große Sozialsysteme, die wiederum mit anderen in Verbindung stehen, aber auch mit diesen konkurrieren. Die Sozialsysteme werden als Kulturen bezeichnet. Baumeister will zeigen, wie und warum innerhalb dieser Kulturen bestimmte Aufgaben hauptsächlich auf Männer bzw. auf Frauen übertragen werden.[250] Er geht davon aus, dass die Geschlechter aufgrund ihrer spezifischen Fähigkeiten diese Aufgabenzuteilungen ausgebildet haben: „My radical theory of gender equality is based on tradeoffs. It means that there are real differences in the abilities of the two gen-

[249] Inzwischen ist dieses Buch auch in deutscher Sprache erschienen *Wozu sind Männer eigentlich überhaupt noch gut? Wie Kulturen davon profitieren, Männer auszubeuten*, Bern 2012. Ich habe bei der vorliegenden Arbeit mit der amerikanischen Originalausgabe gearbeitet.

[250] Vgl. Baumeister 2010, 3. „One of the most important traits that make us human is our ability to create and sustain giant social systems that can evolve and adapt and compete against each other. These systems are called *cultures*. I shall suggest that cultures routinely exploit men in certain ways, which is to say cultures find men more useful than women for certain tasks. We shall ask what those tasks are and why cultures pick men for those." (Baumeister 2010, 3)

ders. But they are linked. Specifically, being better at one thing is linked to being worse at something else."[251]

Welche Rollen ein Geschlecht innerhalb der Gesellschaft einnimmt, entscheidet sich nach Baumeisters Auffassung primär an den Erfordernissen des gesamten Sozialsystems.[252] Männer und Frauen tragen darin jeweils spezifische Risiken – deren Verteilung wiederum ist davon bestimmt, wie sie dem gesamten Sozialsystem dient. Anhand seiner Aussagen lassen sich auch viele psychologische Befunde der Geschlechterforschung anders oder neu interpretieren, zum Beispiel im Blick auf den Umgang mit Gefühlen. Auch geben seine Ausführungen Hinweise darauf, warum der Verlust des Arbeitsplatzes für Männer eine besondere Belastung darstellt. Dabei argumentiert Baumeister nicht primär auf der Ebene der genetischen Disposition des Einzelnen, sondern auf der Ebene der erfolgreichen Weitergabe des Genoms innerhalb einer Gruppe.

2.1.4.1 *Baumeisters Thesen zur Geschlechterentwicklung*

Nach Baumeister ist davon auszugehen, dass die Aufgabenteilung der Geschlechter biologische Gründe hat. Auf diese Gründe wird im Folgenden eingegangen. Gleichzeitig handelt es sich an dieser Stelle um keine einseitige Kausalität. Vielmehr verstehe ich Baumeister so, dass eine ständige Wechselwirkung zwischen biologischen Vorgaben und sozialem Verhalten besteht. Bestimmte Verhaltensweisen manifestieren sich demnach auch genetisch, wenn sie über einen langen Zeitraum die Aufgabenverteilung zwischen den Geschlechtern bestimmt haben.

Im Folgenden fasse ich die zentralen Aussagen Baumeisters zusammen.

a) *Frauen besitzen aufgrund ihrer Gebärfähigkeit einen höheren Wert für die Population.*
   Frauen und Männer haben einen unterschiedlichen Stellenwert, wenn es darum geht, den Erhalt der Gruppe zu sichern. Nach Baumeister hängt die Zahl der Nachkommen wesentlich stärker von der Zahl der gebärfähigen Frauen ab als von der Zahl geschlechtsreifer Männer. Männer seien verzichtbarer als Frauen, da nicht die Zahl

[251] Baumeister 2010, 40.

[252] „Men do have some serious drawbacks and bad traits. But mostly these are linked to some very positive traits that at least are useful for the society – for the cultural system that might be competing against other tribes or other countries." (Baumeister 2010, 84)

der Männer der begrenzende Faktor für den Fortpflanzungserfolg einer Gruppe sei, sondern die Zahl der Frauen.[253]

b) *Männer werden mehr Gefahren ausgesetzt als Frauen.*
Da Männer für den Populationserhalt weit weniger bedeutsam sind, werden sie auch viel häufiger Gefahren ausgesetzt. Frauen werden hingegen vor vermeidbaren Gefahren für Leib und Leben möglichst geschützt. Der biologische Unterschied ist demnach für die gesellschaftliche Aufgabenteilung verantwortlich. Dies betrifft zum Beispiel risikoreiche berufliche Arbeiten oder den Militärdienst. So übernehmen auch heute vor allem Männer Aufgaben, bei denen ein erhöhtes Verletzungs- und Krankheitsrisiko besteht: „92% of Americans who die in the line of work are men. This is true despite the fact that there are almost as many women as men employed in America."[254] Nach Baumeister ergreifen Frauen eher Berufe, in denen keine so großen Gefahren für die eigene Gesundheit bestehen.[255] Demgegenüber sind Männer eher bereit, riskante Aufgaben zu übernehmen, weil sie ihre Belastungs- und Leistungsfähigkeit häufig überschätzen.[256] Explizit wendet er sich damit auch an diejenigen, die männliches Verhalten grundsätzlich als *ausbeuterisch* gegenüber Frauen bewerten. Seiner Ansicht nach müssen Männer selbst in einem patriarchalen System Nachteile in Kauf nehmen, die häufig übersehen werden.[257]

c) *Männer bauen viele, aber relativ schwache Bindungen auf.*
Die Aufgabenverteilung zwischen den Geschlechtern wird folglich wesentlich durch die Risiken bestimmt, die mit der jeweiligen Aufgabe verbunden sind. Aus den Aufgaben, die eines der beiden Ge-

---

[253] Vgl. Baumeister 2010, 159ff. Wenn eine Gruppe die Hälfte ihrer Männer verliert, kann die nächste Generation trotzdem alle Abgänge ersetzen, sie kann sogar wachsen. Wenn eine Kultur dagegen die Hälfte ihrer Frauen verliert, ist die Größe der nächsten Generation deutlich reduziert. Vgl. Baumeister 2008, 28.

[254] Baumeister 2010, 18.

[255] Vgl. Baumeister 2010, 145f.

[256] Vgl. Baumeister 2010, 211. So schreibt Baumeister, dass sich viele Verhaltensunterschiede nicht aus den Fähigkeiten der Geschlechter ergeben, sondern mit der Motivation des jeweiligen Geschlechts zu tun haben. Vgl. Baumeister 2010, 46ff.

[257] Darüber hinaus wird in der Männerforschung vielfach darauf hingewiesen, dass in der Geschlechterdebatte meist nur die erfolgreichen Männer zum Maßstab erhoben werden. In der Regel ist es jedoch ein relativ kleiner Kreis von Männern, die viel Macht und Besitz auf sich konzentrieren. Von einer überlegenen Position *aller* Männer kann hingegen nicht die Rede sein. So üben Männer nicht nur gegenüber Frauen Macht aus, sondern auch gegenüber anderen Männern. Ferner ist zum Beispiel ein Großteil bestimmter sozialer Randgruppen männlich. Unter anderem finden sich unter Obdachlosen und Gefängnisinsassen überdurchschnittlich viele Männer. Vgl. Hollstein 2008, 10f.

schlechter typischerweise übernimmt, resultieren wiederum Unterschiede im Sozialverhalten. So bevorzugen Frauen und Männer nach Baumeister aufgrund ihrer typischen Aufgabenbereiche auch unterschiedliche Sozialräume und kommunizieren darin auf spezifische Weise miteinander. Während sich Frauen vornehmlich in wenigen, intimen Beziehungen bewegen und auch ihr Kommunikationsverhalten danach ausrichten, sind Männer spezialisiert auf flachere Beziehungen in größeren Gruppen.[258] Dies hängt damit zusammen, dass Frauen vor allem im familiären Nahbereich kommunizieren. Männer hingegen stehen häufiger im Wettbewerb mit einer großen Zahl von anderen Männern.

d) *Männer definieren sich über besondere Leistungen.*
Frauen besitzen aufgrund ihrer Gebärfähigkeit für die Population einen höheren Wert als Männer, weshalb Männer sich stärker darum bemühen müssen, besondere Leistungen innerhalb der eigenen Gruppe zu erbringen.[259] Dies hat Folgen für die Selbstkonzeptentwicklung der Geschlechter: „Männer definieren sich über Eigenschaften und Fähigkeiten, in denen sie Besonderes leisten und sich von anderen unterscheiden. Das weibliche Selbstkonzept dagegen betont die Eigenschaften, in denen eine Frau mit anderen übereinstimmt. Männer wollen sich abheben, weil es eine wichtige Voraussetzung ist, zu reüssieren und etwas Wesentliches in eine größere Gruppe einzubringen."[260]
In vielen Kulturen wird demgemäß von Männern erwartet, dass sie mehr erarbeiten, als sie selbst verbrauchen können. Baumeister zieht daraus den Schluss, dass *Frau-Sein* biologisch, *Mann-Sein* hingegen sozial – eben durch Leistungen – definiert wird.[261]

2.1.4.2 Kritische Würdigung des Modells von Roy Baumeister

Baumeister kann anhand vieler Beispiele plausibel darstellen, wie bestimmte Geschlechterverhältnisse entstanden sind und in welcher Weise sie zum Überleben und Wachstum der jeweiligen Kultur beitrugen. Diese Geschlechterverhältnisse stehen nach Baumeister in einem Bezug zu den biologischen Grundvoraussetzungen des jeweiligen Geschlechts. Hier spielt für ihn die Gebärfähigkeit der Frau eine bedeutende Rolle. Darüber

---

[258] Vgl. Baumeister 2010, 98ff. „Women are better designed by nature to create and sustain close, intimate, caring, one-to-one relationships. Men are more designed to function in larger groups and systems."
[259] Vgl. Baumeister 2010, 102f.
[260] Baumeister 2008, 27.
[261] Vgl. Baumeister 2010, 187-219.

hinaus stellen sich jeder Gesellschaft bestimmte Aufgaben, bei denen es von Vorteil ist, wenn eines der Geschlechter sich darauf spezialisiert. So werden nach Baumeister zum Beispiel risikoreiche Tätigkeiten vor allem von Männern übernommen. Baumeister zeigt auf diese Weise, wie jedem Geschlecht bestimmte Lasten zugewiesen werden. In der Tendenz findet nach Baumeister aber zwischen den Geschlechtern ein Ausgleich an Vor- und Nachteilen statt. Letztlich geht es bei der Aushandlung und Ausprägung von Geschlechterverhältnissen aber wie gesagt nicht um die Zufriedenheit des Einzelnen, sondern um das Fortbestehen der sozialen Gruppe und ihrer Kultur. Baumeister bezieht gegenüber einem radikalkonstruktivistischen Verständnis die biologischen Voraussetzungen des Menschen mit ein. Auf der Grundlage dieser Gegebenheiten entstehen nach Baumeister bestimmte Geschlechterverhältnisse, die sich in vielen Kulturen ähneln. Insofern ist der Mensch nicht völlig frei, wenn es darum geht, die Geschlechterverhältnisse zu definieren. Würde er hier zu weit von einer von ihm skizzierten Logik abweichen, für die sich auch im Tierreich zahlreiche Beispiele finden lassen, wäre das Überleben einer Kultur kaum noch gesichert.

Baumeister gesteht gleichwohl zu, dass seine soziobiologischen und sozialpsychologischen Thesen nicht wie Naturgesetze gelten. Für die Vergangenheit lässt sich anhand seiner Ausführungen herleiten, wie Geschlechterverhältnisse entstanden. Doch stellt sich die Frage nach der zukünftigen Entwicklung und ihren Begrenzungen: Gibt es eine Logik hinter den Geschlechterverhältnissen, die sich unabhängig von der modernen Lebenswirklichkeit als dominierendes Prinzip geschlechtlicher Verhaltens- und Kommunikationsformen erweist? Es ist leicht nachvollziehbar, dass ein seelsorglicher Berater, der sich auf diesen Erklärungsansatz bezieht, anders zur geschlechtlichen Entwicklung stehen wird als derjenige, der Geschlecht vor allem als soziales Konstrukt definiert.

Kritische Einwände gegenüber Baumeister ergeben sich vor allem bezüglich folgender Punkte:

1. Baumeister stellt Veränderungen in der modernen Lebens- und Arbeitswelt vielfach als Fehlentwicklungen dar, da sie dem Fortpflanzungserfolg zuwider laufen. Zum Beispiel würden Frauen, die sich riskante berufliche Aufgaben suchen, den Populationserhalt gefährden. Hier ist zu fragen, ob sich unsere moderne Kultur nicht deutlich von den Gesellschaftsformen früherer Jahrhunderte und diverser Tierpopulationen unterscheidet und dementsprechend neue Wege gefunden hat, Arbeit und Familienleben zu organisieren. Wie in anderen deterministischen Erklärungsmodellen argumentiert Baumeister

mit Gesellschafts- und Arbeitsformen aus der Vergangenheit. Unbeachtet bleibt zum Beispiel, dass die absoluten Fallzahlen beruflicher Unfälle und Todesfälle tendenziell rückläufig sind. Körperliche Belastungen am Arbeitsplatz nehmen gegenüber psychischen Belastungen deutlich ab.[262] So mögen zwar Männer nach wie vor häufiger als Frauen im beruflichen Einsatz verletzt oder getötet werden. Doch die Aussagekraft dieses Verhältnisses steht in Frage, wenn die Zahl der Vorfälle insgesamt stark rückläufig ist.

2. Baumeister reduziert den Menschen auf seine soziobiologische Funktion. Ziel und Sinn des Lebens sind aus dieser Perspektive allein das Überleben und die Reproduktion seiner Spezies bzw. einer sozialen Gruppe.[263] Der Populationserhalt ist sein argumentatives Paradigma. Nach christlichem Freiheitsverständnis bleibt der Mensch jedoch nicht in den Bezügen gefangen, die sich aus seiner sexuellen Natur ergeben. „Gott, der Erlöser, befreit nicht nur den geschlechtlich neutralen Einzelmenschen, sondern gerade den Menschen in seinen sozialen Beziehungen. Er befreit den Geschlechtstrieb von seinen Zwängen und Egoismen, und damit die Geschlechtspartner von sich selbst und füreinander."[264]

3. Nach Baumeister profitiert eine Kultur davon, wenn der Wettbewerb unter den Männern permanent stimuliert wird. Die Kultur könne so bei Männern fortwährend Höchstleistungen hervorrufen.[265] Daher warnt Baumeister sogar davor, Jungen dazu zu ermutigen, sich ihrer Gefühle bewusst zu werden und über sie zu sprechen.[266] Zum einen blendet Baumeister hier die seelischen Nöte von Jungen und Männern aus, die sich daraus ergeben, wenn die eigenen Gefühle nicht wahrgenommen und kommuniziert werden können. Ferner misst er den Erfolg einer Kultur allein an ihrer wirtschaftlichen und militärischen Größe, welche wiederum dem Populationserhalt und -wachstum dienen. Baumeister zeichnet ein Bild von Männlichkeit, das keine Weiterentwicklung zulässt und das angesichts zweier Weltkriege zynisch erscheint. So stelle ich mir die Frage, ob die Fortsetzung dieses Männlichkeitsbildes angesichts moderner militärischer Fähigkeiten nicht den Fortbestand der menschlichen Spezies

[262] Vgl. Bundesanstalt für Arbeitsschutz und Arbeitsmedizin 2013. So nimmt zum Beispiel die Zahl der meldepflichtigen Arbeitsunfälle seit Jahrzehnten kontinuierlich ab. Vgl. Bundesanstalt für Arbeitsschutz und Arbeitsmedizin 2013, 31.

[263] Vgl. Baumeister 2010, 111.

[264] Gerstenberger & Schrage 1980, 90.

[265] Vgl. Baumeister 2010, 265f.

[266] Vgl. Baumeister 2010, 266.

gefährdet. Ein entfesselter Wettbewerb scheint die Lebensgrundlagen der Menschheit eher zu zerstören als das Überleben für die Zukunft zu sichern.

4. Baumeister behauptet, dass Frauen aufgrund ihrer Gebärfähigkeit aus gesellschaftlicher Perspektive ein höherer Wert zukomme als Männern. Allerdings finden sich unter anderem in der Bibel hierzu Gegenbeispiele. So sah die alttestamentliche Ethik zur Zeit der Stammväter keinen besonderen Schutz für Mütter, Frauen und Töchter vor.[267] War der Sippenverband in Gefahr, wurde pragmatisch gefragt: „Welches Familienmitglied ist im Ernstfall noch am ehesten entbehrlich, wenn das Überleben der Familie gewährleistet werden soll? Wer ist am schnellsten ersetzbar? Antwort: Töchter und Frauen sind am leichtesten zu ersetzen, mit dem Familienvater oder den Söhnen aber steht und fällt die Sippe."[268] So lassen sich auch Beispiele dafür anführen, dass der Gebärfähigkeit der Frau in menschlichen Kulturen keine überragende Bedeutung zukommt.[269]

5. Zur Methodik Baumeisters ist anzumerken, dass seine Verweise auf das Verhalten bestimmter Tierarten seit langem in der Kritik stehen. So schreibt der Psychologe Dieter Ulich: „Der beliebte Analogie-Schluß Tier–Mensch, der nicht nur von den Soziobiologen, sondern auch von den Geschlechtstypologen der Fünfziger Jahre viel verwendet wird, übersieht die schon seit Jahrzehnten geäußerte Kritik, daß man von Ähnlichkeiten in der Erscheinungsform eines Verhaltens nicht auf Ähnlichkeiten in der Entstehungsgeschichte schließen kann."[270] Ulich sieht hier die Gefahr unsachgemäßer Abstraktionen. So lassen sich zwar einzelne Gemeinsamkeiten im Verhalten von Tier und Mensch ausmachen. Jedoch werden die vielen Unterschiede im Verhalten nicht thematisiert, wodurch die Analogie höchst einseitig bleibt.

---

[267] Vgl. Gerstenberger & Schrage 1980, 43f. Laut Gerstenberger und Schrage gaben biblische Nomaden im Konfliktfall eher die Frau Preis. Einen besonderen Schutz genossen demnach die männlichen Gruppenmitglieder.

[268] Gerstenberger & Schrage 1980, 44. Vgl. hierzu auch Gen 12,10-20; 20,1-18; 26,1-11; Ri 19,22-30.

[269] So werden zum Beispiel in Indien seit langem Mädchen-Infantizide in großer Zahl verübt. Vgl. Syed 2001, 83ff. Dies hängt vielleicht auch damit zusammen, dass bestimmte Kulturen ihre Generationenfolge nur über die Väter definieren. Wird die Abstammung allein über die Väter hergeleitet, ändert dies auch den Status der Frauen in einer Kultur. Vgl. dazu die Ausführungen zur biblischen Gestalt des Patriarchen Abraham in Kapitel 2.2.1.2 im zweiten Teil der Arbeit.

[270] Ulich 1995, 94.

2.1.5 Abschlussbemerkung zur Geschlechterentwicklung

An dieser Stelle muss auf eine weitergehende Darstellung von Forschungserkenntnissen zur genetischen Disposition der Geschlechter und zu ihren Folgen auf das Sozialverhalten verzichtet werden. Es ist davon auszugehen, dass die gegenseitige Wechselwirkung von biologischen Anlagen und Sozialisationsprozessen weitaus komplexer ist, als bisher angenommen wurde. „Eindeutig geklärt ist allerdings nicht, woher die beobachteten neurobiologischen Unterschiede der Geschlechter stammen: Sie können pränatal oder postnatal entstehen. Eindeutige Antworten auf diese Fragen werden sich wohl in absehbarer Zeit nicht finden lassen."[271]

In der Beratung sind diese Erklärungsmodelle insofern von Bedeutung, als es auch im Blick auf die geschlechtliche Rolle des Klienten darum geht, den Handlungsspielraum realistisch einzuschätzen. Schließlich will die seelsorgliche Beratung arbeitslosen Männer auch dabei helfen, das geschlechtliche Selbstverständnis zu überdenken. Auf diesen Prozess wird die theoretische Interpretationsgrundlage des Beraters, sei sie nun eher konstruktivistisch, sozialbiologistisch oder sozialpsychologisch orientiert, großen Einfluss nehmen.

Seelsorgliche Beratung muss sich gegenüber diesen Erklärungsmodellen zu positionieren wissen. In der Beratung sollte nicht der Eindruck entstehen, der Klient müsse nur seine bisherigen Sozialisationsbedingungen kritisch analysieren, um sich anschließend frei für ein neues geschlechtliches Rollenmodell entscheiden zu können. So wenig es sich in dieser Hinsicht um eine reine Willensentscheidung handelt, so wenig sollte aber auch der Eindruck entstehen, als seien bestimmte Vorstellungen von Männlichkeit überzeitlich gültig und somit unveränderlich. Verkürzt lässt sich festhalten: „Die Wahrheit liegt irgendwo zwischen dem Heilsversprechen des Konstruktivismus und der Unheilsprognose der Sozialbiologie. Wo genau, ist nicht theoretisch zu bestimmen, sondern praktisch auszuloten."[272]

2.1.6 Eigenes Vorverständnis von Geschlecht

Wie gezeigt wurde, besteht kein Konsens darüber, wie sich die unterschiedlichen Geschlechterstereotype herleiten lassen. Es konnte nur ein grober Überblick über verschiedene wissenschaftliche Zugänge und ihre Bedeutung für die Beratung gegeben werden. In jedem Fall sollte der Berater über seine persönliche Perspektive Auskunft geben können – selbst

[271] Döge 2009, 339.
[272] Prömper 2003, 109.

dann, wenn der Klient nicht explizit danach fragt. Im Folgenden stelle ich daher kurz mein eigenes Verständnis in dieser Frage dar.

- Geschlecht verstehe ich als eine Größe, die in einem ständigen Spannungsverhältnis aus biologischen Vorgaben und soziokulturellen Einflüssen steht. Sowohl physische als auch soziale Einflüsse sind dynamisch, denn die Physis wird unter anderem vom sozioökonomischen und kulturellen Entwicklungsstand der Gesellschaft geprägt. Eine genaue Festlegung, welche Aspekte für die Entwicklung von Geschlechterrollen relevant sind, kann auch deswegen nicht vorgenommen werden, weil der humanwissenschaftliche Forschungsstand ständig erweitert wird.
- Ich verstehe Geschlecht als gedankliches Konstrukt und die Dichotomie der Geschlechter als einen von vielen Gegensätzen, durch die Menschen sich die Umwelt verständlich machen. Die Abgrenzung von Frau und Mann ist stets relativ, denn auch innerhalb eines Geschlechts gibt es große Unterschiede im Verhalten und der physischen Erscheinung. Jedoch ist diese Unterscheidung als Gegensatz ebenso unverzichtbar wie die Unterscheidung von alt und jung, groß und klein. Problematisch wird es erst dann, wenn eine Gruppe die Deutungshoheit darüber beansprucht, wie sich die Geschlechter zu verhalten haben.[273]
- Ich gehe davon aus, dass eine geschlechterspezifische Differenzierung nur Näherungswerte aufstellen kann, denen ein Individuum nie vollständig entspricht. Der einzelne Mensch ist einer ständigen körperlichen und soziokulturellen Dynamik unterworfen, die sein Frau-Sein bzw. Mann-Sein kontinuierlich verändert. Somit ist auch die geschlechtliche Selbst- und Fremdwahrnehmung nicht statisch zu verstehen. Einfluss darauf haben zum Beispiel Alterungsprozesse, der Beginn der Elternschaft oder Erfahrungen in der Partnerschaft.

---

[273] Connell stellt fest, dass derjenige, der nach außen das beste Leben führt, zum Maßstab für andere wird (vgl. Connell 2006, 219ff.). Da unsere Kultur westlich geprägt ist und der westliche Lebensstil in vielen Entwicklungsländern imitiert wird, vereinheitlichen sich Lebens- und Geschlechterverhältnisse. Auch das westliche Geschlechtermodell, die hier übliche Aufgaben- und Rollenverteilung, wurde im Zuge der kulturellen Hegemonie des Westens weltweit dominierend. Innerhalb des jeweiligen sozialen Kontextes mit seinen Geschlechterarrangements entwickelt sich wiederum eine *hegemoniale Männlichkeit*, die dort eine bestimmende Position einnimmt. Dieser entsprechen zwar nicht alle Männer, doch übt sie auf alle Männer einen Anpassungsdruck aus. Hollstein bemerkt dazu: „Die übergroße Mehrheit der Männer ist selbst dem sozialen Diktat einer kleinen Gruppe des eigenen Geschlechts unterworfen, muss sich aber aufgrund der gesellschaftlichen Zwänge am generellen Macht- und Erfolgsbild der Gesellschaft von Männlichkeit orientieren.“ (Hollstein 2008, 141)

- Für die Beratung ist es wichtig, die von feministischer Seite angestoßene kritische Reflexion über männliche Werte und Verhaltensweisen fortzuführen. Allerdings sollte darauf geachtet werden, in einem dialogischen Prozess sowohl weibliche als auch männliche Stereotype zu hinterfragen und nach Alternativen zu suchen. Eine einseitige Problematisierung und Diskreditierung traditioneller Männlichkeit wird Jungen und Männern nicht nachhaltig dabei helfen, zu alternativen Geschlechtermodellen zu kommen.[274]
- Theologisch gehe ich davon aus, dass Gott beide Geschlechter auf ein fruchtbares Zueinander hin geschaffen hat und dass die Gottebenbildlichkeit für beide Geschlechter gleichermaßen gilt.

2.2 Theologische Einordnung: Die Bedeutung von Geschlecht

Beratung findet stets vor dem Hintergrund bestimmter Geschlechtervorstellungen statt. Für die seelsorgliche Beratung stellt sich die Frage, welche Grundannahmen über die Geschlechtlichkeit des Menschen aus theologischer Perspektive relevant sind. Welche Voraussetzungen und Ziele ergeben sich aus dem christlichen Menschenbild für die männerspezifische Beratungsarbeit?

Es soll gezeigt werden, dass sich aus der christlichen Anthropologie keine einseitigen Festschreibungen bezüglich der Geschlechterrollen ableiten lassen. Dies bedeutet jedoch nicht, dass sich aus den Verlautbarungen des kirchlichen Lehramts kein eigenes und unterscheidbares Geschlechterverständnis ergeben würde. Nach der Vorstellung einiger Aspekte eines theologischen Geschlechtermodells wird anschließend erörtert, welche Anliegen und Ziele in der kirchlichen Männerarbeit verfolgt werden.

[274] An dieser Stelle kann auf die Gender-Debatte nicht weiter eingegangen werden. Unbestritten ist, dass Frauen über Jahrhunderte weniger Intelligenz und Leistungsfähigkeit zugeschrieben wurde. Die Pädagogin Maria Anna Kreienbaum bemerkt, dass in den vergangenen Jahrzehnten aber auch die Männer kritisiert wurden: „In den späten 70er Jahren und bis Ende der 80er Jahre erreichte die Gegenbewegung ihren Höhepunkt. An jeglicher Misere waren nun die Männer qua Geschlecht Schuld, sie wurden für die Unterdrückung von Mädchen und Frauen verantwortlich gemacht. […] Und dabei waren Frauen doch eigentlich die besseren Menschen. Männerfeindlichkeit war – zumindest vorübergehend – eine verbreitete Haltung unter Frauen." (Kreienbaum 2005, 75) In der Männerforschung wird diese Misandrie als weiterhin belastend für die männliche Identitätsbildung gesehen. Vgl. Hollstein 2008, 154-190.

2.2.1 Biblisch-theologische Perspektive

Die Bibel gibt keine einheitliche Antwort darauf, in welchem Verhältnis Frauen und Männer zueinander stehen.[275] „In seiner tausendjährigen Geschichte hat das Volk Israel auch ganz deutlich verschiedene Antworten auf die Herausforderungen seiner Zeit gefunden, auch im Blick auf das Verhältnis der Geschlechter."[276] Die lange Entstehungsgeschichte der Bibel macht es folglich unmöglich, in ihr ein einheitliches Bild von Männlichkeit auszumachen.

Im Folgenden wird aus schöpfungstheologischer Perspektive danach gefragt, welche Bedeutung dem Geschlecht des Menschen zukommt. Anschließend wird beispielhaft gezeigt, dass bereits zu biblischen Zeiten Männlichkeitsvorstellungen einem steten Wandel unterworfen waren.

2.2.1.1 Schöpfungstheologische Grundlage

Die feministische Theologie merkt zur Entstehung der Bibel an, dass es sich dabei um Schriften handele, die von Männern für Männer aufgezeichnet wurden. Daher trage auch Gott vornehmlich maskuline Züge.[277] Auch im Blick auf die Schöpfungstheologie stellen die feministischen Theologinnen klassische Deutungsmuster in Frage.[278] So kritisieren sie die Auslegungsgeschichte der Schöpfungserzählungen in Genesis 1-3 dafür, dass der Mann zum Zentrum der Schöpfung gemacht wurde.[279] In der früheren Deutungsgeschichte wurde die Unterordnung der Frau unter anderem damit gerechtfertigt, dass sie nach Gen 2,21-22 aus der Rippe des Mannes geformt wurde. Auf diese Stelle bezieht sich zum Beispiel der Apostel Paulus, wenn er schreibt: „Der Mann darf sein Haupt nicht verhüllen, weil er Abbild und Abglanz Gottes ist; die Frau aber ist der Abglanz des Mannes. Denn der Mann stammt nicht von der Frau, sondern die Frau vom Mann. Der Mann wurde auch nicht für die Frau geschaffen, sondern die Frau für den Mann." (1 Kor 11, 7-9) Paulus ergänzt zwar, dass es im Herrn weder die Frau ohne den Mann noch den Mann ohne die Frau gebe (vgl. 1 Kor 11,11). Dennoch wurde gemäß dieser Auslegungstradition über lange Zeit die gesellschaftliche Unterordnung der Frau gerechtfertigt.

Die heutige Theologie interpretiert die Schöpfungserzählungen neu. Aus ihnen wird keine Rangfolge mehr zwischen den Geschlechtern abgelei-

---

[275] Vgl. Gerstenberger & Schrage 1980, 93.
[276] Gerstenberger & Schrage 1980, 18.
[277] Vgl. Gerstenberger & Schrage 1980, 18.
[278] Vgl. Bedford-Strohm 2001, 81ff.
[279] Vgl. Bedford-Strohm 2001, 82.

tet.[280] Mann und Frau sind gleichermaßen Gottesebenbilder: „Indem Gott den Menschen ‚als Mann und Frau' erschuf, schenkte er dem Mann und der Frau in gleicher Weise personale Würde und stattete sie mit den unveräußerlichen Rechten aus, die der menschlichen Person zukommen."[281]

2.2.1.2 Männlichkeit(en) in der Bibel – drei Beispiele

Wie gesagt lässt sich aus der Bibel kein einheitliches Männerbild oder -ideal herauslesen. So soll an dieser Stelle nur gezeigt werden, dass bereits während der Entstehungszeit der Bibel eine Dynamik in den männlichen Geschlechterrollen erkennbar ist. Anhand von drei biblischen Männerfiguren, Abraham, König David und des Propheten Jeremia, wird kurz skizziert, durch welches Verhalten sich diese Männer auszeichnen. Zwar kann man nicht sagen, dass sie geschlechterstereotypes Verhalten für die jeweilige Zeit repräsentieren. Doch wurden diese Männergeschichten auch deswegen überliefert, weil ihnen eine Vorbildfunktion zukommt.

Mir ist bewusst, dass ich dabei nur einen kleinen Ausschnitt vom Gesamtportrait jeder dieser drei Personen liefern kann. Ich konzentriere mich in der Darstellung darauf, worin die besondere Leistung der Personen im Blick auf die sie umgebende Gemeinschaft bzw. ihr Volk bestand.[282] Dabei gehe ich davon aus, dass ihre unterschiedlichen Leistungen Hinweise darauf geben, welche Erwartungen die Gesellschaft an die Männer in der jeweiligen Zeit gerichtet hat. Schließlich ist es nur auf diese indirekte Weise möglich, etwas von den Geschlechterbildern und -stereotypen zu biblischen Zeiten zu rekonstruieren. Dabei soll gezeigt werden, wie stark männliche Zuschreibungen und Verhaltensweisen vom soziokulturellen Kontext abhängig sind. In der seelsorglichen Beratung kann anhand dieser Beispiele zum einen darauf hingewiesen werden, dass Geschlechterrollen grundsätzlich veränderbar sind. Zum anderen kann im Blick auf unterschiedliche Männerfiguren in der Bibel auch die eigene Geschlechterrolle reflektiert werden.

Abraham
Abraham führte mit seiner Familie bzw. Sippe eine nomadische Existenz. Als Nomade bestand keine Notwendigkeit, ein bestimmtes Territorium militärisch zu verteidigen. Es konnte zwar zum Streit um Weidegründe

---

[280] Vgl. Knieling 2010, 64-66. Vgl. auch Wendel 2009, 140.

[281] FC 22.

[282] Durch meine Darstellung verschiedener Männerbilder in der Bibel soll nicht in Abrede gestellt werden, dass die Leistungen der genannten Personen weit über diesen Aspekt hinausgehen und sie zum Beispiel als Glaubenszeugen von zeitloser Bedeutung für das soziale Miteinander und unser Gottesverständnis sind.

kommen, doch bestand die Möglichkeit, in andere Gebiete weiterzuziehen.[283] Abrahams Leistung bestand primär darin, seiner Großfamilie durch Schafzucht eine Lebensgrundlage zu schaffen. Dazu war es erforderlich, gutes Weideland zu erschließen. Abraham empfing die Verheißung Gottes, ein solches Land zu finden und nutzen zu können: „Zieh weg aus deinem Land, von deiner Verwandtschaft und aus deinem Vaterhaus in das Land, das ich dir zeigen werde." (Gen 12,1). Abraham nahm das Risiko in Kauf, das mit dem Wegzug in ein fremdes Land verbunden war.

Ferner wird bei Abraham besonders hervorgehoben, dass er Kinder zeugte, wodurch seine Sippe zu einem großen Volk werden sollte.[284]

König David
In einer sesshaften Kultur, in der es überlebensnotwendig ist, ein bestimmtes Territorium gegen äußere Feinde zu verteidigen, besteht die Tendenz, größere Sozialsysteme zu bilden. Zu Zeiten Davids war das Königtum bereits errichtet, das heißt, mehrere Stämme hatten sich vereint, um ihre Kampfkraft zu bündeln. Die primäre Leistung Davids bestand in militärischen Erfolgen: Seine Eroberungen bedeuteten sowohl einen Gebietsgewinn als auch reiche Kriegsbeute (vgl. 2. Sam 8). Er war erfolgreich in den Konflikten mit den Philistern, konnte aber auch innenpolitisch das Erbe König Sauls sichern.[285]

So kann man hier den Schluss ziehen, Davids Fähigkeiten im Kampf sind Ausweis seiner Männlichkeit. Gleichwohl schildert die Bibel auch eine andere, nichtkriegerische Seite: David spielt Harfe, ist durch seine Freundschaft mit Jonathan verletzlich und weint um seinen Sohn, als dieser kurz nach der Geburt stirbt.[286]

---

[283] Vgl. Gen 13. Hier wird der Konflikt zwischen Lot und Abraham beschrieben, der friedlich gelöst werden konnte, da die Konfliktparteien ihre Herden in unterschiedliche Richtungen trieben. Vgl. auch Bauer 1993, 18-27.

[284] Der Religionssoziologe Horst Helle sieht in der Abrahamsgeschichte auch eine Neubewertung männlicher Sexualität. Die Zeugungsfähigkeit des Mannes gewinnt in dieser Geschichte zentrale Bedeutung. So geht die „heilige Aufgabe, der menschlichen Frau die gottgewollte Fruchtbarkeit zu verleihen, von der Gottheit auf den Mann, hier an den Patriarchen Abraham, über." (Helle 1997, 147) Gottes wiederholte Zusage großer Nachkommenschaft richtet sich an den Mann Abraham. Hier lässt sich der Übergang von einer matrilinearen Erbfolge hin zu einem patrilinearen Familiensystem erkennen. Davon leitete sich eine epochale Änderung der Geschlechterarrangements ab: „Das veränderte vor allem die Stellung der Frau, die von nun an stets bewacht werden mußte, um jeden Zweifel an ihrer Ehre als unbescholtener Ehefrau ausräumen zu können." (Helle 1997, 147)

[285] Vgl. Dietrich 2003, 8f., 14f.

[286] Vgl. Gellner 1993, 123f. Vgl. auch Dietrich 2003, 12.

Der Prophet Jeremia

Jeremia lebte in einer Zeit, in der die staatliche Souveränität gefährdet war und schließlich verloren ging. Das Ideal des starken Eroberers und Feldherrn war brüchig geworden. Jeremias Leistung bestand darin, soziale und religiöse Missstände aufzuzeigen (vgl. Jer 5,1-2). Er kritisierte diejenigen, die das Sozialsystem durch Ausbeutung und Ungerechtigkeit unterminierten. Seine Worte richteten sich aber auch an die ganze Gesellschaft, die in diesem Sozialsystem lebte und es zuließ, dass ungerechte Verhältnisse herrschten.[287] Dabei berief er sich darauf, dass Gott selbst ihm aufgetragen hatte, diese Zustände öffentlich zu verurteilen.[288]

Während es bei Abraham überlebenswichtig war, gutes Land für die Herden zu finden, und es bei König David darum ging, Territorien zu verteidigen und zu erobern, ging es bei Jeremia darum, einen bestehenden Staat so zu organisieren und zu reformieren, dass in ihm gutes Leben für alle Einwohner möglich war. Er kritisierte aber nicht nur die falschen Strukturen innerhalb des Sozialsystems, sondern auch die überhebliche Außenpolitik gegenüber Babylon, die das eigene militärische Potential falsch einschätzte.[289]

2.2.1.3 Abschlussbemerkung zur biblischen Perspektive

Hier konnte nur holzschnittartig gezeigt werden, welche unterschiedlichen Rollenmodelle sich durch den sich wandelnden soziokulturellen Kontext und den sozialen Status der Person ergeben. Dabei zeigen die Beispiele Abrahams, Davids und Jeremias meines Erachtens, dass Männlichkeit ein dynamischer Prozess ist, der mit den Erfordernissen der sozialen Gruppen korrespondiert. Die Rolle, die der Mann in einer Gesellschaft einnimmt, hängt stark von der kulturellen und wirtschaftlichen Entwicklungsstufe des betreffenden Volkes ab.

Dieser Umstand ist vor allem gegenüber denjenigen zu benennen, die ein deterministisches Geschlechterbild vertreten. Zwar ist davon auszugehen, dass dieser Wandel von Geschlechterbildern langsam verläuft, da die soziale Interaktion – wie gezeigt wurde – Geschlechterstereotype permanent aktualisiert und reproduziert. Dennoch sollte in der seelsorglichen Beratung dem Eindruck entgegengewirkt werden, dass mit der Bibel nur ein einziges Geschlechterbild zu rechtfertigen sei.

---

287 Vgl. Wahl 1993, 42f.

288 Vgl. Ortkemper 1993, 147f.

289 Vgl. Ortkemper 1993, 153f.

2.2.2 Kirchenamtliche Perspektive

Seelsorgliche Beratung orientiert sich am christlichen Menschenbild, das sich auch auf die Geschlechtlichkeit des Menschen bezieht. So heißt es im Katechismus der Katholischen Kirche: „Die Geschlechtlichkeit berührt alle Aspekte des Menschen in der Einheit seines Leibes und seiner Seele. Sie betrifft ganz besonders das Gefühlsleben, die Fähigkeit, zu lieben und Kinder zu zeugen und, allgemeiner, die Befähigung, Bande der Gemeinschaft mit anderen zu knüpfen."[290] Geschlechtlichkeit ist folglich kein Anhängsel, „sondern eine den Menschen durch und durch prägende Gegebenheit und Perspektive"[291]. Im Folgenden werden diesbezüglich grundlegende Aspekte des kirchlichen Verständnisses vorgestellt.

Für die Deutschen Bischöfe definiert sich Geschlechtlichkeit sowohl über ein biologisches Datum als auch über geschichtliche und kulturelle Dispositionen.[292] Folglich darf der Einzelne, um seine geschlechtliche Identität zu entwickeln, sich weder an einem „kruden Biologismus"[293] noch dem „konstruktivistische[n] Missverständnis"[294] orientieren. Die Deutschen Bischöfe richten sich gegen ein aus ihrer Sicht falsches Freiheitsverständnis, das die Bedeutung der Geschlechtlichkeit leugnet und sich von den biologischen Grundlagen des Lebens lösen will.[295] Entschieden wird einer Haltung widersprochen, die die Verschiedenheit der Geschlechter verschleiert und daraus die Konsequenz zieht, die eigene Geschlechtlichkeit könnte nach eigenem Gutdünken geformt werden. Dieses *radikalkonstruktivistische Modell* wird abgelehnt. Nach kirchlicher Meinung gereicht es letztlich weder der Frau noch dem Mann zum Vorteil, sondern stiftet Verwirrung in der Anthropologie.[296] Zwar mögen die Geschlechterrollen einem kulturellen Wandel unterworfen sein, dennoch ist die geschlechtliche Identität nicht frei konstruierbar, da sie zu „der eigentümlichen Weise gehört, in der die *imago Dei* existiert"[297]. Aufgrund dessen bleiben aus kirchlicher Perspektive geschlechtliche Unterschiede selbst über den irdischen Tod hinaus bestehen.[298]

Im Blick auf die gesellschaftliche Debatte über Geschlechterrollen und die Stellung der Frau gestehen die Bischöfe zu, dass die biologische Aus-

---

290 KKK 2332.
291 Sekretariat der Deutschen Bischofskonferenz 2001, 8.
292 Vgl. Sekretariat der Deutschen Bischofskonferenz 2001, 21.
293 Sekretariat der Deutschen Bischofskonferenz 2003, 28.
294 Sekretariat der Deutschen Bischofskonferenz 2003, 28.
295 Vgl. Sekretariat der Deutschen Bischofskonferenz 2001, 24.
296 Vgl. ZuMF 2f.
297 GD 33.
298 Vgl. GD 35. Vgl. auch ZuMF 12.

stattung, das heißt die leibliche Dimension des Menschen, lediglich den Ausgangspunkt dafür darstellt, wie sich die eigene Geschlechtlichkeit entwickelt: „Männlichkeit oder Weiblichkeit ist lediglich das Fundament dafür, Mann oder Frau zu werden.“[299] Rollen und Aufgaben der Geschlechter lassen sich laut den Bischöfen weder allein aus der Biologie noch aus irgendwelchen *überzeitlichen Gegebenheiten* ableiten und festschreiben.[300] Insofern wird auch nicht bestritten, dass geschlechtliche Rollen einem Sozialisationsprozess unterworfen sind: „Die Herausbildung von Geschlechtsidentität des individuellen Menschen vollzieht sich immer in Gemeinschaft und in Verwiesenheit auf Andere. Die Verantwortung und Freiheit des Einzelnen bewährt sich darin und hat in der Auseinandersetzung mit der Geschlechtsidentität Anderer ihre Chance.“[301]

Auch mit der Bibel lasse sich nicht argumentieren, eines der Geschlechter sei dem anderen auf natürliche Weise überlegen, heißt es in der Schrift *Gemeinschaft und Dienstleistung* der Internationalen Theologischen Kommission. Trotz ihrer Verschiedenheit sind die Geschlechter inhärent gleichwertig.[302]

2.2.2.1 Zum Begriff der Komplementarität

Altes wie Neues Testament kennen „keinen Menschen an sich, sondern [...] den Menschen nur als Frau oder Mann, als Frau mit dem Mann und Mann mit der Frau“[303]. Der Begriff *Komplementarität* ist daher für das katholische Geschlechterverständnis von großer Bedeutung. Gemeint ist hier die natürliche Ergänzung von Mann und Frau: Jedes Geschlecht braucht das jeweils andere, um an der Fülle des Lebens teilzuhaben.[304] Dies wird im Blick auf Ehe und Nachkommenschaft deutlich: „Geschaffen nach dem Bilde Gottes, sind die Menschen berufen zu Liebe und Gemeinschaft. Weil diese Berufung in der ehelichen Vereinigung von Mann und Frau zur Fortpflanzung auf besondere Weise verwirklicht wird, ist der Unterschied zwischen Mann und Frau ein wesentliches Element in der Konstitution des Menschen, der nach dem Bilde Gottes hervorgebracht ist.“[305]

[299] Sekretariat der Deutschen Bischofskonferenz 2001, 26.
[300] Vgl. Sekretariat der Deutschen Bischofskonferenz 2001, 9.
[301] Sekretariat der Deutschen Bischofskonferenz 2003, 29.
[302] Vgl. GD 36.
[303] Gerstenberger & Schrage 1980, 96.
[304] Vgl. GD 36.
[305] GD 32.

An dieser Stelle berühren sich anthropologische und theologische Aussagen. So schreibt die Internationale Theologische Kommission, in der Verschiedenheit der Geschlechter zeige sich sowohl die reale menschliche Lage als auch die *imago Dei*.[306] Der Kirche geht es darum, diese Verschiedenheit zu wahren und zu würdigen. Im Wissen um diese Unterschiede sollen Mann und Frau aktiv zusammenarbeiten.[307] Diese Aufgabe einer komplementären Beziehungs- und Weltgestaltung zwischen Mann und Frau „ist immer gut und zugleich entstellt“[308]. Zwar ist sie nach Gottes Schöpfungswillen gut angelegt, doch wird sie durch die Trennung des Menschen von Gott in der Sünde zugleich entstellt. Eine völlige Überwindung geschlechtlicher Differenzen und Spannungen ist demnach nicht möglich.

Mit dem Begriff der *Komplementarität* sollen die Verhältnisse zwischen den Geschlechtern nicht festgeschrieben werden. Zum Beispiel soll die Frau aufgrund ihrer gleichen Würde freien Zugang zu öffentlichen Aufgaben haben. Allerdings warnt Papst Johannes Paul II. davor, den Wert der mütterlichen Rolle zu schmälern, indem das Ansehen der Frau nur noch aus ihrer beruflichen Tätigkeit abgeleitet wird.[309] So darf sich nach Johannes Paul II. die gesellschaftliche Situation nicht dahin entwickeln, Ehefrauen und Müttern keine andere Wahl zu lassen, als außer Haus zu arbeiten.[310] In *Laborem Exercens* wird daher gefordert, dass man sich auch im Interesse der Kinder „für die soziale Aufwertung der mütterlichen Aufgaben einsetzen muß“[311].

2.2.2.2 Abschlussbemerkung zur kirchenamtlichen Perspektive

Die kirchenamtlichen Verlautbarungen nehmen Bezug auf die wissenschaftliche Forschung zur Geschlechterentwicklung sowie auf bestimmte gesellschaftliche Entwicklungen. Vertreten wird ein Geschlechterverständnis, in dem Frauen und Männer in ihrer Entwicklung stets aufeinander verwiesen bleiben. Obwohl eine Fixierung auf bestimmte traditionelle Geschlechterrollen überwunden scheint und auch Frauen am gesellschaftlichen und wirtschaftlichen Leben gleichberechtigt teilhaben sollen, stellt sich die Frage, wie das Geschlechterbild der katholischen Kirche von außen wahrgenommen wird. Immerhin sind Frauen nach wie vor vom

---

[306] Vgl. GD 33.
[307] Vgl. ZuMF 4.
[308] ZuMF 7.
[309] Vgl. FC 23.
[310] Vgl. FC 23.
[311] LE 19.

Weiheamt ausgeschlossen und übernehmen bisher kaum Leitungsaufgaben in der verfassten Kirche.

So ist meines Erachtens fraglich, ob die Kirche im gesellschaftlichen Geschlechterdiskurs als bedeutende Größe wahrgenommen wird.

2.2.3 Praktisch-theologische Perspektive

Seelsorgliche Beratung findet nach Möglichkeit in einem Netzwerk kirchlicher und nichtkirchlicher Gruppen und Einrichtungen statt. In Bezug auf arbeitslose Männer nimmt darin die Männerpastoral mit ihren unterschiedlichen Organisationsformen und Einrichtungen einen wichtigen Platz ein. Seelsorgliche Beratung teilt das Anliegen der Männerpastoral, Männer in ihrer beruflichen wie privaten Lebensgestaltung zu unterstützten. Als Teilbereich der Männerpastoral nimmt die seelsorgliche Beratung mit Männern in besonderer Weise die spezifischen Krisen- und Belastungssituationen ihrer Klienten wahr. Seelsorgliche Beratung kann durch diese Erfahrungen auch Impulse für die kirchliche Männerarbeit liefern.

Im Folgenden gehe ich darauf ein, wie sich die heutige Männerpastoral definiert und welches Anliegen sie verfolgt. Ferner wird gezeigt, vor welchen Herausforderungen die kirchliche Männerarbeit steht. Insbesondere wird danach gefragt, wie die Kirche zu Männern in der heutigen Zeit in Kontakt treten kann. Wie kann es gelingen, mit Männern auch über die spirituelle Dimension des Lebens ins Gespräch zu kommen? Jede der Antworten auf diese Fragen betrifft schließlich auch die kirchliche Beratungsarbeit mit Männern.

2.2.3.1 Die Anliegen der Männerpastoral

Die deutschen Bischöfe zählen Männerseelsorge und Männerarbeit zum umfassenden Heilsdienst der Kirche.[312] Dabei sieht sich die Kirche zu allen Männern gesandt: „Männerpastoral unterstützt alle Männer, sowohl diejenigen, die den Schwerpunkt ihres Engagements in Beruf und Arbeit erleben, als auch diejenigen, die den nichtökonomischen Lebensbereichen größeres Gewicht geben möchten, zum Beispiel: Bemühungen um die Entfaltung der eigenen Persönlichkeit, Beziehungsarbeit in Partnerschaft und Ehe, Erziehung, Freizeitgestaltung, Muße und vieles andere.“[313]

Auch in der Männerpastoral werden Männer dabei als Subjekt des Geschehens verstanden: „Es geht um authentische Existenzprojekte *von und*

[312] Vgl. Sekretariat der Deutschen Bischofskonferenz 2003, 8.
[313] Sekretariat der Deutschen Bischofskonferenz 2003, 10.

mit heutigen Männern, und nicht lediglich um wohlmeinende Lockangebote *für* Männer. Denn die Pastoral der Kirche geht vom ganzen Volk Gottes aus."[314] Jeder Mann ist daher zugleich Adressat und Träger einer gelingenden Männerpastoral.[315] Wo Kirche sich darauf einlässt, dass Männer ihr „Eigenes einbringen, mitreden und mitgestalten"[316], wird sie dadurch selbst bereichert.

2.2.3.2 Aktuelle Herausforderungen kirchlicher Männerpastoral

Ziel kirchlicher Männerarbeit ist es, Männern Orte zu bieten, an denen sie in ihrer Beziehungsfähigkeit gegenüber sich selbst, anderen Menschen und Gott gestärkt werden. Männer sollen erfahren, dass „ihnen durch Christus ein reicheres Leben verheißen ist, als sie je aus eigener Kraft gestalten können"[317]. Noch fehlt kirchlicher Männerarbeit jedoch eine einheitliche Ausrichtung, mit der dieses Ziel angestrebt wird.[318] „Es fehlt der entscheidende und eindeutige, von gemeinsamen Überzeugungen getragene Impuls zu sagen: das sind wir, das wollen wir, das tun wir."[319] Um ein erkennbares Profil zu entwickeln, muss sich die kirchliche Männerarbeit folgenden Herausforderungen stellen:

- Damit die pastorale Männerarbeit bundesweite Akzente setzen kann, bedarf es einer besseren Abstimmung zwischen den Diözesen. Der Theologe und Männerforscher Martin Weiß-Flache hat männerpastorale Angebote in den verschiedenen bundesdeutschen Diözesen miteinander verglichen. Hier zeigte sich eine große Uneinheitlichkeit. Zum Teil stellt sich das Angebot als sehr begrenzt dar, zum Teil ist der Adressatenkreis recht eng gefasst (etwa wenn es um Vater-Kind-Veranstaltungen geht).[320]
- Der Religionspädagoge Ralph Mackmull zeigt, dass sich nach dem Krieg zwar neue, männerspezifische Angebote entwickelt haben,

[314] Bauer 2009, 206.
[315] Vgl. Weiß-Flache 2001, 420f.
[316] Knieling 2010, 74.
[317] Sekretariat der Deutschen Bischofskonferenz 2003, 9.
[318] So fordert der Pastoraltheologe Rainer Bucher, zu diesem Thema zu forschen und den Standort der Pastoraltheologie bezüglich der Männerpastoral zu definieren. Die Pastoraltheologie soll ihren Beitrag dazu leisten, das Profil kirchlicher Männerarbeit zu schärfen. Vgl. Bucher 2009, 8f.
[319] Prömper 2003, 365.
[320] Vgl. Weiß-Flache 2001, 432f. Ferner gibt Prömper eine Übersicht, in welchen Bereichen Kirche in der Männerarbeit tätig ist (Männerreferate auf Bistumsebene, Militärseelsorge, Verbände sowie berufsständische Laienorganisationen und andere Zusammenschlüsse, zum Beispiel auf Gemeindeebene). Vgl. Prömper 2003, 366ff.

gleichzeitig Männer in der Verkündigung als direkte Adressaten jedoch immer seltener vorkommen. Es wird aber kaum möglich sein, Männer in einer Gemeinde nur durch männerspezifische Angebote zu beheimaten. Männer müssen sich auch in der alltäglichen Gemeinde- und Verkündigungsarbeit angesprochen fühlen.[321] Der Pastoraltheologe Christian Bauer regt hierzu an, in der Verkündigung Jesus als einen Mann mit Ecken und Kanten stärker in den Blick zu nehmen. Nicht nur Männer würden sich Verkündigungsformen wünschen, in denen auch Widersprüche und existentielle Probleme stärker behandelt werden.[322] Zum Beispiel können Männergeschichten aus der Bibel dazu dienen, das Ringen von Männern in den unterschiedlichsten Lebensbezügen und Herausforderungen zu behandeln. So enthalten biblische Männergeschichten „viel mehr Facetten gegenwärtiger Lebenserfahrungen, als verinnerlichte kirchliche Kernbotschaften vermuten lassen, und sperren sich nicht selten gegen einfache Auflösungen komplexer Situationen"[323].

- Der Theologe Gotthard Fuchs sieht die Notwendigkeit, dass die Männer, die in der Kirche arbeiten, ihre eigenen Geschlechterrollen und Verhaltensweisen stärker reflektieren. Seiner Einschätzung zufolge sind zum Beispiel viele Priester insofern unglaubwürdig, als sie vorgeben, selbstlos ihren Dienst an der Gemeinde auszuüben.[324] Dabei übergehen sie ihr Verhältnis zur Macht, die sie zweifellos besitzen und nutzen.[325] Schließlich haben die Kleriker in der Kirche eine Vorbildfunktion. Sie müssen darüber sprechen, wie sie sich selbst als Mann verstehen und entwickeln wollen. Männerarbeit kann so einen beiderseitigen Lernprozess auslösen: Impulse und Infragestellung von außen können dazu beitragen, dass pastorale Mitarbeiter ihre Vorstellungen von Männlichkeit überdenken.[326] Dazu gehört auch, die Verteilung von Macht und Verantwortung in der Gemeinde zur Disposition zu stellen. Dann geht es in der Männerarbeit nicht allein darum, neue Kompetenzen zu vermitteln, sondern vorhandene Kompetenzen, die die Männer mitbringen, zu aktivieren und in die kirchliche Arbeit einzubinden.[327] Erst so entsteht eine At-

[321] Vgl. Mackmull 2006, 33ff.
[322] Vgl. Bauer 2009, 209f.
[323] Knieling 2009, 396.
[324] Vgl. Fuchs 1993, 161f.
[325] Vgl. Fuchs 1993, 167f.
[326] Vgl. Weiß-Flache 2001, 269f.
[327] Vgl. Knieling 2009, 395.

mosphäre, in der alle Beteiligten – kirchliche Mitarbeiter und interessierte Männer – Veränderungen wagen.

2.2.3.3 *Zur Frage nach einer männlichen Spiritualität*

Der Mitgliederschwund der Kirchen und die zurückgehende Zahl derjenigen, die aktiv am Gemeindeleben teilnehmen, betreffen auch die Männerpastoral. Zwar wird vor allem in Bezug auf die katholische Kirche häufig von einer *Männerkirche* gesprochen, doch bedeutet die Dominanz von Männern in der kirchlichen Ämterhierarchie keine männerzentrierte Perspektive in der kirchlichen Arbeit.[328] So sind Männer vergleichsweise selten innerhalb kirchlicher Gruppen und Vereine organisiert.[329] Die klassischen Organisationsformen von Männern innerhalb der Kirche, zu denen zum Beispiel die Männerwerke gehören, überaltern zunehmend.[330] Weiß-Flache führt dies darauf zurück, dass viele Männer der Institution Kirche nicht zutrauen, auf ihre Lebenssituation eine befreiende Wirkung zu haben.[331] Daher sind neue Formen der Männerpastoral zu entwickeln, damit sich auch junge Männer in der Kirche beheimaten können.[332] Für Männer mit wenig Kontakt zu kirchlichen Aktivitäten ist es sinnvoll, niederschwellige und zeitlich begrenzte Angebote auszuschreiben.[333]

Grundsätzlich stellt sich dabei die Frage, ob Männerarbeit explizit oder implizit stattfindet und wie für Angebote in diesem Bereich geworben wird. Oft ist es von Vorteil, die Zielgruppe der Männer nicht explizit anzusprechen.[334] Die Erfahrung zeigt, dass viele pastorale Angebote, die ausschließlich für Männer ausgeschrieben werden, auf nur geringe Resonanz stoßen.[335] So können sich zum Beispiel 74% der von den Theologen Paul Michael Zulehner und Rainer Volz befragten Männer nicht vorstellen, an einer Männergruppe teilzunehmen.[336] Daher empfiehlt es sich, statt der Zielgruppe das Angebot in den Mittelpunkt zu stellen. Ausschreibungen im Bereich Fußball, Motorrad oder Schwertkampf werden von vornherein eher Männer als Frauen ansprechen. Chancen für die Männerarbeit bestehen insbesondere dort, wo die Kirche selbst auf die Lebens-

---

[328] Vgl. Knieling 2010, 55f.
[329] Vgl. Volz & Zulehner 2009, 314.
[330] Vgl. Prömper 2003, 352f.
[331] Vgl. Weiß-Flache 2001, 479.
[332] Vgl. Sekretariat der Deutschen Bischofskonferenz 2003, 11. Vgl. auch Weiß-Flache 2001, 483f.
[333] Vgl. Mackmull 2006, 132.
[334] Vgl. Prömper 2003, 199f.
[335] Vgl. Bauer 2009, 191f.
[336] Vgl. Volz & Zulehner 2009, 305.

welt der Männer zugeht. Auch im Blick auf die seelsorgliche Beratung von Männern ist danach zu fragen, in wie weit sie diese Zielgruppe eigens anspricht oder es bevorzugt, als Beratungseinrichtung für beide Geschlechter gleichermaßen offen zu sein.

Für die Männerpastoral ist ferner die Bereitschaft der Männer von Bedeutung, sich überhaupt mit religiösen Themen innerhalb der Kirche zu beschäftigen. Bereits 1956 analysiert Rahner das Verhältnis von Mann und Glaube im Kapitel *Der Mann in der Kirche* innerhalb seines Sammelbands *Sendung und Gnade.* Rahner kommt dabei zu folgender Einschätzung: „Das f a k t i s c h e Christentum des späten Europas hat tatsächlich Züge angenommen, die der Eigenart weiblicher Religiosität und Frömmigkeit mehr als der des Mannes entgegen kommen, und macht es so den Frauen leichter und den Männern schwerer, christlich fromm zu sein."[337] Rahner schlägt vor, ein Verständnis von männlicher Frömmigkeit zu vertreten, das den Mann nicht überlastet. Es würde den Mann, den die sozialen, wirtschaftlichen und technischen Entwicklungen Kraft und Zeit kosten, nur abschrecken und überfordern, wenn er dem *Typ eines Heiligen* entsprechen müsste. Es dürfe nicht der Eindruck entstehen, dass eine bestimmte Summe an Leistungen erbracht werden müsse, um als Mann ein guter Christ zu sein.[338] Ferner empfiehlt Rahner, die kirchlich-religiösen Erwartungen an den Mann nach Gnade, Einsicht, Können, Milieu und Alter abzustufen.[339]

Die Frage Rahners nach einer Spiritualität, die Männer anspricht, bleibt aktuell. Hier weckt die Studie von Volz und Zulehner aus dem Jahr 2008 die Hoffnung, dass die Zahl der Männer zunimmt, die ihre Suche nach Spiritualität und Religiosität zur Kirche führt. Gemäß dieser Studie ist die Zahl derjenigen, die sich der Kirche verbunden fühlen, deutlich gewachsen. Auch diejenigen, die keine Mitglieder sind, zeigen neuerdings größere Sympathiewerte gegenüber der Kirche.[340] „Mehr als 1998 mündet bei Männern persönliche Religiosität in den Raum einer kirchlichen Gemeinschaft. Die Kirchenverbundenheit – bei Mitgliedern – sowie die Kirchensympathie – bei Nichtmitgliedern – sind in den letzten zehn Jahren bei Männern merklich gewachsen."[341] Vielleicht, so mutmaßen Volz und Zulehner, liegt dies daran, dass bei Männern das Vertrauen in säkulare

---

[337] Rahner 1988, 289-290 (Hervorhebungen im Original).

[338] Vgl. Rahner 1988, 292f.

[339] Vgl. Rahner 1988, 295f. Ähnlich äußert sich Prömper, wenn er fordert, Männerbildung „entsprechend verschiedener Milieus, ihrer Deutungsmuster, ihrer Sprachen, ihrer Problemlagen" (Prömper 2003, 199) zu differenzieren.

[340] Vgl. Volz & Zulehner 2009, 318f.

[341] Volz & Zulehner 2009, 317.

Sinnkonzepte zurückgeht und daraus eine neue, spirituelle Dynamik entsteht.[342]

Der Theologe und Männerforscher Hans Prömper teilt diese Einschätzung nicht. Für ihn wächst der Abstand zu Kirche und Bibel weiter. Während das Interesse an der Bibel als Wort Gottes abnimmt, steigt nach Prömper das Interesse an esoterischen Angeboten.[343]

2.2.3.4 Der Beitrag der Männerpastoral zur Weiterentwicklung der männlichen Geschlechterrolle

Männerpastoral ist ein ganzheitlicher Dienst, der hier nicht in all seinen Tätigkeitsformen dargestellt werden kann. Im Blick auf die Beratungsarbeit ist vor allem danach zu fragen, welchen Beitrag die Männerpastoral zur Weiterentwicklung der Geschlechterrollen leisten kann. Da die althergebrachten Rollenmodelle sich massiv verändern, sind auch die Geschlechteridentitäten unsicher geworden.[344] Dies betrifft Männer und Frauen gleichermaßen.

Eine einheitliche Vorstellung darüber, in welche Richtung sich der *neue Mann* entwickeln sollte, hat sich bisher jedoch nicht herauskristallisiert. Ist die *traditionelle Männlichkeit*, bei der Männer zum Beispiel keine Pflichten im privaten Haushalt übernehmen, grundsätzlich überholt? Sollte ein Männerbild befördert werden, das sich an Verhaltensweisen orientiert, die bisher eher weiblich konnotiert waren? Wie ist mit denen umzugehen, die eher eine Rückkehr zu traditionellen Vorstellungen fordern?[345] Zulehner und Volz haben versucht, die Veränderungsprozesse männlicher Selbstvorstellungen und Rollenbilder, unter anderem in Bezug auf das Arbeits- und Glaubensleben, zu erfassen. Dabei skizzieren die beiden Wissenschaftler vier Grundtypen von Männern, die eher traditionelle oder eher moderne Rollenbilder vertreten bzw. sich als Suchende zwischen diesen Polen bewegen.[346] Zulehner und Volz selbst definieren in diesem Zusammenhang Entwicklungsideale für den *neuen bzw. modernen Mann* gegenüber traditionellen Männern.[347] An dieser Typologie wurde wiederum kritisiert, dass sie ein eindimensionales Raster schaffe, das andere Korrelate, wie zum Beispiel die soziale Schichtzugehörigkeit, unbeachtet

[342] Vgl. Volz & Zulehner 2009, 24, 322f.
[343] Vgl. Prömper 2003, 152f.
[344] Vgl. Sekretariat der Deutschen Bischofskonferenz 2001, 23.
[345] So gibt es eine Gegenbewegung von evangelikalen Christen in den USA, die wieder *echte Männer* fordern, die die Rollenverteilung, wie Gott sie angeblich eingerichtet hat, beibehalten. Vgl. Hollstein 2008, 214f.
[346] Vgl. Volz & Zulehner 2009.
[347] Vgl. Volz & Zulehner 2009, 24-44.

lässt.[348] Ferner wurde angemerkt, dass die ethnisch-kulturellen Aspekte des Forschungsbereichs kaum Beachtung fänden. Schließlich haben andere Studien gezeigt, dass zum Beispiel Männer mit Migrationshintergrund Geschlechterbilder vertreten, die in den Studien Zulehners nur ungenügend abgebildet werden.[349]

Der mögliche Beitrag der Männerpastoral zur Weiterentwicklung männlicher Rollenbilder ist meiner Ansicht nach aktuell nur schwer zu formulieren. Die Lebenssituation der Männer ist innerhalb einer pluralistischen Gesellschaft höchst uneinheitlich. So ist auch nicht klar, was die Männer selbst von der Kirche erwarten. Nach Volz und Zulehner ist die Haltung gegenüber der Kirche nämlich zweigeteilt: Eine knappe Mehrheit von Männern erwartet von der Kirche, dass sie das traditionelle Verhältnis zwischen Mann und Frau vertritt. Die anderen hingegen erwarten Beiträge zur Neugestaltung der Männerrolle.[350]

Wahrscheinlich wird sich daher in absehbarer Zeit kein Leitbild für eine erneuerte Männlichkeit finden und unterschiedliche Suchbewegungen werden weiterhin nebeneinander existieren. Viele Männer leben bereits *anders*: Sie arbeiten partnerschaftlich im Haushalt, kümmern sich um die Kindererziehung und verzichten auf berufliche Aufstiegschancen zugunsten anderer Lebensziele.[351] Da sich Männer in ihren Leitvorstellungen bezüglich der eigenen Männlichkeit immer deutlicher voneinander unterscheiden, sollte weniger von Männlichkeit als von Männlichkeiten gesprochen werden.[352] Mit Prömper gehe ich davon aus, dass diese individuellen Entwicklungen neuer Geschlechterrollen in der Männerpastoral solidarisch begleitet werden können, damit der Betroffene sich selbst weitere Veränderungen zutraut.[353] Prömper gibt dabei zu bedenken, dass nicht der Eindruck entstehen darf, kirchliche Männerarbeit sei eine Gleichstellungsmaßnahme. So wäre es für beteiligte Männer demotivierend, wenn die eigene Männlichkeit hauptsächlich problematisiert würde.[354] Prömper schlägt stattdessen vor, Potentiale aufzuzeigen: Welche Kompetenzen können sich Männer aneignen, um sich selbst besser wahrzunehmen?

---

[348] Vgl. Brandes 2002, 111-114.

[349] Vgl. Farrokhzad 2011, 49-56.

[350] Vgl. Volz & Zulehner 2009, 307f.

[351] Vgl. Bauer 2009, 203f.

[352] Vgl. Prömper 2003, 63.

[353] Vgl. Prömper 2003, 202f.

[354] Vgl. Prömper 2003, 210f. Auch Mackmull schreibt: „Doch Männeremanzipation heißt nun nicht, Männer zu ihren weiblichen Anteilen zu führen, Männlichkeit dagegen nur noch unter negativen Vorzeichen zu sehen. Die Gefahr der Vereinseitigung ist groß.“ (Mackmull 2006, 123)

Welche Kompetenzen können ihnen im Bereich Partnerschaft und Familie noch vermittelt werden?[355]

2.2.3.5 *Abschlussbemerkung zur praktisch-theologischen Perspektive*

Kirchliche Männerarbeit will auf vielfältige Weise zur Persönlichkeitsbildung beitragen. Da eine solche Bildungsarbeit auch das politische Denken und Handeln betrifft, nimmt sie Einfluss auf die Rahmenbedingungen in Gesellschaft und Kirche.[356] Wie gezeigt wurde, steht die Kirche im Blick auf eine zukunftsfähige Männerpastoral vor verschiedenen Aufgaben: Zum einen muss sie offen für die vielfältigen Lebensentwürfe moderner Männer sein und mit ihnen gemeinsam eine Weiterentwicklung der Geschlechterrollen anstreben. Zum anderen muss sie neue Wege finden, um mit Männern überhaupt in Kontakt zu treten. Als Teilbereich der kirchlichen Männerarbeit ist die seelsorgliche Beratung für arbeitslose Männer davon betroffen, welches Interesse Männer gegenüber religiösen Fragen und kirchlichen Angeboten im Allgemeinen mitbringen.

Bevor genauer auf das Profil seelsorglicher Beratung eingegangen wird, stelle ich im Folgenden das Handlungsfeld *Männerberatung* unter psychologischen Gesichtspunkten vor.

2.3 Männer in der Beratung

Seelsorgliche Beratung mit Männern bedeutet nicht, dass das Geschlecht des Klienten unbedingt zum Thema werden muss. Selbst wenn nicht explizit darüber gesprochen wird, ist es jedoch für die Beratung von Bedeutung. Schließlich kann Beratung nicht genderunabhängig geleistet werden.[357] Daher sollte der seelsorgliche Berater darum wissen, welchen Einfluss das Geschlecht des Klienten auf den Beratungsprozess hat.

2.3.1 Vorbemerkung

Im Folgenden wird dargestellt, welche Entwicklungen und Forschungsergebnisse für die Männerberatung von besonderer Bedeutung sind. Die Leitfrage lautet: Was zeichnet die Beratungsarbeit mit männlichen Klienten aus? Aufgrund der Themenstellung dieser Arbeit wird dabei besonders berücksichtigt, wie sich der Arbeitsplatzverlust auf Männer und ihre Vorstellung von Männlichkeit auswirken kann.

---

[355] Vgl. Prömper 2003, 294f.
[356] Vgl. Wölfle 2006, 92. Vgl. auch Prömper 2003, 96.
[357] Vgl. Faulstich-Wieland 2006, 129.

2.3.1.1 Männlichkeit und beruflicher Erfolg

Die Auflösung vieler geschlechtlicher Rollenzuschreibungen ist eine *Zeitansage* für die Männerberatung. Dabei zeigt sich, dass die sich verändernden Geschlechterrollen eng mit den Umbrüchen in der modernen Arbeitswelt verknüpft sind. Durch den Wegfall traditioneller Standeszugehörigkeiten ist es wichtiger geworden, sich über berufliche Leistungen eine soziale Stellung zu erarbeiten: Die Existenzberechtigung des Einzelnen leitet sich heute nicht mehr primär vom sozialen Status bei der Geburt ab, sondern ist viel stärker gebunden an das Weiterkommen im ökonomischen Leistungswettbewerb.[358] Der Einzelne muss sich nun innerhalb der Logik des freien Wettbewerbs beweisen.[359]

Gleichzeitig öffnete sich der Arbeitsmarkt, der zuvor von Männern dominiert wurde, immer mehr für Frauen. Auch Frauen streben nun finanzielle Unabhängigkeit und Selbstbestimmung an. Verbliebene Domänen der Männer in der Berufswelt haben nicht länger Bestand oder werden zumindest stark hinterfragt. Frauen sind Männern gleichgestellt und übernehmen kontinuierlich mehr Verantwortung in den Entscheidungsprozessen des Arbeitslebens.[360] Diese Entwicklungen stellen aber traditionelle männliche Rollenbilder in Frage.[361] So überholen Mädchen die Jungen zum Beispiel im Bereich der schulischen Bildung. Schon heute führt dies dazu, dass Männer häufiger als Frauen im Niedriglohnsektor beschäftigt sind und gegenüber Frauen bei der Quote der Erwerbstätigen zurückfallen.[362] Geringqualifizierte Männer finden jedoch am Arbeitsmarkt kaum noch eine Anstellung.[363] „Die Entgrenzung des Normalarbeitsverhältnisses löst nicht nur den zentralen Anker der gesellschaftlichen Männlichkeitsdefinition bei den Männern, die arbeitslos sind, sondern auch bei den vielen, die inzwischen in prekären und unterbezahlten Beschäftigungsverhältnissen ihr Auskommen finden.“[364]

---

[358] „Es ist ein zentrales Strukturmerkmal moderner Gesellschaften, daß die Zuweisung sozialer Positionen stärker als in vormodernen durch leistungsorientierte Auslese- und Wettbewerbsprozesse bestimmt ist.“ (Vogt 1997, 405)

[359] Vgl. Boxberg & Lefrank 2001, 62.

[360] Vgl. Hengsbach 2009, 155.

[361] „Das bedroht die männliche Identität, die sich seit Jahrhunderten primär über die Arbeitsleistung bestimmt, und verunsichert ein männliches Selbstwertgefühl, das seine Energie aus dem Wissen bezogen hat, für die eigene Familie ernährend, schützend und sichernd verantwortlich zu sein.“ (Hollstein 2008, 23)

[362] Vgl. Hollstein 2008, 10f., 45. Vgl. auch Bucher 2009, 7f.

[363] Vgl. Prömper 2003, 87.

[364] Böhnisch 2004, 45.

Dies führt allerdings nicht dazu, dass Männlichkeitsvorstellungen unabhängiger von beruflichen Leistungen würden. Ein Grund dafür ist, dass zwar die Erwerbsquote der Frauen deutlich zugenommen hat, Männern in gemeinsamen Haushalten jedoch nach wie vor häufiger die Rolle des Hauptverdieners zukommt.[365] Durch den Verlust des Arbeitsplatzes fällt dann der finanzielle Hauptverdienst innerhalb einer Partnerschaft oder Familie weg. Ferner führt die höhere Erwerbsorientierung der Männer – zumindest in den alten Bundesländern – nach dem Verlust des Arbeitsplatzes zu stärkeren Rollenkonflikten.[366] Für Frauen besteht nach dem Arbeitsplatzverlust bei ausbleibendem Bewerbungserfolg oftmals die Möglichkeit, sich mit der Rolle als Hausfrau zu arrangieren.[367] Für Männer hingegen findet sich kein sozial akzeptiertes Alternativmodell. „Aus vielen Untersuchungen wissen wir, dass arbeitslose Männer in der Regel keine tragfähigen Alternativen zum nach wie vor sehr präsenten Männerbild des ‚Berufsmannes‘ und ‚Familienernährers‘ entwickeln.“[368]

Wie die Studie von Volz und Zulehner zeigt, hat die Berufsorientierung der Männer sogar noch zugenommen: Der Aussage, wonach der Mann in der Arbeit seinen persönlichen Sinn erfährt, stimmen in der aktuellen Studie mehr Männer zu als in der Studie von 1998.[369] Nach den Ergebnissen von Volz und Zulehner ist auch der Erfolgsdruck auf Männer in der Arbeitswelt zwischen 1998 und 2008 gestiegen. So sind mehr Männer der Überzeugung, dass ein Mann, der beruflich nicht erfolgreich ist und nicht aufsteigt, ein Versager ist.[370]

Werden Männer durch den Arbeitsplatzverlust in ihrer geschlechtlichen Rolle verunsichert, kann dies auch dazu führen, dass sie in ihrer Hilflosigkeit verstärkt auf traditionelle männliche Verhaltens- und Bewälti-

---

[365] Laut Bundes-Gesundheitssurvey von 1998 bezeichnen sich von den berufstätigen Männern rund 82% als Hauptverdiener, und selbst bei den arbeitslosen Männern sind es 53%. Vgl. Grobe & Schwartz 2003, 8. Ferner heißt es dort: „Demgegenüber geben lediglich 27% der arbeitslosen bzw. 35% der berufstätigen Frauen an, Hauptverdiener zu sein.“ (Grobe & Schwartz 2003, 8)

[366] Vgl. Grobe & Schwartz 2003, 17.

[367] Vgl. Grobe & Schwartz 2003, 17.

[368] Sekretariat der Deutschen Bischofskonferenz 2003, 31.

[369] Vgl. Volz & Zulehner 2009, 52f.

[370] Vgl. Volz & Zulehner 2009, 310. Auch gesamtgesellschaftlich zeigt sich, dass der Modus der Erwerbsarbeit kulturell dominant bleibt: „Es gibt eine deutliche Zunahme von Arbeitsverträgen, vor allem im Teilzeitbereich und in den gigantisch wachsenden Bereichen der ungesicherten und prekären Beschäftigung. Der Anteil der Erwerbsarbeitleistenden an der Gesamtbevölkerung war noch nie so hoch, denn immer mehr Menschen drängen – gewollt oder genötigt – auf den Arbeitsmarkt.“ (Große Kracht 2010, 191-192)

gungsmuster zurückgreifen, um ihr Selbstwertgefühl zu stützen.[371] Die Krise führt dann dazu, dass bestimmte männliche Verhaltensstereotype überbetont werden. „Die Ermüdung personaler Identität gebiert die Monster der Rollenklischees und Männlichkeitsbilder, denen zu widersprechen so schwer fällt, weil in ihnen keine personale Identität greifbar ist, und denen zu entsprechen immer mit dem Verlust eigener Identität und Freiheit einherzugehen scheint, weil sie bloße Konstrukte von Männlichkeit ästhetisch inszenieren."[372]

2.3.1.2 *Vorbehalte von Männern gegenüber Beratung*

Da persönliche Krisen- und Umbruchszeiten viele Verletzungs- und Abwertungspotentiale aufweisen, sollten auch Männer dazu ermutigt werden, sich in der Beratung Hilfe zu suchen. Studien zeigen allerdings, dass Männer bei Krankheit oder einer psychischen Belastung vergleichsweise spät ärztliche oder therapeutische Hilfe in Anspruch nehmen.[373] Woran aber liegt es, dass Männer weniger bereit sind, sich zum Beispiel in einer Beratung helfen zu lassen? Ein Grund dafür scheint das männliche Rollenmodell zu sein, das der Bereitschaft, Hilfe in Anspruch zu nehmen, im Wege steht. Über das innere Erleben, die eigenen Gefühle und Sorgen zu sprechen, fällt Männer häufig schwer, auch weil sie Angst davor haben, als verweichlicht zu gelten. Sich helfen zu lassen bedeutet für Männer, „an sich zu zweifeln und sich verändern zu müssen, und das sei möglicherweise schmerzhafter, als mit den Problemen in irgendeiner Weise weiterzuleben"[374]. Werden Autonomie und Stärke als typische männliche Eigenschaften angestrebt, vermeiden Männer es nach Möglichkeit, die eigene Hilfsbedürftigkeit wahrzunehmen.[375] „Stützende soziale Bezüge, Freunde, ehrliche Gesprächspartner fehlen insbesondere Männern. ‚Sei ein Mann und werde mit deinen Problemen alleine fertig' – diese Maxime

---

371 Vgl. Böhnisch 2003, 169.

372 Sekretariat der Deutschen Bischofskonferenz 2003, 32. Dies bestätigt auch Böhnisch: „Wenn wir uns im Beratungs- und Therapiebereich umschauen, so sehen wir, dass auch in den mittleren Sozialgruppen traditionelle Männlichkeitsmuster besonders dann auftreten, wenn es um die Bewältigung von kritischen Lebensereignissen und -konstellationen geht, um Situationen also, in denen die gewohnten sozialen und konsumtiven Ressourcen, in die auch die Geschlechternivellierung eingelassen war, versagen, wegfallen und die Menschen auf sich selbst zurückgeworfen sind." (Böhnisch 2004, 78)

373 Vgl. Brandes 2002, 223-227.

374 Sonnenmoser 2011, 405.

375 „Insofern getrauen sich Jungen und Männer dann auch konsequenterweise nicht, Schwierigkeiten, Probleme und Verluste einzugestehen. Zu groß ist die Angst vor Spott und der niederschmetternden Verhöhnung, kein richtiger Mann zu sein." (Hollstein 2008, 9)

gilt immer noch für viele Männer, die dann nicht selten in eine Spirale von Vereinsamung und Ausweglosigkeit geraten."[376]

Der Umstand, dass Männer seltener eine Beratungseinrichtung aufsuchen, hängt aber auch mit der gesellschaftlichen Bereitschaft zusammen, Hilfsangebote für Männer anzubieten. Beratungsstellen und spezielle Einrichtungen für Mädchen und Frauen gibt es in weit größerer Zahl als männerspezifische Hilfsangebote.[377] Ferner werden Männer innerhalb der Beratungsszene vornehmlich in der Täterrolle wahrgenommen. So bemerkt der Männerforscher Lothar Böhnisch: „Das Objekt der Männerberatung ist der Täter und nicht das männliche Opfer."[378]

Darüber hinaus entspricht das klassische Beratungssetting häufig nicht dem gewohnten Kommunikationsstil von Männern.[379] Zum Beispiel herrscht in der Beratung prinzipiell ein egalitäres Verhältnis zwischen Klient und Berater, wohingegen im beruflichen Kontext die Verhältnisse vorwiegend hierarchisch strukturiert sind.[380] Viele Männer suchen auch deshalb gar nicht erst den Kontakt zu einer Beratungseinrichtung, weil sie nicht davon ausgehen, dass ihnen durch *Psychogeschwafel* geholfen werden könnte.[381]

Hier gilt es, Vorurteile über das Beratungsgeschehen abzubauen. Schließlich geht es in der Beratung nicht darum, nur über Probleme zu sprechen, den Klienten zu pathologisieren oder ihm Vorgaben für sein Verhalten zu machen. Vielmehr sollten auch die Stärken und Ressourcen der Männer Beachtung finden. Dies ist bei der Kontaktaufnahme mit männlichen Klienten zu beachten. Von Anfang an sollte man ihnen bewusst machen, dass sie darin bestärkt werden sollen, selbstverantwortlich zu handeln. „Dazu gehört zum Beispiel, sich einzusetzen für andere, tapfer und mutig zu sein und nicht so schnell aufzugeben, für das Wohlergehen anderer zu sorgen, selbstständig zu handeln, mit anderen zusammenzuarbeiten und etwas erreichen zu wollen."[382] Um Männer in der Beratung in ihrer Eigenständigkeit zu bestärken, sollte man sie auch selbst entscheiden lassen, ob sie eine Frau oder einen Mann als BeraterIn bevorzugen.[383] Diese Entscheidung kann auch eine bestimmte Erwartungshaltung an die Person des Be-

---

[376] Sekretariat der Deutschen Bischofskonferenz 2003, 32.

[377] Vgl. Hollstein 2008, 268f.

[378] Böhnisch 2003, 143.

[379] Vgl. Neumann & Süfke 2004, 109.

[380] Vgl. Neumann & Süfke 2004, 129.

[381] Vgl. Sonnenmoser 2011, 405.

[382] Sonnenmoser 2011, 406.

[383] Die Mehrheit der Männerberater ist der Auffassung, dass Männerberatung durch männliche Berater geleistet werden sollte. Vgl. Faulstich-Wieland 2006, 125f.

raters widerspiegeln: „So erwarten männliche Klienten von Beraterinnen oft gefühlsorientierte Umsorgung und von männlichen Beratern sachliche Problemorientiertheit.“[384]

2.3.1.3 Externalisierungstendenz – ein Schlüsselbegriff der Männerberatung

Die personzentrierte Beratung stellt an den Klienten letztlich nur eine Bedingung: Er muss bereit sein, seine Gedanken, Gefühle und Eindrücke wahrzunehmen und mitzuteilen. Schließlich besagt die Selbstkonzept-Theorie nach Rogers, dass innerpsychische Inkongruenzen, die auf das Abwehren eigener Gefühle und Bedürfnisse zurückgehen, zur Sprache gebracht werden müssen. Individuelle Lösungen finden sich erst, wenn der Klient sich selbst wahrnehmen und seine Empfindungen verbalisieren kann. Fraglich ist, ob eine Beratung überhaupt möglich ist, wenn die Bereitschaft und Fähigkeit dazu nicht vorhanden sind. Gegenüber Klienten, die ihr subjektives Erleben nicht mitteilen können, können die personzentrierten Grundhaltungen kaum zum Tragen kommen.

Rogers schreibt über diese Art von Klienten: „Er neigt dazu, sich als problemlos einzuschätzen; solche Probleme, die er erkennt, nimmt er wahr, als lägen sie gänzlich außerhalb seines Selbst. Er sperrt sich stark gegen eine innere Kommunikation zwischen Selbst und Erfahrung.“[385] Der Klient erfährt sich selbst als starr und spaltet die emotionalen Aspekte seiner Erfahrungen ab. Zur gestörten Gefühlswahrnehmung gehört auch, dass enge und kommunikative Beziehungen zu anderen Menschen vermieden werden.[386] Die Person befindet sich nach Rogers damit in einem Zustand der Inkongruenz, verspürt selbst aber keinen Wunsch nach persönlicher Veränderung. Diese Rigidität ist das einzige Persönlichkeitsmerkmal, das Rogers je herausgestellt und eigens untersucht hat, denn es reduziert den Erfolg der Beratung erheblich.[387] An dieser Stelle ergeben sich Parallelen zur Geschlechterthematik: „Unter den Dimensionen des Geschlechterrollenkonflikts wird als sein allgemeinster Ausdruck meist das Zurückhalten von Gefühlen hervorgehoben. Als solcher ähnelt er Rogers’ Beschreibung der Rigidität des psychologischen Funktionierens von Klienten (allerdings ohne Geschlechtsbezug).“[388]

---

384 Belau 2011, 22.
385 Rogers 1982, 137.
386 Vgl. Rogers 1982, 136-139.
387 Vgl. Belau, 2011, 17-25, 19.
388 Belau 2011, 19.

In der Beratung und Psychotherapie mit Männern wird diesbezüglich von der *Externalisierungstendenz* gesprochen. Die Psychotherapeuten Wolfgang Neumann und Björn Süfke verstehen darunter, dass Männer „im Laufe ihrer Kindheit/Jugend immer mehr den Zugang zu ihren eigenen Impulsen“[389] verlieren. Es sei ein Grundmuster männlicher Sozialisation und Lebensbewältigung, dass über die eigenen Impulse, gemeint sind hier Gefühle, Bedürfnisse, Träume, Wünsche, somit auch nicht gesprochen werden kann. Denn „die Selbsterfahrung, der nach innen gerichtete Blick auf eigene Impulse, wird mehr und mehr ersetzt durch eine Außenorientierung, eine übermäßige Beschäftigung mit den Dingen der äußeren Welt“[390]. Kennzeichen einer solchen Externalisierungstendenz sind, dass der Klient seine Schwierigkeiten ausschließlich rational zu erklären und zu lösen versucht.[391] „Die Abwehr und Abwertung selbstbezogener, emotionaler Bereiche geht einher mit einer Überbetonung von Wissenschaftlichkeit, Verstand, Logik und dem Diktat des Machbaren.“[392] Sein emotionales Erleben spaltet der Klient außerdem dadurch ab, dass der eigene Körper und die eigene Gesundheit vernachlässigt werden. Der Klient funktionalisiert seinen eigenen Körper, er schenkt seinen körperlichen Empfindungen wenig Beachtung oder ignoriert sie.[393]

Diese Distanz zum eigenen Körper hält der Klient auch dadurch aufrecht, dass er ein starkes Kontrollbedürfnis sowohl gegenüber sich selbst, das heißt gegenüber den eigenen Gefühlen und Bedürfnissen, als auch gegenüber Mitmenschen entwickelt.[394] „Viele Männer befürchten, eine emotionale Öffnung führe unmittelbar zu einem Dammbruch. Sie haben Angst, sie könnten die Kontrolle total verlieren […].“[395] Neumann und Süfke sehen in der Unfähigkeit vieler Männer, Zugang zu ihren eigenen Gefühlen zu finden, auch einen Grund dafür, dass sie auf das Rollenkonzept des „beruflich erfolgreichen und finanziell versorgenden Familienvaters“[396] zurückgreifen. Die starke Konzentration auf das berufliche Leben wäre demnach eine Reaktion auf den mangelnden Kontakt mit dem eigenen Gefühlsleben und seinen Bedürfnissen.

---

[389] Neumann & Süfke 2004, 16.

[390] Neumann & Süfke 2004, 25.

[391] „Die Rationalität der Männer beinhaltet die Vermeidung von Unklarheiten und offenen Fragen und eine Präferenz für schnelle, glatte Lösungen.“ (Neumann & Süfke 2004, 79)

[392] Neumann & Süfke 2004, 36.

[393] Vgl. Neumann & Süfke 2004, 82f.

[394] Vgl. Neumann & Süfke 2004, 36.

[395] Neumann & Süfke 2004, 81.

[396] Neumann & Süfke 2004, 40.

Dem Klienten soll daher in der Beratung dabei geholfen werden, Externalisierungstendenzen abzubauen. „Den inneren Kontakt herzustellen erscheint daher in den Männerberatung als die größte Anfangsschwierigkeit.“[397] Wenn der Klient seine emotionale Sprachlosigkeit selbst bemerkt, wird der Berater ihm neue Formen des Sprechens anbieten können.[398] In der Männerberatung besteht folglich eine wichtige Aufgabe darin, beim Klienten ein Interesse daran zu wecken, sich selbst neu wahrzunehmen und diese Wahrnehmungen zu verbalisieren. Betroffene Männer werden so zu ihren positiven Gefühlen, ihrer Lebensfreude und Empathie, zurückgebracht. Damit verbunden sind aber auch schmerzhafte Prozesse, denn es bedeutet auch, „dass die Männer unweigerlich ihrem Schmerz, ihrer Trauer, Hilflosigkeit, Angst und Verletzlichkeit begegnen werden.“[399]

Lassen sich in der Beratung beim Klienten Externalisierungsgtendenzen feststellen, ist es unumgänglich, dieses typisch männliche Reaktionsmuster erst einmal wahrzunehmen und anzunehmen.[400] Um diesem Klienten zum Kontakt mit seinem inneren Erleben zu verhelfen, erscheinen ein personzentriertes Vorgehen, die Empathie und die bedingungslose Wertschätzung, umso nötiger.[401] In der Beratung übernimmt der Berater die erforderliche Schutzfunktion, die es dem Klienten erlaubt, sich vorbehaltlos zu öffnen. Durch die Grundhaltungen nach Rogers trägt der Berater zur Entstehung einer vertrauensvollen Atmosphäre bei. Konnte eine solche Atmosphäre aufgebaut werden, kann auch über die Grenzen und Gefahren männlicher Externalisierungstendenzen gesprochen werden.[402]

Dieses Anliegen der Beratung kann als *Nachsozialisation* bezeichnet werden, da davon auszugehen ist, dass in der Primärsozialisation als Kind und Jugendlicher bestimmte Fähigkeiten nicht gefördert oder sogar unterdrückt wurden.[403] Sich selbst besser wahrnehmen zu können bedeutet in dem Fall, sich von den eigenen Sozialiationserfahrungen und kulturellen

---

397 Belau 2011, 20.

398 Vgl. Neumann & Süfke 2004, 56f.

399 Neumann & Süfke 2004, 49. „Nicht dass den Männern immer alle Entdeckungen gefallen, wenn sie denn lernen, ihre Gefühle wahrzunehmen und zu artikulieren, aber es eröffnet sich ihnen der Weg ins Innere, zu sich selbst, vielleicht auch zurück zu ihrem inneren Jungen.“ (Neumann & Süfke 2004, 53)

400 Diesbezüglich schreibt der Männerberater Dirk Belau: „Hingegen scheinen die Bedingungen person-zentrierter Beratung, wie innerer Kontakt, bedingungslose Wertschätzung, Empathie und Kongruenz des Beraters umso überzeugender, wenn in der Beratung von Männern deren allgemeine Gefühlsarmut und Rigidität des Selbstbildes erkannt und in ihrem sozialen Kontext verstanden werden.“ (Belau 2011, 23)

401 Vgl. Belau 2011, 20.

402 Vgl. Neumann & Süfke 2004, 44f.

403 Vgl. Neumann & Süfke 2004, 100f.

Erwartungen zu distanzieren.[404] Daher wird der Klient ermutigt, „normative Selbstverständlichkeiten in Frage zu stellen, alltägliche, unreflektierte Verhaltensweisen zu hinterfragen, ihren Sinn zu verändern“[405], um alternative Verhaltensweisen zu entdecken. Dazu gehört es auch, eine rein sachlich-rationale Sprache in Bezug auf persönliche Belastungen in der Beratung bewusst zu machen. Dabei hilft es, wenn der Berater selbst einen Kommunikationsstil praktiziert, bei dem eigene Schwächen und Unterlegenheitsgefühle zur Sprache kommen können.[406] Letztlich soll so dem Klienten die Angst davor genommen werden, seine Gefühle nicht länger kontrollieren zu können. Dies beschreibt Rogers als ein wichtiges Beratungsziel: „Das Bewußtsein ist nicht länger der Wächter über einen gefährlichen und undurchschaubaren Haufen von Impulsen, die nur im Ausnahmefall das Tageslicht erblicken dürfen, sondern wird zum geruhsamen Mitbewohner einer Gesellschaft von Impulsen, Gefühlen und Gedanken, die sich, wie man feststellt, sehr wohl selbst regulieren können, wenn sie nicht ängstlich behütet werden.“[407]

Der Berater sollte jedoch berücksichtigen, dass Männer zwar einen neuen Kommunikationsstil erlernen können, dies aber noch nicht bedeutet, dass sie ihn auch außerhalb der Beratung anwenden. Das soziale Umfeld wird in den meisten Fällen weiterhin stereotype Verhaltensweisen einfordern. Dazu kommt, dass sich der Klient leichter angreifbar macht, wenn er sein emotionales Erleben kommuniziert. Dazu bemerkt Lemke: Der Klient „geht ein nicht überschaubares Risiko ein, wenn er sich einer oft unbarmherzig urteilenden Umwelt offen zeigt“[408]. In der Beratung sollte aus diesen Gründen davon ausgegangen werden, dass Männer vielfach Widerstände dagegen aufbauen, sich in ihrem Verhalten fundamental zu ändern.

2.3.1.4 Anspruch und Selbstverständnis der seelsorglichen Beratung

Seelsorgliche Männerberatung hat ihren Ursprung und ihre Norm in der allmächtigen Liebe Gottes, wie sie in Jesus Christus offenbar geworden ist.[409] Auf dieser Grundlage erinnert sie „Männer angesichts der Grenzen menschlicher Möglichkeiten und angesichts des Scheiterns an die Verheißung eines Lebens in Fülle, d.h. auch einer Erfüllung allen Suchens und allen Bemühens um Annahme und Gestaltung des eigenen Mannseins.“[410]

---

404 Vgl. Rogers 1982, 170ff.

405 Neumann & Süfke 2004, 63.

406 Vgl. Neumann & Süfke 2004, 129.

407 Rogers 1982, 125.

408 Lemke 1981, 29.

409 Vgl. Sekretariat der Deutschen Bischofskonferenz 2003, 33.

410 Sekretariat der Deutschen Bischofskonferenz 2003, 11.

Diese Aufgabe stellt sich gegenüber arbeitslosen Männern mit besonderer Dringlichkeit: „Wenn Männer arbeitslos werden, dann fühlen sie sich vor allem deswegen entwertet, weil sie die Angst überfällt, dass sie nicht mehr funktionieren und dass sie nun überhaupt nichts mehr wert sind.“[411]

Selbstwert und Würde hängen im Erleben des Einzelnen stark von der Fähigkeit ab, selbst für den eigenen Lebensunterhalt sorgen zu können.[412] Diesbezüglich kann seelsorgliche Beratung nur in den wenigsten Fällen direkte Abhilfe schaffen. Der seelsorgliche Berater soll aber zumindest danach fragen, wie sich unmittelbare finanzielle Notsituationen beheben lassen und welche berechtigten Ansprüche auf staatliche Unterstützung bestehen. Dann kann der Berater auch die Berufsorientierung und Lebensziele des Klienten ansprechen. Auf diese Weise arbeitet der Berater darauf hin, mit dem Klienten auch alternative Tätigkeitsformen in den Blick zu nehmen.

2.3.2 Dimensionale Zugänge

Die Unterteilung nach Dimensionen in Kapitel 1.3 in diesem Teil wird im Folgenden auch für die Männerberatung übernommen. Da zentrale Themenfelder der Männerberatung bereits dargestellt wurden, konzentriere ich mich nun auf die Frage, welche besonderen Aufgaben sich dem Berater mit dieser Zielgruppe stellen.

2.3.2.1 Individuelle Dimension

Eine zentrale Herausforderung für die Männerberatung ist die Externalisierungstendenz, wie bereits beschrieben wurde. Der Berater steht bei vielen Männern vor der Herausforderung, sich trotz weniger Informationen über den Gefühlszustand des Klienten empathisch auf dessen subjektives Erleben einzulassen. Unter Umständen kann er aber eine treffende Vorstellung über das Empfinden des Klienten entwickeln. So kann er sich nach Rogers im Optimalfall so gut auf die Gefühlswelt des anderen einlassen, „daß er oder sie nicht nur die Bedeutungen klären kann, deren sich der Patient bewußt ist, sondern auch jene knapp unter der Bewußtseinsschwelle“[413]. Der Berater kann dem Klienten auf diese Weise dabei helfen, sich seiner eigenen Gefühle besser bewusst zu werden.

Die Herausforderung besteht in diesem Zusammenhang darin, eine Verhaltensweise beim männlichen Klienten zu hinterfragen, ohne dabei stän

[411] Böhnisch 2004, 195.
[412] Vgl. Schoppa 2010, 61.
[413] Rogers 1987, 68.

dige Abwehrreaktionen hervorzurufen. Der Berater sollte daher keine zu hohen Erwartungen an den Klienten richten, um im Beratungsprozess fortwährende Frustrationserfahrungen auf beiden Seiten zu vermeiden.[414] Es kann den Beratungsprozess behindern, wenn der Berater den Klienten dazu drängt, endlich seine *wahren Gefühle* zu zeigen. Wird männliches Verhalten einseitig problematisiert, droht der männliche Klient zum Problemfall an sich zu werden.[415] „Die Betonung von Defiziten ist zwar ein verbreiteter, aber dennoch ein destruktiver Ansatz, der Männern jede Motivation nimmt, sich um Änderungen zu bemühen."[416] Vielmehr sollten die bisherigen Bewältigungsstrategien des Klienten erst einmal wahrgenommen und darauf befragt werden, welche Vorteile diese Verhaltensweisen bisher mit sich gebracht haben. Erst in einem zweiten Schritt kann dann über Ursprünge, Gefahren und Grenzen dieser Strategien gesprochen werden.[417] Daran anschließend kann über die Erweiterung oder Veränderung dieser Verhaltensmuster gesprochen werden.

2.3.2.2 Soziale Dimension

Wie gezeigt wurde, sind viele Männer in ihrer Geschlechterrolle verunsichert. Der Berater muss diese Verunsicherung erst einmal wahrnehmen und sich mit dem Klienten darüber austauschen. Bereits für erwerbstätige Männer ist es nicht möglich, allen geschlechterstereotypen Erwartungen von außen gerecht zu werden. Arbeitslose Männer stehen hier noch einmal unter deutlich höherem Druck. Im Grunde bleiben dem Klienten in dieser Situation nur zwei Möglichkeiten: Entweder versucht er, umso stärker männlichen Rollenklischees zu entsprechen, oder er emanzipiert sich von diesen gesellschaftlichen Erwartungen und sucht nach neuen Formen seiner Geschlechtsidentität. Eine solche individuelle Neuausrichtung kann dann gelingen, wenn er alltägliche, unreflektierte Verhaltensweisen bei sich selbst hinterfragt. Der Berater kann den Klienten dabei unterstützen, indem er Alternativen zu bisherigen Selbstverständlichkeiten aufzeigt und Konformitätszwänge in den Blick zu nimmt.[418] Wenn zum Beispiel bestimmte Tätigkeiten im Haushalt oder bei der Kindererziehung als typisch weiblich bzw. mütterlich konnotiert sind, wird ein arbeitsloser Mann sich diesen Aufgaben vielleicht verweigern. Er könnte befürchten, nach dem Verlust des Arbeitsplatzes in seiner Männlichkeit ein weiteres

---

[414] Vgl. Neumann & Süfke 2004, 131.

[415] Vgl. Faulstich-Wieland 2006, 132. Welche Existenzprobleme Männern zugeschrieben werden, listet zum Beispiel Weiß-Flache umfassend auf. Vgl. Weiß-Flache 2001, 108-199.

[416] Sonnenmoser 2011, 406.

[417] Vgl. Neumann & Süfke 2004, 54f.

[418] Vgl. Faulstich-Wieland 2006, 130.

Mal in Frage gestellt zu werden. Kommt der betreffende Mann jedoch zu der Überzeugung, dass derartige Aufgaben nicht im Widerspruch zu seiner Geschlechtsidentität stehen, kann er diese Aufgaben auch ohne Probleme übernehmen.

2.4 Fazit zum Themenkomplex Männer und Geschlechterentwicklung

In diesem Kapitel wurde gezeigt, wie der seelsorgliche Berater für sich selbst reflektieren kann, was seine Vorstellungen von Männlichkeit sind. Diese Reflexion nimmt Bezug auf Erkenntnisse der Geschlechterforschung und die dazugehörige gesellschaftliche Debatte über das Verhältnis der Geschlechter. Sie ist aber auch verwiesen auf das christliche Menschenbild und die Schriften der Bibel und der Kirche. Anschließend wurde darauf eingegangen, welche praktischen Konsequenzen sich für die kirchliche Arbeit und die Beratung ergeben.

Die Ergebnisse dieses Kapitels lassen sich wie folgt zusammenfassen:

1. Seelsorgliche Beratung findet vor dem Hintergrund vielfältiger Umbrüche im Geschlechterverhältnis statt und muss sich gegenüber den unterschiedlichen Gendertheorien positionieren können. Dem radikalen Sozialkonstruktivismus erteilt die Kirche dabei ebenso eine Absage wie einem rein biologistischen Verständnis von Geschlecht. Gleichzeitig gilt, dass sich im Bezug auf biblische Texte und kirchliche Verlautbarungen kein statisches Geschlechterbild rechtfertigen lässt.

2. Aufgrund der vielfältigen Widersprüche und Veränderungen bei den Geschlechteridentitäten kommt in der seelsorglichen Beratung dem individuellen Fragehorizont des Klienten große Bedeutung zu. Es gilt den Freiheitsrahmen auszuloten, der dem Klienten konkret zur Verfügung steht, wenn er nach einem selbstverantworteten Geschlechterverständnis sucht. Die seelsorgliche Beratung hat dabei Anteil an den aktuellen Suchbewegungen in der Männerpastoral, die danach fragen, wie Männer mit sich selbst, ihren Mitmenschen und ihrem Glauben neu umgehen können.

3. Für viele Männer ist die berufliche Leistungserbringung eine alternativlose Quelle für das eigene Selbstwertgefühl. Wenn die Möglichkeit zur beruflichen Selbstbestätigung wegfällt, fühlen sich viele Männer existentiell bedroht. Lässt sich dieser Zustand nicht durch den Wiedereintritt ins Berufsleben beenden, ist eine fundamentale Neuausrichtung des Selbstkonzepts unabdingbar. Das Ziel lautet in dem Fall,

dass Männer ihr Selbstwertgefühl nicht allein von ihrer beruflichen Tätigkeit abhängig machen.

4. Für die seelsorgliche Beratung von arbeitslosen Männern ist ein offener Austausch über belastende Gefühle notwendig, wenn ein Entwicklungsprozess auf der Persönlichkeitsebene angestoßen werden soll. Hier stellen die zu erwartenden *Externalisierungstendenzen* von Männern eine Schwierigkeit dar. Der Berater soll den Klienten dabei unterstützen, sich gegenüber seinen emotionalen Erlebnisinhalten zu öffnen und seine Erlebnisse anschließend auch zu verbalisieren. Hier wird noch zu klären sein, auf welche Weise der Klient darin methodisch unterstützt werden kann.

3. Konstruktive Verlustbewältigung: Analogien zum Trauerprozess nach einem Personenverlust

Seelsorgliche Beratung findet angesichts unterschiedlichster Probleme und Anlässe statt. In dieser Arbeit geht es um die Bewältigung einer existentiellen Verlusterfahrung, ausgelöst durch den Verlust des Arbeitsplatzes. Wie bei jeder existentiellen Verlusterfahrung ist es für die konstruktive Bewältigung erforderlich, dass der Verlust betrauert wird. Hier stellt sich die Frage, wie der seelsorgliche Berater dem Klienten dabei helfen kann. So stelle ich im Folgenden die Erkenntnisse der Trauerforschung im Blick auf den Verlauf eines gelingenden Bewältigungsprozesses vor.

In diesem Kapitel wird analysiert, in wie weit die Erkenntnisse und das Beratungswissen der Trauerforschung dabei helfen können, Arbeitslose bei ihrer Verlustbewältigung professionell zu begleiten. Ich werde zeigen, dass trotz der Varianz der zu beobachtenden Trauerreaktionen bestimmte Aufgaben definiert werden können, die für die innere wie äußere Bewältigung notwendig sind. Dabei nehme ich Bezug auf das Trauermodell des US-amerikanischen Psychologen William Worden. Dessen Modell greife ich im weiteren Verlauf der Arbeit wieder auf, da es für den Berater eine wichtige Orientierungshilfe darstellen kann.

3.1 Hinführung zur Thematik der Trauer- und Verlustbewältigung

3.1.1 Vorbemerkung

Trauer kann durch einen Personenverlust ausgelöst sein, aber auch durch andere schwere Verlusterfahrungen. Der Verlust wird umso schmerzhafter erfahren, je intensiver die Bindung zu einer Person, Sache, Tätigkeit oder einer Überzeugung war. Es ist für Außenstehende häufig nicht nachzuempfinden, warum jemand über den jeweiligen Verlust, zum Beispiel eines Gegenstandes, lange Zeit trauert. Welche Bedeutung eine Person, Sache, Tätigkeit oder Überzeugung für den Betreffenden hatte, wird häufig erst durch die Trauerreaktion deutlich.[419] Adäquate Interventionsmöglichkeiten ergeben sich erst im Wissen um dieses subjektive Erleben, das heißt den *inneren Bezugsrahmen* einer Person.

Der Verlust des Arbeitsplatzes ist eine komplexe Verlusterfahrung: Er betrifft den Abschied von sozialen Kontakten, den Abschied von einer Tätigkeit, den Abschied von Gegenständen (Dienstwagen, Arbeitskleidung, etc.), von einem regelmäßigen Einkommen und sozialem Status. Hierzu stellt Schoppa fest: „Der Verlust des Arbeitsplatzes löst eine Trauerreaktion aus; er führt den Betroffenen in eine innere Isolation und Entfremdung von sich selbst. Die verlorene Bindung an den Arbeitsplatz und an das dort gelebte innere Potential muss mühsam neu gefunden und wiederbelebt werden. Das frühere Bindungsschicksal eines Menschen wird innerlich reaktiviert; hiervon hängen hoffnungsvolle oder resignative Erwartungshaltungen oder Handlungsmuster ab. Trauern, Abschied nehmen und sowohl sich als auch andere Menschen neu finden gehören in den Prozess der Beratung und Seelsorge mit Arbeitslosen.“[420] Auch für den Pastoraltheologen Isidor Baumgartner gehört es zu den Grundaufgaben der Seelsorge, den Einzelnen bei existentiellen Verlustsituationen in seiner Trauer seelsorglich zu begleiten und zu beraten. Ihm zufolge lassen sich viele Erkenntnisse aus der Trauerarbeit nach einem Personenverlust auf andere Verlustsituationen übertragen.[421]

Um dem Klienten individuell helfen zu können, muss der Berater auch seine eigenen Verlusterfahrungen reflektiert haben. So ist der Berater gefordert, „sich mit eigenen Verlust- und Trauererfahrungen auseinander gesetzt haben und in der Lage sein, eigene Trauer, die durch Beratungsinhalte ausgelöst werden kann (Resonanztrauer), zu erkennen und damit um-

---

[419] So kann zum Beispiel der Verlust eines Spielzeuges oder eines Haustieres bei Kindern aversiv erlebten Stress auslösen. Dabei misslingt es häufig trotz guter Intentionen, das Kind zu trösten – etwa mit den Worten: „Die Puppe war doch schon alt und schmutzig.“ Auch gegenüber Erwachsenen wird versucht, den Verlust zum Beispiel dadurch zu relativieren, dass das fortgesetzte Leiden des nun Verstorbenen gegenüber dem Tod das größere Übel gewesen wäre. Insofern sollte der Berater beachten, was sich in der therapeutischen Trauerarbeit gezeigt hat: „Wichtig war [...] in jedem Fall, daß die Trauernden sich ernst genommen fühlen, vor allem scheint das strenge Vermeiden aller üblichen gutgemeinten Ratschläge für Trauernde eine wesentliche Bedingung der therapeutischen Beziehung darzustellen.“ (Jerneizig, Langenmayr & Schubert 1991, 21)

[420] Schoppa 2010, 91.

[421] Vgl. Baumgartner 1990b, 232f.

zugehen"[422]. Die folgenden Ausführungen betreffen deshalb nicht nur die Situation des Klienten, sondern sollten vom Berater ebenso auf sich selbst bezogen werden.

3.1.2 Definition von Trauer

Trauer definiere ich als einen Zustand, der durch einen Verlust ausgelöst wurde und als belastend erlebt wird. Eine weitere Konkretion des Begriffs Trauer ist kaum möglich, denn „Trauer umfasst die ganze (leibliche, psychische, soziale, spirituelle, geistige, biographische, geschichtliche und kulturelle) Wirklichkeit des Menschen."[423] Die Herausforderung der Trauer besteht darin, sich in einer Welt zurechtzufinden, die sich für den Betroffenen durch den Verlust verändert hat. Diese Veränderungen betreffen auch das eigene Selbstkonzept, da sich die Selbstwahrnehmung und das soziale Verhalten anpassen müssen. Wie viel Zeit dieser wechselseitige Prozess zwischen Individuum und seiner Umwelt benötigt, lässt sich nicht vorhersagen.[424]

Ich verstehe Trauer als die natürliche Reaktion eines psychisch gesunden Menschen auf einen Verlust. Trauer ist keine Krankheit, auch wenn es zu einem pathologischen Verlauf kommen kann.[425] Wenn Trauer als ein Prozess verstanden wird, bedeutet dies nicht, dass dieser nach einem festgelegten Muster abläuft. Vielmehr ist Trauer häufig ein chaotischer Zustand, auch wenn dabei wiederkehrende Elemente zu erkennen sind. Zum Beispiel ist das Ende der Trauer oft daran zu erkennen, dass sich die Person wieder stärker ihrer Umwelt zuwendet und ihr Aktivitätsniveau steigt.[426]

---

[422] Lamp & Smith 2004, 1145.

[423] Lamp & Smith 2004, 1142.

[424] Vgl. Lamp & Smith 2004, 1142.

[425] In der Literatur wird statt von pathologischer Trauer häufig von komplizierter, abnormer oder verschleppter Trauer gesprochen. Vgl. Lammer 2006, 184. Zu den Risikofaktoren siehe Worden 2007, 69-75. Vgl. auch Lammer 2006, 186f. Zur Diagnose pathologischer Trauer siehe Worden 2007, 79-83. Wenn bestimmte Symptome über sehr lange Zeiträume auftreten, kann dies ein Hinweis auf pathologische Trauer sein. Dann wird von chronischen Trauerreaktionen gesprochen. Ferner können die Symptome mit ungewöhnlicher Verzögerung oder Intensität auftreten. Hinweis auf einen pathologischen Verlauf gibt die fortwährende Unfähigkeit, über den Verstorbenen zu sprechen, ohne den Trauerschmerz wieder voll zu aktualisieren. Auch auffällige Imitationen des Verhaltens des Verstorbenen oder radikale Verhaltensänderungen weisen auf einen pathologischen Verlauf hin. Die Gefahr subjektiver Fehleinschätzung besteht vor allem, wenn zu ergründen ist, ob die Trauer verdrängt wurde und sich in anderer Weise äußert, wie es bei *larvierten* Trauerreaktionen der Fall ist.

[426] Vgl. Worden 2007, 24f. Allerdings ist in der psychologischen Forschung neuerdings wieder umstritten, wann und wie eine normale Trauerreaktion endet. Zum Teil werden für eine gesunde Form der Trauer nur wenige Wochen angesetzt. Siehe zu dieser Diskussion zum Beispiel Frances 2013.

Wie Trauer erfahren und verarbeitet wird, ist von individuellen Faktoren abhängig, auf die im Folgenden genauer eingegangen wird.

3.1.3 Trauer nach Arbeitsplatzverlust?

Die Erforschung des Phänomens der Trauer bezieht sich überwiegend auf die Verlustverarbeitung nach dem Tod eines nahestehenden Menschen. William Worden ist der Ansicht, dass die damit gewonnenen Forschungsergebnisse „auch gelten, wenn andere Arten von Verlusten zu beklagen sind wie etwa – um nur ein paar Beispiele herauszugreifen – Scheidung, Amputation, Verlust des Arbeitsplatzes [...]“[427].

Folgende Gründe sprechen dafür, dass die Grundannahmen der Trauerforschung auf das Thema *Arbeitslosigkeit bei Männern* übertragen werden können:

- *Emotionale Reaktionen* verlaufen bei unterschiedlichen Verlusterfahrungen ähnlich: Bei (plötzlich auftretenden) negativen Vorkommnissen reagiert der Mensch meist zuerst mit einer Schockreaktion, die als Gefühlsleere und/oder als Betäubung erlebt wird. Daran schließt sich häufig eine Gefühlseruption an, das heißt ein heftiges Aufbegehren mit starken Emotionen bis hin zu (auto-)aggressiven Impulsen.[428] Solche emotionalen Reaktionen treten bei Betroffenen in Krisensituationen auf, unabhängig von deren konkreter Ursache. Für die seelsorgliche Beratung von Arbeitslosen ist es von großer Wichtigkeit, ihnen diese Reaktionen zuzugestehen und sie als normalen Teil der Trauerarbeit zu betrachten.

- Der Verlust eines geliebten Menschen durch den Tod bedeutet den Abbruch einer Beziehung, die Halt und Sinn gab. Durch den Verlust des Arbeitsplatzes können ebenfalls Beziehungen abbrechen: Viele Arbeitsbeziehungen lassen sich nicht einfach im Freizeitbereich weiterführen oder nehmen zumindest in ihrer Intensität deutlich ab. Viele Arbeitnehmer verbringen mit engen Kollegen mehr Lebenszeit als mit nahen Angehörigen, vor allem wenn diese nicht im gleichen Haushalt wohnen. Der *Beziehungsverlust* durch Arbeitslosigkeit kann somit als ähnlich belastend erlebt werden wie ein Beziehungsverlust aufgrund anderer Ursachen.

- Durch den Tod eines nahestehenden Menschen findet ein *Rollenwechsel* statt. Zum Beispiel wird ein Kind durch den Tod der Eltern

---

[427] Worden 2007, 13.

[428] Vgl. Worden 2007, 33-39. Vgl. auch Langenmayr 1999, 41ff.

Waise. Durch den Tod der Ehefrau wird der Mann zum Witwer. Auch durch den Arbeitsplatzverlust findet ein Rollenwechsel statt: Der Status im Unternehmen und die Selbstdefinition durch den Beruf (zum Beispiel: *Ich bin Maurer*) gehen zumindest teilweise verloren.

Dennoch sind dieser Analogie Grenzen gesetzt: Der Tod eines nahestehenden Menschen ist nicht gleichzusetzen mit dem Verlust des Arbeitsplatzes – unabhängig von dem Wert, den die Person ihrer Arbeit beigemessen haben mag. Deshalb werde ich an den betreffenden Stellen darauf hinweisen, wann diese Analogie nicht trägt.

3.2 Modelle der Trauerforschung

Es würde die Möglichkeiten dieser Arbeit übersteigen, die Entwicklung und den aktuellen Stand der Trauerforschung nachzuzeichnen. Auch dieses Forschungsfeld hat sich in den vergangenen Jahrzehnten stark differenziert.[429] Angesichts der vielen wissenschaftlichen Disziplinen, die sich mit der Trauer befassen, empfiehlt sich die Systematisierung, die die Pastoralpsychologin Kerstin Lammer vorgenommen hat. Sie unterscheidet zwischen explikatorischen und deskriptiven Modellen.[430] Im Folgenden stelle ich beide Modellrichtungen vor, gehe aber nur kurz auf explikatorische Modelle ein, da mein Fokus in dieser Arbeit auf dem deskriptiven Modell des Trauerforsches William Worden liegt.

3.2.1 Explikatorische Modelle

Explikatorische Modelle in der Trauerforschung untersuchen die Hintergründe und Ursachen der Verlusterfahrungen, deren Folge die Trauer ist. Grundlegend sind hierbei folgende Fragen: Warum erlebt jemand einen Verlust als belastend? Welche Faktoren führen bei Personenverlust zu Trauer oder dazu, dass sich Trauer pathologisch entwickelt? Lammer nennt sechs Disziplinen, deren Forschungsergebnisse sie als explikatorische Modelle bezeichnet. Es gibt den Ansatz der Psychoanalyse, die ethologische, behavioristische und soziobiologische Forschung;

---

[429] Trauer wird aus psychologischer Sicht seit Sigmund Freud erforscht. Freud hat in *Trauer und Melancholie* (erschienen 1917) bis heute wichtige Grundlagenforschung betrieben. Auch wenn der Schwerpunkt seines Ansatzes die Melancholie war (heute entspricht dem wohl der Terminus *Depression*), führte er gleichzeitig den wichtigen Begriff der *Trauerarbeit* ein, der jeder Trauer ein aktives Moment zuspricht. Zur Übersicht über den aktuellen Forschungsstand und die unterschiedlichen Disziplinen, die sich mit Trauer befassen, siehe Lammer 2006, 65-228.

[430] Vgl. Lammer 2006, 68-228.

außerdem beschäftigen sich die Kognitionspsychologie und die Kognitive-Stress-Theorie mit dem Thema *Trauer.*[431] Diese Auswahl an Disziplinen zeigt bereits, dass es stark divergierende Erklärungsversuche für die menschliche Trauer gibt, die von ganz unterschiedlichen Voraussetzungen ausgehen.

Auf die Frage, warum Menschen überhaupt Trauerreaktionen zeigen, kann auch bei deskriptiven Modellen nicht völlig verzichtet werden. Worden bezieht sich hierfür auf die Bindungstheorie des Kinderpsychiaters John Bowlby. Diese Theorie stelle ich daher als ein explikatorisches Modell exemplarisch vor.

Zur Bindungstheorie John Bowlbys
Bowlby geht davon aus, dass der Aufbau und Erhalt von Bindungen für jeden Menschen ein elementares Bedürfnis ist, dass instinktiv befriedigt wird und dabei mit dem Bedürfnis nach Nahrung und Sexualität vergleichbar ist. Für das Überleben von Kindern ist es unverzichtbar, dass sie emotionale Bindungen an die Eltern oder eine ständige Bezugsperson aufbauen können. Bindungen in der Familie bauen sich über Jahre auf und werden davon geprägt, wie interagiert wird und welche Bezugspersonen dabei eine Rolle spielen. Bindungen verändern sich schließlich auch im Alltag fortwährend durch Konflikte oder positive Erfahrungen. Dabei wird das individuelle Bindungsverhalten maßgeblich in der Kindheit und Jugend geprägt, wovon auch spätere Reaktionsweisen auf bedrohte Bindungen abhängen.[432]

Für Bowlby sind die Verlustängste, die eine Person durch die Trennung von einer wichtigen Bezugsperson erlebt, für das Verständnis von Trauer elementar. Die Theorie von Bowlby besagt, dass die Reaktionen auf eine unfreiwillige Trennung von der Intensität und Qualität der Beziehung zum verlorenen Bindungspartner bestimmt werden. Je nach Intensität der Bindung kann selbst eine kurzzeitige Trennung als belastend erfahren werden. Insofern weitet Bowlby den Trauerbegriff: Trauer wird nicht nur durch den Tod des Bindungspartners ausgelöst. Da jede Trauerreaktion sich nach Bowlby auf die Trennungsängste der frühen Kindheit bezieht, ist das Ziel hinter der als belastend erfahrenen Trauer, den Kontakt zur verlorenen Person wieder herzustellen und sich der Beziehung zu versichern.[433] Bowlby definiert Trauer als eine Reaktion, die eine gefährdete Bindung aktualisieren oder festigen soll.

---

[431] Vgl. Lammer 2006, 68-149.
[432] Vgl. zur Bindungstheorie bei Bowlby: Bowlby 2006, 44-47.
[433] Vgl. Bowlby 2006, 47f.

Daraus lässt sich schließen: Hat eine Person während ihrer Kindheit und Jugend durch bestimmte Verhaltensweisen bedrohte Bindungen stabilisieren können, wird sie sich bei neuerlichen Verlustängsten ähnlich verhalten. Dies lässt sich am Beispiel von Zorn und Wut zeigen. Bei vorübergehenden Trennungen von der Bezugsperson kann das Empfinden und der Ausdruck von Wut nützlich sein: Sie hilft „Hindernisse zu überwinden, die der Wiedervereinigung mit der verlorenen Person im Wege stehen"[434]. Diese adaptive Funktion der Trauer erfolgt insofern undifferenziert, als sie auch dann eintritt, wenn ein Wiedersehen, zum Beispiel aufgrund des Todes der Person, unmöglich geworden ist.[435]

Da für Bowlby Bindungen für die Evolution des Menschen und die Entwicklung jedes Einzelnen von hoher Bedeutung sind, ist Trauer als Reaktion auf einen Bindungsverlust ein kulturübergreifendes Verhaltensphänomen. Prinzipiell ist daher für die Trauer der kulturelle Kontext von sekundärer Bedeutung.[436]

3.2.2 Deskriptive Modelle

Neben den explikatorischen Modellen gibt es die deskriptiv orientierten Modelle. Hier wird aus der Phänomenologie der Trauerreaktion darauf geschlossen, wie Trauerprozesse ablaufen. Dabei wird versucht, die zu beobachtenden Reaktionen und Symptome danach zu klassifizieren, ob sie für einen gelingenden oder problematischen Bewältigungsprozess sprechen.

3.2.2.1 Zur Phänomenologie der Trauerreaktionen

Die Reaktion auf den Verlust des Arbeitsplatzes zeigen viele Parallelen zu den Symptomen von Trauernden nach einem Personenverlust. Für Arbeitslose wie für Trauernde lässt sich sagen, dass die Beschwerden oft psychisch oder psychosomatisch bedingt sind.[437] Folgende Symptome treten bei Trauer auf:

a) Psychisch-emotionale Symptome
Eine psychische Reaktion auf Personenverlust kann Affektlosigkeit sein. Wofür sich der Betroffene vor dem Verlust interessiert hat, wird

---

[434] Bowlby 2006, 91.
[435] Vgl. Bowlby 2006, 91f.
[436] Vgl. Bowlby 2006, 123-128.
[437] Vgl. Friedel 2000, 24ff. Hier beschreibt Friedel die Symptome, die bei Betroffenen nach dem Arbeitsplatzverlust häufig auftreten. Da die Symptome bei Arbeitsplatzverlust und Personenverlust einander ähneln, kann angenommen werden, dass auch die subjektiven Belastungen ähnlich ausfallen.

bedeutungslos. Er fühlt sich leer, müde und wie betäubt. Gewohnte Aktivitäten werden eingestellt oder stark reduziert. Die Kontaktaufnahme ist insgesamt erschwert, und in der sozialen Interaktion kann die Person hilflos und verwirrt wirken. Ebenso können sich bei Betroffenen aber auch starke Affekte äußern. Intensive emotionale Zustände können (in Schüben) auftreten und umfassen das ganze Spektrum möglicher Gefühlslagen: Schmerz, Verzweiflung, Angst, Schuld und Wut. Folglich können sich auch im direkten Bezug auf die verlorene Person ambivalente Gefühle abwechseln: Liebe und Hass, Schuldgefühle und Selbstvorwürfe, aber auch Erleichterung und das Gefühl, befreit zu sein.[438]

b) Psychosomatische Symptome
Der Körper des Trauernden reagiert häufig mit nervösen Störungen, die zum Teil bestehende Beschwerden, wie zum Beispiel Kopfschmerzen, Rücken- und Gelenkschmerzen, verstärken. Zwar ist es schwierig nachzuweisen, dass diese Symptome direkt mit der Trauer in Verbindung stehen. Doch ist davon auszugehen, dass die Sensibilität des Körpers und seine Krankheitsanfälligkeit insgesamt zunehmen.[439]

c) Veränderungen der mentalen Zustände
Durch Personenverlust kann sich der Bezug zur Außenwelt, zur eigenen Person und zum Verstorbenen verändern. Gegenüber der Außenwelt kann die Wahrnehmung beeinträchtigt und verlangsamt sein, was sich zum Beispiel durch Konzentrationsstörungen und Unruhe bemerkbar macht.[440] Dies kann auch damit zusammenhängen, dass die eigenen Gedanken permanent um den Verstorbenen kreisen.

Das Verhältnis zum Verstorbenen kann pendeln zwischen Idealisierung, starker Identifikation und Dämonisierung. Ferner kann der Hinterbliebene das Gefühl der Anwesenheit des Verstorbenen haben oder Halluzinationen, die meist aber recht bald vorübergehen.[441]

a) Verhaltensauffälligkeiten
Das Verhalten eines Trauernden kann von Widersprüchen und Extremen geprägt sein. Zum Teil kommt es zu einer Verstärkung bestimmter Verhaltensweisen, zum Teil zu ihrer Umkehrung. So können sonst sehr kommunikative Menschen sich in der Trauer sozial

---

[438] Vgl. Lammer 2006, 176. Vgl. auch Worden 2007, 28-39.
[439] Vgl. Jerneizig, Langenmayr & Schubert 1991, 15ff.
[440] Vgl. Langenmayr 1999, 41ff.
[441] Vgl. Langenmayr 1999, 24, 42, 50.

zurückziehen. Aktivitäten werden kaum noch aufgenommen, und die Beschäftigung mit dem Verstorbenen wird vermieden. Oder es kommt zu hyperaktivem Verhalten und starken Gefühlsausbrüchen.

Ebenso wie zur ununterbrochenen Beschäftigung mit der verstorbenen Person kann es zur Vermeidung jeglicher Erinnerung an sie kommen. Die vollständige und schnelle Beseitigung aller Hinweise auf den Verstorbenen weist zum Beispiel auf eine hochambivalente Beziehung hin, die die Trauerarbeit erschwert.[442]

Es sei noch einmal darauf hingewiesen, dass diese Symptomatik in den Bereich der normalen Trauerreaktionen fällt. Die Übersicht zeigt allerdings, dass die Symptome sich kaum vereinheitlichen lassen. Im Gegenteil: „Nahezu jede psychische Störung und fast jedes psychosomatische Krankheitsbild findet sich in der einen oder anderen Ausprägung auch bei der Trauer. Je nach persönlicher Disposition, nach individueller Lebensgeschichte und aktuellen Lebensumständen, je nach Todesart und sozialem Umfeld können diese Symptome anders ausfallen, sowohl was ihr Auftreten an sich, als auch was ihre Ausprägung betrifft."[443]

Der seelsorgliche Berater sollte um die Symptome wissen, um nicht vorschnell von einem pathologischen Verhalten auszugehen. So kann er gegebenenfalls auch den Trauernden durch entsprechende Informationen beruhigen, falls dieser Sorge hat, sich selbst in der Trauer zu verlieren.[444] Viele vermeiden es nämlich, über ihre Trauer zu sprechen und Hilfe in Anspruch zu nehmen, weil sie fürchten, als verrückt zu gelten.[445] Es wird in jedem Fall ein gewisser zeitlicher Abstand benötigt, um beurteilen zu können, inwiefern sich Auffälligkeiten in den genannten Bereichen manifestieren und gegebenenfalls pathologisch entwickeln.

3.2.2.2 *Phasen- und Verlaufsmodelle*

Deskriptive Modelle versuchen, die Symptome der Trauer zu kategorisieren. Eine Möglichkeit besteht darin, den Trauerprozess als eine Abfolge einzelner Phasen darzustellen. Die Symptome werden dabei nach Phasen geordnet und in eine bestimmte Reihenfolge gebracht. Dies unterstellt, dass es bei nicht-pathologischer Entwicklung einen idealtypischen Verlauf oder zumindest feststehende Elemente der Trauer gibt.

---

[442] Vgl. Langenmayr 1999, 30. Vgl. auch Worden 2007, 37.

[443] Jerneizig, Langenmayr & Schubert 1991, 15. Lemke beschreibt die hier genannten Symptome in ähnlicher Weise im Blick auf Beratung in Krisensituationen im Allgemeinen. Vgl. Lemke 1995, 97.

[444] Vgl. Lamp & Smith 2004, 1144.

[445] Vgl. Jerneizig, Langenmayr & Schubert 1991, 11f.

Die Psychiaterin Elisabeth Kübler-Ross war eine der ersten, die das Thema *Sterben und Tod* wissenschaftlich untersucht haben.[446] Von ihr stammt auch das erste Phasenmodell der Trauer. Kübler-Ross führte Gespräche mit Sterbenden und machte ihre Probleme und Bedürfnisse zum Thema, wodurch überhaupt erst eine professionelle Sterbe- und Trauerbegleitung im klinischen Bereich angestoßen wurde. Aufgrund ihrer Beobachtungen beschrieb sie fünf Phasen, die sich sowohl auf das Sterben als auch auf die Trauer der Hinterbliebenen beziehen lassen.[447]

Die fünf Phasen lassen sich wie folgt zusammenfassen:

1. Nicht-wahrhaben-Wollen (*denial*)
   Der Hinterbliebene verleugnet die Diagnose des baldigen Todes bzw. die Todesnachricht.[448]

2. Zorn (*anger*)
   Auf die Todesnachricht reagiert er wütend und mit Anklagen.[449]

3. Verhandeln (*bargaining*)
   Der Hinterbliebene versucht, mit am Geschehen Beteiligten (zum Beispiel Ärzten) oder mit Gott zu verhandeln.[450]

4. Depression (*depression*)
   Der Hinterbliebene erkennt die Ausweglosigkeit der Situation und wird (vorübergehend) depressiv.[451]

5. Zustimmung (*acceptance*)
   Der Hinterbliebene nimmt die Situation an, die belastenden Gefühle werden ausgelebt und der Tod wird akzeptiert.[452]

Weitere Phasenmodelle

An das Phasenmodell nach Kübler-Ross schlossen sich ähnliche Modelle an, wobei die Zahl der Phasen und die darin beschriebenen Verhaltensweisen teilweise stark voneinander abweichen.[453]Auf die verschiedenen Phasenmodelle muss an dieser Stelle nicht näher eingegangen werden, da

---

[446] Auch wenn Kübler-Ross vorgeworfen wurde, dass die Ergebnisse ihrer Forschung wissenschaftlichen Kriterien zum Teil nicht genügen, ist ihre Arbeit auch für die Forschung noch immer wegweisend.

[447] Vgl. Kübler-Ross 2009. Nach Kübler-Ross gelten diese Phasen aber auch für andere Formen von Verlusterfahrungen, wie zum Beispiel den Arbeitsplatzverlust.

[448] Vgl. zur ersten Phase: Kübler-Ross 2009, 37-65.

[449] Vgl. zur zweiten Phase: Kübler-Ross 2009, 66-77.

[450] Vgl. zur dritten Phase: Kübler-Ross 2009, 78-110.

[451] Vgl. zur vierten Phase: Kübler-Ross 2009, 114-136.

[452] Vgl. zur fünften Phase: Kübler-Ross 2009, 137-162.

[453] Vgl. zum Beispiel Lammer 2006, 193.

diese in der einschlägigen Literatur bereits ausführlich beschrieben wurden.[454]

Im Querschnitt der Modelle lässt sich erkennen, dass in der Forschung bestimmte Reaktionsmuster häufig beobachtet wurden und sich diese in bestimmten Verhaltensclustern abbilden lassen. Zum Trauerprozess gehört demzufolge typischerweise eine Schockphase, eine Phase starker Emotionen, eine Phase der Unklarheit und eine Phase der Neuorientierung. In einer letzten Phase kommt es zur Anpassung an die neue Situation und zu neuen Aktivitäten.[455]

Im deutschsprachigen Raum fand in den vergangenen Jahrzehnten auch das Trauermodell nach Ruthmarijke Smeding weite Verbreitung. Smeding verwendet statt des Begriffs der Phasen den Begriff der Gezeiten. Ihr Modell weist eine Reihe von Ähnlichkeiten zu den beschriebenen Phasenmodellen auf, betont aber in besonderer Weise, dass die *Gezeiten*[456] um einen Mittelteil, ein Loch, angeordnet seien, „wobei der ganze Weg als spiralförmig verstanden wird, d. h. die Gezeiten kehren auf verschiedenen Ebenen wieder."[457] Neben der Schleusenzeit, die mit der Beerdigung endet, kennt Smeding drei Gezeiten der Trauer: die Januszeit, die Labyrinthzeit und die Regenbogenzeit. Zwar hebt Smeding hervor, dass die Gezeiten der Trauer in ihrem Modell keinen linearen Verlauf nehmen. Dennoch wird ihr Modell den Phasenmodellen zugerechnet.

3.2.2.3 *Kritik an den Phasen- und Verlaufsmodellen*

Für Menschen, die sich für die Arbeit mit Trauernden qualifizieren wollen, sind Phasenmodelle attraktiv, da sie der Trauer ihr chaotisches Potential nehmen. Die zum Teil widersprüchlichen Symptome lassen sich in ein aus wenigen Phasen bestehendes Modell einordnen. Dabei ist allein aufgrund der großen Zahl unterschiedlicher Phasen- und Verlaufsmodelle ersichtlich, dass kein Modell einen normativen Anspruch erheben kann. Die Einordnung von Trauerreaktionen in bestimmte Trauerabläufe wird bereits dadurch erschwert, dass sich, wie oben gezeigt wurde, die Symptomatik unspezifisch zeigt und von Widersprüchen geprägt ist.[458]

---

[454] Vgl. zum Beispiel Lammer 2006, 187-203.

[455] Vgl. Baumgartner 1990b, 234f.

[456] Vgl. Smeding 1998, 13-24, insbesondere 15-22.

[457] Smeding 1998, 15.

[458] Die idealtypischen Phasenmodelle der Trauer erwecken außerdem leicht den Eindruck, als gäbe es einen festen chronologischen Verlauf. Es kann aber sein, dass Phasen übersprungen werden, eine Phase bei bestimmten Personen mehr Zeit beansprucht als bei anderen oder es zu einer Wiederholung bereits erlebter Phasen kommt. Verläuft die individuelle Trauer

Obwohl nach wie vor viele Trauerbegleiter im deutschen Sprachraum mit Phasenmodellen arbeiten, gilt dies bei vielen als überholt.[459] Problematisch wird es vor allem dann, wenn von außen bestimmte Phasen diagnostiziert werden und auf den Eintritt in die nächste Phase gedrängt wird.[460]

Auch für die seelsorgliche Arbeit mit Menschen nach einer Verlusterfahrung lässt sich daher festhalten: „Unter den vielen unterschiedlichen Untersuchungen über Trauerverläufe herrscht Übereinstimmung darüber, daß jeder Trauernde seine eigenen, ganz individuellen Trauerreaktionen als Bestandteile einer jeweils personenspezifischen Trauerarbeit entwickeln muß."[461]

3.3 Das Modell der *Traueraufgaben* nach William Worden

Auch das Aufgabenmodell von William Worden ist ein deskriptives Modell. Es unterscheidet sich gleichwohl von den genannten Phasenmodellen. Sein Modell steht für eine neue Art, menschliche Trauerreaktionen zu systematisieren.[462] Ich gehe im Folgenden auf das Modell ein, das er in seiner Monografie *Grief Counseling/Grief Therapy: A Handbook for the Mental Health Practitioner*[463] präsentiert. Grundlage für sein praxisbezogenes Modell ist die Bindungstheorie nach Bowlby, die oben bereits skizziert wurde.[464]

Für sein Modell spricht, dass es für die praktische Begleitung Trauernder erarbeitet wurde, wie bereits der Titel deutlich macht. Worden greift

---

nicht gemäß dem favorisierten Phasenmodell, kann es auch dazu kommen, dass sie fälschlicherweise pathologisiert und stigmatisiert wird. Vgl. Lammer 2006, 195. Eine Diagnose, die nur zwischen vier Phasen unterscheidet, behindert dann das Sich-Einlassen auf individuelle Formen der Trauerbewältigung. Zum Beispiel kann die Schockphase wegfallen, wenn der Tod lange abzusehen war und die Angehörigen auf gute Weise Abschied nehmen konnten. Ferner heißt es dazu beim Autorenteam Jerneizig, Langenmayr und Schubert: „Keines dieser Modelle wurde allerdings der so sehr komplexen Natur des Trauerprozesses gerecht, der sich eben nicht in aufeinander folgenden, klar abzugrenzenden Phasen, sondern eher in wellenförmigen, mitunter auch scheinbare Rückschritte beinhaltenden Verlaufsformen darstellt." (Jerneizig, Langenmayr & Schubert 1991, 25)

[459] Vgl. Lamp & Smith 2004, 1140.

[460] Vgl. Lammer 2006, 194-197.

[461] Jerneizig, Langenmayr & Schubert 1991, 27. Vgl. dazu auch Lamp & Smith 2004, 1145f.

[462] „Wordens Praxis, seine Forschungen und Ideen haben das Verständnis von Trauer und die Beratung maß-geblich beeinflusst. Er steht für den Abschied von den Phasen- und Stufenmodellen." (Lamp & Smith 2004, 1140)

[463] Ich beziehe mich auf die deutsche Übersetzung: Beratung und Therapie in Trauerfällen (Worden 2007).

[464] Vgl. Worden 2007, 14-17.

durchaus die Erkenntnisse anderer deskriptiver Modelle auf, ohne sie jedoch in ein lineares Phasenmodell zu überführen. Er entwickelt keine neuen Kategorien der Trauerarbeit, sondern fügt grundlegende Erkenntnisse neu zusammen. Sein Aufgabenmodell lässt dem Betroffenen Freiraum für einen individuellen Verlauf, benennt aber zentrale Punkte, die bei positiv verlaufender Trauerarbeit von Bedeutung sind. Für Wordens Modell spricht außerdem, dass er Trauer nicht als ein passives Geschehen begreift, das nach bestimmten Mustern abläuft, wie es die Phasenmodelle nahelegen. Worden betont die aktive Seite der Trauer: Der Betroffene ist weder psychologischen oder emotionalen Reaktionsmustern seines Organismus unterworfen, noch kann ihm eine Trauerbegleitung seine Bewältigungsaufgaben abnehmen.

Grundsätzlich verlangt dabei jede der Aufgaben für ihre Bewältigung ein Mindestmaß an Kraftreserven. Viele befremdlich wirkende Reaktionen auf einen Verlust sind insofern Schutzmechanismen des Klienten. Die Person signalisiert selbst, wann sie die Kraft zum nächsten Schritt aufbringen kann. Der seelsorgliche Berater kann dazu beitragen, indem er ein Vertrauensverhältnis zum Klienten aufbaut und so einen geschützten Rahmen schafft. In der Beziehung zum Berater kann der Klient die Sicherheit finden, um sich den anstehenden Traueraufgaben zu stellen.

3.3.1 Die vier Traueraufgaben nach Worden

Im Folgenden stelle ich die vier Aufgaben der Trauerarbeit nach Worden vor.[465] Da Worden für jede dieser Aufgaben ein Ziel für die Beratung von Trauernden formuliert, führe ich in meiner Zusammenschau diese Ziele direkt nach der entsprechenden Aufgabe an.[466]

Aufgabe I: Den Verlust als Realität akzeptieren
Die erste Aufgabe besteht darin zu akzeptieren, dass der Tod endgültig ist und der Verstorbene nicht in dieses Leben zurückkehrt. Es ist nicht ungewöhnlich, dass Trauernde nach dem Verlust des ihnen nahestehenden Menschen noch einige Zeit das Gefühl haben, dass dieser ihnen in Träumen oder Erscheinungen begegnet und nahe ist. Verweigert sich jedoch der Trauernde dauerhaft der Einsicht, dass der Verstorbene tot ist, wird dieses *Nichtwahrhabenwollen*, das Leugnen des Verlustes, problematisch. Eine komplette Leugnung des Verlustes tritt allerdings selten auf. Häufiger ist die sogenannte *Mumifizierung*, bei der zum Beispiel das Zimmer des Verstorbenen unverändert erhalten bleibt. Demgegenüber kann der Verlust aber auch dadurch geleugnet werden, dass der Betroffene alle Ge-

[465] Vgl. Worden 2007, 19-25.
[466] Vgl. Worden 2007, 47.

genstände des Verstorbenen sehr schnell beiseite räumt und seine Bedeutung für das eigene Leben herunterspielt. So wird versucht, den Verstorbenen möglichst schnell zu vergessen und die schmerzliche Realität auszublenden.[467]

- *Erstes Ziel der Beratung: Die Realität des Verlustes verstärken*
  Hier ist nicht gemeint, die Realität des Verlustes dahingehend zu verstärken (*to increase the reality of the loss*), dass sich die Hinterbliebenen durch die Konfrontation überfordert fühlen. Unmittelbar nach einem Verlust, wenn der Gefühlsschock noch akut ist, wäre es falsch, dieses erste Ziel direkt anzugehen. Der Berater soll jedoch darauf achten, dass der Klient sein *Nichtwahrhabenwollen* der Situation nicht verstetigt. Daher lautet ein Beratungsgrundsatz: „*Man helfe den Hinterbliebenen, den Verlust zu aktualisieren*“[468]. Man kann sie zum Beispiel einladen über den Verlust zu sprechen und sich über die Umstände des Verlustes wiederholt austauschen. „Viele Menschen müssen die Ereignisse und den Hergang des Verlustes immer wieder durchgehen, bis sie wirklich begreifen, daß es geschehen ist.“[469] Dieser Vorgang kann einige Monate dauern und ist auch davon abhängig, ob der Verstorbene Gelegenheit hat, den Verlust mit Freunden oder Familienangehörigen zu besprechen.[470]

Aufgabe II: Den Trauerschmerz erfahren
Den Schmerz des Verlustes zu durchleiden umfasst alle negativ empfundenen physischen, emotionalen und behavioralen Reaktionen des Hinterbliebenen. Wird diesem Schmerz ausgewichen, werden nach Worden an anderer Stelle zum Beispiel gesundheitliche oder soziale Probleme auftreten.[471] Die Ursachen dieser Probleme liegen dann bei dem nicht verarbeiteten Verlust. Eine vorzeitige Distanzierung und emotionale Abkehr führen ferner dazu, dass der Trauerprozess ins Stocken gerät.[472] Schließlich lässt sich dieses negative emotionale Erleben der Trauer nicht durch andere Maßnahmen kompensieren.[473] Hier bestimmt auch das soziokulturelle Umfeld, wie diese Aufgabe bewältigt wird. Es gibt den Rahmen vor, innerhalb dessen der Einzelne sich verbal und nonverbal mitteilen kann.

---

[467] Vgl. Worden 2007, 19ff.
[468] Worden 2007, 51.
[469] Worden 2007, 51.
[470] Vgl. Worden 2007, 51f.
[471] Vgl. Worden 2007, 21.
[472] Vgl. Worden 2007, 21ff.
[473] Dazu bemerken auch Jerneizig, Langenmayr und Schubert: „Gerade aber auf der emotionalen Ebene muß eine Trauer bearbeitet werden, sie ist nicht nur rational begreifbar oder rational bearbeitbar.“ (Jerneizig, Langenmayr & Schubert 1991, 22)

- *Zweites Ziel der Beratung: Dem Beratenen helfen, ausgedrückte oder latente Affekte zu handhaben*
  Daraus ergibt sich als zweites Ziel der Beratung, dem Hinterbliebenen zu helfen, seine Gefühle zu identifizieren und auszudrücken.[474] Worden behandelt exemplarisch die Gefühle Zorn, Schuld, Angst und Hilflosigkeit sowie Traurigkeit, bei denen er eine besondere Relevanz für die Trauerarbeit sieht. Ich greife an dieser Stelle nur das Beispiel des Zorns auf, um eine mögliche Vorgehensweise in der Beratung zu veranschaulichen. Schließlich ist Zorn eine der wenigen Emotionen, „die Männern in unserer Gesellschaft bereitwillig zugestanden werden"[475]. Worden schreibt: „Beim Verlust eines wichtigen Menschen neigt der Hinterbliebene zu Regression, er kommt sich hilflos vor, glaubt ohne den verlorenen Menschen nicht weiterleben zu können – und mit diesen Angstgefühlen steigt Zorn in ihm auf."[476] Zorn kann sich gegenüber drei Adressaten entwickeln: dem Verstorbenen, dem Umfeld wie zum Beispiel den behandelnden Ärzten, oder sich selbst.[477] Ein starker Zorn gegenüber dem Verstorbenen kann jedoch die positiven Beziehungsaspekte verdecken, so dass der Berater dabei helfen sollte, den Blick auch auf die positiven Gefühle gegenüber dem Verstorbenen zu richten. Ziel ist es, ein realistisches Bild von der Beziehung zum Verstorbenen zu entwickeln, in dem die Ambivalenzen, die fast jede Beziehung aufweist, gegeneinander abgewogen werden. Häufiger wird der Zorn auf den Verstorbenen aber nicht eingestanden, sondern auf andere Menschen aus dem Umfeld abgelenkt.[478] Uneingestandener Zorn kann sich aber auch auf die eigene Person verlagern. Dies wird mittel- und langfristig die Lebenszufriedenheit reduzieren und kann zu Depressionen führen.[479] Daher ist es die Aufgabe des Beraters, dabei zu helfen, auch negative Gefühle gegenüber dem Verstorbenen zu verbalisieren. Worden schlägt dafür die folgende Formulierung vor: „In welcher Hinsicht fehlt er Ihnen?"[480] und „In welcher Hinsicht fehlt er Ihnen *nicht*?"[481] Der Klient kann sich dann mit dem Verlust selbst beschäftigen und die damit verbundenen Gefühle fokussieren.

---

[474] Vgl. Worden 2007, 47, 52-57.
[475] Levang 2002, 91.
[476] Worden 2007, 30. Zum Stichwort *Zorn* als typischer Trauerreaktion bei Männern siehe Levang 2002, 89-97.
[477] Vgl. Worden 2007, 52ff.
[478] Vgl. Kast 1982, 91-94.
[479] Vgl. Worden 2007, 53.
[480] Worden 2007, 53.
[481] Worden 2007, 53.

Aufgabe III: Sich anpassen an eine Umwelt, in der der Verstorbene fehlt
Die dritte Aufgabe wird aktuell, wenn der Ausnahmezustand, der durch den Tod eintritt, zu Ende geht und der Alltag reorganisiert werden muss (zum Beispiel wenn der Hinterbliebene im ehemals gemeinsamen Haushalt feststellt, welche Tätigkeiten sie oder er nun selbst übernehmen muss). Das betrifft finanzielle und soziale Abläufe, aber auch die Zeitstruktur, die zuvor von partnerschaftlichen Terminen geprägt war.[482]

- *Drittes Ziel der Beratung: Dem Beratenen helfen, verschiedene Hindernisse bei der Neuanpassung nach dem Verlust zu überwinden*
  Bei diesem dritten Ziel der Beratung geht es nicht darum, dem Klienten im Lebensalltag Entscheidungen oder Arbeiten abzunehmen. Vielmehr bestärkt man ihn darin, notwendige Entscheidungen selbst zu treffen – auch solche, die zuvor der Verstorbene getroffen hat oder die gemeinsam getroffen wurden.[483] Worden warnt davor, in dieser Umbruchsituation den Lebensalltag radikal umstellen zu wollen. Ein Wohnort- oder Stellenwechsel kann die Anpassung eher erschweren – denn den Trauerschmerz und die Adaption kann eine solche Umstellung nicht dauerhaft verhindern.[484]

Aufgabe IV: Emotionale Energie abziehen und in andere Beziehungen investieren
Worden schreibt, diese vierte und letzte Aufgabe sei für viele Menschen die schwierigste. Die Ablösung von Erinnerungen und Erwartungen, die sich auf den Toten beziehen, fällt vielen Menschen schwer, da sie den Eindruck haben, dadurch diese Beziehung zu verraten. Die Trauer ist aus dieser Perspektive der fortwährende Ausdruck dafür, dass der Verstorbene für das eigene Leben eine Bedeutung hat, die nicht ersetzbar ist. Gerade bei einem Partnerverlust kann dies eine neue (Paar-)Beziehung verhindern.[485]

- *Viertes Ziel der Beratung: Den Beratenen ermutigen, sich von dem Verstorbenen emotional in gesunder Weise abzulösen und die freigewordene Emotion getrost in eine andere Beziehung einzubringen*
  Worden bezieht sich bei diesem Ziel, wie bereits bei Aufgabe IV geschildert, stark auf das Eingehen einer neuen Paarbeziehung – vermutlich, weil sich hier die Aufgabe IV häufiger als problematisch erweist. Die Beziehung zum verstorbenen Partner sollte nach Wor-

---

[482] Vgl. Worden 2007, 23f.
[483] Vgl. Worden 2007, 47, 57f.
[484] Vgl. Worden 2007, 58.
[485] Vgl. Worden 2007, 24f.

den nicht auf unbestimmte Zeit einer neuen Partnerschaft im Wege stehen. Jedoch sollte eine neue Beziehung auch nicht überhastet eingegangen werden, da sich das alte Beziehungsmuster nicht identisch reproduzieren lässt und der neue Partner auf eine Ersatzrolle festgelegt bliebe.[486]

Zu den Grundsätzen der Trauerberatung zählt nach Worden ferner, dass man Trauernden ausreichend Zeit lassen muss. Entsprechend favorisiert er einen zeitlich ausgedehnten Begleitungsprozess. Der Berater soll kontinuierlich im ersten Jahr nach dem Todesfall zur Verfügung stehen.[487] Außerdem ist es wichtig, individuelle Unterschiede im Trauerprozess einzukalkulieren und zuzulassen. Die Kunst besteht dann darin, zu erkennen, ob die Reaktionen zur *normalen* Trauer dazugehören oder sich krankhaft entwickeln.[488]

Der Ansatz Wordens stimmt mit zentralen Elementen der meisten Trauerberatungsansätze überein.[489] Zu diesen gehört es, den Trauernden dabei zu helfen, ihre Gefühle und Gedanken zu verbalisieren. Dies zeigt ihnen auch, dass ihre Trauersymptome als normaler Teil der Trauer akzeptiert werden. Ferner geht es um eine möglichst wertfreie Betrachtung der Vergangenheit, um die eigenen Erinnerungen zu ordnen. Schließlich wird die Endlichkeit des Trauerprozesses aufgezeigt, um neue Perspektiven zu entwickeln und den Lebensalltag neu zu gestalten.

3.3.2 Determinanten der Trauer

Die Intensität der Trauer und ihr zeitlicher Verlauf unterscheiden sich von Fall zu Fall. Worden führt diesbezüglich insgesamt sechs Kategorien von Determinanten der Trauer an, die individuell abschätzen lassen, was die Trauerarbeit – sei es positiv oder negativ – beeinflusst.[490] Diese stelle ich im Folgenden vor:

1) Wer war der Verstorbene?
   War es ein nahestehender oder ein entfernter Verwandter oder Bekannter? War es ein junger oder alter Mensch? Wie lange war der Trauernde mit dem Verstorbenen bekannt? Die Frage nach dem Ver-

[486] Vgl. Worden 2007, 47, 58f.

[487] Vgl. Worden 2007, 62.

[488] Unter Umständen muss der Berater dem Klienten dann zu einer speziellen Therapie raten. Vgl. Lamp & Smith 2004, 1144.

[489] Vgl. Jerneizig, Langenmayr & Schubert 1991, 45.

[490] Eine ähnliche Sammlung von Bedingungen, die den Verlauf der Trauer beeinflussen, findet sich bei Bowlby. Vgl. Bowlby 2006, 167-188.

storbenen selbst ist der Ausgangspunkt, um einschätzen zu können, wie der Hinterbliebene auf den Verlust reagiert.[491]

2) Der Charakter der Bindung
Worden nennt hierzu drei Aspekte[492]: Einmal bestimmt die *Stärke der Bindung* die Trauer. Eine intensive Liebesbeziehung oder Eltern-Kind-Bindung bewirkt größeren Verlustschmerz als eine weniger intensive Bindung. Des Weiteren ist die *Sicherheit der Bindung* von Bedeutung, die, wenn sie viel zum Selbstwertgefühl und Wohlbefinden des Hinterbliebenen beigetragen hat, nach dem Verlust fehlt und betrauert werden muss. Bei Trauernden, die durch den Verlust erhebliche Einbußen in ihrem Selbstwertgefühl erleiden, verschlechtert sich auch die gesundheitliche und soziale Situation.[493] Zuletzt ist nach der *Ambivalenz der Beziehung* zu fragen. Hier geht es darum, welche positiven und negativen Seiten und Gefühle die Beziehung prägten. Problematisch sind vor allem hochambivalente Beziehungen, die konträre Emotionen hervorrufen und so die emotionale Trennung vom Verstorbenen erschweren.[494] Aufgrund der verzögert auftretenden Schuldgefühle bei hochambivalenten Beziehungen kann sich die Trauerbewältigung vor allem langfristig als problematisch erweisen.[495]

3) Art und Weise des Todes
Ob der Tod absehbar war oder plötzlich eintrat, ist für den Bewältigungsprozess der Hinterbliebenen von großer Bedeutung.[496] Konnte er antizipiert werden, ist es tendenziell leichter, die Realität des Todes anzunehmen, auch weil der Lebensalltag häufig bereits umgestellt wurde. Außerdem bestand die Möglichkeit, bewusst voneinander Abschied zu nehmen.[497] Außergewöhnliche Todesursachen wie

---

[491] Vgl. Worden 2007, 41.
[492] Vgl. Worden 2007, 41f.
[493] Vgl. Jerneizig, Langenmayr & Schubert 1991, 20.
[494] Vgl. Lamp & Smith 2004, 1142.
[495] Vgl. Jerneizig, Langenmayr & Schubert 1991, 41f. Vgl. auch Kast 1982, 94-101.
[496] Vgl. Worden 2007, 42. Diesen perimortalen Aspekt behandelt Kerstin Lammer für den Bereich *Tod und Trauer im Krankenhaus* genauer. Vgl. Lammer 2006, 233-276.
[497] Vgl. Jerneizig, Langenmayr & Schubert 1991, 40f. Bei dem Autorenteam heißt es dazu weiter: „In der Folge eines solchen gemeinsamen Abschiedes können die Schuldgefühle, die Bestandteil fast jeder Trauer sind, deutlich geringer ausgeprägt sein." (Jerneizig, Langenmayr & Schubert 1991, 41)

zum Beispiel ein Unfall oder Suizid können den Bewältigungsprozess hingegen behindern.[498]

4) Frühere einschlägige Erfahrungen
Wie ging der Hinterbliebene mit früheren Verlusterfahrungen um?[499] Was hat es der Person in der Vergangenheit schwer gemacht, mit Verlusten umzugehen? Die Erfahrungen mit früheren Verlusten prägen den Umgang mit dem aktuellen Verlust. Hat sich die Person in zurückliegenden Krisen und bei Verlusten überfordert und ohnmächtig gefühlt, wird es ihr in der Trauer schwerer fallen, auf eine gute Lösung zu vertrauen.

5) Persönlichkeitsvariablen
Worden zählt hierzu Alter, Geschlecht und den Umgang mit Gefühlen sowie mit Angst- und Stresssituationen. Die psychische Gesundheit vor dem Verlust wirkt sich darauf aus, wie mit der Belastung durch die Trauer umgegangen wird.[500] Ein Grund dafür, den mit der Trauer verbundenen Gefühlen auszuweichen, kann zum Beispiel darin liegen, dass die Person sich selbst nicht erlaubt, *schwach* zu sein. Die Identifizierung mit der Rolle des *Starken*, der keine Schwäche zeigen darf, kann verhindern, dass der Trauerschmerz zugelassen wird.

Ferner spielt das Selbstvertrauen und die in der frühen Kindheit entwickelte Bindungssicherheit eine Rolle. Fehlt das Vertrauen in die eigene Person und in zwischenmenschliche Bindungen, kommt es nach einem Verlust zu starken Gefühlen der Hilflosigkeit. Dies hat zur Folge, dass der Ablösungsprozess be- oder verhindert wird.

6) Soziale Variablen
Auf gesellschaftlicher Ebene gibt der soziokulturelle Kontext bestimmte Trauerformen und Rituale vor.[501] Auf der Ebene des sozialen Nahbereichs umfassen die sozialen Variablen die familiäre und nachbarschaftliche Unterstützung. Voraussetzung dafür, dass Menschen in ihrem sozialen System Unterstützung finden, ist die Bezie-

---

498 Darüber hinaus erschwert das Aufeinandertreffen mehrerer Belastungsfaktoren die Trauerbewältigung. Dies ist zum Beispiel der Fall, wenn der Verlust bei einem Unfall erfolgte, bei dem noch andere Angehörige zu Schaden kamen oder der Trauernde selbst verletzt wurde. Vgl. Lamp & Smith 2004, 1141f.

499 Vgl. Worden 2007, 42f.

500 Vgl. Worden 2007, 43.

501 Vgl. Worden 2007, 43-44. In welchem Maße sich Rituale positiv auf die Trauerarbeit auswirken, ist nach Worden noch unzureichend erforscht. Ohnehin nehmen die prägende Kraft und die Verbindlichkeit ritueller Trauerformen in postmodernen Gesellschaften kontinuierlich ab. Vgl. Lamp & Smith 2004, 1139.

hungsqualität vor dem Verlust. Hochambivalente Beziehungen oder eine Tabuisierung des konkreten Todesfalls innerhalb dieses sozialen Subsystems behindern den Trauerprozess.

3.3.3 Kritik am Aufgabenmodell nach Worden

Das Aufgabenmodell nach Worden ist zwar kein lineares Phasenmodell, unterscheidet aber vier typische Elemente, die als Aufgaben formuliert werden. Da diese Aufgaben nicht in beliebiger Reihenfolge bearbeitet werden können, liegt auch hier eine chronologische Abfolge nahe. Manche der oben beschriebenen Gefahren in der Anwendung eines Phasenmodells bestehen damit fort. Der Berater würde nicht fragen: In welcher Phase befindet sich der Klient?, sondern: Welche Aufgabe beschäftigt ihn gerade? So ist hier der Hinweis notwendig, dass Trauer nicht wie ein Aufgabenkatalog abgearbeitet werden kann, sondern einen individuellen Verlauf mit Brüchen, Sprüngen und Wiederholungen nimmt.

Während Phasenmodelle den Eindruck erwecken, Trauer sei vor allem ein passives Geschehen, bei dem der Trauernde wenig steuern und beeinflussen kann, so kann bei einem Aufgabenmodell der Eindruck entstehen, Trauer sei in erster Linie ein aktives Geschehen. Bewusste Entscheidungen und Handlungen sind jedoch nicht bedeutsamer als Vorgänge, die nicht bewusst gesteuert werden, wie zum Beispiel Träume oder Zeiten der Entspannung. Daher gehören sowohl aktive als auch passive Elemente zum Trauerprozess.

Die Komplexität des Trauervorganges geht auch über das Modell nach Worden hinaus. Auf vielfältige Weise ließen sich die vier Aufgaben noch weiter ausdifferenzieren. Kerstin Lammer hat zum Beispiel Wordens Modell aufgegriffen und es im Blick auf die perimortale Trauer und Trauerbegleitung ergänzt.[502]

3.4 Analogie zum Arbeitsplatzverlust

Nach einem existentiellen Verlust gilt es in der Beratung, darauf hinzuarbeiten, dass sich die Person an eine veränderte Umwelt anpassen kann. Die wertschätzende und einfühlsame Haltung des Beraters soll dem Klienten helfen, sich dem schmerzhaften Bewältigungsprozess zu stellen. Im Folgenden wird dargelegt, wie sich diese Trauerarbeit nach dem Verlust des Arbeitsplatzes gestaltet.

[502] Vgl. Lammer 2006, 224f.

3.4.1 Grenzen der Analogie

Die Trauer nach einem Personenverlust unterscheidet sich naturgemäß von der Reaktion auf den Verlust des Arbeitsplatzes. Wenn im Folgenden von Analogien gesprochen wird, die zwischen den beiden Verlusterfahrungen bestehen, ist zuvor eine klare Abgrenzung nötig. Folgende Aspekte sind dabei von Bedeutung:

- Ein Unterschied besteht darin, dass nur zwischen zwei Menschen vom *Charakter der Bindung* gesprochen werden kann. Intakte zwischenmenschliche Beziehungen stiften Sinn, emotionale Unterstützung und Wertschätzung. Die Zeit, die miteinander verbracht wurde, findet Eingang in das Selbstkonzept und die Weltdeutung des Klienten. Der Verlust des Bezugspartners wirkt hier irritierend und destabilisierend. Beim Arbeitsplatzverlust steht dagegen der Verlust einer Tätigkeit im Vordergrund. Auch wenn mit der Tätigkeit viele soziale Kontakte verbunden waren, ist die Bindung an einen bestimmten Menschen, zum Beispiel in einer Paarbeziehung, damit nicht zu vergleichen.
- Ein weiterer Aspekt besteht darin, dass nach dem Verlust des Arbeitsplatzes die Tätigkeit in anderen Bezügen theoretisch wieder aufgenommen werden kann. So ist die *Endgültigkeit des Verlustes* bei Arbeitslosigkeit in der Regel nicht gegeben. Während der Arbeitslose hoffen kann, wieder eine Stelle zu finden, ist eine vergleichbare Hoffnung nach dem Tod eines geliebten Menschen (innerweltlich) nicht gegeben.
- Die *Folgen* eines Personenverlustes und des Arbeitsplatzverlustes unterscheiden sich darin, welche Lebensbereiche neu organisiert werden müssen. Die Beziehung zum Verstorbenen hat in aller Regel unter anderem das Privatleben, Freizeit und Familie mitgeprägt. Beim Arbeitsplatzverlust ist hingegen die Zeit betroffen, die vorher durch den Beruf ausgefüllt war. War das Selbstwertgefühl der Person stark auf den beruflichen Erfolg bezogen, stellt sich die Frage nach einem Ersatz. Es bestehen folglich andere Herausforderungen für die Neuorganisation des Lebensalltags und der Selbstdefinition.
- *Soziokulturelle Unterschiede*: Es gibt unterschiedliche soziokulturelle Erwartungen, wie sich der Betreffende bei einem Personenverlust oder einem Arbeitsplatzverlust verhalten sollte. Traurigkeit und Gefühlsausbrüche werden bei Personenverlust toleriert bzw. sogar erwartet. Beim Arbeitsplatzverlust gibt es keine etablierten Rituale, um Abschied nehmen zu können. Vielmehr wird häufig sozialer und dis-

ziplinarischer Druck ausgeübt, dass der Arbeitslose möglichst bald wieder eine Anstellung findet. Seelischen Bedürfnissen wird kaum Platz eingeräumt, weil erwartet wird, dass die Person dem Arbeitsmarkt umgehend wieder zur Verfügung steht.[503]

- Die Frage nach *Verantwortung und Schuld* stellt sich bei Personenverlust in besonderer Weise nach einem Suizid oder einem Unfall. Aber auch bei einer natürlichen Todesursache können Schuldgefühle auftreten: „Sprichwörtlich zerbrachen sich viele Klienten den Kopf darüber, warum gerade sie diesen schmerzlichen Verlust erleiden mußten, was sie noch hätten anders machen können, wo sie eventuell gefehlt oder etwas versäumt hatten, wo ihre Schuld am Tode des geliebten Partners liegen könnte."[504] Die Ansicht, selbst für den Verlust verantwortlich zu sein, kann sehr belastend sein. Wird dagegen ein anderer als Verantwortlicher ausgemacht, kommt es häufig zu Zorn und Wut. Hier benötigt man in der Trauerarbeit Raum, um die subjektiven Schuldgefühle oder -zuweisungen einer Realitätsprüfung zu unterziehen.

  Beim Arbeitsplatzverlust stellt sich die Frage nach der Verantwortung unter anderen Vorzeichen: Sie berührt auch gesellschaftsstrukturelle Aspekte. In der Beratung sollten daher auch die wirtschaftlichen und politischen Zusammenhänge besprochen werden.

Trotz dieser genannten Gründe schließe ich mich der Einschätzung der evangelischen Theologin Sibylle Tobler an: „Solange Erwerbsarbeit ein gesellschaftlich zentraler Wert und Hauptquelle ökonomischer Existenzsicherung ist, wird Arbeitslosigkeit kaum anders als Verlusterfahrung verstanden werden."[505] Daraus ergibt sich die Möglichkeit, auch die Bewältigungsstrategien beider Verlustarten miteinander zu vergleichen.

3.4.2 Zur Übertragbarkeit der Ergebnisse

Bei der Übertragung der Ergebnisse aus der Trauerforschung auf die Situation von Arbeitslosen setze ich voraus, dass die Arbeitsstelle für den Betroffenen eine gewisse Bedeutung hatte und eine neue Stelle nicht bereits fest in Aussicht steht.

Die Aufgaben, die Worden für die Trauerarbeit bei Personenverlust formuliert, lassen sich auf die Situation nach einem Arbeitsplatzverlust über-

[503] Vgl. Kuhnert 2004, 969.
[504] Jerneizig, Langenmayr & Schubert 1991, 19.
[505] Tobler 2004, 63.

tragen. Dazu habe ich die Aufgabenbeschreibungen entsprechend umformuliert.

Aufgabe I: Den Verlust als Realität akzeptieren
Während der Tod einer nahe stehenden Person einen endgültigen Verlust bedeutet, kann auf den Verlust des Arbeitsplatzes eine Neuanstellung folgen. So kann zum Beispiel gegen eine Kündigung erfolgreich Widerspruch eingelegt werden. Die neue Realität zu akzeptieren, kann gerade dadurch erschwert werden, dass es diese Möglichkeit und die (vage) Aussicht auf Wiederherstellung der gewohnten Verhältnisse gibt.[506] Für die Verlustbewältigung ist es jedoch unabdingbar, sich den Arbeitsplatzverlust einzugestehen. Der Berater soll dabei helfen, „die Gegenwart in der Arbeitslosigkeit zu akzeptieren, sich also weder in Vorwürfen über Vergangenes noch in Idealisierungen früherer Situationen zu flüchten."[507]

Aufgabe II: Den Trauerschmerz erfahren
Bei Arbeitsplatzverlust kann der eigene Anspruch, möglichst schnell wieder zu *funktionieren* und produktiv zu sein, verhindern, dass die zweite Aufgabe bewältigt wird. Ferner mag es leichter fallen, sich den Trauerschmerz bei Personenverlust einzugestehen als nach dem Verlust der Arbeitsstelle. Dabei kommt nach dem Arbeitsplatzverlust erschwerend hinzu, dass das Gefühl, nicht mehr für eine Tätigkeit gebraucht zu werden, das Selbstwertgefühl beeinträchtigt. Die emotionale Bewältigung dieser Kränkung erfordert Kraft und Zeit: Der Berater muss daher einschätzen können, ob der Klient aktuell die nötigen Ressourcen mitbringt, um den Trauerschmerz zu durchleben.

Aufgabe III: Sich anpassen an eine Umwelt, in der die berufliche Tätigkeit fehlt
Je nach Aufgabe und beruflicher Position wird der Alltag einer Person mehr oder weniger stark von der Arbeit strukturiert. Vor allem, wenn nicht absehbar ist, wann eine neue berufliche Tätigkeit ergriffen werden kann, muss der Alltag neu organisiert und die frei gewordene Zeit anders genutzt werden. Dies kann vor allem dann problematisch werden, wenn sich im gemeinsamen Haushalt auch andere Personen in ihren Abläufen umstellen müssen. Es kann als Einmischung erlebt werden, wenn der Arbeitslose in Entscheidungen, die bisher der Partner getroffen hat, nun einbezogen werden will.[508] Ferner fällt zumindest ein Haushaltseinkommen weg, so dass meist viele Lebensgewohnheiten verändert werden müssen. Neben diesen äußeren Anpassungen ist eine innere Umstellung von Nö-

---

506 Vgl. Siedler 2006, 150-153.

507 Tobler 2004, 106.

508 Vgl. dazu Kapitel 1.3.2.2 im zweiten Teil dieser Arbeit.

ten, um das Selbstkonzept auf die neue Situation auszurichten. Eine hohe Berufsorientierung ruft zum Beispiel fortwährend Diskrepanzerfahrungen zwischen den Ansprüchen des Selbstkonzepts und den eigenen Handlungen hervor.

Aufgabe IV: Emotionale Energie abziehen und in eine andere Aufgabe investieren
Um diese vierte Aufgabe bewältigen zu können, muss der Arbeitslose sich Klarheit darüber verschafft haben, welchen Stellenwert und welche Funktion die berufliche Tätigkeit in seinem Leben hatte. So ist in der Beratung zu fragen: Welche Aspekte an seinem Beruf fehlen dem Klienten, auf welche Aspekte kann er leichter verzichten? Welche Bedeutung hatte für ihn der Kontakt zu anderen Menschen im Beruf? Aus den Antworten auf diese Frage ergeben sich Hinweise darauf, welche praktischen Bewältigungsmöglichkeiten es gibt. Auch bei Arbeitslosigkeit kann diese Aufgabe fehlgehen und die Trauer unbewältigt bleiben, etwa wenn der Arbeitslose apathisch wird und sich innerlich nicht von seiner alten Stelle lösen kann.

Emotionale Energie meint in diesem Zusammenhang, dass sich der Arbeitslose für eine neue Tätigkeit begeistern kann und Freude daran entwickelt. Diese Tätigkeit kann beruflicher Natur sein, aber auch im sozialen Bereich angesiedelt, zum Beispiel bei der Betreuung der eigenen Kinder oder einem ehrenamtlichen Engagement. In dieser Hinsicht ist auch das Alter des Klienten von Bedeutung: Junge Menschen können sich meist leichter beruflich umorientieren als Ältere.[509]

Die Aufgaben für die Verarbeitung eines Arbeitsplatzverlustes stehen ebenfalls in einer logischen Reihe und können folglich nicht in einer beliebigen Abfolge bewältigt werden. Dennoch kann es auch hier zu Brüchen, Auslassungen und Wiederholungen kommen.

3.4.3 Determinanten der Trauer bei Arbeitsplatzverlust

In Kapitel 1.3 in diesem Teil wurde bereits bei den dimensionalen Zugängen gezeigt, wovon die individuellen Reaktionen bei Arbeitslosigkeit abhängen. Aufbauend auf dieser Beschreibung wird im Folgenden ein Überblick über die Determinanten der Trauer bei Arbeitsplatzverlust gegeben.

1) Welchen Stellenwert hatte der Arbeitsplatz?
   In der Beratung wird die Bedeutung der bisherigen Arbeitsstelle thematisiert. Es wird danach gefragt, welche Bedeutung die Stelle

[509] Vgl. Schoppa 2010, 47f.

im Blick auf die eigene Biografie hatte. Hinweise darauf geben zum Beispiel die Beschäftigungsdauer und der Aufwand, der erbracht wurde, um diese Stelle ausfüllen zu können (zum Beispiel Art und Dauer der Ausbildung).

2) Der Grad der Identifikation
Hier formuliere ich in Anlehnung an Worden drei Aspekte, die die Identifikation und Verbundenheit mit der Arbeitsstelle betreffen:

Die *Stärke der Identifikation* mit der beruflichen Rolle und dem Arbeitsverhältnis hat Einfluss auf die Intensität der Verlustreaktion. Von einer starken Identifikation ist auszugehen, wenn der Betreffende sich stark über seinen Beruf oder die spezifische Arbeitsstelle definiert hat.

Außerdem ist die *Sicherheit durch die berufliche Stelle* relevant, einmal im Blick auf die finanzielle Absicherung, aber auch hinsichtlich des Selbstwertgefühls und des persönlichen Glücksempfindens.

Die *Ambivalenz der erlebten beruflichen Situation* war eventuell geprägt durch das (fehlende) Gemeinschaftsgefühl mit den Kollegen, die (Un-)Zufriedenheit mit der Tätigkeit als solcher, die Lohnhöhe und andere Faktoren. War die Konstellation diesbezüglich hochambivalent, wird auch hier die Trauerarbeit erschwert, da die Gefahr einer einseitigen Dämonisierung oder Idealisierung besteht.

3) Art und Weise des Arbeitsplatzverlustes
Wie der Verlust erlebt wird, hängt unter anderem von den Begleitfaktoren ab: Geschah der Verlust plötzlich oder war er absehbar? „Der empirische Nachweis, dass die Antizipation der Arbeitslosigkeit ebenso bedeutsam wie das Krisenereignis selbst ist, wird bisher in der arbeitsmarkt- wie gesundheitspolitischen Diskussion noch weitgehend ignoriert."[510] Ferner ist danach zu fragen, welche Gründe für den Stellenverlust relevant waren. Gibt sich der Betroffene selbst die Verantwortung? Gab es im Vorfeld Abmahnungen und Konflikte mit dem Arbeitgeber? Waren nur Einzelne betroffen oder eine größere Gruppe, etwa ein ganzes Team? Die Gründe für den Arbeitsplatzverlust beeinflussen stark die Reaktionen darauf. Wird frühzeitig während des Prozesses der Entlassung angesetzt, können Stressoren antizipiert werden. Moderne *Outplacement-* bzw. *Replacement-*Konzepte sollen es ermöglichen, bereits vor dem Stellenverlust eigene Ressourcen wahrzunehmen und neue Perspektiven

[510] Kuhnert 2004, 962.

zu entdecken.[511] Daher sollte die seelsorgliche Beratung bereits für diejenigen angeboten werden, deren Arbeitsverhältnis instabil ist oder deren Kündigung sich absehen lässt.

4) Frühere einschlägige Erfahrungen
Perioden der Arbeitslosigkeit kann es in einem beruflichen Werdegang wiederholt geben. Vorerfahrungen prägen auch hier den Umgang mit der aktuellen Verlusterfahrung. Die Reaktionen nach dem Verlust des Arbeitsplatzes geben demnach Hinweise darauf, wie und ob eine Person in ihrem Leben gelernt hat, mit Verlusterfahrungen umzugehen. Die Aktualisierung unabgeschlossener Trauerprozesse, ausgelöst durch den Verlust des Arbeitsplatzes, bietet die Möglichkeit, neue Formen der Trauerbewältigung einzuüben. So können auch zurückliegende Verluste nachträglich *mit-betrauert* werden.

Dennoch gilt: Das aktuelle Erleben und seine Verbalisierung sind für die personzentrierte Beratung von elementarer Bedeutung.[512] Das unmittelbare gefühlsmäßige Erleben weist Wege, um Lösungen zu entwickeln.

5) Persönlichkeitsvariablen
Wie bei einem Personenverlust gelten hier die Variablen: Alter und Geschlecht, Umgang mit Gefühlen sowie mit Angst- und Stresssituationen. Die psychische Gesamtdisposition ist ein zentraler Ausgangspunkt für die Abschätzung des Trauerprozesses. In der Trauerforschung zeigt sich, dass Männer und Frauen grundsätzlich die gleichen Traueraufgaben zu bewältigen haben. Allerdings können geschlechtstypische Verhaltensweisen den Umgang mit Emotionen beeinflussen.[513] Männer haben häufiger Schwierigkeiten damit, ihre Gefühle wahrzunehmen und auszudrücken, da dies dem vorherrschenden Bild von Männlichkeit zuwiderläuft.[514]

6) Soziale Variablen
Nicht nur die Beziehungen zu ehemaligen Kollegen stehen nach einem Arbeitsplatzverlust unter Veränderungsdruck, auch die familiären und nachbarschaftlichen Kontakte können meist nicht auf ge-

---

[511] Vgl. Kieselbach 2001, 386f.

[512] An diesem Punkt ist zu berücksichtigen, dass der Klient in seinem Erleben auch *emotionsüberflutet* sein kann und dann eher der Strukturierung seiner chaotischen Gefühle bedarf. In der personzentrierten Beratung ist daher darauf zu achten, bei der Verbalisierung der Gefühle schrittweise vorzugehen, um den Klienten nicht zu überfordern. Vgl. dazu Lamp & Smith 2004, 1145.

[513] Vgl. Levang 2002, 34-37.

[514] Vgl. Levang 2002, 105ff.

wohnte Weise weitergeführt werden. Dies kann bei allen Beteiligten Unsicherheiten im Umgang miteinander erzeugen. „Menschen, die entlassen werden, machen häufig die Erfahrung, dass der Kontakt zu den Kollegen, der oft ja auch in den privaten Bereich hineingeht, abbricht. Das ist – neben den materiellen Existenzängsten – ein großer Stressfaktor. In unserer Arbeitsgesellschaft werden soziale Kontakte oft über die Erwerbstätigkeit organisiert. Fehlt nach einer Kündigung dieser Gesprächsgegenstand, wissen beide Seiten oft nicht mehr, worüber sie reden sollen.“[515]

3.5 Fazit zu den Analogien eines Trauerprozesses

In der seelsorglichen Beratung arbeitsloser Männer geht es darum, den Bewältigungsprozess nach einer gravierenden Verlusterfahrung konstruktiv zu begleiten. In diesem Teil der Arbeit wurde gezeigt, welche Erkenntnisse aus der Forschung zur Hinterbliebenentrauer sich auf den Beratungsprozess mit Arbeitslosen übertragen lassen. Der Blick auf diese spezifische Form der Trauerarbeit eröffnet Wege, Menschen dabei zu unterstützen, von bisherigen Selbstbildern und Lebensvorstellungen Abschied nehmen, um neue Einstellungen und Ziele zu entwickeln.

Die Ausführungen zur Trauerforschung lassen sich in folgenden Punkten zusammenfassen:

1. Um Veränderungen am Selbstkonzept zu ermöglichen, ist es gemäß den Traueraufgaben nach Worden unverzichtbar, den Verlust als solchen bewusst zu machen und zu akzeptieren.
2. Der Klient steht darüber hinaus vor der Aufgabe, sich auch den negativen Emotionen der Trauer zu stellen. Dann ist es möglich, sich auf die veränderte Situation nach dem Verlust einzustellen und sich anschließend neuen Projekten und Aufgaben zuzuwenden.
3. Von der Trauerberatung lässt sich für die Arbeitslosenberatung lernen, wie mit persönlichen Verletzungen und Tabuthemen umgegangen werden kann. Über den Tod an sich und den Tod eines Angehörigen im Speziellen zu sprechen, fällt vielen Menschen schwer.[516] Den Verlust des Arbeitsplatzes zu thematisieren, ist ebenfalls mit vielen Unsicherheiten und Ängsten behaftet. Die seelsorgliche Beratung zielt darauf ab, diese Sprachlosigkeit zu überwinden.

[515] Kieselbach 2010, 72.

[516] Vgl. Jerneizig, Langenmayr & Schubert 1991, 46ff.

4. Nach einem existentiellen Verlust haben viele Klienten Gefühle von Ohnmacht und Hilflosigkeit. Worden zeigt jedoch, dass jede Trauer auch eine aktive Seite hat. Der Berater hilft dem Klienten, sich aktiv mit seiner Verlusterfahrung auseinanderzusetzen. Die vier Traueraufgaben nach Worden bieten dabei eine wichtige Orientierungshilfe.

Das Trauermodell nach Worden zeigt meiner Ansicht nach, dass es in der Arbeitslosenberatung nicht vorschnell um die Suche nach einer neuen Aufgabe gehen kann. Die Verlustbewältigung würde sonst bei der vierten Traueraufgabe beginnen. Der seelsorgliche Berater geht quasi einen Schritt zurück, wenn er die ersten drei Traueraufgaben in den Blick nimmt. Dies mag in der Beratung dem Klienten, der nach einer neuen Arbeitsstelle sucht, zuerst unnötig erscheinen. Daher wird der Berater unter Umständen für sein Vorgehen werben müssen, um tatsächlich einen Entwicklungsprozess auf der Persönlichkeitsebene anzustoßen.

Dritter Teil: Praxisbezogene Konsequenzen

1. Zum Profil seelsorglicher Beratung mit der Zielgruppe arbeitsloser Männer

1.1 Vorbemerkung

Der dritte Teil dieser Arbeit legt den Fokus auf das Spannungsverhältnis, in dem seelsorgliche Beratung stattfindet: Einerseits soll der Berater den Klienten lediglich dabei unterstützen, seine eigenen Entscheidungen zu treffen. Andererseits gehe ich davon aus, dass der seelsorgliche Berater das christliche Sinnangebot und Lebenswissen einbringen will, um dem Klienten zu helfen: „Wer auf Grund der eigenen Erfahrung mit Gott einen unwiderstehlichen Zwang verspürt, davon Kunde zu geben, wird am allerwenigsten dann schweigen können, wenn er, wie *in der seelsorglichen Begleitung,* in die Geschichte(n) des anderen verwickelt wird. Nicht nur, daß ihm die fremde Geschichte die eigene Heilungsgeschichte mit Gott unabweisbar in Erinnerung ruft. Er glaubt, in den Geschichten des anderen dessen Frage nach Gott, und was es vor Gott um dessen Geschichte sein könnte, förmlich mit Händen greifen zu können."[1]

Im Folgenden wird gezeigt, dass das Profil seelsorglicher Beratung nicht allein davon bestimmt ist, ob über Gott gesprochen wird. Die diakonische Dimension der Beratung zeichnet die seelsorgliche Arbeit vor jedem kerygmatischen Handeln aus. Jedoch ist auch das diakonische Handeln stets rückgebunden an bestimmte Leitvorstellungen und Werte des Helfenden. Man braucht eine weltanschauliche Beratungstheorie, um den Problemen und Fragen des Klienten eine Bedeutung zuweisen zu können.[2]

Hier stellt sich die Frage: „Wie zeigt sich Beratung, wenn man sie durch die Folie eines christlichen Menschenbildes betrachtet?"[3] An dieser Stelle für Transparenz zu sorgen, ist nicht nur bei kirchlichen Einrichtungen geboten. Letztlich sollte sich jeder Berater damit auseinander gesetzt haben, welches Welt- und Menschenbild seine Arbeit zumindest implizit prägt und wie seine Grundwerte und -überzeugungen in die Beratung einfließen.[4] Der Klient kann sich dann jederzeit Klarheit darüber verschaffen, auf welcher anthropologischen und weltanschaulichen Basis die Beratung erfolgt.

---

[1] Baumgartner 1990c, 547 (Hervorhebungen im Original).

[2] Vgl. Nestmann 2004, 790.

[3] Baumgartner 2007b, 12-13.

[4] Dafür ist es wie gesagt erforderlich, dass der Berater seine Haltung und Einstellungen gegenüber Erwerbslosen kritisch analysiert und sensibel ist für Beeinflussung durch Vorurteile des soziokulturellen Umfelds. Vgl. Schmid 1989, 211f.

Allerdings schenken diesen theoretischen Grundlagen der Beratung die betreffenden Einrichtungen oft wenig Beachtung. Dabei „ist es auch eine gesellschaftspolitische Aufgabe von Beratung als Wissenschaft, diese Überzeugungen offen zu legen und der Öffentlichkeit zur Auseinandersetzung anzubieten“[5]. Dies kann zum Beispiel im Leitbild, in Jahresberichten oder Veröffentlichungen geschehen. Diese Reflexion in der kirchlichen Beratungsarbeit geleistet zu haben und zu dokumentieren, kann ein erstes Qualitätsmerkmal gegenüber anderen Einrichtungen sein.

Die christlich fundierte Beratungstheorie des seelsorglichen Beraters steht nicht zur Disposition. Der Berater selbst darf und soll transparent machen, dass er auf den Gott der Bibel und seine Heilszusage vertraut.[6] Daher ist eine religiöse Sinndimension zu keinem Zeitpunkt ausgeschlossen – vor allem, wenn existentielle Fragen aufgeworfen werden.[7] Gleichwohl muss der Klient den religiösen Bezug dieses Menschenbildes nicht teilen, wenn er seelsorgliche Beratung in Anspruch nimmt.

So gehe ich im ersten Kapitel des dritten Teils auf die weltanschaulichen Aspekte seelsorglicher Beratung mit der Zielgruppe arbeitsloser Männer ein. Ferner stelle ich in diesem Kapitel die Herausforderungen und Grenzen vor, mit denen ein seelsorglicher Berater konfrontiert ist, wenn der Klient Interesse zeigt, mehr über den christlichen Glauben zu erfahren. Dabei geht es um die Frage, wie der christliche Glaube als alternatives Lebensmodell auf der Sprachebene im Beratungsprozess eingebracht und erschlossen werden kann.

Im zweiten Kapitel frage ich danach, wie der seelsorgliche Berater sich gegenüber dem beschriebenen Spannungsverhältnis methodisch verhalten kann. Ausgangspunkt sind dabei zwei Feststellungen:

a) Der christliche Glaube basiert auf *Narrationen*. Die Heilsgeschichte Gottes mit den Menschen erschließt sich aus biblischen Erzählungen und der Lebens- und Leidensgeschichte Jesu Christi. Der einzelne Mensch kann sich mit seiner Lebensgeschichte als Teil dieser Heilsgeschichte verstehen, ist doch nach christlichem Verständnis die Geschichte des Menschen mit der Geschichte Gottes von Anfang an verwoben.

b) Die narrative Psychologie stellt fest, dass jeder Mensch sein Leben in unterschiedlichen Narrationen begreift. Sein Selbstkonzept erschließt sich zum einen aus den kulturellen Erzähllogiken, in die er

[5] Sanders 2004, 799.
[6] Vgl. Eckart 2006, 387.
[7] Vgl. Lemke 1981, 21.

eingebunden ist, zum anderen durch das Verständnis seiner individuellen Familien-, Schul- und Arbeitsbiografie (bzw. seiner Lebensgeschichte als Ganzes). Diese Erzählungen sind daher von großer Bedeutung, wenn das Selbstkonzept an neue Situationen angepasst werden soll.

Zum Schluss der Arbeit stelle ich einen konkreten, praxisbezogenen Weg vor, wie in der seelsorglichen Beratung narrativ gearbeitet werden kann. Ziel ist es, dem Klient dabei zu helfen, wieder zu einer lebensförderlichen Geschichte für sich selbst zu finden. Dabei wird ein Verständnis von Erzählungen und Metaphern gefördert, das auch die religiöse Sprachfähigkeit des Klienten unterstützt. Ob diese religiöse Sprachfähigkeit dazu führt, dass der Klient Interesse am Glauben entwickelt, bleibt ihm überlassen.

1.2 Zum Selbstverständnis *seelsorglicher* Beratung im Blick auf die Zielgruppe

Die Grundfrage dieser Arbeit lautet: Wie lassen sich arbeitslose Männer seelsorglich begleiten und beraten? Es wurde gezeigt, dass für eine qualifizierte Beratung dieser Zielgruppe ein umfassendes Beratungswissen sowie handlungsspezifisches Wissen von Nöten ist. Seelsorgliche Beratung sieht ihr religiöses Profil dabei in keinem Fall als Ersatz für ein qualifiziertes Beratungs- und Methodenwissen. Eine hohe fachliche Qualifikation der seelsorglichen Beratung ist alternativlos, will sie ihren Dienst angemessen erfüllen.[8] Die im Folgenden aufgeführten theologischen Wegmarken seelsorglicher Begleitung verhalten sich daher zu einer beraterischen Qualifikation komplementär.

1.2.1 Zur Bedeutung des Geschlechts und der menschlichen Arbeit

Zum handlungsspezifischen Wissen gehört, dass der seelsorgliche Berater seine Einstellung gegenüber Arbeit und Arbeitslosigkeit und der geschlechtlichen Dimension des Menschen, hier insbesondere des Mannes, auch theologisch reflektiert hat. Aus dieser theologischen Vergewisserung des eigenen Standpunkts leiten sich bereits erste Kennzeichen einer seelsorglichen Beratung in diesem Beratungsfeld ab.

Zur geschlechtlichen Rolle
Im Blick auf männliche Klienten geht es in der seelsorglichen Beratung darum, eine einseitige Problematisierung und Engführung der geschlecht-

---

[8] Vgl. Baumgartner 2007b, 21.

lichen Rolle zu durchbrechen. Da sich in der heutigen Zeit kaum eindeutige Rollenvorbilder identifizieren lassen, steht die individuelle Entwicklung im Vordergrund. Der seelsorgliche Berater bietet dem Klienten einen Raum, in dem er sich ohne den Schutz stereotypen Verhaltens und ohne Leistungszwänge aufhalten kann. Beratung geschieht in dem Bewusstsein, dass eine konstruktive Weiterentwicklung der Geschlechterrollen nur komplementär zwischen Männern und Frauen möglich ist.

Zur Bedeutung der Arbeit
Seelsorgliche Beratung will Menschen in schwierigen Situationen Hilfe bieten. Dabei folgt sie dem Beispiel Jesu, der sich selbst in besonderer Weise den Deklassierten, Erfolglosen und Schwachen zuwandte. Zu dieser Gruppe gehören heute auch diejenigen, die einer entfremdenden Arbeit nachgehen oder keine Arbeit haben. Daher ist auch die Kirche aufgefordert, sich mit diesen Menschen solidarisch zu zeigen und sich für sie einzusetzen.[9] Es geht jedoch nicht allein darum, unabhängig von den konkreten Arbeitsbedingungen möglichst rasch eine Wiederanstellung anzustreben. In der seelsorglichen Beratung wird der Wert der menschlichen Arbeit nicht selbstreferentiell verstanden, sondern aus der Möglichkeit zur Selbstentfaltung des Menschen abgeleitet. Diesem Anspruch kann Arbeit nur genügen, wenn bestimmte Bedingungen erfüllt sind. So braucht es Mitbestimmungsmöglichkeiten und eine Arbeitsweise, durch die sich der Einzelne mit seinen Fähigkeiten weiterentwickeln kann.

Seelsorgliche Beratung hinterfragt daher die gesellschaftliche Fixierung auf die Erwerbsarbeit und eine rein ökonomische Perspektive. Menschliche Arbeit wird kontextualisiert: Ehrenamtlichen und familiären Aufgaben wird ein gleichrangiger Wert beigemessen, weil sie der Gesellschaft dienen und unverzichtbar sind. Die seelsorgliche Beratung versteht den arbeitslosen Klienten daher stets als Teil einer Gesellschaft, in der wechselseitige Abhängigkeiten eine Rolle spielen. Dieses Verhältnis zwischen dem Einzelnen und den gesellschaftlichen Strukturen und Einflüssen wird kritisch reflektiert: „Seelsorge *mit* Individuen und Seelsorge *an* Strukturen, die Einfluss ausüben auf Individuen, gehen daher Hand in Hand, wodurch sich die Relevanz von Seelsorge in den öffentlichkeits-, gesellschafts- und kirchenpolitischen Raum hinein erstreckt."[10] So geht es in der Beratung immer auch darum, systemkritisch die gegebenen Strukturen

[9] Vgl. Kießling 2010a, 127f.
[10] Nauer 2010, 202.

zu analysieren und sich prophetisch gegen ungerechte Bedingungen einzusetzen.[11]

Der seelsorgliche Berater betrachtet das Leid und die Probleme des Klienten deshalb nie isoliert. Vielmehr versucht er, auch beim Klienten selbst ein Bewusstsein dafür zu schaffen, dass sein Schicksal stets in Beziehung zu gesellschaftlichen Prozessen steht. „Eine den Kontext einbeziehende Beratung beschränkt sich nicht auf psychosomatische, psychologische und psychosoziale Zugänge zu den Rat Suchenden, sondern sie fragt auch mit Hilfe soziologischer, ökonomischer und anderer gesellschaftsanalytischer Wahrnehmungsfolien nach deren Lebenslage. Sie zeigt gesellschaftliche Zusammenhänge auf und ermöglicht den Rat Suchenden, sich mit den gesellschaftlichen Plausibilitäten auseinanderzusetzen, in denen sie sich bewegt."[12] Nachhaltige Lösungen sind deshalb nie nur auf der individuellen Ebene möglich. Darum unterstützt der Berater den Klienten zum Beispiel darin, sich sozial zu vernetzen.[13] Ein wichtiges Ziel besteht nämlich darin, durch Vernetzungsarbeit die Anliegen der Klienten öffentlich wahrnehmbar zu machen.

1.2.2 Die Beziehungsfähigkeit des Klienten

Das christliche Menschenbild hebt hervor, dass jeder Mensch auf Beziehung angelegt ist. Ein gutes Leben kann nur derjenige führen, der *beziehungsreich* lebt. Die seelsorgliche Beratung hilft dem Menschen dabei, sich seiner Beziehungsfähigkeit zu versichern und darin zu wachsen. Zum Anliegen seelsorglicher Beratung gehört, dass durch die Beziehung zwischen Klient und Berater alle Beziehungsdimensionen des Menschen positive Impulse erhalten: Die Beziehungen des Klienten zu sich selbst, zu seinen Mitmenschen, zur Schöpfung und zu Gott stehen nach christlichem Verständnis in einem inneren Zusammenhang.[14] Der Mensch soll seine „gottbezogenen und menschenbezogenen Beziehungsmöglichkeiten"[15] wahrnehmen und verwirklichen können. Geschieht hier an einer Stelle Heilung und Versöhnung, wirkt sich dies auch auf die anderen Beziehungsdimensionen aus.

---

[11] Vgl. Nauer 2010, 212-222. „Seelsorge motiviert zu Widerstand und aktiviert zu politischem Handeln. Können sich Menschen nicht mehr selbst wehren, dann treten Seelsorgerinnen im öffentlichen Raum lautstark für entmachtete Menschen und deren Rechte ein." (Nauer 2010, 222)

[12] Hutter & Plois 2006, 22.

[13] „Eine Seelsorge, die erkennt, dass Menschen einander brauchen und dennoch Schwierigkeiten haben, sich sozial zu vernetzen, setzt genau an diesem Dilemma an und versucht, Menschen bei ihren Vernetzungsbemühungen aktiv zu unterstützen." (Nauer 2010, 203)

[14] Vgl. Pompey 1987, 50.

[15] Pompey 1991, 158.

Nach Ansicht Schützeichels ist hier gleichwohl eine Grundsatzentscheidung über das eigene Seelsorgeverständnis notwendig. Ihm zufolge verfügt moderne Seelsorge nämlich über zwei kommunikative Leitvorstellungen: Zum einen kann der Seelsorger eine *verkündigende Seelsorge* vertreten, deren zentraler Aspekt die Mitteilung einer Botschaft ist.[16] Das Ziel lautet hier, diese Botschaft passend zum Empfänger zu kommunizieren. Zum anderen lässt sich von einer *partnerzentrierten, beratenden Seelsorge* sprechen, bei der es nicht primär um die Verkündigung geht, sondern um die Lösung krisenhafter Situationen. Ziel ist hier, die Personalität des Klienten zum Ausdruck zu bringen.

Nach Schützeichel schließen diese beiden Kommunikationsformen einander nicht aus: Die Person, die einen Seelsorger aufsucht, kann erwarten, dass sie im Rahmen der Seelsorge vor dem Hintergrund der christlichen Glaubenslehre beraten wird.[17] Der Seelsorger kann also zwischen beiden Kommunikationsformen wechseln, wobei der beratende Aspekt im Zweifelsfall dominant ist. Schließlich lassen sich die Menschen nicht mehr vorschreiben, an welche dogmatischen Inhalte sie zu glauben haben.[18] Seelsorgliches Handeln braucht daher nicht sein Ziel aufzugeben, den Glauben zu verkünden, ändert aber seine Arbeitsweise: Der Anruf Gottes wird nicht vom Seelsorger ausgehend interpretiert, sondern mit dem Betroffenen gemeinsam.[19] Im Zuge dessen hat der seelsorgliche Berater sich um ein möglichst egalitäres Verhältnis zum Klienten zu bemühen.[20]

In der beratenden Seelsorge findet Verkündigung daher auf besondere Weise statt. So ist der Pastoralpsychologe Peter F. Schmid davon über-

---

[16] Im Extremfall würde es in der verkündigenden Seelsorge darum gehen, Menschen lediglich feststehende Wahrheiten vermitteln zu wollen. Eine Situationsanalyse wäre dann überflüssig. Demgegenüber tritt zum Beispiel Karl Lehmann dafür ein, die sich verändernden gesellschaftlichen Rahmenbedingungen kirchlichen Handelns in den Blick zu nehmen: „Wir leben nicht einfach in einer beliebigen Zeit, wo man mit allgemeinen Wahrheiten auskommt, sondern wir müssen zuerst – auch unter Zuhilfenahme sozialwissenschaftlicher Erkenntnisse – die konkrete geschichtliche Situation erfassen, in der die Kirche lebt." (Lehmann 2005, 36)

[17] Nach Schützeichel können im Kontext von Seelsorge alle Beteiligten grundsätzlich davon ausgehen, dass religiöse Inhalte zur Sprache kommen. Schützeichel schreibt: „Dass eine Applikation stattfindet, ist für alle Seiten erwartbar; unerwartbar und entsprechend nur diffus handhabbar sind aber die Imponderabilien des Einzelfalls selbst. Und nur bei einer ausreichenden und angemessenen, einzelfallorientierten Applikation lässt sich Vertrauen generieren." (Schützeichel 2004, 136)

[18] Vgl. Schmid 1994, 25. Auch nach Schützeichel empfiehlt sich eine möglichst beratende Kommuni-kationsform, da die Seelsorger über keine Sanktionsmittel mehr verfügen. Vgl. Schützeichel 2004, 129.

[19] Vgl. Schmid 1989, 224. Vgl. auch Schmid 1994, 20f.

[20] Dies gilt, auch wenn sich die Asymmetrie zwischen Klient und Berater nie völlig aufheben lassen wird.

zeugt, dass in der vertrauensvollen Beziehung von Klient und Berater selbst Glaubensverkündigung stattfindet.[21] „Es ist die Begegnung, die heilt und wachsen läßt, die Hoffnung gibt und Vertrauen und damit leben, glauben und lieben läßt. Wo eine solche Beziehung mit ihrer heilenden und befreienden Qualität im Geiste Jesu gelebt wird, geschieht Seelsorge."[22] Seelsorge und Verkündigung sind nach Schmid sogar nur noch auf dieser Beziehungsebene, vermittelt durch das christliche Lebensbeispiel, möglich.[23] „Wer seelsorglich tätig ist, handelt so im Namen Gottes und nach dem Vorbild Gottes, wenn er das Gespräch sucht und anbietet, die Beziehung als zentral für sein Tun ansieht."[24] Welche Grundhaltungen eine vertrauensvolle Beziehung zwischen Klient und Berater ermöglichen, wurde gemäß dem personzentrierten Ansatz gezeigt.[25] Damit er eine persönliche Beziehung zum Klienten aufbauen kann, muss sich der Berater außerdem intensiv mit der Lebenssituation der Zielgruppe auseinandersetzen und sich dabei auch mit Ergebnissen der verschiedenen Humanwissenschaften beschäftigen.[26]

In der Betonung der Beziehung zwischen Klient und Berater drückt sich auch aus, dass es in der seelsorglichen Beratung in vielen Fällen nicht darum geht, mit dem Klienten alle Probleme zu lösen. Die Hilfe kann sich auf das solidarische Begleiten einer schwierigen Situation konzentrieren. „Selbst dann, wenn Menschen sich in (extremen) Problem-, Leid- oder Krankheitserfahrungen zurechtfinden müssen, wenn Worte versagen beziehungsweise nicht mehr ausgesprochen oder gehört werden können, besteht für SeelsorgerInnen noch stets die Chance, durch wortloses Da-Sein, schweigendes Mit-Gehen, absichtloses Bei-Stehen, unermüdliches Dabei-Bleiben und tröstendes Mit-Aushalten Raum für die Erfahrung Gottes zu schaffen."[27]

1.2.3 Die Perspektive der Hoffnung

Das Vertrauen auf die Heilszusage Gottes stellt einen wesentlichen Unterschied gegenüber säkularen Beratungseinrichtungen dar. In der seelsorglichen Beratung soll der Klient das Vertrauen des Beraters darauf spüren,

---

[21] Vgl. Schmid 1994, 15-30.

[22] Schmid 1994, 28.

[23] Vgl. Schmid 1994, 25. „Verkündigung sind dann alle jene Vorgänge, die in religiös-kirchlicher Praxis die Menschen herausfordern, sich auf den Gott Jesu einzulassen." (Schmid 1994, 25) Vgl. auch Kurten 1985, 260f.

[24] Schmid 1989, 231.

[25] Vgl. dazu Kapitel 1.3 im ersten Teil dieser Arbeit.

[26] Vgl. Schmid 1994, 18.

[27] Nauer 2007, 51. Vgl. dazu auch DCE 31c.

dass sich die Situation positiv entwickeln kann.[28] So handelt der Berater aus der „Glaubensgewissheit heraus, dass alle Wege Gottes mit uns Menschen zu einem guten Ende kommen werden“[29].

Die positive Erwartungshaltung des Beraters ist schließlich eine Voraussetzung dafür, dass der Klient seinen Zustand der *Hoffnungslosigkeit* überwindet und eigene Kräfte mobilisieren kann.[30] „Christliche Hoffnung verlebendigt sich im Vertrauen und der getragenen Zuversicht, daß dieses individuelle Leben in all seinen Vollzügen ein konstruktiver Faktor hinsichtlich der von Gott eröffneten Zukunft für Mensch und Welt ist.“[31] Diese Hoffnung ist gerade dann vonnöten, wenn die Situation des Klienten aussichtslos erscheint: „Christliches Ganzheitsdenken [...] stiftet dazu an, selbst in tiefster Ausweglosigkeit und Not, selbst unter unwürdigsten, unheilen und unheilbaren Lebensbedingungen in jedem Menschen das Geheimnis menschlicher Existenz zu entdecken, ihm trotz und wegen allen missglückten, verlorenen und nicht gelebten Lebens Achtung und Respekt entgegen zu bringen.“[32] In der seelsorglichen Beratung ist der Klient mitten in empirischer Erfolglosigkeit und im Scheitern seiner Lebensplanung eingeladen, „der verborgenen Kraft des heranreifenden Reiches Gottes zu vertrauen“[33]. Dieser Hoffnungsperspektive des Beraters wird der Klient sich in vielen Fällen nicht kurzfristig anschließen können. Statt in einer solchen Situation als Berater unablässig von den eigenen Hoffnungen zu erzählen, sollte der Berater *stellvertretend* für den Klienten hoffen. Der Klient ändert auf diese Weise vielleicht nur wenig an seinen Einstellungen und Erwartungen, aber er weiß sich solidarisch begleitet und spürt das Vertrauen des Beraters auf die Lebensmacht Gottes.[34]

Damit durchbricht der Berater auch die negativen Zuschreibungen, die dem Klienten als Arbeitslosen im gesellschaftlichen Kontext häufig begegnen. Gleichzeitig werden dabei die gängigen gesellschaftlichen Bewertungskriterien und Vorurteile in Frage gestellt, die sich häufig an ei-

---

[28] Vgl. Blattner 1990, 47.

[29] Eckart 2006, 387.

[30] Vgl. Sanders 2004, 798.

[31] Blattner 1990, 46. Vgl. dazu auch Kießling 2012, 66f.

[32] Nauer 2007, 46-47.

[33] Hetterich 2007, 219. Auch die deutschen Bischöfe schreiben: „Nicht selten sind es die ‚Schlüsselereignisse‘ eines Lebens, die für neue Erfahrungen empfänglich machen. Das können Begegnungen mit Personen sein, die aus dem Strom des Lebens herausragen. Wendepunkte in unserem Leben können Gespräche sein, Höhen und Tiefen, Gipfelpunkte unseres Lebens und Erfahrungen von Existenznot. Die Verkündigung des Evangeliums wird die Zustimmung der Herzen bei den Menschen dann erreichen, wenn unsere Botschaft diese Wendepunkte und Schlüsselereignisse zu deuten vermag.“ (Sekretariat der Deutschen Bischofskonferenz 2000, 24)

[34] Vgl. Kießling 2012, 65f.

nem sozialdarwinistischen Gesellschaftsbild orientieren. Dazu bemerkt der evangelische Theologe Ekkehard Börsch: „Die Ethik dieser Gesellschaft wurde der Sozialdarwinismus, die Kampf-ums-Dasein-Moral, die desolidarisierende Kräfte freigesetzt hat.“[35] Seit sich die darwinistische Evolutionstheorie in den Naturwissenschaften durchgesetzt hat, wurde sie von den Sozialwissenschaften zum Teil unkritisch adaptiert.[36] Daraus wurde ein Menschenbild abgeleitet, dass den Menschen als Einzelkämpfer definiert, für den die ständige Konkurrenz mit anderen der natürliche Zustand ist.[37] Diese Sichtweise steht der christlichen Anthropologie entgegen, da sie die Notwendigkeit menschlicher Solidarität in Frage stellt. Für diejenigen, die im alltäglichen Wettbewerb nicht erfolgreich sind, wäre bloßes Mitleid im Grunde genommen die falsche Reaktion. Die Arbeitslosigkeit wäre nach diesem Verständnis letztlich eine Folge natürlicher Unterlegenheit. Seelsorglicher Beratung kommt an dieser Stelle auch eine prophetisch-kritische Dimension zu: Der Berater widerspricht der Leistungsideologie der Gesellschaft und ihrem sozialphilosophischen Rüstzeug. Er macht die Würde und den Wert des Menschen nicht von seinen Erfolgen im sozioökonomischen Wettbewerb abhängig, sondern leitet ihn aus seiner Gotteskindschaft ab. „Christlich gesehen kommen der Person Wert und Würde, unabhängig von Status, Alter, und Leistungsfähigkeit, unwiderruflich deshalb zu, weil sie göttlichen, heiligen, Ursprungs ist, damit unantastbar und unverfügbar.“[38]

Der Bezug zum Glauben unterscheidet seelsorgliche Beratung, die personzentriert arbeitet, auch von personzentrierter Beratung ohne seelsorglichen Bezug: „Die Zuversicht für sein Handeln gewinnt der Seelsorger dabei nicht wie Rogers aus seinem Vertrauen in den Organismus des Menschen, sondern aus dem Handeln Gottes an ihm.“[39] Schmid hingegen sieht in dieser Frage keinen Gegensatz, sondern merkt an: „So darf das Vertrauen in die konstruktiven Kräfte zur Heilung (Heilwerdung) im Menschen, wie sie der personzentrierte Ansatz als Voraussetzung seiner

---

[35] Börsch 1983, 216.

[36] Inwiefern sich der moderne Sozialdarwinismus auf die Theorien von Charles Darwin berufen kann, wäre eigens zu erörtern. Ein Antwortversuch findet sich bei: Vogt 1997, 20f.

[37] Vgl. Vogt 1997, 183f.

[38] Baumgartner 2007b, 18.

[39] Lemke 1981, 32. Auch gegenüber anderen Beratungs- und Therapieansätzen weist sich die seelsorgliche Beratung aufgrund ihres christlichen Menschenbildes aus: „Es dürfte für das Heils- oder Unheilserkennen bzw. für die Umkehr (die Metanoia) nicht unerheblich sein, ob die Deutung einer ‚Wirk-lichkeit‘ aus dem Ereignis des Urvertrauensbruchs von Adam und Eva oder aus dem sexuellen Inzestgeschehen des Ödipus mit seiner Mutter abgeleitet wird.“ (Pompey 1986, 202)

Haltung annimmt, durchaus theologisch verstanden werden als Vertrauen in Gottes Heilszusage."[40]

1.2.4 Die diakonische Dimension

In der personzentrierten Beratung geht es um Hilfe zur Selbsthilfe. Zum seelsorglichen Profil der Beratung gehört, dass in dieser Hilfe auch eine religiöse Dimension erkannt wird. „In der Beratungs-Diakonie kann anfanghaft sichtbar und erfahrbar gemacht werden, wovon die Kirche Zeugnis ablegt und was die Verheißung des Reiches Gottes besagen will."[41] So wird in der Zuwendung des Beraters auch die Zuwendung Gottes zum Menschen transparent.[42] Die Hilfe an sich wird so zum Zeichen für die Liebe Gottes.[43] Das diakonische Handeln wird zum Hinweis auf das seelische Heil, das Jesus Christus durch seinen Tod und seine Auferstehung der Welt gebracht hat.[44] „Seelsorge als bedingungslose Zuwendung zu den Menschen ist die Verkündigung der Botschaft von der bedingungslosen und befreienden Zuwendung Gottes."[45] Die Diakonie stellt dann einen Ort der Theophanie dar – unabhängig davon, ob der Berater seiner Tatsprache der Diakonie weitere Erklärungen folgen lässt.[46]

So kann die Überwindung von Krisenerfahrungen für den Klienten zum Ausgangspunkt werden für die Frage nach dem Heil, das darüber hinaus geht. Seelsorgliche Beratung kann daher auch als mystagogisch-existentielle Heilsverkündigung bezeichnet werden. Sie ist die praktische Vergegenwärtigung der Heilszusage Gottes, auch wenn dies längst nicht immer zur Folge hat, dass nach dem Glauben gefragt wird. Denn während Hilfe und Problembewältigung, also *Heilung*, sichtbar und erfahrbar sind, geschieht *Heil* auch da, „wo der Betroffene nichts davon wahrnimmt"[47].

Dieses erfahrbare Zueinander von Hilfe, die Heilung ermöglicht, und Heil gilt es bei der Beratung im Blick zu behalten. Gelingt es, dem Klienten bei der Bewältigung seiner Probleme beizustehen, kann diese immanente

---

[40] Schmid 1989, 233.
[41] Pompey 1987, 49.
[42] Vgl. Lemke 1981, 28.
[43] Vgl. Schmid 1989, 220ff.
[44] Vgl. Baumgartner 2007b, 15ff.
[45] Schmid 1994, 30.
[46] Vgl. Baumgartner 2007b, 23.
[47] Lemke 1995, 48. Wie die Heilungsgeschichten in den Evangelien zeigen, lässt sich auch nicht zwischen Heilung und Erfahrungen des Heils unterscheiden. Für die seelsorgliche Beratung ist daraus zu lernen, „dass es sich bei den Heilungen Jesu immer um Ereignisse der Gottesnähe handelt. Indem er Not wahrnimmt, keine Berührungsängste zeigt, dem Ausgegrenzten Ansehen gibt, Empathie und Gerechtigkeit übt, öffnet sich ein Fenster der Gottesnähe." (Baumgartner 2007b, 17)

Veränderung zum Guten demnach auch eine transzendente Dimension erschließen.

1.2.5 Abschlussbemerkung zum Selbstverständnis seelsorglicher Beratung

Wie gezeigt wurde, gründet seelsorgliche Beratung in einem Menschenbild, das in jeder Situation einen Hoffnungsüberschuss in sich trägt. Die Beziehung zwischen Klient und Berater wird als Lernort verstanden, an dem der Klient in seiner Beziehungsfähigkeit gestärkt wird. Eine gelingende, vertrauensvolle Beziehung kann hier auch Hinweis und Vorgriff auf die Beziehung zwischen Gott und Mensch werden. Da eine vertrauensvolle Beziehung auch in der außerkirchlichen Beratung angestrebt wird, kann diese Beziehungsdimension dort ebenfalls von Bedeutung sein. Alle Menschen *guten Willens* können in diesem Sinne seelsorglich tätig werden und etwas von der Liebe Gottes in dieser Welt durchscheinen lassen. In besonderer Weise kann dies freilich dann gelingen, wenn der seelsorgliche Berater sich selbst um eine lebendige Gottesbeziehung bemüht.

1.3 Sinn im Glauben finden?

Bisher ging es schwerpunktmäßig darum, wie der Berater dem Klienten auf der Grundlage des christlichen Menschenbilds begegnet. So kann es sein, dass in der seelsorglichen Beratung während längerer Zeit oder im gesamten Beratungsprozess nicht explizit über den Glauben gesprochen wird. Dies kann darin begründet sein, dass der Klient dieses Thema nicht behandeln möchte. Doch auch das Gegenteil ist möglich: „Ausdrücklich von Gott gesprochen wird jedoch, wenn dies entweder vom Menschen selbst gewünscht ist oder situationsangemessen vom Seelsorger/von der Seelsorgerin zur Bereicherung und Vertiefung des Gesprächsverlaufs angeboten und vom Gegenüber gewollt und akzeptiert wird.“[48]

In diesem Kapitel wird im Blick auf diese Fälle gefragt, wie der Glaube als explizites Sinnangebot in der Beratung relevant werden kann. Worauf muss der Berater achten, wenn der Klient Interesse am christlichen Glauben zeigt? Es wird dargelegt, dass die seelsorgliche Beratung das Potential hat, dem Klienten das christliche Lebenswissen in begrenztem Maße zu erschließen. Um angesichts einer existentiellen Krise den christlichen Glauben als alternative Sinnquelle zu entdecken, kann der Beratungsprozess in den meisten Fällen jedoch nur ein erster Schritt sein.

---

[48] Nauer 2010, 184.

1.3.1 Seelsorgliche Beratung stellt sich der Sinnfrage

In der Selbstkonzeptforschung hat sich gezeigt, dass das Selbstkonzept einer Person unmittelbaren Einfluss auf deren Sinnerleben hat. Der Verlust des Arbeitsplatzes kann ein auslösender Stimulus sein, der das Selbst- und damit auch das Sinnkonzept des Einzelnen in Frage stellt.[49] Dieser Veränderungsdruck auf das Selbstkonzept ist unter normalen Umständen weniger gegeben: „Ein Mensch, der z. B. seit 20 Jahren die gleiche Arbeitsstätte hat, ständig mit den gleichen Kollegen zu tun hat, mit dem gleichen Partner lebt und seine Freunde behält, wird über die Jahre nur geringe Veränderungen in seinem Selbstkonzept erfahren."[50]

Der Verlust des Arbeitsplatzes kann auf unterschiedliche Weise ein Gefühl von Sinnlosigkeit hervorrufen. So besteht die Möglichkeit, dass die Person bereits vor dem Arbeitsplatzverlust ohne eine sinnstiftende Perspektive für das eigene Leben gelebt hat. Der Arbeitsplatzverlust bringt diesen Umstand dann lediglich zu Bewusstsein. So schreibt Karl Rahner, dass Menschen ihre berufliche Arbeit „mißbrauchen (wie oft geschieht dies!) zur Flucht vor sich selbst, vor dem Geheimnis und dem Rätsel des Daseins, der Angst, die erst die wahre Sicherheit suchen läßt"[51]. In diesem Fall hätte die Person bereits vor dem Verlust der Arbeitsstelle ein Gefühl der Sinnlosigkeit verspürt, diesen Umstand aber durch extensives Arbeiten verdrängt.[52]

Anders verhält es sich, wenn die Person ihren Lebenssinn bisher vor allem von der beruflichen Arbeit hergeleitet hat. Der Verlust des Arbeitsplatzes ist dann selbst das krisenauslösende Moment. Dies ist häufig der Fall, da der Wert der ökonomischen Arbeit gegenüber anderen Formen menschlichen Tätigseins in der Neuzeit überbetont wird.[53] In der Beratung soll diese Alternativlosigkeit der Erwerbsarbeit kritisch hinterfragt werden, um andere Formen der Sinnfindung zu erschließen. Wenn keine Aussicht auf eine berufliche Anstellung besteht, bedeutet dies für den Klienten, „mehr Lebenssinn in der Arbeitslosigkeit zu entwickeln"[54]. Dem Klienten soll es dann möglich sein, sich auf andere Weise aktiv und pro-

---

[49] „Um die Sinnfrage zu stellen, bedarf es eines bestimmten Anlasses als auslösenden Stimulus, etwa eines Ereignisses, das zu ungewollter Unterbrechung eines Vorhabens oder gar zu einer Blockade führt oder das zum nachdenklichen Innehalten anregt." (Schmitz & Hauke 1999, 58)

[50] Gergen 1993, 86.

[51] Rahner 1968, 10. Die Erwerbsarbeit kann so sogar zu einem *Religionsersatz* werden, wie der Theologe Ansgar Kreutzer schreibt. Vgl. Kreutzer 2011, 103.

[52] Vgl. Bodamer 1982, 55ff.

[53] Vgl. Mieth 2010, 168.

[54] Kuhnert 2004, 971.

duktiv in die Gesellschaft einzubringen.[55] Gerade für Männer stellt sich hier die Frage, ob sie sich auch in familiäre und helfende Aufgaben stärker einbinden lassen.[56] Damit soll erreicht werden, dass der Klient sein Leben auch ohne berufliche Leistungen als sinnvoll erfährt.

Eine starke Verunsicherung der Selbstdeutung wird die individuelle Weltdeutung nicht unberührt lassen. Wird der Stellenverlust als Ungerechtigkeit empfunden, erschüttert dies bei vielen Betroffenen das Weltbild: „Der Glaube an eine gerechte Welt ist eine generalisierte Strategie, mit der Dissonanzen reduziert (oder verhindert) werden.“[57] Dieser Glaube gerät nun mit der eigenen Situation in Widerspruch. Der bisherigen Gerechtigkeitsvorstellung, nach der Arbeitslose generell selbst Verantwortung für ihre Situation tragen, steht die Wahrnehmung gegenüber, dass zufällige Gründe eine Rolle spielen.[58] In der Arbeitslosenforschung hat sich gezeigt, dass davon auch das Gottesbild betroffen sein kann: „Menschen verhalten sich häufig so, als hätten sie einen Vertrag mit Gott oder einer anderen metaphysischen Instanz, der ihnen für moralisches Wohlverhalten einen Anspruch auf Freiheit von Katastrophen aller Art garantiert.“[59] Der Glaube an einen guten und gerechten Gott kann folglich in Zweifel gezogen werden, wenn die Kündigung nicht mit eigenem Fehlverhalten in Verbindung gebracht werden kann.

Grundsätzlich lässt sich festhalten, dass das Selbstkonzept und Sinnerleben eines Menschen nicht von dessen Welt- und Gottesbild zu trennen sind. So regt auch Baumgartner dazu an, in der Beratung eine möglichst weite Perspektive einzunehmen: „In Konflikten und Krisensituationen, wie sie in der seelsorglichen Beratung zu bearbeiten sind, tauchen fast zwangsläufig Fragen nach dem Sinn des Lebens, der Bewältigung von Schuld und Leid, der Sehnsucht nach unbegrenzter Erfüllung auf. Hier wahrnehmungs- und sprachfähig zu sein, gehört zur Beratungskompetenz.“[60]

1.3.1.1 Zum Konstrukt des Sinnerlebens

Es hat sich gezeigt, dass Menschen, die über eine kontinuierliche Sinnorientierung verfügen, sich in ihren Bewältigungsstrategien hoch signifikant von denen unterscheiden, deren persönliches Sinnerleben unterbrochen

---

[55] Vgl. Mieth 2010, 169f.
[56] Vgl. Mieth 2010, 170.
[57] Krampen 1987, 150.
[58] Vgl. Maes, Schmal & Schmitt 2001, 199. Vgl. auch Krampen 1987, 150ff.
[59] Maes, Schmal & Schmitt 2001, 196.
[60] Baumgartner 2007b, 22.

wurde.[61] Menschen, die Schwierigkeiten damit hatten und haben, zu einer konstanten Sinnorientierung zu kommen, haben bei einem Stellenverlust daher größere Bewältigungsschwierigkeiten.

In der seelsorglichen Beratung ist die Frage nach der Sinnorientierung des Klienten somit von großer Bedeutung. „Es ist plausibel, dass jemand, der sein Leben als sinnvoll erlebt, etwaige Krisen, Einbrüche, schwere Belastungen und dergleichen sowie kritische Lebensereignisse anders erlebt als jemand, der in seinem Leben keinerlei Sinn erfährt. Die Sinn stiftende Orientierung verhilft dazu, Diskrepanzen, Misserfolge, u. ä. in eher konstruktiver Weise zu werten."[62] In der seelsorglichen Beratung soll daher die Reflexion des Sinnerlebens des Klienten angeregt werden. Schließlich ist es eine spezifische Fähigkeit des Menschen, sich selbst „zum Objekt einer attentionalen Reflexion zu machen"[63] und so auch den Sinn des eigenen Lebens zum Gegenstand der Betrachtung werden zu lassen.

Anknüpfend an das zweite Kapitel im ersten Teil sei hier auf das Selbstkonzeptmodell von Schmitz und Hauke verwiesen. Nach diesem Modell entscheiden die individuellen Prinzipien bzw. Standards des jeweiligen Selbstkonzepts darüber, welche Ziel- und Sinnvorstellungen ein Mensch für das eigene Leben entwickelt. Kommt es zu einer Diskrepanz zwischen der wahrgenommenen Situation und dem angestrebten Zielzustand, motiviert das den Einzelnen in der Regel dazu, sich für seine Ziele einzusetzen und daraus bestimmte Aufgaben abzuleiten.[64]

Es ist jedoch nicht immer möglich, auf die äußere Situation so einzuwirken, dass sie den Maßgaben des eigenen Selbstkonzepts entspricht. Es kann zum Beispiel sein, dass eine Person trotz vielfältiger Bemühungen keine neue Arbeitsstelle findet. Dann ist es von Vorteil, wenn die Person ihr Selbstkonzept an die gegebene Situation anpassen kann. Dazu wiederum sollten die Referenzwerte auf der Prinzipienebene einen gewissen Grad der Abstraktion erreicht haben, um in wechselnden Situationen ein kontinuierliches Sinnerleben zu ermöglichen: „Sinnerfüllte arbeiten an Entwicklungsaufgaben und an den entsprechenden Projekten, und diese Arbeit wird von den Referenzwerten der Prinzipienebene, über die sie sich selbstreferentiell definieren, gesteuert. Auftretende Störungen bei Programmausführungen nehmen sie aus der Perspektive dieser überge-

[61] Vgl. Schmitz 2005, 143.
[62] Schmitz & Hauke 1999, 46.
[63] Schmitz & Hauke 1992, 274.
[64] Vgl. Bayer & Gollwitzer 2000, 211.

ordneten Vorhaben wahr. [...] Die Sinn stiftende Kontinuität wird auf der höheren Referenzebene immer wieder hergestellt.“[65]

Mit Rückzug und Apathie reagieren in einer Krise hingegen diejenigen, die keine klar definierbaren Prinzipien bzw. Standards in ihrem Selbstkonzept ausgebildet haben oder nur eine geringe Anzahl von eng gefassten Prinzipien bzw. Standards aufweisen. Ihnen gelingt es seltener, flexibel auf die Krise zu reagieren, und sie weisen höhere Stresswerte auf.[66] Für diese Gruppe kann das bedeuten, „nötigenfalls tragende Standards aufzugeben und abzutrauern und das bisherige Selbstkonzept loszulassen“[67]. Dieser Vorgang wird von negativen Emotionen wie Trauer und Wut begleitet, eröffnet aber „wirkliche Entwicklungschancen und das Erleben von Kontinuität und Sinn“[68].

Daher sollte in der Beratung zum einen danach gefragt werden, ob der Abstraktionsgrad einzelner Werte auf der Prinzipienebene erhöht werden kann.[69] Zum anderen sollte überlegt werden, ob die Komplexität oder Anzahl von Werten auf der Prinzipienebene erweitert werden kann. „Dies kann bedeuten, dass je größer die Anzahl von Bereichen ist, in denen ein Individuum eine feste Position inne hat, d.h. in der Familie, am Arbeitsplatz, in einer Glaubensgemeinschaft usw., desto geringer ist die Wahrscheinlichkeit, dass ein Verlust in einem dieser Bereiche diesen Menschen zu Grunde richten wird.“[70] Folglich sind Sinnverlust und Sinnkrisen bei einem breiten Sinnspektrum innerhalb eines komplexen Prinzipien- bzw. Standardsystems weniger wahrscheinlich.[71] Die Forschung hat gezeigt, dass hier gerade auch eine religiöse Sinnorientierung dazu beitragen kann, das Sinnerleben im Bewältigungsprozess nicht zu verlieren.[72]

---

[65] Schmitz & Hauke 1999, 46.

[66] Vgl. Schmitz & Hauke 1999, 60. Eine Person kann sich zum Beispiel für soziale Gerechtigkeit engagieren. Scheitert in diesem Zusammenhang das Vorhaben eine Anlaufstelle für Benachteiligte einzurichten, wird die Person sich von ihrer Grundmotivation trotzdem nicht abbringen lassen und neue Projektideen entwickeln.

[67] Schmitz & Hauke 1992, 288.

[68] Schmitz & Hauke 1992, 288.

[69] Vgl. Schmitz 2005, 138.

[70] Schmitz 2005, 138.

[71] Vgl. Schmitz 2005, 140.

[72] Vgl. Schmitz 2005, 139. Ferner weisen zum Beispiel viele Heiligenviten darauf hin, dass Menschen trotz extremer Einschränkungen oder Gefährdungen dank ihrer ausgeprägten Orientierung an religiösen Werten physisch und psychisch stabil blieben. Vgl. Hauke 2001, 14.

1.3.1.2 *Sinnfindungsprozesse ermöglichen*

In der Beratung sollen sich Freiräume eröffnen, die eine gemeinsame Suche nach Antworten auf die Sinnfrage ermöglichen.[73] Seelsorgliche Beratung soll dadurch der Sehnsucht nach neuem Lebenssinn und dem Unendlichen einen Raum geben.[74] Der Berater kommt mit dem Klienten als autonomem und selbstbestimmtem Individuum über Sinnfragen ins Gespräch und initiiert gemeinsame Sinnfindungsprozesse.[75] Einleitend stellt sich die Frage: Unter welchen Bedingungen hat er bisher sein Leben als sinnvoll erlebt?[76] Anhand dieser Frage lässt sich individuell erarbeiten, welche Referenzwerte für den Einzelnen von Bedeutung sind oder werden könnten. „So kann etwa jemand auf frühere Erfahrungen zurückgreifen wollen, oder er orientiert sich am Vorrat an Deutungsmustern verschiedener Bezugsgruppen, etwa der Familie, der Peergroup oder religiöser Gemeinschaften etc."[77] Zwar kann es sein, dass der Klient dabei auf die Rolle Gottes in seinem Leben zu sprechen kommt, häufiger stellen sich religiöse Fragen jedoch eher indirekt. Der Berater erkennt hinter den Fragen und Zweifeln des Klienten die Sehnsüchte nach einem größeren und reicheren Leben. Aufgabe des seelsorglichen Beraters ist es dann, mystagogisch[78] die Bezüge zum Glauben zu erschließen.[79]

Eine Sinnkrise kann demnach eine Gelegenheit sein, sich der Sinnfrage für das eigene Leben neu zu stellen und dabei auch die Bedeutung Gottes in den Blick zu nehmen. Geraten jedoch bisherige Überzeugungen ins Wanken, kann dies auch bedeuten, dass das Vertrauen auf Gott erschüttert wird und sich das Problem der *Theodizee* stellt. So können Erfahrungen der Hoffnungslosigkeit bei gläubigen Menschen zu einer Distanzierung

---

[73] Vgl. Nauer 2007, 50f. Vgl. auch Justen 2012, 119f.

[74] Vgl. Baumgartner 2007b, 18.

[75] Vgl. Nauer 2007, 55f. Statt für den Klienten den Sinn des Lebens oder einer Krise zu deuten, sollte der Berater diesen Sinn erschließen helfen. Dazu bemerkt Nauer: „Spirituell kompetent sein bedeutet daher, selbst Anschluss gefunden zu haben an eigene spirituelle Kraftbrunnen und die geheimnisvolle Anwesenheit Gottes trotz aller Ferne als tragenden Grund aller Wirklichkeit zu erfahren." (Nauer 2010, 252)

[76] Vgl. dazu Schmitz 2005, 146.

[77] Hauke 2001, 14.

[78] Nauer definiert den Begriff *Mystagogie* folgendermaßen: „Mystagogie basiert auf der Überzeugung, dass Gott selbst trotz seines Geheimnischarakters längst wohltuend im Leben jedes Menschen präsent ist, dass Spuren Gottes mitten im Alltagsleben gemeinsam entdeckt beziehungsweise aufgedeckt werden können, dass Menschen trotz aller Abwesenheit Gottes dennoch auf die beglückende Nähe seiner Anwesenheit hoffen dürfen." (Nauer 2007, 50) Nach christlichem Verständnis ist Gott also bereits in jedem Leben auf unsichtbare Weise präsent, und so kann auch jede Lebensgeschichte als Heilsgeschichte erschlossen werden. Vgl. Hetterich 2007, 271. Vgl. auch EN 33. Vgl. auch Sievernich 1982, 38ff.,57f.

[79] Vgl. Andriessen 1990, 281f.

von Gott führen, weil sie sie an Gottes Allmacht und Güte zweifeln lassen. Die Rede von der Liebe Gottes kann auf arbeitslose Klienten daher zynisch wirken. Wut und Enttäuschung über sich selbst, andere oder Gott sind häufig Teil der Auseinandersetzung mit Krisensituationen. Daher wäre es ein Fehler zu meinen, während einer Lebenskrise ließe sich die Botschaft des Evangeliums leichter vermitteln.

Ohnehin wurde die These widerlegt, dass jede Lebenskrise auch die Frage nach dem Sinn aufwirft.[80] Zum einen kann der Betroffene die Auseinandersetzung mit seinen Problemen vermeiden, etwa wenn die Krise dazu führt, dass er sein Leben als zutiefst sinnlos erachtet und jegliche Ziele aufgibt.[81] Zum anderen können der Wunsch und die Hoffnung bestimmend sein, dahingehend auf die Umwelt einzuwirken, dass der Ausgangszustand wieder erreicht wird. Im Falle des Arbeitsplatzverlustes ist zum Beispiel nicht gesagt, dass der Betroffene daraufhin von seinem bisherigen Sinnsystem, seinen bisherigen Prinzipien, enttäuscht ist. Statt einen inneren Wandel zu vollziehen, kann er über lange Zeit versuchen, wieder einen Arbeitsplatz zu finden. Sein Beratungsanliegen würde sich darauf konzentrieren, praktische Unterstützung für die Stellensuche zu erhalten. In der Regel lässt sich aber nicht strikt zwischen inneren und äußeren Veränderungen unterscheiden. Viele Betroffene werden in einer Krise sowohl ihre eigenen Einstellungen und Werthaltungen überdenken als auch versuchen, die äußeren Umstände zu verändern.

1.3.2 Über den Glauben kann man nur sprechen …

Seelsorgliche Beratung will dem Klienten helfen, angesichts einer existentiellen Krise eine neue Sinnperspektive zu finden. Dieser Sinnfindungsprozess orientiert sich an der Person des Klienten, seinen Einstellungen und seiner Lebenserfahrung, seinen Wünschen und Sehnsüchten.[82] Gleichzeitig ist der Klient in der seelsorglichen Beratung dazu eingeladen, sich am Lebenswissen des christlichen Glaubens zu orientieren und ihn als ein Sinnangebot für sich zu entdecken. Im Folgenden werden zwei Vorbedingungen eines Dialogs über den Glauben vorgestellt: die menschliche Freiheit und die Zeitbedingtheit eines solchen Gesprächs.

---

80 Vgl. Schmitz 2005, 147. Vgl. auch Schneider 1991, 36f.

81 Vgl. Schmitz 2005, 137.

82 Es geht folglich nicht darum, vorformulierte Sinnangebote zu kommunizieren, das heißt eine „explizit-verbale ‚Sinnvermittlung'“ (Baumgartner 2007b, 22) zu betreiben. „Im Unterschied zum Verhalten Jesu wird der Seelsorger/die Seelsorgerin dem suchenden Menschen nur in den seltensten Fällen auf den Kopf zusagen können und dürfen, was für ihn erfüllteres Leben konkret bedeutet.“ (Nidetzky 1990, 55)

1.3.2.1 … im Bewusstsein menschlicher Freiheit

Für jede Form von Beratung ist die freie Entscheidungsfähigkeit des Klienten die Grundlage.[83] Es muss von Anfang an klargestellt werden, dass der Klient in der kirchlichen Beratung keine moralischen und religiösen Vorleistungen erbringen muss oder gar *missioniert* werden soll.[84] Weder zu Beginn noch im späteren Verlauf der Beratung werden an den Klienten derartige Erwartungen gestellt: „Es interessiert nicht mehr seine Bußfertigkeit, nicht mehr sein Lebenswandel und seine Lebensführung und auch nicht mehr seine moralische Vervollkommnung, sondern die Kontingenz seines individuellen Lebensweges."[85] Die *freie* Zuwendung zum Glauben muss folglich situationsunabhängig gewahrt bleiben.[86]

Angesichts der emotionalen Instabilität des Klienten, die mit einer Krise einhergeht, ist der Klient häufig leicht zu beeinflussen. In diesem Zustand willigt er nur allzu leicht in Entscheidungen ein, „die er womöglich nach Überwindung der Krise nicht mehr billigt"[87]. In einem solchen Fall könnte auch der Eindruck entstehen, dass die Kirche die Lebenskrisen des Menschen dazu benutzt, besser für die eigenen Überzeugungen werben zu können. Schließlich ist es in der Geschichte der Kirche vorgekommen, dass in der Verkündigung manipulative Techniken eingesetzt wurden oder direkt Druck auf den Einzelnen ausgeübt wurde. Zum Beispiel wurden Unfälle oder persönliches Unglück als Strafe Gottes gedeutet, auf die mit einer intensivierten Glaubenspraxis reagiert werden sollte. Die Einladung zum Glauben kann in der seelsorglichen Beratung daher nur gegenüber einer *mündigen, freien Persönlichkeit* erfolgen.[88] Eine fundamentale Vo-

---

[83] Vgl. May 1991, 23ff. Diese Freiheit zu stärken gehört daher auch zu den zentralen Anliegen von Beratung. So schreibt der Psychotherapeut Rollo May: „Je psychisch gesünder der/die Betreffende wird, desto mehr ist er oder sie fähig, die Materie des Lebens kreativ zu gestalten, und desto eher kann er/sie dann auch die Entwicklungsmöglichkeiten der Freiheit nutzen." (May 1991, 25)

[84] Vgl. Baumgartner 2007b, 11f.

[85] Schützeichel 2004, 127.

[86] Für den konkreten Beratungsprozess ist es wichtig, sich der Grenze religiösen Sprechens bewusst zu sein. Papst Benedikt XVI. verweist in seiner ersten Enzyklika *Deus caritas est* ausdrücklich darauf, dass der im Namen der Kirche Wirkende „niemals dem anderen den Glauben der Kirche aufzudrängen versuchen" wird. „Er weiß, dass die Liebe in ihrer Reinheit und Absichtslosigkeit das beste Zeugnis für den Gott ist, dem wir glauben und der uns zur Liebe treibt." (DCE 31c)

[87] Lemke 1995, 99.

[88] Bereits 1975 hat Papst Paul VI. in seinem Apostolischen Schreiben *Evangelii Nuntiandi* eine solche Haltung in der Verkündigung empfohlen. Das Werk der Evangelisierung, so schreibt er, setze *Zeichen der Liebe* voraus. Zu diesen Zeichen der Liebe zählt wesentlich der Respekt vor den Einstellungen des anderen. „Das erste wäre der Respekt vor der religiösen und geistlichen Lage der Menschen, die man evangelisiert. Respekt vor ihrem eigenen

raussetzung für die persönliche Glaubensannahme besteht darin, dass Gott jedem die freie Entscheidung für oder gegen ihn lässt.[89] Daher gilt es zunächst, den Klienten in seiner Selbstverantwortung und Mündigkeit zu stärken. Bevor der Glaube überhaupt Thema werden kann, soll der Einzelne zu selbst verantworteten Entscheidungen in der Lage sein. Der Berater hat daher besonders darauf zu achten, ob sich die Rede über Fragen des Glaubens in „die momentane Verarbeitung der Gefühle“[90] des Klienten einfügen lässt.

Aus dieser unbedingten Achtung der Freiheit des Klienten ergeben sich auch für die seelsorgliche Beratung die typischen Handlungsparadoxa von Beratung. „Je stärker sie [die Seelsorge, Anm. d. A.] durch Beratung Vertrauen in religiöse Inhalte herstellen will, desto stärker stellt sie gerade diese Inhalte in Frage. Je stärker die kommunikative Form der Beratung in den Vordergrund gestellt wird, desto stärker wird die Beratung durch andere Leitvorstellungen als die des Religiösen okkupiert.“[91] Eben weil es zur Beratung gehört, dem Klienten mehrere Lösungswege aufzuzeigen, kann das christliche Lebenswissen nicht die einzige Option darstellen. Der Berater muss verschiedene Bewältigungsstrategien dialogisch erarbeiten, die zum Teil keinen Bezug zum christlichen Glauben aufweisen.

Dies bedeutet jedoch nicht, dass in der Beratung die Sinnfrage nicht besprochen werden kann und der Berater seine Ansichten nicht einbringen darf.[92] Der Berater kann durchaus eine religiöse Deutung der Situation vorschlagen. Schließlich soll er in seinen Reaktionen und Aussagen authentisch sein und darf insofern auch seine Werthaltungen transparent machen.

Ob der Klient der Einschätzung des Beraters dann folgt, entscheidet er jedoch selbst. So kann nach Schützeichel eine zeitgemäße Seelsorge nicht „anders als beratend tätig werden, weil der Gläubige über Anlaß und das Ende und die Anerkennung der religiösen Inhalte entscheidet“[93].

Zur Notwendigkeit der eigenen Entscheidung

Für das Christentum ist es wesentlich, dem Menschen die Freiheit und damit auch die Verantwortung zuzusprechen, selbst über sein Leben zu

---

Lebensrhythmus, den man nicht über Gebühr belasten darf. Respekt vor ihrem Gewissen und ihren Überzeugungen, die man nicht brüskieren soll.“ (EN 79)

[89] Vgl. Jhi 2006, 69-75.

[90] Lemke 1981, 32.

[91] Schützeichel 2004, 113-114.

[92] Vgl. Baumgartner 2007b, 12.

[93] Schützeichel 2004, 113.

entscheiden.[94] Die Freiheit des Einzelnen erfüllt sich nach christlichem Verständnis allerdings nicht darin, sich und anderen alle Optionen offen zu halten. So besteht eine erste, wichtige Aufgabe seelsorglicher Begleitung zwar darin, dem anderen bei der Bewusstmachung seiner eigenen Freiheit zu helfen. In einem weiteren Schritt soll der Klient dann aber ermutigt werden, seine Freiheit zu verwirklichen und existentielle Entscheidungen zu treffen. Angesichts einer pluralistischen Gesellschaft, in der der Einzelne ständig mit neuen Sinnangeboten in Kontakt kommt, weichen nämlich viele Menschen verbindlichen Entscheidungen anscheinend eher aus.[95]

Wie sich die menschliche Freiheit erfüllt

Das christliche Freiheitsverständnis unterscheidet sich von einer allgemeinen Rede über die Freiheit des Menschen darin, dass der Mensch immer in Relation zur Liebe Gottes gesehen wird. Für Karl Rahner besteht die Grundverfassung menschlicher Freiheit darin, dass sie implizit die Ordnung Gottes und seine Liebe bejaht. Erst durch Gott kann der Mensch nach christlichem Verständnis zu wahrer Freiheit zu finden.[96] So heißt es auch in der Pastoralkonstitution *Gaudium et Spes* über die menschliche Freiheit: „Die Freiheit des Menschen, die durch die Sünde verwundet ist, kann nur mit Hilfe der Gnade Gottes die Hinordnung auf Gott zur vollen Wirksamkeit bringen.“[97] Da der menschliche Freiheitsakt der Liebe nach Rahner jedoch nicht direkt auf Gott zielen kann, vermittelt er sich durch die Kommunikation mit anderen Menschen. Rahner spricht hier vom „Ineinander transzendentalen und kategorialen Freiheitsvollzuges“[98], das in der Liebe deutlich wird. Der kategoriale Akt der Nächstenliebe ist die Konkretisierung und Materialisierung der transzendentalen Gotteserfahrung.[99] So folgt der Mensch selbst dem Beispiel der in Jesus Christus of-

---

[94] Dazu schreiben die deutschen Bischöfe: „So schwierig im konkreten Fall, etwa bei der Frage nach dem Ausmaß persönlicher Freiheit oder Schuld, das Abwägen der einzelnen Faktoren auch sein mag, verhängnisvoll wäre ein Determinismus, der die Größe und Würde der menschlichen Person leugnet, ja sogar zerstört.“ (Sekretariat der Deutschen Bischofskonferenz 1997, 13)

[95] Die Pastoraltheologin Antje Hetterich bemerkt hierzu: „Die Forderung des Verzichts auf einen persönlich klar umrissenen Lebensentwurf oder wenigstens, ihn stets im Fluss zu halten und neu anzupassen, verlockt mit einer willkommenen Nebenwirkung: Der von der eigenen Verantwortlichkeit überforderte Zeitgenosse soll auf diese Weise von der Last, mündig werden zu sollen, bzw. von der Illusion, mündig werden zu können, befreit werden.“ (Hetterich 2007, 216)

[96] Vgl. Rahner 2001, 101-113.

[97] GS 17.

[98] Rahner 1965, 228.

[99] Vgl. Rahner 1965, 228.

fenbarten göttlichen Liebe und nimmt auf diese Weise die Botschaft des Evangeliums an.

Der menschlichen Freiheit gegenüber kann der dreieine Gott lediglich darum werben, dass sie sich ihm zuwende.[100] Dieses Umwerben respektiert die Würde des Menschen, so dass er „in bewußter und freier Wahl handle, das heißt personal, von innen her bewegt und geführt und nicht unter blindem innerem Drang oder unter bloßem äußerem Zwang“[101]. Ziel menschlicher Freiheit ist letztlich, die dem Menschen von Gott wesenhaft verliehenen Würde zu entsprechen.[102] Dies ist dem Menschen möglich, indem er das ihm geschenkte Freiheitspotential durch Bindung und entschiedenes Engagement verwirklicht.[103]

Nach Rahner kann der Mensch an der eigenen Würde aber auch scheitern: „Da die Würde [...] dem Menschen, der über sich selbst in Freiheit verfügt, aufgegeben ist, kann er sich und seine Würde verfehlen durch einen freien Verstoß gegen sich selbst.“[104] Gerade im Zueinander von menschlicher Freiheit und Verantwortung liegt der *beunruhigende Aspekt* des Evangeliums. Denn so wird deutlich, wie groß die Verantwortung des Einzelnen für sich und andere ist.[105] Der Mensch kann sich seiner Bestimmung zur Freiheit folglich nicht entziehen.[106] Wie der Mensch sich entscheidet, hat nicht nur bestimmte Handlungsergebnisse zur Folge, sondern wirkt auf ihn selbst zurück und formt seine Person.[107] Dies gilt auch für die religiöse Dimension menschlichen Lebens: Der christliche Glaube gründet einerseits in der Freiheit des Einzelnen und fordert ihn andererseits zu einer klaren Entscheidung für oder gegen Christus heraus.[108] Insofern hinterlässt auch die Entscheidung gegen den Glauben nicht einfach eine Leerstelle im Blick auf die religiöse Dimension des Menschen, sondern bedeutet eine ebenso fundamentale Entscheidung über das eigene Leben als Ganzes.

1.3.2.2 ... vor dem Hintergrund der gegenwärtigen Situation

Die religiös-weltanschauliche Freiheit des Einzelnen ist insofern nicht absolut, als sie stets rückgebunden ist an eine bestimmte gesellschaftliche

---

[100] Vgl. Hetterich 2007, 162.
[101] GS 17.
[102] Vgl. Rahner 1955, 250f.
[103] Vgl. Sekretariat der Deutschen Bischofskonferenz 1997, 11.
[104] Rahner 1955, 255.
[105] Vgl. Zulehner 1979, 44.
[106] Vgl. Rahner 1965, 223f.
[107] Vgl. Rahner 1963, 129f. Vgl. auch Sievernich 1982,43ff.
[108] Vgl. Kurten 1985, 210-213.

und kirchliche Situation. In der Beratung wird versucht, mit dem Klienten zusammen einen möglichst offenen Sinnfindungsprozess einzuleiten. Doch wäre es unrealistisch zu meinen, dass dieser Prozess völlig neutral gestaltet werden kann. Zwar kann in der heutigen, pluralen Gesellschaft jede Person aus einer nahezu unbegrenzten Zahl an Lebenskonzepten, Ideologien und Religionen und damit Selbstentwürfen und Sinnsystemen wählen. „Der Bereich der möglichen Selbstentwürfe reduziert sich jedoch auf solche Kategorien, die aufgrund des soziokulturellen und historischen Kontextes einer Person salient sind. Es handelt sich dabei um Modelle, Bilder und Symbole, die durch die Medien und durch die direkten sozialen Kontakte zur Verfügung stehen."[109] In der seelsorglichen Begleitung findet das Gespräch über Sinnfragen im Blick auf den seelsorglichen Berater vor dem christlichen Deutungshorizont statt. Dem Berater kommt die Aufgabe zu, die tradierten Aussagen des christlichen Glaubens unter den konkreten Bedingungen zu vermitteln, sofern der Klient daran Interesse zeigt.[110] Diese Kontaktfläche mit dem Glauben gilt es anzubieten, unabhängig davon, ob der Klient in seinem Sinnfindungsprozess darauf Bezug nimmt.

Jeder Klient bringt dabei je eigene Vorerfahrungen mit dem christlichen Glauben und der Kirche mit. Einige stehen der Kirche und religiösen Fragen distanziert bis ablehnend gegenüber, andere bringen eine lebendige Gottesbeziehung mit. Gleichzeitig sind diese individuellen Vorerfahrungen und Einstellungen geprägt durch den soziokulturellen Kontext ihrer Zeit und weisen insofern bestimmte Gemeinsamkeiten auf. Unbestritten ist, dass sich das kirchliche Leben in den vergangenen Jahrzehnten stark verändert hat. Viele Getaufte nehmen selten am Leben der Pfarrgemeinde teil oder sind aus der Kirche ausgetreten.

Gottvergessene Gesellschaft oder Fehler der Kirche?
Während in früheren Gesellschaften die Familie und/oder die jeweiligen Herrscher bestimmenden Einfluss auf das religiöse Bekenntnis des Einzelnen hatten, ist es in einer modernen, säkularen Gesellschaft Privatsache, woran der Einzelne glaubt.[111] Der Einzelne wählt auch im religiösen Bereich individuell aus und entscheidet sich frei für oder gegen eine be-

---

[109] Bayer & Gollwitzer 2000, 210.

[110] Dazu bemerkt Lutz: „Ein Ausbruch aus dieser soziohistorischen Relativität ist (normalerweise) nicht möglich. Deshalb kann ein Mensch auch die in den tradierten Aussagen christlichen Glaubens vermittelten Inhalte nur unter den konkreten Bedingungen seiner Zeit verstehen, wie auch die Formulierungen der Glaubensinhalte selbst bereits zeitbedingt sind." (Lutz 1989, 395)

[111] Vgl. Sekretariat der Deutschen Bischofskonferenz 2000, 8. Vgl. auch Schaupp & Tillmanns 2001, 85.

stimmte Sinnorientierung.[112] Die Deutschen Bischöfe sehen daher eine neue Zeit der Glaubensweitergabe anbrechen: „Wir treten jetzt in eine Zeit ein, in der christlicher Glaube missionarisch-evangelisierend in der Generationenabfolge weitergegeben werden muss. Damit nähern wir uns – freilich in einem völlig anderen gesellschaftlichen Umfeld – in bemerkenswerter Weise wieder der Situation des Christentums in den ersten drei Jahrhunderten seines Bestehens an. Dort trafen die Menschen, die sich einer christlichen Gemeinde anschlossen, in der Regel die Entscheidung für Taufe und Nachfolge Christi eigenständig."[113]

Die *Privatisierung* und *Individualisierung* der Religion hat mit dafür gesorgt, dass die eigene Religiosität für viele zur Geschmacksfrage geworden ist.[114] Auch besteht längst kein Konsens mehr darüber, dass Welt und Zeit auf ein Ziel, die Vollendung bei Gott, ausgerichtet sind.[115] Die Notwendigkeit, sich aufgrund einer eschatologischen Erwartung für oder wider Gott zu entscheiden, ist im öffentlichen Bewusstsein verloren gegangen.

Die deutschen Bischöfe regen an, das abnehmende Interesse an christlichem Glauben und kirchlicher Teilhabe selbstkritisch wahrzunehmen und nach der Verantwortung der Kirche für diese Entwicklung zu fragen. Die Kirche ist im Laufe ihrer Verkündigungsgeschichte immer wieder der Versuchung erlegen, auf die Menschen Druck auszuüben, ihnen mit Schilderungen von der Hölle Angst zu machen und ihnen mit der Strafe Gottes zu drohen.[116] So schreibt die Deutsche Bischofskonferenz: „Vielleicht ist dies auch eine Gegenreaktion auf die lange praktizierte Überbetonung von Sünde und Buße gegenüber den primären Wirklichkeiten des christlichen Lebens: der Erlösung durch Jesus Christus, der Gerechtmachung aus dem Glauben und der bereits angebrochenen Herrschaft Gottes in unserem Leben und in der Welt."[117] Ein „verengtes moralisierendes und legalistisches Sündenverständnis"[118] kann die befreiende Botschaft Christi überschatten. Ferner mag die Zurückhaltung vieler Menschen gegenüber der kirchlichen Verkündigung daraus resultieren,

---

[112] Vgl. Sanders 2004, 799.

[113] Sekretariat der Deutschen Bischofskonferenz 2000, 34.

[114] Vgl. Hetterich 2007, 4.

[115] Vgl. Lemke 1995, 9-12. Dies verändert auch die Voraussetzungen für die Beratung: Die Vielfalt an Denk- und Handlungsmustern innerhalb der Gesellschaft – auf die sich der Berater jeweils einlassen soll – nimmt weiter zu.

[116] Zu diesen *historischen Hypotheken* der kirchlichen Seelsorge siehe Nauer 2012, 798-804.

[117] Sekretariat der Deutschen Bischofskonferenz 1997, 7.

[118] Schneider 1991, 13. Vgl. dazu auch Sievernich 1982, 16f.

dass die Kirche die Glaubenserziehung vernachlässigt hat oder die eigene Lehre missverständlich dargestellt hat.[119]

Allerdings lässt sich die zurückgehende Zahl praktizierender Christen in der Gesellschaft auch auf andere Weise interpretieren. Zum Beispiel wird dem modernen Mensch unterstellt, er leide an einem *Gotteskomplex*[120]. Damit gehe die Irrealisierung Gottes und ein *Selbsterlösungsstreben* einher. So schreibt der Soziologe Peter Gross: „Aus der befreienden Erlösung durch einen Messias wird Selbstbefreiung durch ein emanzipatorisch-kritisches Subjekt. Der Himmel wird auf Erden gedacht und die Erlösung dem in der Renaissance entdeckten, [...] neuen Subjekt der Geschichte aufgebürdet. Mit dem Verschwinden der Transzendenz beginnt die Suche in der Immanenz, mit dem Niedergang Gottes erhebt sich Gott im Menschen."[121]

Ich meine, dass in der seelsorglichen Beratung jedoch sehr vorsichtig mit derartigen Thesen umgegangen werden sollte. Der Klient könnte sonst den Eindruck bekommen, ihm würde die Gottvergessenheit oder ein vermeintlicher Werteverfall der Gesellschaft zum Vorwurf gemacht. Zwar kann die christliche Heilsbotschaft nur dann einen Resonanzraum finden, wenn der Einzelne auch ein Verständnis für Gottes Wirkmächtigkeit entwickelt. Dass dies angesichts der geistesgeschichtlichen Entwicklungen der Moderne häufig nicht mehr der Fall ist, darf einzelnen Personen aber nicht als Anmaßung ausgelegt werden. Schließlich sind Menschen, die auf ein religiöses Bekenntnis und eine Gottesbeziehung verzichten, nicht zwangsläufig auf eigene Leistungen als einzige Sinngeber fixiert.[122] Selbst denjenigen, die nach Religion fragen, wird mitunter unterstellt, nicht auf der Suche nach Erlösung und dem Wirken Gottes zu sein, sondern das unmittelbare persönliche Wohlbefinden steigern zu wollen.[123] Als Berater mangelndes Interesse oder die falschen Motive im Blick auf die Gottesfrage zu beklagen, ist meines Erachtens abträglich für die Bereitschaft des Klienten, sich mit religiösen Fragen zu beschäftigen.

---

[119] Vgl. GS 19.

[120] Siehe zu diesem Thema das Buch des Psychoanalytikers Horst Eberhard Richter: Richter 1979.

[121] Gross 2008, 21.

[122] Vgl. Engelbrecht & Rosowski 2007, 66-101.

[123] Gemäß dem Soziologen Gerhard Schulze hat der Wohlstand in den westlichen Gesellschaften dazu geführt, dass sich die Menschen allein am Wert ihrer Erlebnisse orientieren. Dies wirft jedoch eine Reihe neuer Schwierigkeiten auf: Der Einzelne benötigt ständig neue Reize, um seinen Erlebnishunger zu stillen. Dieser Sinn des Lebens ist gerade dadurch bedroht, dass das Enttäuschungspotential mit zunehmender Lebenserfahrung steigt. Vgl. Schulze 2005, 67-71.

1.3.3 Christlicher Glaube als alternatives Sinnsystem?

Seelsorgliche Beratung ist eingebunden in das christliche Sinnsystem. Dieses Sinnsystem orientiert sich an Werten und Vorstellungen, die Bezug nehmen auf den Glauben an Jesus Christus. Es wurde bereits gezeigt, dass sich dadurch zum Beispiel die Würde des Menschen auf eigene Weise herleiten lässt. Dieses Sinnsystem vertritt die Kirche jedoch nicht als eine abstrakte Größe, sondern es soll sich in der konkreten Lebensgestalt der Kirche verwirklichen. Das besondere Potential für die Beratung besteht folglich darin, dass der Klient diese alternativen, christlichen Werte im kirchlichen Kontext erfahren kann. Der Klient soll hier Menschen begegnen, die dieses Sinnsystem im alltäglichen Miteinander vorleben. Diesem Anspruch wird die Kirche gerecht, wenn es ihr gelingt, „sich als sozial wirksame offene Gegenwelt anzubieten, die eine Alternative zur gesellschaftlichen und ökonomischen Fremdbestimmung darstellt“[124]. Ob Kirche als gesellschaftliches Gegenkonzept wahrgenommen wird, ist jedoch fraglich. Karl Lehmann konstatiert, dass sich die Kirche an vielen Stellen kaum noch von der Gesellschaft unterscheiden lasse: „Wenn die Kirche den Menschen keine Alternative mehr bietet zum säkularen Bewusstsein, muss man sich die Frage stellen, wieso man eine solche Kirche überhaupt noch braucht. Es liegt auf der Hand, dass eine angepasste Kirche selbst überflüssig wird, weil sie ja ohnehin nur die Verdoppelung dessen bietet, was schon ist.“[125]

Paul Zulehner gibt wiederum zu bedenken, dass sich die Kirche nicht zu stark von der heutigen Welt- und Lebensrealität entfernen dürfe.[126] Auch die deutschen Bischöfe schreiben, dass die kritische Distanz und Andersartigkeit nicht zu einer Realitätsferne werden dürfe. „Eine Frömmigkeit, die die Tatsachen nicht mehr wahrnimmt, befördert die Sendung Jesu Christi nicht. Der christliche Glaube will die Grundhaltung des Lebens befruchten, wobei er selber durch das konkrete Leben immer wieder auf seine Tragfähigkeit hin getestet wird.“[127]

Aktuell zeigt die religionssoziologische Studie von Martin Engelbrecht und Martin Rosowski, dass die meisten Männer die Kirche nicht als eine Institution betrachten, die es schafft, einen attraktiven Gegenentwurf zur gesellschaftlichen Realität zu bilden. Zwar zeigen Männer ein Interesse an

---

[124] Engelbrecht & Rosowski 2007, 40.

[125] Lehmann 2005, 35 Diese Worte Lehmanns erinnern an den Brief des Apostels Paulus an die Römer. Hier schreibt Paulus: „Gleicht euch nicht dieser Welt an, sondern wandelt euch und erneuert euer Denken, damit ihr prüfen und erkennen könnt, was der Wille Gottes ist: was ihm gefällt, was gut und vollkommen ist.“ (Röm 12,2)

[126] Vgl. Zulehner 1979, 117.

[127] Sekretariat der Deutschen Bischofskonferenz 2000, 15.

Räumen, in denen die sozioökonomischen Zwänge nicht gelten, und erleben einzelne Kontakte mit Vertretern der Kirche in den Ortsgemeinden häufig positiv. Zur Kirche als Institution gehen sie jedoch auf Distanz, da sie zur theologischen Dogmatik der Kirche keinen Zugang finden.[128] „Die Kritik richtet sich gegen eine Glaubenslehre, die nach der Erfahrung der Männer nicht geeignet ist, um mit der Welt, in der sie leben, fertig zu werden, geschweige denn um sie zu verändern."[129]

Die Studie von Engelbrecht und Rosowski zeigt, dass Männer sich als weltanschaulich kompetent begreifen und sich eigenständig mit Sinnfragen auseinandersetzen. Dabei sind sie nicht bereit, sich von einer Gruppe oder Institution Vorgaben machen zu lassen.[130] Viele Männer haben aber das Gefühl, dass ihre Überzeugungen von *Gott und der Welt* von Kirchenvertretern erst gar nicht ernstgenommen werden.[131] Folglich wird die Kirche kaum als Gesprächspartnerin wahrgenommen, mit der ein offener Dialog geführt werden kann.

Wie sich im Blick auf das Verhältnis von Männern zur Kirche zeigt, sind sie spirituellen und religiösen Fragen gegenüber weder desinteressiert noch ohne Kenntnisse. „Männer fühlen sich sehr wohl spirituell kompetent – doch sie legen hohen Wert darauf, ihre religiösen Erfahrungen selbstbestimmt zu gestalten und ihnen ihre eigene männliche Stimme zu geben."[132] Daher kann dem Klienten nur dann eine Antwort vom Evangelium her gegeben werden, wenn sich der Berater auf dessen Individualität einstellt.[133] Der seelsorgliche Berater kann dabei einen Austausch anbieten, „der auf der Grundlage des christlichen Glaubens dazu beiträgt, ihre Sinndeutungen tragfähig und verlässlich zu machen"[134].

Für den Berater bedeuten diese Feststellungen, dass er die Lebensfragen des Klienten ernst nimmt und sein eigenes Glaubensverständnis nicht absolut setzt.[135] Die Ermutigung zur Auseinandersetzung mit dem Glauben kann nicht *von oben herab* erfolgen. Gerade im Bewusstsein um die eigenen Unzulänglichkeiten und die eigene Erlösungsbedürftigkeit wird die Rede von der Barmherzigkeit Gottes wahrhaftig.[136] Dies bedeutet für den

---

[128] Vgl. Engelbrecht & Rosowski 2007, 28.
[129] Engelbrecht & Rosowski 2007, 28.
[130] Vgl. Engelbrecht & Rosowski 2007, 168f.
[131] Vgl. Engelbrecht & Rosowski 2007, 159.
[132] Engelbrecht & Rosowski 2007, 28.
[133] Vgl. Lemke 1995, 10.
[134] Engelbrecht & Rosowski 2007, 40.
[135] Vgl. Lemke 1995, 53.
[136] Folglich gründet Umkehrpastoral auf einem demütigen Selbstbewusstsein der Kirche. Vgl. LG 8.

seelsorglichen Berater: „Die Autorität wird nicht mehr im herkömmlichen Sinn autoritär ausgeübt, sondern im Sinn eines Dolmetschers, eines Fachmanns für Lebens- und Glaubensfragen und im Sinne eines einschlägig geschulten Experten für den Einsatz der richtigen Methode."[137]

1.4 Christlicher Glaube erschließt sich ...

Im Folgenden auf bestimmte Aspekte des Glaubens eingegangen, die für die Beratung relevant werden können. Dabei wird gezeigt, wie diese Glaubensaussagen in Bezug zur seelischen Bewältigung von Problemen in diesem Beratungskontext gesetzt werden können. Es geht nicht darum, umfassend darzustellen, auf welche Weise sich der christliche Glaube erschließen kann. Vielmehr habe ich einige zentrale Aspekte zusammengestellt, die eine besondere Bedeutung entwickeln können, wenn der Klient am christlichen Glauben Interesse zeigt. Den besonderen thematischen Bezug zum Beratungskontext habe ich jeweils aufzeigt.

1.4.1 ... in der Beziehung zu Gott

In der christlichen Verkündigung geht es nicht allein darum, dass das Gegenüber bestimmte Aussagen für wahr oder falsch hält. Im Unterschied zur Vermittlung weltanschaulicher, politischer oder sonstiger Überzeugungen geht es in der Glaubensverkündigung um die Ermöglichung einer Gottesbeziehung. Will der Berater dem Klienten auf der Basis des christlichen Glaubens Hilfe zur Selbsthilfe anbieten, muss er folglich mehr als nur rationale Glaubensinhalte kommunizieren. In der christlichen Tradition wird hier zwischen den Glaubensinhalten *fides quae* und dem Glaubensakt *fides qua* unterschieden.[138] Diese beiden Dimensionen können nicht voneinander getrennt werden, wenn die Ganzheit des Menschen angesprochen werden soll.[139] Vor allem in der krisenhaften Situation des Klienten wird die Rede vom christlichen Sinnkonzept und seinem sozialen und moralischen Lebenswissen nicht ausreichen. „Es muß mehr geschehen, etwas, was die Beziehung des Menschen zu sich, zum Nächsten und zur Welt grundlegender berührt, etwas, was die Beziehungswirklichkeit des Menschen nicht nur kognitiv, sondern auch affektiv und seelisch erreicht."[140] So ist auch jede lebendige Gottesbeziehung subjektgebunden:

---

[137] Schmid 1994, 18.

[138] Vgl. Pompey 1986, 193.

[139] So schreibt Lemke: „Verkündigung und Glaubenserfahrungen sind zwei Seiten einer Sache, die untrennbar zusammengehören. Wenn der rational und emotional aufgenommene Glaubenssatz der Ganzheit des Menschen gerecht wird, kann er für den einzelnen erfahrbar werden." (Lemke 1981, 20)

[140] Pompey 1986, 193.

Sie lebt aus einer *individuell-subjektiven* und somit *emotionalen* Verbundenheit.[141] „Das Wissen darum, von Gott geliebt zu werden, muss auch die Seelenkräfte erfassen."[142]

Anforderungen an den Berater

Da das Beziehungsangebot Gottes an den Menschen in der Beziehung zwischen Berater und Klient durchscheinen soll, stellen sich an den seelsorglichen Berater hohe Anforderungen. Er muss mehr sein als ein Experte für religiöse Fragen. Erforderlich ist, dass er selbst eine lebendige und persönliche Beziehung zu Gott pflegt. So schreibt Nauer: „Ist Gott im Leben von Menschen präsent, dann tritt er uns sozusagen im Antlitz unserer Mitmenschen entgegen."[143] Der Berater muss selbst offen für das Geheimnisvolle und Mystische in seinem Leben sein.[144] „Worte des Heils und der Heilung können folglich nicht ohne den Zusammenhang mit der persönlichen Glaubenserfahrung gesprochen werden. Ohne daß ein solcher innerer Kontakt des Seelsorgers mit seiner eigenen Glaubenserfahrung immer wieder durchschimmert und auch im rechten Maß artikuliert wird, käme es zu erheblichen *Kommunikations- und Beziehungsstörungen* mit dem Gesprächspartner, wie die Kommunikationsforschung vermuten läßt."[145]

In der seelsorglichen Beratung stehen die beraterische Qualifikation und eine lebendige Gottesbeziehung daher nicht unverbunden nebeneinander. Vielmehr ist die Gottesbeziehung für die Arbeit des seelsorglichen Beraters von grundlegender Bedeutung. „Seine Fähigkeit, personbezogen kommunizieren zu können, und seine beraterische Kompetenz sorgen dafür, das *diese* ihn zutiefst prägende Grundhaltung der Situation entsprechend zum Ausdruck kommt – zum Nutzen und Segen der Ratsuchenden."[146] Der Berater vollzieht dabei in seiner spirituellen Lebensgestal-

[141] Vgl. Justen 2012, 116f.

[142] Hetterich 2007, 225.

[143] Nauer 2007, 43.

[144] Vgl. Müller 1990, 28. Rogers selbst geht darauf ein, dass sich im therapeutischen Kontext spirituelle Erfahrungsräume eröffnen können: „In diesen Augenblicken scheint es, als ob meine Seele die Seele des anderen berührt. Unsere Beziehung transzendiert sich selbst und ist Teil von irgend etwas Größerem geworden. Intensives Wachstum, Heilung und Energie sind gegenwärtig." (Rogers 1991a, 242) Obwohl sich Rogers bewusst ist, dass derartige Berichte an das Mystische grenzen, ist er überzeugt, dass diese spirituelle Dimension zum Menschen dazu gehört: „Unsere Erfahrungen, das ist klar, schließen das Transzendente, das Unbeschreibbare, das Spirituelle ein." (Rogers 1991a, 242)

[145] Baumgartner 1990c, 562 (Hervorhebungen im Original).

[146] Müller 1990, 28.

tung nach, dass ein ständiges Wechselspiel zwischen dem *Sich-vertraut-machen* mit Gott und dem Mitmenschen besteht.[147]

Erkennbar wird diese lebendige Gottesbeziehung des Beraters durch seine kongruente Persönlichkeit und eine entsprechende Lebenspraxis. Er ist versöhnt mit seiner eigenen Lebensgeschichte und hat die befreiende Kraft des Glaubens selbst erfahren.[148] Als seelsorglicher Berater steht er nicht nur während der Beratung für den Glauben ein, sondern auch durch sein Lebensbeispiel außerhalb seiner Beratertätigkeit. Die Anforderungen an den Seelsorger orientieren sich dabei an den Worten Pauls VI., der im Apostolischen Schreiben *Evangelii Nuntiandi* dieses christliche Lebensbeispiel wie folgt beschreibt: „Die Welt verlangt und erwartet von uns Einfachheit des Lebens, Sinn für das Gebet, Nächstenliebe gegenüber allen, besonders gegenüber den Armen und Schwachen, Gehorsam und Demut, Selbstlosigkeit und Verzicht. Ohne diese Zeichen der Heiligkeit gelangt unser Wort nur schwer in die Herzen der Menschen unserer Zeit."[149]

1.4.2 … im Wissen um Schuld und Vergebung

Ein konstruktiver Bewältigungsprozess trägt dazu bei, dass der Klient sich differenziert mit sich selbst und damit auch mit seiner Verantwortung und seinen Fehlern auseinandersetzt.[150] Es braucht das rechte Maß, um erkennen zu können, was in der eigenen Verantwortung liegt und was man sich nicht selbst zuzuschreiben hat. Besonders in einer Gesellschaft, in der ständiger Leistungs- und Erfolgszwang herrscht, besteht sonst die Tendenz, der Auseinandersetzung mit der Schuld auszuweichen.[151] Auch in Therapie, Beratung und Seelsorge ist die Auseinandersetzung mit Schuld und Schuldgefühlen „weitgehend ‚out' bzw. zumindest scheinbar sekundär geworden"[152]. Wird der Frage nach Schuld und Verantwortung jedoch dauerhaft ausgewichen, steht dies der Persönlichkeitsentwicklung und der Problembewältigung des Klienten entgegen.

In der seelsorglichen Beratung kann die Frage nach der Schuld des Klienten unter zwei Gesichtspunkten relevant werden: Zum Einen geht der seelsorgliche Berater auf den lebensweltlichen *Erfahrungshorizont* des

[147] Vgl. Pompey 1991, 153.
[148] Vgl. Pompey 1986, 207.
[149] EN 76.
[150] Vgl. May 1991, 42-47.
[151] Vgl. Schmid 2006, 79.
[152] Schmid 2006, 78.

Klienten ein.[153] So fühlen sich zum Beispiel arbeitslose Männer häufig schuldig und machen sich selbst Vorwürfe. In der Beratung gilt es dann zu erörtern, wofür der Klient tatsächlich die Verantwortung übernehmen muss und wofür er sich zu Unrecht schuldig fühlt. Zum Anderen kann – im Kontext einer kirchlichen Beratungsstelle – auch nach Schuld als religiöser Kategorie gefragt werden. So schreibt Karl Rahner: „Schuld und Sünde sind zweifellos ein zentrales Thema für das Christentum; denn dieses versteht sich ja als Erlösungsreligion, als das Ereignis der Vergebung der Schuld durch Gott selbst in seiner Tat an uns in Jesus Christus – in seinem Tod und seiner Auferstehung."[154]

Eine große Gefahr für die seelsorgliche Beratung besteht darin, diese beiden Kategorien miteinander zu vermischen und die Schuldgefühle des Klienten vorschnell als Zeichen seiner Erlösungsbedürftigkeit vor Gott umzudeuten.[155] Fatal wäre es, wenn in der seelsorglichen Beratung der Eindruck entstünde, der Berater würde den Klienten in die Rolle des Schuldigen drängen. Die bereits vorhandenen Schuldgefühle des Klienten im Blick auf seinen Arbeitsplatzverlust dürfen auf keinen Fall durch den Berater verstärkt werden.

Missverständlich wird die Frage nach der Schuld vor allem dann, wenn nach moralischen Einzelverfehlungen gesucht wird.[156] Für den Bewältigungsprozess hätte es äußerst negative Folgen, wenn hier eine Umdeutung stattfände und Lebensproblemen mit einem moralisch-religiösen Schuldbekenntnis begegnet würde. „Mancher ist vielleicht angeleitet worden, dort mit Schuld und Vergebung umzugehen, wo die eigentliche Schulderfahrung noch gar nicht gemacht ist; was einen wirklich beschäftigt, ist nicht Schuld, sondern Angst, Leid, Kränkung, Konflikte."[157]

Um eine Fehlinterpretation der Schuldgefühle des Klienten zu vermeiden, sollte der Berater personzentriert vorgehen. In der personzentrierten Beratung schafft die nicht (ver-)urteilende Zuwendung die Voraussetzung dafür, dass auch fehlerhaftes Verhalten eingesehen und selbst verantwortet wird. Der Berater verzichtet auf jeglichen Druck, durch den Verhaltensänderungen nur aus Angst vor negativen Konsequenzen oder weiterer Kri-

---

[153] Zu diesem Erfahrungshorizont gehören auch die zeitbedingten, soziokulturellen Ausdrucksformen, die die individuelle Wahrnehmung der Schuldthematik betreffen. Vgl. Sievernich 1982, 411.

[154] Rahner 2001, 97.

[155] So wurde in der Kirche früher unter Glaubensverkündigung primär die Bewusstmachung der eigenen Schuld verstanden, um im Anschluss daran von der Vergebung dieser Schuld durch Gott in Jesus Christus zu sprechen. Vgl. Schmid 2006, 79.

[156] Vgl. Schmid 2006, 79.

[157] Schneider 1991, 45.

tik geschehen würden. Schließlich hat der personzentrierte Ansatz zum Ziel, dem Klient zu innerer Einsicht zu verhelfen. Nach Rogers stehen diesem Anliegen moralische oder diagnostische Bewertungen des Beraters entgegen.[158] Schließlich soll sich der Berater auf die subjektive Wahrnehmung des Klienten, auf dessen Referenzrahmen, einlassen.[159] Denn erst wenn sich der Klient grundsätzlich vom Berater als Mensch angenommen und verstanden fühlt, ist er in der Lage, sich auch mit eigenen Verfehlungen auseinanderzusetzen.

Die Frage nach der eigenen Schuld setzt folglich voraus, nicht mehr unmittelbar unter Kränkungen und Verletzungen zu leiden, die das Selbstvertrauen und die Wertschätzung der eigenen Person schwächen. So kann die seelsorgliche Beratung überhaupt erst die Voraussetzungen dafür schaffen, dass der Klient sich mit dem Glauben beschäftigen kann. Dies gilt, wie die Deutschen Bischöfe schreiben, zum Beispiel bei psychisch erkrankten Personen: „Beratung und psychologische Therapie sollen helfen, Klärung und Heilung bei psychischen Störungen oder Erkrankungen zu finden. Ihr Ziel ist die Wiedergewinnung von krankheitsbedingt eingeschränkter Handlungs- und Lebenskompetenz. Dadurch werden die Fähigkeit zur Einsicht von Schuld und zu Umkehr und Versöhnung oft erst ermöglicht."[160] Allerdings warnen die Bischöfe davor, Schuldgefühle ausschließlich als therapeutisches Problem zu betrachten, welches sich durch Beratung oder Therapie auflösen ließe.[161]

1.4.2.1 Zur Unterscheidung von Schuld und dem religiösen Begriff der Sünde

Es gilt noch einmal festzuhalten: Nicht alle Schuldgefühle sind auf eigenes Versagen zurückzuführen. Eben so wenig sind sie ein Hinweis darauf, dass der Einzelne vor Gott schuldig geworden ist – ohne sich selbst dessen bewusst zu sein.[162] Gleichwohl bleiben das christliche Menschenbild und die christliche Vorstellung vom Heil des Menschen unvollständig, wenn das Verständnis von der Sündhaftigkeit des Menschen ausgespart wird. Erst aus der Reflexion über die Sünde des Menschen erschließt sich

---

[158] Vgl. Rogers 1982, 48.

[159] Das bedeutet nicht, dass der Berater sein eigenes moralisches Normensystem völlig ignorieren müsste. Er sollte, wenn ihm in einzelnen Situationen wertende Äußerungen unvermeidlich erscheinen, jedoch deutlich machen, dass es sich dabei um seine persönlichen Wertmaßstäbe handelt. So kann es zum Beispiel sein, dass der Klient von fremd- oder selbstschädigendem Verhalten berichtet. In einem solchen Fall kann sich der Berater nicht wertneutral verhalten.

[160] Sekretariat der Deutschen Bischofskonferenz 1997, 21.

[161] Vgl. Sekretariat der Deutschen Bischofskonferenz 1997, 21.

[162] Vgl. Hetterich 2007, 237.

der Heilswille Gottes. Nach christlichem Verständnis bedingt die Freiheit des Menschen auch die Möglichkeit zur Sünde.[163] So gehört die Sünde als Kehrseite menschlicher Freiheit zur eigenen Existenz unleugbar dazu. Das Freiheitsvermögen bedingt, dass der Mensch sich von Gott und den Mitmenschen distanzieren kann. In der Konsequenz wird jeder Mensch anderen Menschen etwas schuldig: „In gewisser Weise leben wir immer auf Kosten anderer Möglichkeiten und auch auf Kosten anderer Menschen. Demzufolge bleiben wir uns selbst unabdingbar etwas schuldig. Und wir sind einander immer etwas schuldig, wir stehen einander in der Schuld."[164]

Sünde bedeutet, die eigene Freiheit zu verfehlen und die göttliche Einladung zur Gemeinschaft auszuschlagen.[165] Dabei ist es keinem Menschen möglich, ganz ohne Sünde zu leben. Nur Gott selbst kann die Trennung des Menschen von ihm, die der Sünde geschuldet ist, vollständig aufheben: „Das Christentum begreift den Menschen als das Wesen, dessen schuldige Freiheitstat nicht seine ‚Privatangelegenheit' ist, die er selbst aus eigener Vollmacht und Kraft wieder bereinigen könnte, sondern die vielmehr (so sehr sie unabwälzbar der freien Subjektivität des Menschen zugehört), einmal gesetzt, nur von Gottes Tat wirklich überwunden werden kann."[166]

1.4.2.2 Die Sünde als Grund für eine gestörte Beziehungsfähigkeit des Menschen

Nach christlichem Verständnis ist durch die Sünde das Beziehungsgeschehen des Menschen in all seinen Dimensionen gestört, denn aus der Sicht Jesu gehören Gottes-, Nächsten- und Selbstliebe zusammen.[167] Im christlichen Glauben geht es daher um eine umfassende Versöhnung, die sowohl die Beziehung zu anderen Menschen als auch zu Gott und zu sich selbst betrifft.[168] So besteht die *sündhafte Verlorenheit* des Menschen darin, dass der Mangel an Gemeinschaft mit dem dreieinen Gott eine Leerstelle im Herzen hinterlässt.[169] Verpasst aber der Mensch die Möglichkeit, mit Gott zu leben, verweigert er sich damit auch den Lebensmöglichkeiten, die Gott für ihn erstritten und zu denen er ihn berufen hat: „Die Sünde mindert aber den Menschen selbst, weil sie ihn hindert, seine Erfüllung

---

163 Vgl. Sievernich 1982, 43-49.
164 Schmid 2006, 82.
165 Vgl. Internationale Theologische Kommission 2008, 44. Vgl. Sievernich 1982, 46ff.
166 Rahner 2001, 97.
167 Vgl. Nauer 2010, 92.
168 Vgl. Zulehner 1979, 160. Vgl. auch Sekretariat der Deutschen Bischofskonferenz 1997, 13.
169 Vgl. Hetterich 2007, 164.

zu erlangen."[170] Diese *intrapersonale* Dimension beschreibt Zulehner als das „freie Verfehlen der von Gott her eröffneten wahren Identität"[171].

Daneben ergibt sich die *interpersonale* Dimension der Sünde zuerst einmal daraus, dass menschliches Handeln an Vorgegebenheiten und Grenzen stößt, „die durch das Handeln anderer Menschen zustande kommen, im Guten wie im Schlimmen."[172] Menschen „verstricken sich beinahe unvermeidlich in individuelle, kollektive und strukturelle *Sünde und Schuld*, werden aneinander schuldig, sind *Täter und Opfer* zugleich"[173]. Was den Einzelnen von Gott an Schuld und Sünde trennt, lässt sich nicht allein auf individuelle Einstellungen und Verhaltensweisen zurückführen.[174] Aus den gesellschaftlichen Vorgaben ergeben sich auch je eigene Formen der *Schuldverstrickung*.[175] Das Schicksal des Klienten ist zum Beispiel verwoben mit der Geschichte der Gesellschaft, ihren Geschlechterstereotypen und ihrem Arbeitsethos. Zur Arbeit mit männlichen Klienten bemerkt daher der Pastoraltheologe Martin Weiß-Flache: „*Männerpastoral*, die dem Reich Gottes dient, hat deshalb die *Aufgabe* aufzuzeigen, wo Männer – verstrickt in Unheilszusammenhänge – unter der Macht der Sünde leben, wo sie getrennt sind von der Erfahrung der Liebe Gottes, der in der Geschichte der Menschen erfahrbar ist und wo sie selbst sündigen, Unheil bewirken und sich damit selbst von Gott und seinem Reich trennen. Nur wenn Männerpastoral die vielfältigen Formen der Gegenwart der Sünde im Alltag von Männern erkennt, kann sie ihnen auch Hilfestellung zur Bekehrung und Befreiung von der Macht der Sünde geben."[176]

1.4.2.3 Vergebung als Leitbegriff

In der Beratung kann von Schuld und Sünde des Menschen nur in Relation zur Vergebung und Liebe Gottes gesprochen werden.[177] Die Rede von Schuld und Sünde ist der vorbereitende Schritt, um Gottes Befreiungshandeln nachvollziehbar zu machen. In den Vordergrund treten die Ver-

---

[170] GS 13.
[171] Zulehner 1979, 72.
[172] Sekretariat der Deutschen Bischofskonferenz 1997, 12.
[173] Nauer 2007, 36. Zum Begriff der *strukturellen Sünde* siehe Sievernich 1982, 232-282. Siehe auch Jhi 2006, 178. Nach Kreutzer sollte auch Arbeitslosigkeit als strukturelle Sünde wahrgenommen werden. Kennzeichen dieser strukturellen Sünde ist, dass die Verantwortung für die Situation den Einzelnen übersteigt und sich nicht genau definieren lässt, wer in welchem Maße dafür verantwortlich ist. Einseitige Schuldzuweisungen gegenüber Arbeitslosen lassen sich durch diese Perspektive vermeiden. Vgl. Kreutzer 2011, 95f.
[174] Vgl. Zulehner 1979, 54.
[175] Vgl. Hetterich 2007, 244.
[176] Weiß-Flache 2001, 305 (Hervorhebungen im Original).
[177] Vgl. Sievernich 1982, 412.

söhnung mit Gott und die Versöhnung, die Gott dadurch auch mit den Mitmenschen ermöglicht.[178]

Die Rede von den *Unheilszusammenhängen*, in denen der Einzelne lebt, muss daher in jedem Fall begleitet werden von dem Verweis auf die Aufhebung der Macht der Sünde durch Jesus Christus selbst. Dies bewahrt den Einzelnen vor einer ständigen Selbstüberforderung: „Die Macht des Bösen und die Fesseln aus der eigenen schuldhaften Vergangenheit brauchen nicht aus eigener Kraft gesprengt zu werden und die Erlösung ist im Letzten auch nicht abhängig von mitmenschlicher Gnade.“[179] Die Fixierung auf die eigenen Defizite kann abgelöst werden von der Hoffnung, dass in Jesus Christus der entscheidende Schritt zu Versöhnung bereits getan wurde. „Christliches Handeln enthält deshalb immer den Grundton, dass es im Leben letztlich keinen Grund für totale Verzweiflung, unlösbare Schuld und existentielle Verlorenheit gibt.“[180] In der Beratung wird dem Einzelnen somit geholfen, die eigene Schuld anzunehmen und zu einem tieferen Verständnis von Schuld zu kommen, um sie schließlich im Glauben überwinden zu können.[181]

Somit steht nicht die Schuld im Zentrum, sondern die Vergebungsbereitschaft Gottes. Auch der Berater ist sich bewusst, dass er in Schuld verstrickt ist und so gegenüber dem Klienten „aus der Solidarität des Sünders mit dem Sünder“[182] handelt. Dabei lebt der Berater selbst vor, was es bedeutet, im Vertrauen auf Gott trotzdem stets neu beginnen zu können.[183] Aus dieser positiven Perspektive heraus hilft er dem Klienten dabei, sich mit seinen Fehlern, seiner Schuld und seinen Ängsten wahrzunehmen und anzunehmen. Dadurch eröffnen sich für den Klienten auch neue Zugänge zum christlichen Glauben. „Die Fähigkeit, sich als unvollkommen wahrzunehmen und den Blick vor dieser Tatsache der Fehlbarkeit nicht zu verschließen, ist die Voraussetzung für Umkehr und Neuwerdung überhaupt.“[184]

---

[178] Hierzu schreibt Hetterich: „In der Umkehr kann eine gefühlsmäßige Erschütterung, die spontan noch in weinerlichem Jammern über zerplatzte Illusionen in sich selbst gefangen ist, durch die Zusage der Vergebung Gottes geöffnet und zur Motivation für eine echte Veränderung werden. Ohne die vertrauensvolle Perspektive der Vergebung mündet Schulderkenntnis leicht in Verdrängung und Ersatzhandlungen, Selbstbestrafung oder Verzweiflung.“ (Hetterich 2007, 236) Vgl. dazu auch Hetterich 2007, 169. Vgl. dazu auch Schneider 1991, 21.

[179] Hetterich 2007, 208.

[180] Baumgartner 2007b, 19.

[181] Vgl. Lemke 1995, 61.

[182] Lemke 1981, 31.

[183] Vgl. Lemke 1995, 48.

[184] Lemke 1981, 108.

1.4.3 … in Gemeinschaft

Zur Besonderheit seelsorglicher Beratung gehört, dass die kirchliche Gemeinschaft für dieses christlich definierte Welt- und Menschenbild einsteht.[185] Es handelt sich nicht um ein wissenschaftliches Modell oder die bloß individuelle Überzeugung des Beraters oder einer einzelnen caritativen Einrichtung, sondern wird von einer weltweiten Glaubensgemeinschaft geteilt. „Der individuelle Glaube ist begründet im gemeinsamen gemeindlichen Glauben. Im Gegensatz zu verschiedenen fernöstlichen Religionen ist die heilende ‚Wirk'-lichkeit des christlichen Glaubens nicht allein abhängig vom einzelnen Individuum; denn das Glauben- und Lieben-Können des Christen ist inspiriert durch die Begegnung mit Christus und durch die lebendige Tradierung dieser Begegnung in der Gemeinschaft derer, die glauben und lieben wie Jesus, d. h. der Kirche."[186]

Da Arbeitslosigkeit in vielen Fällen Menschen sozial isoliert, kann der seelsorgliche Berater dieser Gefahr im Rückgriff auf die kirchliche Gemeinschaft entgegen wirken. „Um Menschen miteinander zu vernetzen, können Seelsorgerinnen aller Konfessionen auf ein soziales Netzwerk zurückgreifen, das sich seit fast zweitausend Jahren als eine Sozialform von miteinander Christ-Sein und auch Kirche-Sein bewährt hat: Christliche Gemeinden."[187] Ziel ist es dabei nicht, dass die Klienten in die klassische Pfarrgemeinde voll integriert werden, „sondern dass sie durch eine Vielzahl an attraktiven Gemeinde-Angeboten ein Netzwerk angeboten bekommen, in das sie sich niedrigschwellig einknüpfen können"[188].

Auf diese Weise kann der Klient heilende Gruppenerfahrungen machen. „Sozio-therapeutisch soll die Kirchengemeinde darüber hinaus […] ein Ort […] sein (vgl. Apg 4,32), in die ein Suchender und Leidender nach längerer seelsorglicher Einzelbegleitung wieder zurückgeführt werden kann, wo er parallel zur seelsorglichen Einzelberatung ein heilendes Milieu vorfindet."[189]

---

[185] Vgl. Müller 1990, 29.

[186] Pompey 1986, 205.

[187] Nauer 2010, 204.

[188] Nauer 2010, 205.

[189] Pompey 1986, 206. Im Idealfall eröffnet sich auch für den Berater die Möglichkeit, sich in anstrengenden Phasen auf die kirchliche Gemeinschaft zu stützen: „Auch ein einzelner Begleiter kann bei einem besonders schweren und lang sich hinziehenden Leidensweg eines Ratsuchenden Glaubens-, Hoffnungs- und Lieblosigkeit nicht aushalten, wenn er sich nicht selbst getragen weiß durch eine größere Gemeinschaft von Glaubenden, Hoffenden und Liebenden bzw. wenn er sich nicht jederzeit an die Erfahrungen dieser Gemeinschaft zurückbinden kann." (Pompey 1991, 156)

Um diese *psycho-sozialen Heilungsressourcen* der Gemeinden zu nutzen, müssen jedoch die qualifizierten Beratungseinrichtungen der Kirche mit der Gemeindebasis in Verbindung stehen. Zum einen gilt es dafür zu sorgen, dass die Beratungseinrichtungen sich mit den Gemeinden vor Ort vernetzen. Zum anderen ist danach zu fragen, ob sich die Gemeindebasis überhaupt als ein Ort begreift, an dem etwas für Menschen getan wird, die sich in einem Beratungsprozess befinden und Interesse am Glauben zeigen. [190]

Ob der Klient Zugang zur Kirche und ihren Gemeinschaftsformen findet, hängt auch davon ab, wie der Berater selbst der Kirche gegenübersteht. Der Caritaswissenschaftler Heinrich Pompey merkt an dieser Stelle kritisch an: „Doch bei Geistlichen wie Laien – seien es Mitwirkende in der Gemeindepastoral wie in der institutionalisierten Caritas – ist heute oft eine fehlende Beziehung zur Kirche oder gar eine nicht geringe Beziehungsstörung anzutreffen. Manche können keine elementare geistig-geistliche Beziehung zur Kirche mehr leben und sind damit gehindert, anderen einen ganzheitlichen Zugang zu den geistlichen Lebens- und Heilungsmöglichkeiten der Kirche zu erschließen.“[191] Die Gründe für die Entfremdung von der Kirche sind individuell unterschiedlich. Sie reichen von der Unzufriedenheit über das kirchenpolitische Vorgehen bis hin zu persönlichen Glaubenszweifeln.[192] Hier sind die Verantwortlichen gefordert, frustrierten Mitarbeitern in Pastoral und Caritas zu ermöglichen, ihre Kritik und ihre Zweifel zu äußern.[193] Dabei geht es nicht darum, auf diesem Weg eine Totalidentifikation zu erreichen. Kirchliche Wertvorstellungen wandeln sich und konkurrieren sogar miteinander. Auch innerhalb der Kirche gibt es eine Vielfalt an Haltungen, Gruppen und Zielen. Dies zeigt, dass Kirche eine lebendige Gemeinschaft ist, die verschiedene Meinungen zulässt. Gleichwohl fordert Pompey im Blick auf die kirchlichen Mitarbeiter, dass es eine gemeinsame Grundausrichtung gibt, die „die Qualität einer inneren Gleichgesinntheit bzw. eines inneren Stimmigseins haben“[194] sollte.

---

[190] Um dieses Potential zu nutzen und einzelnen Klienten Zugänge zu ermöglichen, könnten „Basisgemeinschaften im Sinne von Selbsthilfegruppen in unseren Gemeinden angeregt werden“ (Pompey 1987, 59)

[191] Pompey 1991, 159.

[192] Vgl. Pompey 1991, 160-163.

[193] Vgl. Pompey 1991, 164.

[194] Pompey 1991, 165.

1.4.4 … im Dienst an der Welt

Es wurde bereits gesagt, dass sich die Krisensituation des Klienten stets in Beziehung setzen lässt zu seinem sozialen Kontext und den sozioökonomischen Strukturen, in denen er lebt. Diesen Einflüssen von außen ist der Klient zum Teil ausgesetzt, zum Teil wirkt er aber auch selbst aktiv auf diese Strukturen ein. Grundsätzlich geht es in der Beratung darum, dem Klienten Wege aufzuzeigen, sein Leben selbstverantwortlich zu gestalten und den eigenen Handlungsspielraum wahrzunehmen. Dazu gehört, dass er für sich selbst wichtige Ziele und damit zusammenhängende Projekte formuliert. Nach Möglichkeit konzentrieren sich diese Ziele nicht allein auf die eigene Person, sondern beziehen sich auch auf andere Menschen. So unterscheidet der Soziologe Lothar Böhnisch zwischen *einfacher* und *erweiterter* Bewältigung: „Unter einfacher Bewältigung verstehe ich dabei eine [sic.] relativ geschlossenes, egozentrisches Anpassungsverhalten, um jeweils Handlungsfähigkeit zu erreichen und über die jeweils nächste Runde zu kommen. Mit dem Begriff der erweiterten Bewältigung hingegen ist die Vorstellung verbunden, dass das Individuum sich sozial öffnen kann, und diese Öffnung das subjektive Gefühl von Handlungsfähigkeit und damit das Selbstkonzept maßgeblich bestimmt."[195] Auf diese erweiterte Bewältigung zielt auch die personzentrierte Beratung ab: „Sie schließt somit eine existentiell-materielle, körper-, natur- und letztendlich gesellschaftsbezogene Beratung mit ein."[196]

Zu diesem Einsatz für die Gesellschaft, etwa durch das Eintreten für eine gerechte Wirtschaftsordnung, kann der christliche Glaube motivieren. „So zeigt sich christliche Spiritualität insofern, als der Mensch sich ins Leben hinauswagt und sich zu sich selbst, zu den Mitmenschen und zur Umwelt begibt."[197] Der Dienst an der Welt ist getragen vom Vertrauen auf den christlichen Gott, dessen Heilswillen trotz aller Vorläufigkeit und Brüchigkeit menschlichen Lebens erfahren wurde.[198]

1.4.4.1 Die eigene Lebensgestaltung verändern

Wie die psychologische Forschung zeigt, hängt das langfristige Wohlbefinden eng damit zusammen, dass Personen solche Projekte aktiv verfolgen, die determinierenden Werten des eigenen Selbstkonzepts entsprechen.[199] „Dies sind Projekte, die typisch für die jeweilige Person sind und

---

[195] Böhnisch 2004, 59.

[196] Straumann 2004, 642.

[197] Karrer 2000, 242.

[198] Vgl. dazu Karrer 2000, 238-242.

[199] Vgl. Schmitz 2005, 138.

recht deutlich wesentliche Merkmale ihres Lebensstils repräsentieren. Solche Projekte haben einen identitätsstiftenden und bestätigenden Charakter, hier werden in der Zeit und in verschiedenen Kontexten Identitätsthemen bearbeitet.“[200] Diejenigen, die solche Projekte verwirklichen und bearbeiten, erfahren ihr Leben als deutlich sinnerfüllter als andere, die keine derartigen Projekte verfolgen.[201]

Im Blick auf die seelsorgliche Beratung lässt sich hier nach dem Potential fragen, das der christliche Glaube für individuelle Lebensprojekte bietet. Schließlich lassen sich nach christlichem Verständnis Glaube und Lebensführung nicht voneinander trennen.[202] Dazu muss in der Beratung ersichtlich werden, wie sich das christliche Lebensmodell auf die Lebensgestaltung konkret auswirken kann.

1.4.4.2 Der Dienst am Nächsten

Seelsorgliche Beratung geht durch ihre Verankerung im christlichen Glauben in jedem Fall darüber hinaus, allein individuelle Lösungsmöglichkeiten zu entwerfen.[203] Wird in der seelsorglichen Beratung die Verantwortung für das eigenen Handeln gestärkt, schließt dieses Handeln auch eine gesellschaftliche Dimension mit ein, den *Dienst an der Welt.*[204] Der Berater wird dabei nicht von dem Gedanken geleitet, dass der Mensch angesichts der eigenen Sündhaftigkeit gute Werke vollbringen müsse. Vielmehr geht es um eine wesentlich positiv motivierte Weltgestaltung.[205] Die spezifische Motivation des Christen, sich in der Welt für ein besseres Leben aller zu engagieren, speist sich aus der Vorstellung, dass das Reich Gottes bereits angebrochen ist. Wer im Blick auf die Reich-Gottes-Botschaft nachvollzogen hat, wie groß die Liebe Gottes zu uns Menschen ist, strebt nicht allein nach *individualistischer Heilsabsicherung*[206] und der eigenen subjektiven Zufriedenheit. Der Horizont des kommenden Reiches Gottes geht weit über das Schicksal des Einzelnen und seine selbstbezogenen Interessen hinaus. Indem er die Liebe Gottes erkennt, eröffnen sich für jeden Menschen Möglichkeiten, das eigene Leben an dieser Liebe auszurichten und sich so am Heilswirken Gottes zu beteiligen.[207] Christliche Spiritualität schließt somit auch stets ein sozial-

---

[200] Hauke 2001, 13.
[201] Vgl. Hauke 2001, 13.
[202] Vgl. Schützeichel 2004, 119.
[203] Vgl. Ladenhauf 2000, 206f.
[204] Vgl. Nauer 2010, 212f.
[205] Vgl. Lutz 1989, 1f.
[206] Vgl. Rahner 1974, 101.
[207] Vgl. GS 34.

ethisches Engagement mit ein.[208] Der Glaube verweist daher auf Projekte, die andere aus ungerechten und unmenschlichen Strukturen befreien wollen.[209] Einem Klienten, der sich mit dem christlichen Glauben auseinandersetzt, kann man zum Beispiel vorschlagen, sich in einer Caritaseinrichtung ehrenamtlich einzusetzen.[210]

1.4.4.3 Kirche und Gesellschaft

Wendet sich der Einzelne dem Glauben zu, kommt dadurch ein dialektischer Veränderungsprozess in Gang, in dem sich Individuum, Kirche und Gesellschaft gegenseitig beeinflussen.[211] So kann es zu einer Erneuerung (*renovatio*) kommen, die sowohl die Kirche als auch die ganze Welt betrifft.[212] Die Notwendigkeit dieser Dialektik von Kirche und Gesellschaft ergibt sich auch dadurch, dass die Kirche selbst kaum die Möglichkeit hat, die Gesellschaft aus eigener Kraft in überzeugender Weise umzugestalten. Daher befindet der Pastoraltheologe Bernd Lutz: „Christen werden deshalb darauf angewiesen sein, die Voraussetzungen und Ziele anderer Bewegungen zu prüfen und sich mit ihnen, unter Wahrung des christlichen Propriums, zusammenzuschließen, um so gemeinsam die gegenwärtige Krise der Gesellschaft als Chance zu nutzen und wenigstens Teilziele auf dem Weg zu einer humaneren Gesellschaft zu erreichen."[213] Wie zum Beispiel die Arbeitsgesellschaft der Zukunft aussehen könnte, kann sich erst im Dialog zwischen Kirche sowie Arbeits- und Bildungspolitik entwickeln.

1.4.5 Abschlussbemerkung zur Bedeutung des Glaubens für die seelsorgliche Beratung

Seelsorgliche Beratung geschieht aus dem Bewusstsein, dass der Mensch in seiner Lebensbewältigung nicht auf sich allein gestellt ist. Jeder Mensch ist eingeladen, mit Gott als dem tragenden Grund allen Lebens in Beziehung zu treten. Das Handeln des Beraters ist von der Überzeugung geleitet, dass dem Menschen aufgrund seiner Gotteskindschaft noch vor aller Leistung eine unverlierbare Würde zukommt.

---

[208] Vgl. Mieth 2010, 165.

[209] Vgl. Nauer 2007, 28. Beim Engagement für derartige Projekte steht der Einzelne nicht allein, sondern ist Teil der kirchlichen Gemeinschaft, die diese mit verfolgt. Dabei soll die Kirche selbst zum Abbild einer neuen Gesellschaft werden, in der Frieden und Gerechtigkeit herrschen.

[210] Vgl. Nauer 2007, 76.

[211] Vgl. Lutz 1989, 211ff.

[212] Vgl. GS 26.

[213] Lutz 1989, 15.

Als Seelsorger unterstützt der Berater Menschen darin, „ihr Leben aus einer lebendigen Begegnung mit Gott heraus anzunehmen, in christlicher Verantwortung zu leben und ihre Beziehungen zu Gott, zu den Mitmenschen, zur Mitwelt und zu sich selbst aus Freude am Glauben zu gestalten“[214]. Diesen Überzeugungen des Beraters kommt nicht nur dann Bedeutung zu, wenn der Klient sich der christlichen Sichtweise anschließt. Zum Beispiel kann der Klient auch außerhalb christlicher Gruppen ein ihn unterstützendes Gemeinschaftsleben finden und auch an der Weltgestaltung teilnehmen.

1.5 Zur Rede von der *Umkehr* in der Beratung

Es wurde bereits gezeigt, dass sich der Sinn des christlichen Glaubens erst erschließt, wenn mehr geschieht als die Vermittlung theoretischer Glaubensinhalte. Schließlich ist der Glaube kein abstraktes Sinnangebot, das allein die Zustimmung zu einzelnen Lehrsätzen erfordert. Zeigt der Klient Interesse am christlichen Glauben, wird er darin folglich nicht automatisch eine Bewältigungsressource entdecken. Angesichts einer existentiellen Krise reicht es nicht aus, den persönlichen Deutungsrahmen lediglich um einige christliche Vorstellungen zu erweitern. Vielmehr findet der Einzelne im Glauben Sinn für sein Leben, wenn er sich auf das christliche Sinnsystem mit seinen konkreten Lebensbezügen einlässt. Zum Beispiel geht es darum, dass sich der Einzelne als Teil einer Glaubensgemeinschaft begreift, sich um eine lebendige Gottesbeziehung bemüht und sein Leben an den christlichen Grundwerten ausrichtet.

Dieser Prozess wird in der Theologie auch als *Umkehr* zu Gott bezeichnet. Dabei ist weniger entscheidend, wie die Person ihr Glaubensleben zuvor gestaltet hat. Auch wer die Taufe bereits empfangen hat, muss sich seiner christlichen Lebensweise immer wieder neu vergewissern (vgl. Hebr 2,1).[215] So schreiben die deutschen Bischöfe: „Die in Glaube und Taufe einmalig und grundlegend geschenkte Umkehr und Versöhnung bleibt – angesichts der fortwährenden Möglichkeit von Sünde und Schuld im Leben der Getauften – zugleich Aufgabe für das Leben des einzelnen Christen, der Gemeinde und der Kirche als ganzer.“[216] Daher bezeichnet der Begriff *Umkehr* nicht nur die Glaubensannahme und die damit ver-

[214] Eckart 2006, 394.

[215] Vgl. EN 54.

[216] Sekretariat der Deutschen Bischofskonferenz 1997, 41. Vgl. dazu auch Eckart 2006, 393. So geht auch die Kirche selbst „immerfort den Weg der Buße und Erneuerung“ (LG 8).

bundene Lebenswende eines Menschen, der bisher nicht an Gott geglaubt hat.[217]

Unter dem Begriff der Umkehr wird hier die Möglichkeit verstanden, im Glauben an Gott „Orientierung und Kraft zu einem sinnerfüllten Leben hier auf Erden“[218] zu finden. Ausgangspunkt für die Einladung zur Umkehr in der seelsorglichen Beratung ist das von Gott geschenkte Heil.[219] *Umkehr* meint demnach nicht, dass der Klient aufgrund seiner Sündhaftigkeit und seinen Verfehlungen, etwa im Bezug auf seinen Stellenverlust, umkehren sollte.

Zwar lässt sich bezüglich der Frage, ob der Einzelne im Glauben Sinn findet, kein allgemeingültiger Kriterienkatalog erstellen. Dennoch erschließen sich in der Reflexion auf das christliche Umkehrverständnis bestimmte Bedingungen, die zur Christwerdung gehören. Im Folgenden soll aufgezeigt werden, auf welchem kriteriologischen Fundament die seelsorgliche Beratung im Blick auf einen möglichen Umkehrprozess des Klienten steht. Dabei zeigt sich, dass Beratung zur Umkehr eines Menschen nur einzelne Impulse beitragen kann. Dies sollte dem seelsorglichen Berater bewusst sein, damit er sich nicht mit dem Anspruch überfordert, den Glauben in der Beratung als Sinnquelle umfassend zu erschließen. Gleichwohl wird im Folgenden gezeigt, wessen es bedarf, damit der Klient sich im christlichen Glauben beheimaten kann oder einen tieferen Zugang zu ihm findet. Anhand dieser Darstellung kann der Berater individuell reagieren, wenn der Klient sich intensiver mit dem christlichen Lebensmodell auseinandersetzen will.

---

[217] Allerdings ist es schwierig, in einer Gesellschaft von Umkehr und Bekehrung zu sprechen, in der bereits ein bedeutender Teil der Bevölkerung getauftes Mitglied einer der beiden großen christlichen Kirchen ist – selbst wenn sich viele kaum noch mit den Anliegen der Kirche identifizieren oder am kirchlichen Leben teilnehmen. Innerhalb einer Gesellschaft, in der es noch immer eine diffuse Zugehörigkeit zum Christentum gibt, ist es schwieriger zu definieren, woran Umkehr festzumachen ist. Der Akt der Taufe oder der Eintritt in die Kirche scheinen keine verlässlichen Kriterien zu sein. Vgl. Kurten 1985, 240ff. Bereits seit Beginn der Säkularisierung steht die Kirche vor der Aufgabe, nicht nur bei Ungetauften, sondern auch bei erwachsenen Getauften von Umkehr zu sprechen. Vgl. EN 52, 56. Ob dabei für eine zweite Umkehr zu Gott geworben wird oder kontinuierlich dazu aufgerufen wird, umzukehren – es gilt, neue Wege der Umkehrpastoral zu entwickeln. Vgl. Zulehner 1979, 107, 168f.

[218] Sekretariat der Deutschen Bischofskonferenz 2000, 10.

[219] So schreibt der Theologe und Berater Peter F. Schmid: „Seelsorge in der Tradition der Heilserfahrung des Volkes Gottes ist ein ständiger Aufruf zu Umkehr und Erneuerung.“ (Schmid 1989, 232)

1.5.1 Begriff und Vorverständnis

Es ist ein Grundanliegen der Theologie, die Botschaft Jesu in der jeweiligen Zeit so auszulegen, dass Menschen darin einen Zugang zur Fülle des Lebens erkennen. Im ersten Kapitel des Evangeliums nach Matthäus verkündet Jesus: „Die Zeit ist erfüllt, das Reich Gottes ist nahe. Kehrt um, und glaubt an das Evangelium!" (Mk 1,15). Der Ruf zur Umkehr ist ein zentrales Element der Sendung Jesu. Der Anbruch des Reiches Gottes stellt den Einzelnen vor die Entscheidung, ob er Jesu Einladung zur Umkehr folgt. Somit ist das entscheidende Motiv biblisch-christlicher Umkehr die Erfahrung, dass das Reich Gottes in Jesu Worten und Taten angebrochen ist und im Heiligen Geist auch für die nachfolgenden Generationen erfahrbar wird.[220]

Das griechische Wort für Umkehr, *Metanoia* (μετανοια), steht für eine Neuausrichtung der eigenen Ansichten. Das Wort *meta* bedeutet *über* oder *jenseits*, und das Wort *noia* kommt von *nous* (νους) und bedeutet *Sinn* oder *Ansicht*. In der frühen Kirche wurde darunter ein Perspektivwechsel hin zu Gott verstanden: Bisherige Lebensziele und Vorstellungen verloren zugunsten dieser Neuausrichtung an Bedeutung. In humanwissenschaftlicher Sprache kann dies als eine tief greifende *Veränderung des Selbstkonzepts* bezeichnet werden.[221] Zu diesem Wechsel der Perspektive gehört, dass man seine eigene Existenz nun darauf zurückführt, dass man „von Gott aus Liebe geschaffen, immer aus Liebe erhalten wird"[222]. Da das, was bisher zwischen Gott und Mensch stand, überwunden werden soll, wird bei der Umkehr auch von *Buße* gesprochen.[223] Die Buße richtet den Blick auf das, was bisher dazu beitragen hat, sich von Gott zu entfernen. Die Kirche spricht hier von Schuld und Sünde. Dieses Trennende soll überwunden werden: Der Mensch erkennt sein Getrenntsein von Gott in der Vergangenheit und bittet um Vergebung. Diese Vergebung schenkt Gott durch Leben und Sterben seines Sohnes: Jesus Christus hat durch seine Erlösungstat jedem Menschen die Möglichkeit eröffnet, aus dem Machtbereich der Sünde heraus zu treten.

Buße zu tun bedeutet folglich nicht, sich etwas erarbeiten zu müssen. In Jesus Christus hat Gott nämlich bereits die Voraussetzungen geschaffen

---

[220] Vgl. Lutz 1989, 210.

[221] Vgl. Zulehner 1979, 106f.

[222] GS 19.

[223] So werden Umkehr, Bekehrung und Buße in der theologischen Literatur häufig synonym gebraucht. Vgl. Lutz 1989, 61. Zum Umkehrverständnis in den Dokumenten des Zweiten Vatikanischen Konzils siehe Lutz 1989, 21-26. Ferner zum Verständnis von Umkehr in kirchlich-offiziellen Dokumenten seit dem Zweiten Vatikanischen Konzil siehe Lutz 1989, 26-58.

und die Macht der Sünde und des Todes gebrochen. Diese *Heilstat* ist für die Umkehr entscheidend, nicht das Maß der Schuld, das den Einzelnen belastet. Nötig ist allerdings die gläubige Annahme des Einzelnen, das heißt die Bereitschaft, sich der Liebe Gottes anzuschließen und das eigene Leben danach auszurichten. Daher schließt echte Umkehr auch stets eine veränderte Lebensgestaltung mit ein, die als Buße bezeichnet werden kann.[224]

Umkehr ist somit kein einmaliger Akt oder ein punktuelles Ereignis. Es geht um die Übernahme eines alternativen Sinnsystems, das auf Jesus Christus gründet. Dieses Sinnsystem baut wesentlich auf der Heilsgeschichte Gottes mit den Menschen auf und spricht dem Menschen aufgrund seiner Gotteskindschaft Würde zu, noch vor jeder Leistung und jedem Erfolg. Darin liegt auch das besondere Potential für die Bewältigung einer Lebenskrise bei Arbeitslosigkeit: Innerhalb des christlichen Sinnsystems verlieren die Leistungszwänge der Gesellschaft an Bedeutung. Der Klient weiß um seine unveräußerliche Würde und findet nach christlichem Verständnis auf andere Weise Sinn in seinem Leben.

1.5.2 Zeitdimensionen der Umkehr

Von Umkehr wird auch im säkularen Kontext gesprochen, zum Beispiel im Blick auf gesellschaftliche oder ökologische Missstände. Entscheidend für das Verständnis von Umkehr im christlichen Sinne ist die Frage nach Gott. Ausgangspunkt und Ziel christlicher Umkehr ist der dreieine Gott, wie er sich im neuen Bund offenbart hat. Dieses Offenbarungsgeschehen und seine Konsequenzen für den Umkehrprozess des Einzelnen werden im Blick auf die drei Zeitdimensionen – Vergangenheit, Gegenwart und Zukunft – im Folgenden vorgestellt.[225] Anschließend wird ein idealtypischer Umkehrprozess dargestellt, den es gegebenenfalls in der Beratung zu begleiten gilt.

1.5.2.1 Vergangenheit

Nach christlichem Glaubensverständnis kann der Mensch zu Gott eine personale Beziehung aufbauen. Dies ist möglich, weil der Mensch „sowohl durch den Lebensatem, den Gott ihm eingeblasen hat als auch durch

---

[224] Vgl. KKK 2005, 1430-1431, 1434-1438. Vgl. auch Sievernich 1982, 412f. So schreibt der Pastoraltheologe Michael Sievernich, dass die christliche Rede von Schuld und Sünde in eine Grundhaltung einweisen soll, „die alles von der allein wirksamen Gnade Gottes erhofft und gleichzeitig so handelt, als ob alles auf das menschliche Tun ankäme". (Sievernich 1982, 413)

[225] Vgl. Hetterich 2007, 199-202.

den Heiligen Geist, den Gott in seine Schöpfung ausgesandt hat, in einer außergewöhnlichen Beziehung zum Schöpfer"[226] steht. Wie im Alten Testament erzählt wird, sucht Gott selbst die Verbindung mit den Menschen und schließt einen Heiligen Bund mit seinem Volk. Als das Volk diesen Bund bricht, indem es seine Gebote verletzt, bietet Gott ihm an, zu ihm umzukehren und den Bund zu erneuern. Doch die Beziehung zwischen Gott und seinem Volk bleibt dadurch gestört, dass sich die Menschen von ihm abwenden und unter einander zerstritten sind. Die heilsgeschichtliche Wende findet schließlich in Jesu Christi Leben, Tod und Auferstehung statt. Sie stellt sowohl den Ausgangspunkt als auch das Ziel der christlichen Umkehr dar. Jeder Mensch darf darauf vertrauen, dass er in Jesus Christus von der Macht der Sünde erlöst und in seiner ursprünglichen Freiheit und Würde wiederhergestellt ist. Jesus Christus ist so auch der Schlüssel für die individuelle Umkehr.[227] Durch ihn kann der Einzelne frei auf den Anruf Gottes antworten und die Liebe Gottes erfahren.[228]

Eine solche heilsgeschichtliche Anamnese ist daher eine Grunddimension und der erste Schritt christlichen Denkens und Um-Denkens.[229] Dies setzt jedoch voraus, dass die eigene Erlösungsbedürftigkeit erkannt wird, ohne die dem Tod und der Auferstehung Jesu Christi keine Bedeutung zukäme.[230]

1.5.2.2 Gegenwart

Dass es dem Menschen zu jeder Zeit offen steht, zu Gott umzukehren, verdankt er nicht eigenen Verdiensten, sondern der Gnade Gottes. So sind „Glaube, Hoffnung und Liebe letztlich vom Menschen nicht herstellbar oder einklagbar, sondern von der Gnade Gottes abhängig und werden dort, wo sie sich ereignen, als Wunder erfahren"[231]. Wie Paulus im Brief an die Römer schreibt, kommt es nicht auf das menschliche Wollen und Streben an, sondern auf das unverfügbare Erbarmen Gottes (vgl. Röm 9,16).[232] In diesem Zusammenhang zeigt der Vergleich mit einem juristischen Verfahren vor weltlichen Gerichten, dass es bei der Umkehr nicht darum geht, dass Gott nur die ausstehende Strafe für begangenes Unrecht

---

[226] Nauer 2007, 42.

[227] Zum biblischen Verständnis von Umkehr als wesentliches Element der Botschaft Jesu von der Gottesherr-schaft siehe Lutz 1989, 92-215.

[228] Vgl. Hetterich 2007, 193.

[229] Vgl. Hetterich 2007, 271.

[230] Vgl. Jhi 2006, 18-21.

[231] Pompey 1986, 207.

[232] Ähnliche Aussagen finden sich bei 1 Kön 18,37; Jer 24,7; Ez 36, 25-28. Gleichzeitig darf der Mensch auf die Zusage vertrauen, dass Gott sich von demjenigen finden lässt, der sich mit ganzem Herzen und mit ganzer Seele um ihn bemüht. Vgl. Dtn 4,29.

aufhebt oder erlässt. Der entscheidende Unterschied besteht darin, dass Gott die Schuld selbst auf sich nimmt und uns in Jesus Christus von ihr erlöst.[233] Dadurch geschieht mehr, als dass ein idealer Urzustand wiederhergestellt würde. Der Dogmatiker Michael Schneider hebt hervor, dass jede Vergebung und jeder Neuanfang in Gott eine neue Schöpfung hervorbringt, die frühere Zustände übersteigt.[234]

Die Erkenntnis, dass Gott von sich aus diese Schuld aufheben will, geht weit über die Beschäftigung mit individuellen Verfehlungen hinaus. Öffnet sich der Einzelne für den Ruf und die Gnade Gottes, bedeutet dies aber nicht, dass er sich von der Welt und dem bisherigen Leben abwendet, weil alle Probleme durch mystisch-spirituelle Erkenntnis aufgelöst wären. Die Gnade und Sündenvergebung Gottes erschließt sich erst im Blick auf das konkrete Leben in der Welt. Der erste Schritt besteht in der Anerkennung der eigenen Schuld und der Annahme der göttlichen Erlösung. Der zweite Schritt bedeutet, die eigene Lebenswirklichkeit an diesem Glauben neu auszurichten. Eine solche Umkehr ist oft anstrengend, da es Abschied zu nehmen gilt von bisherigen Denk- und Verhaltensweisen. „Der Sinn der Mühe, einen inneren und äußeren Weg zurückzulegen liegt nicht in einer zu erbringenden Leistung. Die Mühe dokumentiert vielmehr, dass der Vater auf eine freie Resonanz wartet und der Nachhauseweg nicht unter Manipulation oder Zwang angetreten wurde."[235]

Dabei sorgt die Gabe des Heiligen Geistes im Gläubigen für eine neue Dynamik, aus der heraus dieser Wandel ermöglicht und vorangetrieben wird. „In die umfassende Wahrheit des eigenen Lebens führt der Heilige Geist. Seine Gabe der Erkenntnis kann daher herb, bitter und desillusionierend sein, will dann aber Mut machen, das Netz der eingebildeten Selbstbilder zu zerreißen und sich als heilungsbedürftig und schuldig anzuerkennen."[236] Gleichzeitig findet derjenige, der sich auf den Glauben an Jesus Christus einlässt, im Heiligen Geist eine Kraftquelle, die immanent gegenwärtig und erfahrbar ist.[237] Die Zusage Jesu an seine Jünger, dass sie den Heiligen Geist empfangen werden (vgl. Apg 1,8), umfasst auch den Aspekt der Sendung: Als Zeugen des Glaubens und im Wissen um den Heilswillen Gottes gewinnt der Mensch die Freiheit, über das eigene Wohlergehen hinaus für seinen Nächsten da zu sein. Er ist aufgefordert, sich der Menschenliebe Gottes anzuschließen und so die Welt mitzuges-

[233] Vgl. Schneider 1991, 25.
[234] Vgl. Schneider 1991, 24f.
[235] Hetterich 2007, 195.
[236] Hetterich 2007, 221
[237] Vgl. Nauer 2007, 28-31.

talten. Umkehr bedeutet folglich auch, sein Gewissen zu bilden und soziales Unrecht zu bekämpfen.

1.5.2.3 Zukunft

Wer umkehrt, bleibt nicht dem verhaftet, was hinter ihm liegt oder sein Leben zurzeit bestimmt. In der Umkehr schenkt der Glaube an Gott Hoffnungsperspektiven, die in Jesu Christi Versprechen auf ein *Leben in Fülle* gründen.[238] Diese Hoffnung reicht schließlich sogar über den irdischen Tod hinaus und richtet sich auf ein ewiges Leben bei Gott.[239] Umkehr steht somit auch unter der Verheißung der eschatologische Vollendung bei Gott.

Die Hoffnung auf die Auferstehung bei Gott bedeutet nicht, dass der Klient lediglich auf eine jenseitige Zukunft vertröstet wird. Er ist weiterhin aufgefordert, sein Leben aktiv zu gestalten und sich auch für das Wohlergehen anderer einzusetzen. Dennoch kann sich seine Lebenseinstellung durch das Vertrauen auf den allumfassenden Heilswillen Gottes entscheidend verändern. So schreibt Dietmar Mieth: „Durch Gottes Heilszusage werden Verluste und Kränkungen nicht abgewertet oder verharmlost, aber eben doch auf ein Größeres hin relativiert. Selbstbegrenzung, auch in dem Sinne, dass sich der Mensch dauerndem Leistungsdruck und Erfolgszwang entzieht, führten aus religiöser Sicht letztlich zu einem Glück, das der Seele dauerhaft Ruhe verschafft."[240]

1.5.2.4 Abschlussbemerkung zu den Zeitdimensionen der Umkehr

Letztlich bleiben alle drei Zeitdimensionen aufeinander bezogen, da sie einander bedingen: „Die Zukunftsvision einer Versöhnung für alle Menschen, ihre Befreiung aus der Todesmacht der Sünde in die Wahrheit eines Lebens in Fülle, gründet in Gottes Heilswirken in der Vergangenheit, das durch eine lebendige Erinnerung die Gegenwart ergreift, verwandelt und für die Zukunft Gottes öffnet."[241]

Ob Menschen sich auf diese Dramaturgie der Geschichte Gottes mit den Menschen einlassen können, hängt davon ab, ob die Kirche im Licht der österlichen Botschaft das positive Potential von Umkehr zur Sprache bringt. Ein legalistisches Umkehrverständnis würde dem entgegen stehen. Maßgebend für die Seelsorge ist vielmehr das Beispiel Jesu, der den Sündern nachgeht und religiöse Vorschriften seiner Zeit wiederholt bricht, um

---

[238] Vgl. Schneider 1991, 18.

[239] Vgl. Sekretariat der Deutschen Bischofskonferenz 2000, 10.

[240] Mieth 2010, 181.

[241] Hetterich 2007, 202.

Umkehr überhaupt erst zu ermöglichen. Jesus selbst zeigt beispielhaft, dass Umkehr häufig einen *Vertrauensvorschuss* voraussetzt.[242]

1.5.3 Umkehr: ein idealtypischer Verlauf

„Die Kirche lädt ausdrücklich Menschen in allen Lebensphasen zur Umkehr ein. Umkehr hat viele Gesichter, die dem Weg zu Gott und dem Lebensweg mit Gott entsprechen."[243] Darum verläuft sie nicht nach einem festen Raster, sondern variiert individuell.[244] So kann Umkehr überraschend geschehen, wenn der Einzelne sein Leben in kurzer Zeit radikal neu ausrichtet. Die Neuwerdung im Glauben kann aber auch aus einem kontinuierlichen Erneuerungsprozess der Glaubensaneignung und -vertiefung heraus entstehen.[245] In jedem Fall meint Umkehr einen tief greifenden Wandel der inneren und äußeren Wirklichkeit, welcher sich nur langfristig festigen kann und an seinen *Früchten* (vgl. Mt 7, 16-20) erkennbar ist. Umkehr kann demnach auch als ein Wachstumsprozess verstanden werden, bei dem es Fort- und Rückschritte gibt.[246] So werden auch im Neuen Testament höchst unterschiedliche Umkehrverläufe geschildert: Die Bekehrung des Saulus vor Damaskus oder die des Gefängniswärters in Philippi werden zum Beispiel als dramatische Ereignisse dargestellt (vgl. Apg. 9,1-30 und Apg. 16,24-34). Auf der anderen Seite kann Umkehr sich aus persönlichem Schriftstudium und der Schriftauslegung durch andere herleiten, wie zum Beispiel vom Kämmerer aus Äthiopien berichtet wird (vgl. Apg. 8,26-39).

Dennoch lassen sich typische Elemente einer Neuwerdung im Glauben feststellen. Diese Elemente ordnet Zulehner in vier Grundphasen eines Umkehrprozesses ein. Anhand dieser Einteilung werde ich im Folgenden schildern, welche Schritte zur Umkehr gehören und welche Aufgaben dieses Geschehen begleiten.[247] Dabei lässt sich der Verlauf einer religiösen Umkehr gut mit anderen existentiellen Veränderungsprozessen vergleichen. Grundsätzlich geht es darum, dass eine Person von ihrem bisherigen Sinnsystem enttäuscht ist, weil es ihr keine Orientierung mehr bietet und als Sinnquelle ausfällt. Sie sucht daher nach neuen Möglichkeiten der

[242] Statt sofort von Schuld und Sünde zu sprechen, sind zu Beginn Zeichen der Ermutigung nötig sowie die Annahme des anderen. Vgl. zum Beispiel die Perikope von Jesus und der Ehebrecherin in Joh 8,1-11.

[243] Hetterich 2007, 270.

[244] Vgl. Hetterich 2007, 261ff.

[245] Vgl. Lutz 1989, 202f.

[246] Vgl. Sekretariat der Deutschen Bischofskonferenz 1997, 22ff.

[247] Vgl. Zulehner 1979, 149-157.

Selbst- und Weltdeutung. Anlass eines solchen Veränderungsprozesses kann somit auch der (dauerhafte) Verlust des Arbeitsplatzes sein.

1.5.3.1 Die Phase der Mobilisierung

In einer pluralistischen Gesellschaft kann die Person bei ihrer Suche nach einem neuen Sinnsystem Kontakt zu einer Vielzahl unterschiedlicher Sinnsysteme und den dazugehörigen Gruppen aufnehmen. Ob sie während dieser Suche ein Interesse am christlichen Glauben entwickelt, hängt davon ab, ob sie auf Repräsentanten des Glaubens trifft und wie glaubwürdig und überzeugend diese sind.[248]

Umkehr kann dort beginnen, wo ein Dialog mit Vertretern des christlichen Glaubens beginnt und positiv erfahren wird. Dazu gehört, dass die Botschaft der Glaubenszeugen mit ihrer Lebensweise übereinstimmt.[249] „Das Zeugnis des Wortes, das zur Zustimmung des Herzens und damit zur Glaubenszustimmung führt, vermag seine Kraft nur zu entfalten, wenn es vom Zeugnis des Lebens mitgetragen wird."[250] Wird der Kontakt zu einem Zeugen des christlichen Glaubens positiv erfahren, wird auch das Interesse an den Werten und Überzeugungen dieses Menschen wachsen.[251] So ist die Annahme des Glaubens stets rückgebunden an ein Beziehungsgeschehen. In der seelsorglichen Beratung kommt in dieser Frage dem Berater eine zentrale Bedeutung zu da er als Zeuge dieses christlichen Sinnsystems in der Beratung auftritt. Allerdings wird sich im Kontext von Beratung kaum ein umfassendes Bild von einer christlichen Existenzweise für den Klienten erschließen. Besteht auf Seiten des Klienten ein Interesse am christlichen Glauben, sollte der Berater Kenntnis von christlichen Gruppen oder Gemeinden haben, die dem Klienten einen positiven Erfahrungsraum des gemeinsamen Glaubens eröffnen können. Hierfür ist unter anderem eine Vernetzungsarbeit zwischen Beratungseinrichtungen und Gemeinden erforderlich.

Das konkrete Beispiel, die christliche Gemeinschaft vor Ort, ist demnach eine zentrale Voraussetzung dafür, dass in dieser Phase des Suchens ein Umkehrprozess beginnen kann.[252] Christliche Gemeinschaften und Gemeinden eröffnen einen Lebensraum, in dem erfahrbar wird, was es be-

---

[248] Vgl. EN 46.
[249] Vgl. EN 21.
[250] Sekretariat der Deutschen Bischofskonferenz 2000, 16.
[251] Vgl. Zulehner 1979, 149-152. Auch Lemke schreibt: „Dass es die Wahrheit stets nur bezogen auf den Menschen gibt, macht zugleich die Subjektivität jeder Verkündigung aus. Denn auch für sie gilt, dass das objektive Geschehen in Christus nur subjektiv verkündigt und verstanden werden kann." (Lemke 1995, 53)
[252] Vgl. EN 13ff.

deutet, auf Gott als personales Gegenüber zu vertrauen.[253] Daher sind die Kirche und mit ihr alle Getauften aufgefordert, den nötigen Raum zu bereiten, dass der Ruf Gottes gehört und angenommen werden kann.[254] In den Gemeinden sollte folglich eine ansprechende und einladende Atmosphäre herrschen. Zulehner versteht Umkehr als einen gemeinschaftlichen Prozess, in der die Gemeinde christliches Lebenswissen vorlebt und ein neues Wirklichkeitsverständnis erschließt.[255] Er schreibt: „Ausschlaggebend sind die Menschen selbst, die nach dem Lebenswissen der Kirche ihr Leben zu stilisieren versuchen, genauer, die dies gemeinsam versuchen und dadurch christliche Gruppen und Gemeinschaften bilden."[256]

Konkret gibt es dabei viele Möglichkeiten, wie der Einzelne zur Umkehr angeregt und angeleitet werden kann. Zum Beispiel kann die Mitfeier der Liturgie, das gemeinsame Gespräch über die Bibel oder die Begegnung mit Glaubenszeugen hier Wege eröffnen. Die Einladung zur Umkehr betrifft daher das pastorale Handeln als Ganzes. Die Kirche muss das christliche Lebensmodell so kommunizieren, dass es verständlich ist und neugierig macht. „Die Verkündigung braucht – ähnlich der Sprache in Literatur und Dichtung – einen erfinderischen, klaren und aussagestarken Sprachstil."[257] Es geht nicht allein um die einzelnen Inhalte der christlichen Botschaft, sondern auch um die Art und Weise, wie biblische Texte ausgelegt werden und wie Liturgie gefeiert wird. Darin spiegelt sich letztlich auch, wie die Kirche Jesu Lebensweise und -deutung aktuell versteht.[258]

Gleichwohl ist die Bedeutung der Gemeinde im Blick auf die Umkehrbereitschaft des Einzelnen nicht absolut zu setzen. Der Glaube selbst ist nach christlichem Verständnis schließlich ein Geschenk Gottes. Auch die Annahme des Glaubens geht zurück auf die *Gnade*, die Gott den Menschen erweist. „Auf dem Weg der Umkehr wirkt Gottes Gnade bis in die Umwandlung der menschlichen Natur hinein, die ihrerseits durch enge Wechselwirkungen zwischen Kognitionen und Emotionen sowie zwischen Emotionen und der somatischen Wirklichkeit gekennzeichnet ist."[259]

---

[253] Vgl. Sekretariat der Deutschen Bischofskonferenz 2000, 25.
[254] Vgl. Sekretariat der Deutschen Bischofskonferenz 2000, 24.
[255] Vgl. Zulehner 1979, 196ff.
[256] Zulehner 1979, 67.
[257] Sekretariat der Deutschen Bischofskonferenz 2000, 19.
[258] Vgl. Zulehner 1979, 66f.
[259] Hetterich 2007, 258.

Jede Umkehr hat daher eine passive und eine aktive Seite. Zur passiven Seite gehört, dass Gott in seinem Erlösungshandeln souverän ist.[260] Zur aktiven Seite gehört die freie Antwort auf den Ruf Gottes. So schreibt Lehmann: „Die Bibel spricht in diesem Zusammenhang von Anfang an im Sinne einer personalen Aufforderung und einer entsprechend personal strukturierten Antwort. Gott sendet jedem seine Gnade als Anruf und Einladung, sich auf dieses Geschenk einzulassen.“[261] Göttliches und menschliches Handeln sind somit aufeinander bezogen, auch wenn das göttliche Handeln dem menschlichen vorausgeht und unverfügbar bleibt. Sowohl im Gebet, in Gedanken und Worten, als auch im Handeln kann der Mensch selbst das fördern, was Gott grundgelegt und ermöglicht hat.[262]

1.5.3.2 Die Phase der Umorientierung

Zunächst ist der Einzelne in der (religiösen) Wertehierarchie und den Lebensgewohnheiten seiner familiären und gesellschaftlichen Herkunft verwurzelt. Demgemäß zu leben gibt ihm Sicherheit. Wer sich mit dem Evangelium beschäftigt, konfrontiert diese Prägungen mit der Botschaft Jesu. In dieser Phase der *Umorientierung* setzt sich der Betreffende damit auseinander, was an den bisherigen Einstellungen und Verhaltensweisen lebensdienlich oder -hinderlich war. Schließlich wird sich daraus der Wunsch nach einer Entscheidung für oder gegen das neue Sinnsystem ergeben.[263] Je nach religiöser Vorprägung riskiert der Betreffende dabei, zu seiner gewohnten Umgebung auf Distanz zu gehen und sich von ihr zu entfremden.[264] Durch die Umkehr soll der Einzelne das Evangelium als Richtschnur für sein Leben entdecken. So heißt es im Apostolischen Schreiben *Evangelii Nuntiandi* von Paul VI.: Die Evangelisierung dient dazu, dass „durch die Kraft des Evangeliums die Urteilskriterien, die bestimmenden Werte, die Interessenpunkte, die Denkgewohnheiten, die Quellen der Inspiration und die Lebensmodelle der Menschheit, die zum Wort Gottes und zum Heilsplan im Gegensatz stehen, umgewandelt werden“[265].

---

[260] Vgl. Rahner 2001, 111ff.

[261] Lehmann 2004, 15.

[262] „Das Mystische der Umkehr ist geprägt von der Paradoxie, dass gnadenhaftes, auch innerliches Beschenktwerden und menschliche, auch äußerliche Anstrengung sich nicht gegenseitig ausschließen, sondern wechselseitig fördern. Meditatives Üben dient der Umkehr, wenn es den Menschen seiner selbst, seiner Identität innewerden lässt und zugleich hilft, nicht alles selbst machen zu wollen.“ (Hetterich 2007, 153)

[263] Vgl. Zulehner 1979, 152.

[264] Vgl. Boxberg & Lefrank 2001, 63.

[265] EN 19.

In dieser Phase stellt sich die Frage nach einem Modell für die eigene Umkehr. Hier kommt es vor allem auf die Christen an, mit denen der Umkehrende in Kontakt steht. Der Gläubige, der den Umkehrenden auf seinem Weg begleitet, „wird all jene Wirklichkeiten im Leben des Umkehrenden bewusstmachen, die aus sich heraus eine Art Leidensdruck erzeugen (vor allem die Fragmente sinnloser Lebensweise) und wird in seiner eigenen Existenz und auch durch Worte lebbare Alternativen einladend einbringen“[266]. Zur Aufgabe des Begleiters gehört daher auch, ein Gegengewicht zu den auftretenden Widerständen innerhalb des Umkehrprozesses zu bilden. „Es gibt durchaus Situationen [in der Seelsorge, Anm. d. A.], in denen Fragen, Informationen oder Konfrontationen angemessener sind als ein empathisches Gespräch, auch aktives Zuhören genannt.“[267] Indem der Umkehrende neue Verhaltens- und Denkweisen übernimmt, muss er sich von gewohnten Prinzipien lösen. Der Umkehrprozess weist daher Analogien zu einem *Trauerprozess* auf, da eine Neuausrichtung in vielen Lebensbereichen erfolgen muss.[268] Es ist gleichwohl eine besondere Form der Trauer, die mit der Umkehr einhergeht: Die *Metanoia*, die Sinnesänderung, von der Paulus spricht, führt zum Heil.[269] „Die gottgewollte Traurigkeit verursacht nämlich Sinnesänderung (μετάνοιαν) zum Heil, die nicht bereut zu werden braucht; die weltliche Traurigkeit aber führt zum Tod.“ (2 Kor 7, 10)

Auch der Umkehrprozess erfordert demnach eine emotionale Öffnung und Verarbeitung. „Affektive Kräfte tragen dazu bei, dass die Umkehr nicht in spiritueller Innerlichkeit hängen bleibt, sondern das ganze leibseelische Dasein verwandelt.“[270] Erst diese emotionale Betroffenheit ermöglicht es, alte Gewohnheiten und Denkweisen dauerhaft abzulegen.[271]

Um die durch die Umkehr ausgelöste Trauer verarbeiten zu können, ist die Unterstützung durch andere Christen bzw. durch die Pfarrgemeinde nötig. Die Gemeinde soll ein Ort sein, an dem sich der Einzelne unterstützt fühlt und in seiner Neuorientierung bestätigt wird.[272] Der Berater muss nicht unbedingt die Person sein, die diese Phase der Umorientierung

[266] Zulehner 1979, 206.
[267] Lemke 1995, 54.
[268] Vgl. Zulehner 1979, 109.
[269] Dieses Heil ergibt sich daraus, dass es innerweltliche Kategorien übersteigt. Ein Mensch, der auf das göttliche Heil vertraut, lebt folglich unter einer neuen Perspektive. Dazu bemerkt Zulehner: „Das eröffnet aber dem Menschen die Hoffnung, dass ihm selbst nach dem Zusammenbruch weltlich aufgebauter und getragener Identität im Tod nicht letzte und endgültige Beziehungslosigkeit zukommt.“ (Zulehner 1979, 79)
[270] Hetterich 2007, 225.
[271] Vgl. Hetterich 2007, 229.
[272] Vgl. Zulehner 1979, 198.

begleitet. Schließlich hebt die Rolle des Beraters vornehmlich auf die Problembewältigung des Klienten ab. Denkbar ist daher, dass ein anderer Seelsorger zum Hauptansprechpartner im Umkehrprozess wird.

Einem modernen Verständnis von Umkehr entspricht, dass dem Klienten dabei keine vorgefertigte christlich-kirchliche Identität angetragen wird. Vielmehr spricht Zulehner von der kirchlichen Aufgabe, nach der *Bausteine* zur christlichen Identitätsbildung bereitgestellt werden sollen. Die Kirche unterstützt den Einzelnen bei seiner Persönlichkeitsentwicklung, indem sie mit ihm in einen offenen Dialog tritt. Dabei gibt sie Zeugnis von der Frohen Botschaft Jesu.[273] Gleichzeit darf jedoch nicht der Eindruck entstehen, dass der Klient aus dem christlichen Lebenswissen eklektisch einige Versatzstücke übernehmen könnte. Aus den *Bausteinen* christlicher Werte und Überzeugungen soll sich schließlich ein kongruentes Ganzes ergeben, das an die kirchliche Gemeinschaft und ihre kollektiven Bekenntnisformen (zum Beispiel das Glaubensbekenntnis oder den Katechismus) rückgebunden ist.

Die Kirche muss daher kommunizieren, welche Bausteine den christlichen Lebensentwurf ausmachen. Würde die christliche Lebensweise des Einzelnen nach außen hin nur ein diffuses Bild von Veränderungen abgeben, die in keinen Gesamtzusammenhang gebracht werden können, würde sich daraus keine Anziehungskraft für andere entwickeln. Die Attraktivität einer christlichen Lebensgestaltung wird es aber ebenso wenig fördern, wenn ein bestimmter Verhaltenskodex rigide eingehalten werden muss, der die Bewegungsfreiheit innerhalb der Gesellschaft stark einschränkt und somit lebensfremd wirkt.

Selbstverständlich ist es ebenso möglich, dass diese Phase der Umorientierung nicht zur Annahme des christlichen Glaubens als neuem Sinnsystem führt. Die Kirche mit ihren Gemeinden lädt lediglich dazu ein. Lehmann merkt hier an: „Eine Einladung ist nicht schon ihre Annahme. Dazwischen liegen viele Stufen der Einsicht und der Verantwortung, des Nachdenkens und der Umkehr."[274]

1.5.3.3 Die Phase der Konsolidierung

Wer zum Glauben an Jesus Christus gefunden hat, ist dazu aufgerufen, diesen Glauben auch zu bekennen. Zur Phase der *Konsolidierung* gehört daher, die Umkehr öffentlich zu machen. Dies kann zum Beispiel durch den Empfang der Taufe vor der versammelten Gemeinde geschehen. Wer sich mit seiner Einstellungs- und Verhaltensänderung sicher ist, das heißt

---

[273] Vgl. Zulehner 1979, 21f.

[274] Lehmann 2005, 40.

diese dauerhaft beibehalten will und danach sein Leben ausrichtet, wird andere von diesem Schritt unterrichten.[275] Umkehr ist folglich ein Prozess, der zwar nicht nach einem vorgegebenen Muster verläuft, aber auf einen bestimmten Punkt zustrebt: das öffentliche Bekenntnis zu Jesus Christus (vgl. Mt 10,32 und Lk 12,8), das Eingeständnis der eigenen Erlösungsbedürftigkeit (vgl. Mt 6,12-13) und die Bereitschaft zur Nachfolge (vgl. Mk 8,34f.).[276] Paul VI. spricht von der *Zustimmung zu dem Lebensprogramm*[277], das das Evangelium eröffnet, und dem daraus resultierenden Eintritt in die Gemeinschaft der Gläubigen. Das wird dann der Fall sein, wenn sich die Person mit den Repräsentanten des neuen Sinnsystems vertraut gemacht und die zentralen Inhalte kennengelernt hat. Die gegenseitige Akzeptanz in der neuen Bezugsgruppe wird unter anderem davon abhängen, ob der Betreffende auch sein Handeln an den Werten der Gruppe ausrichtet.[278]

1.5.3.4 Die Phase der Stabilisierung

Der Wechsel in das neue Sinnsystem wird dadurch abgeschlossen, dass sich die Person dauerhaft von ihrem alten Sinnsystem abgelöst hat. Häufig versucht sie gleichzeitig, das alte Umfeld für die neue Überzeugung zu begeistern. Dies gilt auch nach der Hinwendung zum christlichen Glauben: „Es ist undenkbar, dass ein Mensch das Wort Gottes annimmt und in das Reich eintritt, ohne auch von sich aus Zeugnis zu geben und dieses Wort zu verkünden."[279] Wie bereits Berichte von Umkehrerfahrungen im Neuen Testament zeigen, wird die Ablösung und spätere Interaktion mit Mitgliedern des alten Sinnsystems häufig von Konflikten begleitet (vgl. Mt 10, 34-37). Schließlich ist es nach Zulehner aber ein Indiz für die *Stabilisierungsphase*, dass sich das Verhältnis zum bisherigen Sinnsystem normalisiert.[280]

---

[275] Vgl. Kurten 1985, 266-271. Die Dogmatikerin Petra Kurten plädiert dafür, auch innerhalb der Liturgie neue Bekenntnisformen zu etablieren, damit erwachsene, getaufte Christen ihr Taufversprechen erneuern können. Sie schreibt: „Eine leibhaftige liturgische Ausdrucksform der Grundentscheidung für Gott wirkt zurück auf das Innerste des Menschen und setzt Kräfte frei, die nicht intensiviert werden, wenn man bei der Theorie eines stufenlosen Hineinwachsens in den Glauben durch die Erziehung allein bleibt." (Kurten 1985, 269)

[276] Die Entscheidung für den Glauben an Jesus Christus beschreibt Paulus als einen existentiellen Wandel, als Ablegen des *alten Menschen* und Anziehen des *neuen Menschen* (vgl. Eph 4,22-24).

[277] Vgl. EN 23.

[278] Vgl. Zulehner 1979, 152f.

[279] EN 24.

[280] Vgl. Zulehner 1979, 153f.

Umkehr zielt nicht darauf ab, alle Verbindungen zur alten Bezugsgruppe endgültig zu trennen. Derjenige, der sich seiner Umkehr sicher ist, kann auf neue Weise seine bisherigen Kontakte fortführen. Dies kann dann gelingen, wenn der Einzelne seine eigene Biografie aus der Perspektive des neuen Sinnsystems anders interpretiert: Im Lichte des Evangeliums kann er das bisherige Leben als Vorbedingung für das neu entdeckte verstehen. Erst im Blick auf bisherige Erfahrungen kann das neue Sinnsystem seine Relevanz und Wirksamkeit erweisen.[281]

1.5.3.5 Abschlussbemerkung zu den vier Phasen

Die vier Phasen einer Umkehr nach Zulehner können nur eine grobe Orientierung bieten. Jede Umkehr nimmt ihren individuellen Verlauf. Alter, Lebenssituation und Vorerfahrungen haben Einfluss auf das religiöse Leben und führen zu spezifischen Arten der Umkehr.[282]

Es wäre fatal, von außen erwirken zu wollen, dass bestimmte Phasen schneller erreicht werden. „Die Umkehr zu Gott braucht Zeit. Sie ist ein lebenslanger Einübungsprozess. Sie baut auf den je gegebenen humanen Möglichkeiten und der individuellen Motivationslage auf, kennt verschiedene Stufen und Intensitäten."[283] Hier bietet sich das Bild der Pilgerschaft an: Das Leben des Christen kann als Weg zu Gott gedeutet werden. Das Ziel dieser Pilgerschaft, die Vollendung bei Gott, wird sich letztlich erst eschatologisch erfüllen. Als Teil einer kirchlichen Umkehrpastoral soll die Beratung Mut zur eigenen Freiheit machen und dem geistlichen Wachstum Zeit lassen.[284] Der Glaube an den christlichen Gott ist schließlich kein statisches Faktum, sondern ein prozessuales Geschehen.[285]

An dieser Stelle sei noch einmal darauf hingewiesen, dass die seelsorgliche Beratung ein Geschehen zwischen Klient und Berater ist. Den Bezug zu einer (kirchlichen) Gruppe setzt die Beratung nicht voraus. Erst wenn sich der Klient am Glauben interessiert zeigt, wird die Frage virulent, ob der Betroffene Zugang zu einer christlichen Gruppe oder Gemeinde sucht. Jedoch kann Kirche die Umkehr des Einzelnen auch dann nicht herstellen oder garantieren, sondern hat nur eine *wegweisende* und *begleitende* Funktion.[286]

---

[281] Vgl. Zulehner 1979, 153ff.
[282] Vgl. Schneider 1991, 99f.
[283] Hetterich 2007, 270.
[284] Vgl. Hetterich 2007, 270.
[285] Vgl. Eckart 2006, 397.
[286] Vgl. Zulehner 1979, 104.

1.6 Fazit zum Profil seelsorglicher Beratung

Die Persönlichkeitsentwicklung des Menschen verläuft nicht als geradliniger Prozess, sondern weist Unterbrechungen, Sprünge und Rückschritte auf. In der Beratung gibt es aufgrund dieser Komplexität menschlicher Entwicklung keine allgemeingültigen Lösungswege angesichts krisenhafter Erfahrungen. Grundsätzlich hilft es der Person bei ihrer Problembewältigung, wenn sie in ihrem Leben Sinn findet, eine internale Kontrollüberzeugung entwickelt und so auf die eigene Handlungsfähigkeit vertraut.[287] Wie gezeigt wurde, kann seelsorgliche Beratung dazu einen spezifischen Beitrag leisten. Allerdings hält der christliche Glaube – weder für den Berater noch für den Klienten – ein allgemein passendes Rezept dafür bereit. Deshalb sollte der Berater alle Bewältigungsressourcen zur Sprache bringen, die sich dem Klienten im konkreten Fall bieten. So steht der Klient nicht vor der Wahl, ob er statt in der beruflichen Arbeit nun im Glauben Sinn findet. Zwar kann die Beschäftigung mit christlichen Werten eine existentielle Lebenswende zur Folge haben, doch stellt diese Möglichkeit nicht das primäre Ziel einer seelsorglichen Beratung dar. Innerhalb der Beratung geht es vor allem um die Bewusstmachung der eigenen Werthaltungen. Anschließend stellt sich die Frage, auf welche Weise eine *Sinnerweiterung* geschehen kann. Durch eine solche Sinnerweiterung relativieren sich bestimmte Einstellungen, aus denen heraus sich ein Leidensdruck aufgebaut hat. Beratung sollte also zunächst dazu beitragen, dass eine zu starke Konzentration auf einen einzelnen Bereich, zum Beispiel das Arbeitsleben, als Sinnquelle überwunden wird.

Zusammenfassend bleibt festzuhalten:

1. Wird in der seelsorglichen Beratung die religiös-spirituelle Dimension des Klienten angesprochen, geschieht dies um des Menschen selbst willen. Dahinter steht die Überzeugung, dass der Einzelne erst durch die Gemeinschaft mit Jesus Christus zu dem Menschen wird, der sich selbst entspricht.[288] Die Hinwendung zum Glauben läuft somit nicht der Individualität des Menschen zuwider, sondern soll ihn zu seiner eigentlichen Existenz führen. Darin liegt auch die Chance, sich von den Zwängen einer Leistungsgesellschaft zu befreien: „Die internalisierte Nötigung, vollkommen sein zu müssen, lässt Leistung und Gewinn zum Lebenszweck werden und macht zugleich schuldig und krank. Die Freiheit von der Verknechtung

[287] Vgl. Schmitz 2005, 133f.

[288] Vgl. Sekretariat der Deutschen Bischofskonferenz 2000, 11.

kann durch eine neue Beziehung zu Gott gewonnen werden."[289] Dadurch wird die Bedeutung der menschlichen Arbeit *entdivinisiert:* Sie verliert das soteriologische Versprechen einer Leistungsgesellschaft, nach der der Mensch allein durch berufliches Fortkommen seinen Selbstwert gewinnt.

2. Um dem Klienten Sinn und Orientierung im Glauben zu eröffnen, reicht es allerdings nicht aus, ein theoretisches Sinnkonzept zu präsentieren. Noch besteht bei den meisten Menschen im deutschen Sprachraum zumindest ein rudimentäres religiöses Wissen. Die Herausforderung besteht darin, die Botschaft Jesu auch in den konkreten Erfahrungshorizont des Klienten zu übersetzen. An dieser Stelle entscheidet maßgeblich die Person des Beraters, ob der Klient seine Erfahrungen aus dem Glauben heraus neu interpretiert. Der Berater kann über seine Haltung und die Art der Beziehungsgestaltung etwas vom Evangelium Jesu Christi transparent werden lassen: Die Möglichkeit zum Zeugnis der Tat statt dem Zeugnis des Wortes ist stets gegeben. Zu den benötigten Kompetenzen des seelsorglichen Beraters zählt daher nicht nur theologisches Wissen, sondern auch eine *spirituell-mystatogische* Kompetenz. Darüber hinaus werden pastoralpsychologische Kenntnisse verlangt, durch die der Berater auch die Einflüsse des sozialen Kontextes einordnen kann. Abgerundet wird das Profil des seelsorglichen Beraters dadurch, dass er auch strukturelle Probleme analysieren kann und auf *prophetisch-kritische* Weise zusammen mit dem Klienten in den Blick nimmt. Seine Glaubwürdigkeit ergibt sich erst aus dieser Multidimensionalität, in der persönliche Erfahrungen, aber auch das Wissen um soziale und (wirtschafts-)politische Faktoren zum Tragen kommen.[290]

3. Lässt sich der Klient auf das Gespräch über Gott und den christlichen Glauben ein, bedeutet das jedoch nicht, dass sich Nichtglaube oder Glaubenszweifel ohne weiteres in Glaubensgewissheiten überführen lassen. Seelsorgliche Beratung besteht im dialogischen Austausch über Lebenserfahrungen, die zum Beispiel auch die Theodizeefrage aufwerfen und so das Vertrauen in die Existenz des liebenden Gottes erschüttern können. Zum Gespräch über den Glauben gehört daher, auch die Hoffnungslosigkeit einzelner Situationen gemeinsam auszuhalten. Die Probleme des Klienten dürfen nicht einfach durch den Verweis auf die Heilstaten Christi relativiert werden. Anstatt vorschnell von Erlösung zu sprechen, sollen auch die

---

[289] Lemke 1995, 10.
[290] Vgl. Nauer 2007, 64-71.

Fragen, Zweifel und Ängste – des Klienten wie des Beraters – zur Sprache kommen.[291]

4. Das Gespräch über den christlichen Glauben in der seelsorglichen Beratung ist folglich gegenüber anderen Sinnfindungsprozessen keineswegs die bequemere Option. „Zeigen sich Menschen im Seelsorgeprozess interessiert am spezifisch christlichen Interpretationsrahmen von Religiosität und Spiritualität, gilt es, deren Neugier nicht nur informativ-dozierend zu stillen, sondern auch paradox-verstörend wach zu halten."[292] Der christliche Glaube ist kein billiger Trost, sondern fordert den Einzelnen fortwährend dazu heraus, dem Beispiel Jesu nachzufolgen.[293] Wer diesen Weg wählt, wird sein Leben neu ausrichten müssen (Mk 8,34-38). Das heißt, dass die gesamte Lebensgestaltung kritisch reflektiert wird. Dazu gehören unter anderem die Beziehungsformen, in denen der Einzelne lebt, seine spirituelle Praxis und sein Konsumverhalten.

2. Ein narrativer Beratungsansatz

2.1 Vorbemerkung

In diesem Kapitel wird, im Rückgriff auf die Erkenntnisse der zurückliegenden Teile der Arbeit, ein spezifischer Beratungsansatz vorgestellt. Zunächst wird noch einmal zusammengefasst, vor welchen Problemen die Beratung von arbeitslosen Männern typischerweise steht und welche Ziele sich daraus für die seelsorgliche Beratung ergeben. Anschließend wird erläutert, welches Vorgehen die seelsorglich-theologische Qualifikation des Beraters nahelegt. Es wird ein narrativer Beratungsansatz konzipiert, der für den hier behandelten Beratungskontext das Anliegen der *Narrativen Theologie*[294] und Erkenntnisse der *Narrativen Psychologie*[295] zusammenführt.

Der Beratungsansatz, den ich entwickle, sieht die Arbeit mit einer überlieferten Geschichte vor. Diese Variante ist in der aktuellen Beratungsliteratur bisher kaum zu finden. Dabei handelt es sich um einen methodischen Zugang zur seelsorglichen Beratung, der in besonderer Weise sensibel ist für die sprachlich-narrative Dimension in jedem Beratungsprozess.

---

[291] Vgl. Hetterich 2007, 219.
[292] Nauer 2007, 51-52.
[293] Vgl. Hetterich 2007, 222.
[294] Siehe zum Begriff der Narrativen Theologie: Baumgartner 1990c, 576-590. Siehe auch Weinrich 1973, 329-334. Siehe auch Streib 1996, 339-359.
[295] Siehe zum Begriff der Narrativen Psychologie: Echterhoff & Straub 2004, 102-133.

2.1.1 Die spezifische Problemstellung in der Beratung arbeitsloser Männer

Gemäß dem personzentrierten Ansatz gilt es, den Klienten seine individuelle Sicht der Situation und sein Erleben schildern zu lassen, um gemeinsam mit ihm konstruktive Bewältigungsstrategien zu entwickeln. Da der subjektiven Perspektive des Klienten für den Beratungsprozess maßgebliche Bedeutung zukommt, lautet die zentrale Bedingung für die Initiierung des eigentlichen Beratungsgeschehens, dass der Klient seine Empfindungen und Gedanken bei sich selbst wahrnehmen und kommunizieren kann. Nach dem Entwicklungs- und Störungsmodell des personzentrierten Konzepts gibt es jedoch auch Klienten, die zumindest zu Beginn der Beratung nicht in der Lage sind, ihre emotionalen Erlebnisinhalte bewusst wahrzunehmen und mitzuteilen. Diese Klienten deuten eigene Erfahrungen als äußere Fakten. Aufgrund ihrer starren Erfahrungsweise sind sie gar nicht erst bereit, über sich selbst zu sprechen.

Rogers selbst unterscheidet in dieser Hinsicht nicht zwischen männlichen und weiblichen Klienten. Erfahrungen aus der Beratungspraxis mit Männern legen jedoch nahe, dass insbesondere männliche Klienten Schwierigkeiten damit haben, sich in der Beratung zu öffnen, und somit diesem Typus von Klienten entsprechen.[296]

2.1.2 Konsequenzen für die Beratung

Seelsorgliche Beratung steht daher vor der Herausforderung, einen *unkonventionellen* Raum für Gespräche zu bieten. Das bedeutet, dass gesellschaftliche Zuschreibungen, die es arbeitslosen Männern erschweren, sich in der Beratung zu öffnen, außen vor bleiben. Der Berater signalisiert dem Klienten, dass er unabhängig von gesellschaftlichen Erwartungsmustern wahrgenommen und wertgeschätzt wird.

Orientiert an den Erfahrungen des Klienten geht es darum, seine Sprachfähigkeit zu stärken, um zu einer lebensförderlichen Kommunikation zu kommen. Dem Klienten soll dadurch eine vertiefte Wahrnehmung seiner selbst und seiner Umwelt ermöglicht werden. So kann die Förderung der Rückbesinnung oder Neuentdeckung der eigenen, emotionalen Innenwelt dazu beitragen, dass Männer sich auch auf religiöse und spirituelle Fragen besser als zuvor einlassen können.[297] Ein reduziertes Gefühlsleben, das häufig mit einer besonderen Betonung des rationalen Denkens einhergeht, wirkt sich auch auf das Glaubensleben der Person aus. So fühlen sich Männer „von verstandesbetonten und weltimmanenten Deutungsmustern

[296] Siehe Kapitel 2.3 im ersten Teil dieser Arbeit.

[297] Vgl. Bürger 2006, 18ff.

mehr als Frauen angesprochen“[298]. In der seelsorglichen Beratung soll jedoch nicht nur über religiöse Theorien und Modelle gesprochen werden, sondern im Idealfall eine persönliche Gottesbeziehung eröffnet werden.

Ist es dem Klienten möglich, sich zu öffnen und sich selbst mit seinen Erfahrungen ins Gespräch zu bringen, wird er auch neue Perspektiven für seine Zukunft entwickeln können. Dabei geht es vor allem darum, eigene Probleme und ihre Bewältigung aus verschiedenen Positionen wahrzunehmen und zu deuten.[299] Gleichzeitig sollte darauf hingewirkt werden, dass das Denken des Klienten nicht allein um Probleme und Defizite kreist, sondern auch die individuellen Ressourcen in den Blick genommen werden.

Zu diesen Ressourcen zählt vor allem das soziale Umfeld, sofern der arbeitslose Klient seine Kontakte nicht bereits abgebrochen hat.[300] Hier lautet das Ziel der Beratung, die soziale Integration zu fördern. Gelingt die soziale (Re-)Integration, kann diese Erfahrung ein wichtiger Baustein im Bewältigungsprozess sein. Schließlich wird die Beratung dann Fortschritte machen mit ihrem Anliegen, Hilfe zur Selbsthilfe zu bieten, wenn sie die reale Erfahrung vermittelt, dass sich die Situation zum Positiven verändert.[301] Gelingt es, die eigenen Ressourcen besser wahrzunehmen, wird es wahrscheinlicher, dass der Klient sich als selbstwirksam erlebt.

Ferner hat sich gezeigt, dass die konstruktive Bewältigung des Arbeitsplatzverlustes davon abhängt, ob der Betroffene diese Erfahrung mit seinen handlungsleitenden Prinzipien vereinbaren kann. Es besteht die Gefahr, dass der Verlust des Arbeitsplatzes in fortwährendem Widerspruch zu den Prinzipien des eigenen Selbstkonzepts steht. Die Person begreift sich selbst dann nicht mehr als eine kohärente Einheit. Ohne eine solche Kohärenz bezüglich der eigenen Lebensgeschichte ist jedoch auch das Sinnerleben massiv gestört. Um zu einem Zustand der Kohärenz zurückzufinden, ist der Einzelne in seiner Selbstdeutung auf gesellschaftliche Vorgaben verwiesen. „Kohärenz ist dann vorhanden, wenn es dem Subjekt möglich ist, sich in ein gesellschaftliches Formenpotenzial als Individuum hineinzuerzählen, auch wenn die gewählte Form auf gesellschaftlicher Ebene eine von vielen gültigen sein mag.“[302] So können entweder die bisherigen Erzählungen weitergeführt werden, oder in der Beratung wird Raum für die Entwicklung neuer Erzählungen geschaffen, aus denen sich

[298] Knieling 2010, 17.
[299] Vgl. Nauer 2010, 183.
[300] Vgl. dazu Schoppa 2010, 38f.
[301] Vgl. Nestmann 2004, 791.
[302] Kraus 1996, 244.

alternative Handlungsmöglichkeiten für die Problembewältigung des Klienten ergeben.[303] Allerdings müssen diese neuen Erzählungen ein Mindestmaß an Kontinuität zu früheren Selbsterzählungen aufweisen, um kohärent zu erscheinen und damit handlungsrelevant zu werden.

Der seelsorgliche Berater soll dem Klienten folglich dabei helfen, sich als Subjekt in unserer Gesellschaft wieder kohärent zu erzählen.[304] Der seelsorgliche Berater bringt im Blick auf das gesellschaftliche Formenpotential christliche Werte und Lebensbeispiele mit ein. Er bietet dem Klienten an, gegenüber diesem christlichen Lebenswissen seine Selbsterzählung zu überdenken.

2.2 Narrativ arbeiten in der seelsorglichen Beratung

Seelsorgliche Beratung entwickelt sich auch vor dem Hintergrund neuer psychologisch-therapeutischer Erkenntnisse ständig weiter. Vorhandene Beratungsansätze werden auf einzelne Handlungsfelder hin konkretisiert, und es findet ein kreativer Austausch zwischen den unterschiedlichen Disziplinen und Schulen statt. So wurde zum Beispiel der personzentrierte Ansatz auf unterschiedliche Therapie- und Beratungskontexte hin exemplifiziert und erweitert.[305] Für Rogers selbst stand nicht die Methode im Vordergrund, sondern der Klient. Dennoch kann ein methodischer Zugang helfen, personzentriert zu arbeiten.[306] Je nach Zielgruppe steht der Berater vor spezifischen Herausforderungen, damit der Beratungsprozess gelingen kann. Für die seelsorgliche Beratung von arbeitslosen Männern stellt sich die Frage, welcher methodische Zugang der spezifischen Beratungskonstellation entgegen kommt. Welches Vorgehen bietet sich an, um dem Klienten dabei zu helfen, zu einer kohärenten Selbsterzählung (zurück) zu finden?

Im Folgenden wird als Antwort auf diese Frage ein narrativer Beratungsansatz vorgestellt, der sich als Beitrag zur Methodenpluralität in der seelsorglichen Beratung versteht. Zwei Fragen stehen dabei im Vordergrund:

- Zum einen stellt sich die Frage, wie mit Hilfe einer Erzählung der Beratungsprozess mit arbeitslosen Männern gefördert werden kann: Da man damit rechnen muss, dass arbeitslose Männer große Schwierigkeiten haben, ihr emotionales Erleben zu verbalisieren, soll dieser Ansatz ihnen eine Brücke bauen. Es soll gezeigt werden, wie ein

---

303 Vgl. Engel & Sickendiek 2004, 754.

304 Vgl. Kraus 1996, 179.

305 Eine Übersicht dazu bieten: Frenzel, Keil, Schmid & Stölzl 2001.

306 Vgl. Schmid 1989, 83.

narratives Vorgehen dazu beitragen kann, den Klienten in seiner Sprachfähigkeit zu stärken. Gleichzeitig soll der Klient sein Leben auf neue Weise so erzählen können, dass er trotz seiner existentiellen Krise positive Erwartungen an die Zukunft richtet.[307]

- Zum anderen stellt sich die Frage, wie eine Erzählung dazu beigetragen kann, die religiöse Sinndimension des Lebens für den Klienten zu erschließen. Dabei wird davon ausgegangen, dass der christliche Glaube eine narrative Tiefenstruktur aufweist.[308] „Das Fundament der jüdisch-christlichen Religion ist ein erzähltes Ereignis. Das in der Erzählung bezeugte heilige Geschehen lebt in ihr fort und wird durch sie wieder neu zum Ereignis."[309] Wenn es darum geht, die Lebenserzählungen des Klienten zu kontextualisieren und nach ihrem tieferen Sinn zu fragen, ergeben sich vielfältige Bezugspunkte zur Geschichte Gottes mit den Menschen.

Ich verfolge hier nicht das Ziel, die Vielzahl an Querverbindungen zwischen den Themenfeldern *Beratung*, *narrativen Methoden* und *Seelsorge* umfassend darzustellen. Vielmehr wird gezielt danach gefragt, wie in der seelsorglichen Beratung mit arbeitslosen Männern narrativ gearbeitet werden kann und welche Chancen eine solche Arbeitsweise bietet.

In einem ersten Schritt wird im Folgenden gezeigt, weshalb ein narratives Vorgehen aus seelsorglicher Perspektive nahe liegt. In einem weiteren Schritt wird ein narratives Grundverständnis von Beratung genauer skizziert.

---

[307] Das Ziel einer Krisenberatung lässt sich damit wie folgt zusammenfassen: „Bei gelingender Krisenberatung kommt es dabei zu einer signifikanten Veränderung der Sichtweisen und Gefühlslagen des Klienten, die eine effektivere Reaktion auf die belastenden Ereignisse ermöglichen. Krisenberatung führt also zu einer Neukonstruktion der Selbst-Erzählung des Klienten." (Giernalczyk 2006, 480)

[308] Vgl. Baumgartner 1990c, 569ff. So schreibt Baumgartner: „Daß es gerade das Erzählen des Glaubens ist, das den Hörer in solcher Weise zu verstricken und an ihm bereits in die Tat umzusetzen vermag, wovon inhaltlich gehandelt wird, an diese einzig adäquate Form der Rede von der Gottesherrschaft wieder erinnert und die kerygmatische Grenze der bloßen Glaubensinformation damit aufgewiesen zu haben, ist das Verdienst der ‚narrativen Theologie'." (Baumgartner 1990c, 577)

[309] Günther 2005, 290. Auch der Religionspädagoge Georg Baudler merkt dazu an: „Im Gegensatz zum Buddhismus bildet also im Christentum (und Judentum) nicht eine philosophische Einsicht über Gott und den Menschen, sondern ein erzähltes Ereignis, also eine Geschichte das Fundament der Religion." (Baudler 1982, 34-35)

2.2.1 Lebens- und Glaubensgeschichten korrelieren

Seelsorgliche Beratung ist stets eingebettet in eine bestimmte Zeit und Kultur. Sie gründet daher auf den Vorgaben, die sich aus dem kulturellen und gesellschaftlichen Kontext ergeben, und wirkt zugleich selbst auf diese Vorgaben ein. Welche Vorstellungen der Klient von einem gelingenden Leben hat, ist auf diese soziokulturellen Vorstellungen bezogen. „Letztendlich beruht unsere heutige Fähigkeit, gemeinsam Bedeutung zu erzeugen, auf einer Geschichte, die oft viele Jahrhunderte alt ist. In diesem Sinne schulden wir den Traditionen – also den verschiedenen Formen, unser Miteinander zu koordinieren – die Fähigkeit, uns zu verlieben, gerechte Vorhaben zu unterstützen oder uns an der Entwicklung unserer Kinder zu erfreuen. Immer aber orientieren wir uns an der Vielfalt vergangener Beziehungen.“[310] Der Klient kann für sein Leben nur vor dem Hintergrund dieser kulturellen Geschichten eine Bedeutung finden.[311] Der Berater schafft ein Bewusstsein dafür, dass ein Leben in eine Vielzahl von Narrationen eingebunden ist, die die Selbstdeutung stark beeinflussen. Die individuelle Erzählung des eigenen Lebens geschieht vor dem Hintergrund der gesellschaftlich-kulturellen Erzählstränge und Geschichten. „Unsere Entwicklung und unser tägliches Leben sind in jene Geschichten eingebettet, die rund um uns zirkulieren. Diese Geschichten bilden die narrative Umwelt, aus welcher wir unser Erzählen schöpfen, und sind uns dadurch Flussbett eigenen Erzählens.“[312]

In der seelsorglichen Beratung wird der Berater in eine ihm fremde Lebensgeschichte involviert und erfährt etwas über die Vorstellungen und Werte, die den Klienten geprägt haben. „Seelsorge definiert sich daher immer auch als ein Eingehen auf und Arbeiten mit der Lebensgeschichte bzw. den lebensgeschichtlichen Versatzstücken, die Menschen von sich sehen lassen wollen.“[313] Der Berater geht davon aus, dass die Selbstdeutung ein dynamischer Prozess ist: Eignet sich der Klient eine neue Geschichte als interpretative Grundlage für sein eigenes Leben an, findet er zu anderen Bedeutungen.[314] „Die interpretative Perspektive, die die erste narrative Retrospektion durchdrang, kann sich im Laufe der Zeit und in unterschiedlichen Kontexten ändern.“[315]

Es ist festzuhalten: Selbsterzählungen bedürfen der sozio-kulturellen Vergewisserung. Der seelsorgliche Berater steht hier für die soziale Gruppe

---

[310] Gergen & Gergen 2009, 36.
[311] Vgl. Polkinghorne 1998, 26.
[312] Grossmann 2000, 59.
[313] Nauer 2010, 182.
[314] Vgl. Polkinghorne 1998, 28.
[315] Polkinghorne 1998, 26.

der Kirche und die Kultur des Christentums ein. Im Blick auf Menschen aus unserem Kulturkreis ist davon auszugehen, dass christliche Erzählungen bereits bedeutende Vorgaben für die Selbstinterpretation des Einzelnen machen – selbst wenn er sich dessen nicht bewusst ist. Das jüdisch-christliche Menschen- und Weltbild ist noch immer ein wichtiger kultureller Bezugspunkt, der auch auf die Selbstinterpretation des Einzelnen zurückwirkt.

Dies ist zu beachten, wenn in der seelsorglichen Beratung die Lebensgeschichte des Einzelnen zur Heilsgeschichte Gottes in Bezug gesetzt werden soll. Dieser Bezug ist auf zweifache Weise bereits gegeben: Er ergibt sich zum einen aus der kulturgeschichtlichen Verwiesenheit der individuellen Lebenserzählung. Zum anderen geht der seelsorgliche Berater davon aus, dass Gott als Schöpfer und liebender Vater zu jedem Leben von Anfang an in Beziehung steht.[316]

Dieses Grundverständnis auf Seiten des Seelsorgers ist entscheidend, wenn danach gefragt wird, wie die Lebensgeschichte des Einzelnen mit der Heilsgeschichte Gottes verknüpft ist. Der seelsorgliche Berater setzt diese Verbindung zwischen Mensch und Gott voraus, leitet daraus aber nicht zwangsläufig ein missionarisches Anliegen ab. Vielmehr stellt er die Geschichte Gottes mit den Menschen als eine mögliche Sichtweise der Wirklichkeit vor.[317] Schließlich gehört es zum Proprium der Seelsorge, dass Menschen in Berührung kommen mit der biblisch-kirchlichen Überlieferung und ihr Leben mit Erzählungen, Metaphern, Symbolen dieser Tradition konfrontieren können.[318] „Ein Proprium, das Seelsorgerinnen sehr viel abverlangt, denn von ihrer narrativ-hermeneutischen Kompe-

---

[316] Diese Perspektive gilt es sich nach Baumgartner in der Seelsorge anzueignen: „Der Seelsorger, der das Wort Gottes zu bringen wähnt, ist dann derjenige, der es in reichem Maß vom Kranken, Gebeugten oder Deprimierten empfängt. Sich in diese Rolle des Empfangenden und Hörenden einzuüben, das scheint deshalb die erste Lernstufe für einen Seelsorger, der das Wort Gottes verkündigen will. Er wird dabei entdecken, daß im Erzählen der Lebensgeschichte das Gespräch der Menschen mit Gott bereits in vollem Gange ist." (Baumgartner 1990c, 550)

[317] Vgl. Nauer 2010, 185. So schreibt Nauer: „Seelsorge betrachtet den Menschen, d.h. seine kollektiv eingebettete individuelle Lebensgeschichte aus der Perspektive der Geschichte Gottes mit allen Menschen, weshalb ihr an der Verwebung von Gottes- und Lebensgeschichte gelegen ist." (Nauer 2010, 183-184)

[318] Vgl. Nauer 2010, 184f. Vgl. auch Leinhäupl-Wilke 2007, 142ff. So schreibt auch der Theologe Heinz Streib: „Seelsorge kann als narratives Interaktionsgeschehen gesehen werden: verschiedene Erzählformen der seelsorgesuchenden Menschen treffen auf spezifische narrative Umgangsweisen durch SeelsorgerInnen in bestimmten Praxisfeldern." (Streib 1996, 352)

tenz hängt es ab, ob der Vernetzungsprozess überhaupt in Gang kommt."[319]

Will der seelsorgliche Berater mit Hilfe der christlichen Überlieferung Sinn und Orientierung vermitteln, muss er sich auch mit destruktiven religiösen Traditionen auskennen und kritikfähig gegenüber religiöser bzw. binnenkirchlicher Sprache und ihren Metaphern sein. Dann erst wird der Klient eine Chance für sich darin erkennen können, sich weitergehend auf das christliche Wirklichkeitsverständnis mit seinen Beziehungsdimensionen einzulassen. „Seelsorge zeichnet sich somit im Unterschied zu psychologischen Verfahren dadurch aus, dass nicht nur eine, sondern mindestens drei (Lebens)Geschichten im Sinne kreativer Neu-Konstruktion auf dem Spiel stehen: 1. Die Geschichte des Gesprächspartners. 2. Die Geschichte des/der Seelsorgerin. 3. Die Geschichte Gottes, die von der christlichen Erzählgemeinschaft z. B. in Form von Bibeltexten an uns weitergegeben worden ist."[320]

Um in der seelsorglichen Beratung diesen Trialog zu ermöglichen, ist zuerst nach der Geschichte und Person des seelsorglichen Beraters zu fragen. Der Berater sollte für sich selbst reflektiert haben, wie die Heilsgeschichte mit seinem Leben verwoben ist.[321] „Es kommt also vor jeder expliziten Gottesrede in der seelsorglichen Begleitung wesentlich darauf an, daß der Seelsorger in *Kontakt ist mit dem, was seine Geschichte mit Gott ausmacht:* Erfahrungen des Angenommenseins und der unverdienten Gnade, aber ebenso auch Verlassenheit und nagende Zweifel."[322]

Ein narratives Vorgehen in der Beratung bedeutet nicht, dass eine abgeschlossene Glaubenserzählung mit der unabgeschlossenen Lebenserzählung des Klienten in Beziehung gesetzt wird. Es wird wechselseitig-kritisch danach gefragt, wie die Erfahrungen des Einzelnen und die überlieferten Glaubenserzählungen miteinander korrelieren.[323] Schließlich erfüllt eine Erzählung auch die Funktion, die eigene kulturelle Tradition lebendig zu halten und zu verwandeln.[324] Im Blick auf die kirchliche Verkündigung bedeutet dies, dass sich auch die Glaubenserzählungen im Dia-

---

[319] Nauer 2010, 185.

[320] Nauer 2010, 184.

[321] Vgl. Baumgartner 1990c, 589. Vgl. auch Eckart 2006, 395. Vgl. auch Lemke 1992, 55ff. Vgl. auch Streib 1996, 343f.

[322] Baumgartner 1990c, 560 (Hervorhebungen im Original).

[323] Mit dem Begriff *Korrelation* (auf den bereits in der Einleitung eingegangen wurde) ist hier gemeint, dass die Lebensgeschichte des Einzelnen in einer wechselseitigen Beziehung zur Geschichte Gottes steht. Selbst wenn der Person diese wechselseitige Verbindung nicht bewusst ist, geht der Seelsorger davon aus, dass jedes menschliche Leben ein Teil der Heilsgeschichte Gottes mit den Menschen ist.

[324] Vgl. Gergen 1998, 188.

log weiterentwickeln müssen. Ihre Interpretation und Nacherzählung steht nicht allein dem seelsorglichen Berater zu. Der Klient darf und soll sich gegenüber der kirchlichen Erzähltradition gleichberechtigt positionieren, damit die Heilsgeschichte sich als lebensnah und lebensdienlich erweisen kann und auf neue Weise weitergegeben werden kann.

2.2.2 Befreiend-heilend erzählen

Ist der Klient bereit, sich und seine Lebensgeschichte in die Geschichte Gottes zu integrieren, kann er in Gott den tragenden Grund seines Lebens erkennen. Wie bereits im letzten Kapitel beschrieben, findet der Klient im Glauben an Jesus Christus ein spezifisches Sinnangebot vor, das ihn in seiner Lebensbewältigung unterstützen kann. Dazu stellt sich in der seelsorglichen Beratung die Frage, „wie die Geschichten der Menschen mit den Geschichten der Bibel so in Kontakt kommen können, daß dabei die erzählte befreiend-heilende Praxis Gottes selbst Gestalt gewinnt“[325]. Dann kann der Klient auch angesichts einer existentiellen Krise zu der Hoffnung finden, dass sich sein Leben vor dem Horizont der göttlichen Heilsgeschichte zum Guten entwickeln kann.[326] Befreiend-heilend kann für die Verlustbewältigung des Klienten zum Beispiel sein, dass die religiöse Tradition die Logik der Ökonomie in Frage stellt. „Schließlich sind die Optionen und Erzählungen der religiösen Traditionen notwendiges Korrektiv eines unkontrolliert wuchernden Säkularismus. Die Verletzungen der Rat Suchenden rühren nie ausschließlich von ihrer individuellen Biografie oder ihrem spezifischen Beziehungsnetz her. Sie entstehen vielmehr in einem komplexen Bedingungsnetz aus individuellen, gesellschaftlichen und kulturellen Faktoren.“[327]

Christliche Erzählungen halten das Bewusstsein dafür wach, dass Menschen nicht für sich allein leben und ihre Lebensgeschichte stets mit denen anderer Menschen verbunden bleibt. Christliche Erzählungen sind außerdem getragen von einer Hoffnung, die auch gegenüber den vielfältigen Problemen und Leidenswirklichkeiten des Lebens Bestand hat. „Das Leben als ganzes ist Gegenstand von Seelsorge und nicht nur dessen defizitäre Teile, Konflikte und Krisen. Seelsorge begibt sich beim Erzählen in die Intimität der Zweierbeziehung und zugleich in deren gesellschaftliche Relevanz.“[328] So kann der Glaube zum Ausgangspunkt dafür werden, sich als Teil einer Gesellschaft zu begreifen, in der das Wohl der Einzelnen nicht losgelöst von der gemeinsamen Geschichte erreicht werden kann.

---

[325] Baumgartner 1990c, 588.
[326] Vgl. Baumgartner 1990c, 568.
[327] Hutter & Plois 2006, 19.
[328] Günther 2005, 290.

Der christliche Glaube bindet in kollektive Erzählungen ein und ermutigt den Einzelnen in der Folge dazu, sich für das gemeinsame Wohl einzusetzen.

2.2.3 In Glaubensdingen sprachfähig werden

In einer pluralistischen Gesellschaft, in der einander verbindende Rituale und ein kollektiver Bezug zu bestimmten Erzählungen verloren gegangen sind, ist der seelsorgliche Berater herausgefordert, den Symbolgehalt der eigenen Überlieferung individuell zu erschließen. Sonst scheitert der Versuch, Lebens- und Glaubensgeschichte miteinander zu verknüpfen, bereits auf der sprachlichen Ebene. In den Fällen, in denen der Klient keine Erfahrungen damit hat, eine (religiöse) Geschichte mit dem eigenen Leben in Beziehung zu setzen, ist es notwendig, ihn an diese Vorgehensweise heranzuführen. Diese Kompetenz kann er anschließend auf biblische Geschichten übertragen, sollte er an einer entsprechenden Weltdeutung Interesse zeigen.

Wie gesagt, geht es in der Seelsorge und in der seelsorglichen Beratung nicht darum, vorformulierte Sinnangebote zu kommunizieren, sondern darum, „christlich codierte Erfahrungs-Räume der Präsenz Gottes offen“[329] zu halten. Diese Aufgabe wird dem Berater bei denjenigen, die mit der christlichen Codierung bereits vertraut sind, wahrscheinlich leichter fallen. Der Berater steht aber in jedem Fall vor der Herausforderung, sich am individuellen Erfahrungshorizont des Klienten zu orientieren und sich auf dessen Sprache und Symbolwelt einzulassen.[330] Dabei nimmt der Berater die Sprachfähigkeit des Klienten als Ganzes wahr. Ihm soll dabei geholfen werden, seine sprachlich-metaphorische Bilderwelt zu reflektieren und darüber reden zu können. Nach Baudler ist diese Fähigkeit eine zentrale Voraussetzung für ein psychisch gesundes Leben.[331] Den Klienten in dieser Hinsicht sprachfähig zu machen, ist folglich unabdingbar.

Erst in einem weiteren Schritt kann der Berater die Erfahrungssprache des Klienten und die christlich-theologische Sprache miteinander in Bezug setzen.[332] Die Beratung ist dann ein Ort innerhalb der kirchlichen Erzählgemeinschaft, an dem eine intersubjektive Vergewisserung hinsichtlich einzelner Metaphern und Begriffe stattfindet.[333] Auf diese Weise soll der Klient in seiner religiösen Sprachfähigkeit gestärkt werden. „Die gelebte Glaubensbeziehung mit Gott und mit den Mitmenschen wird letztlich erst

---

[329] Nauer 2007, 52.
[330] Vgl. Nauer 2007, 51.
[331] Vgl. Baudler 1982, 69.
[332] Vgl. Andriessen 1990, 281.
[333] Vgl. Baudler 1982, 259.

richtig zugänglich und verstehbar, wenn der Mensch sie mit Worten beschreibt."[334] Der Berater übernimmt hierbei die Aufgabe, diese religiöse Sprache zu vermitteln und anschaulich werden zu lassen. „Der Seelsorger stellt für eine Vielzahl von Leiderfahrungen und Statuspassagen ein religiöses Sinnangebot zur Verfügung. Sein Ziel ist es, eine oftmals nur als latent unterstellte Religiosität explizit zu symbolisieren und zu versprachlichen. Er kann eine Sprache anbieten zur Interpretation von Krisensituationen und zur Evaluation von unterschiedlichen Handlungsmöglichkeiten."[335]

Lernt der Klient auf diese Weise seinen Glauben in Worte zu fassen, kann sich dieser als befreiend und heilend erweisen. Das bedeutet umgekehrt: „Glaubenskrisen, über die nicht gesprochen werden kann oder darf, führen leicht zu Stagnation oder gar Regression im religiösen Leben."[336]

2.3 Grundverständnis von narrativer Beratung

Da es sich bei narrativer Beratung nicht um eine neue Form der Beratung oder eine neue Beratungsschule handelt, erübrigt sich eine einheitliche Definition. Es kann sogar gesagt werden, dass jede Beratung eine narrative Struktur aufweist. So schreibt der Psychologe Thomas Giernalczyk: „Versucht man die unterschiedlichen Handlungsmodelle der Krisenberatung aus der Vogelperspektive zusammenzufassen, so wird deutlich, dass sie im Kern gemeinsame Bearbeitungen von Erzählungen darstellen, in denen die Semantik eine umformende Erarbeitung erfährt."[337] Narrative Beratung definiert sich folglich vor allem dadurch, dass sie diesen sprachlichen und erzählerischen Aspekten im Beratungsprozess eine hohe Bedeutung beimisst. Zwar gibt es auch innerhalb der narrativen Beratung unterschiedliche Akzentuierungen, doch ist den verschiedenen narrativen Beratungsansätzen gemein, dass sie Sprache und Erzählungen den notwendigen Raum lassen und in beides gestaltend eingreifen.[338] „Dass Beratung zu einem großen Teil in Sprache und Erzählungen stattfindet, dass hierbei unterschiedliche Sichtweisen von Realität aufeinander treffen, dass unterschiedliche Bedeutungen ‚verhandelt' werden, dass die dabei benutzten Sprachen voller Metaphern sind, all das ist zwar eine Selbstverständlichkeit für Beraterinnen, aber dennoch nicht ein zentrales Thema

334 Pompey 1986, 202.

335 Schützeichel 2004, 136.

336 Nidetzky 1990, 57.

337 Giernalczyk 2006, 479.

338 Vgl. Engel & Sickendiek 2004, 750.

wissenschaftlicher oder praxisbezogener Thematisierung."[339] Auf diese Charakteristika einer narrativen Beratung, die Betrachtung der Sprache mit ihren Metaphern und der sich daraus entwickelnden Erzählungen, wird im Folgenden genauer eingegangen. Dabei nehme ich Bezug auf Erkenntnisse aus den Sprachwissenschaften, den Sozialwissenschaften und der narrativen Psychologie.

Unter dem Begriff *Erzählung* wird im Folgenden der zwischenmenschliche Austausch über persönliche Erfahrungen und Gedanken verstanden. Die literarische Gattung ist hier nicht gemeint. Handelt es sich um eine andere Art von Erzählung, zum Beispiel eine überlieferten Lehrgeschichte, wird dies jeweils kenntlich gemacht. Gleiches gilt für den Begriff *Geschichte*, der in der verwendeten Forschungsliteratur häufig synonym mit dem Begriff *Erzählung* gebraucht wird.

2.3.1 Sprache als Wirkfaktor in der Beratung

Aus der Perspektive des sozialen Konstruktivismus entwickelt sich das Wirklichkeitsverständnis des Einzelnen in einem sozialen Prozess. Darauf wurde in Kapitel 2.1 im zweiten Teil bereits eingegangen. Das Medium dieses Prozesses ist die Sprache. „Personen sind in Sprache konstruiert und wir (re-)konstruieren uns und unser Selbst oder unsere Identität immer wieder in Sprache, wobei wir uns immer wieder eigener, aber dennoch kulturell eingebundener Erzählungen bedienen."[340] Welche Bedeutung der Einzelne seinen Erfahrungen zurechnet, wie er sie interpretiert, wird wesentlich von seiner sprachlichen Reflexion vorgegeben. Ebenso findet ein großer Teil der sozialen Kommunikation auf sprachlicher Ebene statt. In der Beratung wird daher die Sprache selbst zum Gegenstand der Betrachtung: Es ist davon auszugehen, dass sie ein elementarer „Wirkfaktor für gelingende Beratungsprozesse"[341] ist. Schließlich ist die Beratungsbeziehung selbst wesentlich von Sprache geprägt.[342] Der Berater sollte daher sensibel für die Sprache des Klienten sein, aber auch gegenüber seinem eigenen Beratungsvokabular.[343] Eine Beziehung zwischen

---

[339] Engel & Sickendiek 2004, 749.
[340] Engel & Sickendiek 2004, 755.
[341] Engel & Sickendiek 2004, 751.
[342] Vgl. Engel & Sickendiek 2004, 753.
[343] So schreiben die Pädagogen Frank Engel und Ursel Sickendiek: „Ein kurzer Blick auf das gegenwärtig aktuelle Beratungsvokabular zeigt beispielsweise, wie mit Begriffen wie Ressource, Netzwerk, Lösung (oder auch Programmierung) zunehmend utilitaristische und pragmatische Begriffe an die Stelle kausaler und biographisch bedeutsamer Erklärungsmuster gelangt sind. Hiermit verbunden ist eine deutliche Abkehr von ätiologischen Sichtweisen in Beratung (und Therapie) sowie die Hinwendung zu dem kommunikativen, sprachlichen und sozialen Geschehen in der Beratung." (Engel & Sickendiek 2004, 753)

Klient und Berater kann entstehen, wenn der eine die Geschichte des anderen nachvollziehen kann. Dann entsteht zwischen beiden ein gemeinsamer *Vorstellungsraum.*[344] „Der Beginn narrativer Verständlichkeit signalisiert den Anfang von Gemeinschaft. In zwei oder mehr Personen, die sich zusammentun, um eine verständliche Geschichte darüber zu bilden, ‚was passiert ist', erblicken wir einen wichtigen Kern der Gemeinschaft."[345] Interaktive Erzählsituationen dienen somit dem Beziehungsaufbau zwischen Berater und Klient. Das Erzählen kann zum Aufbau einer guten Beratungsbeziehung beitragen, da die Wahrnehmungen, Urteile und Handlungen des anderen besser eingeordnet und so auch antizipiert werden können. Erzählungen bieten dem Gesprächspartner an, sich auf eine „gemeinsame soziale Realität"[346] einzulassen und diese zusammen weiterzuentwickeln.[347] Geschieht diese Weiterentwicklung auf Augenhöhe, lassen sich kulturelle, religiöse oder andere Unterschiede in gemeinsame Erzählungen integrieren. „Interaktives Erzählen ist aufgrund seiner Merkmale (etwa des emotionalen Wirkungspotenzials, der Nähe zu konkreten, lebensweltlichen Erfahrungen und nicht zuletzt wegen des psychosozial attraktiven Sinnstiftungsmoments) womöglich ein geeignetes Mittel, um Gesprächspartner in die Schaffung einer gemeinsamen, Differenzen artikulierenden, bewahrenden und zugleich überbrückenden Welt zu verstricken."[348]

2.3.1.1 Zur Bedeutung von Metaphern

Die sprachliche Sensibilität des Beraters drückt sich vor allem im Umgang mit Metaphern aus. „Eine Metapher ist ein sprachliches Mittel, in dem besondere Eigenschaften eines Gegenstandsbereichs auf einen anderen Bereich angewendet werden, um Sachverhalte auszuloten oder Bedeutungen zu klären, und als rhetorische Form, um Darstellungen auszuschmücken."[349] Spricht der Klient davon, dass er sich „leer" fühlt, „ausgelaugt ist" oder einen „Silberstreifen am Horizont sieht", benutzt er ganz selbstverständlich Metaphern. Der Klient drückt durch die Metaphern, die er gebraucht, viel von seinen Befürchtungen und Ängsten, aber auch von seinen Hoffnungen und Zielen aus.[350] „Mit Metaphern präsentiert sich der Sprecher in einer bestimmten sozialen Identität. Sie beinhalten Perspekti-

[344] Vgl. Kast 1998, 41.
[345] Gergen 1998, 198-199.
[346] Echterhoff & Straub 2004, 124.
[347] Vgl. Kast 1998, 37ff.
[348] Echterhoff & Straub 2004, 124.
[349] Engel & Sickendiek 2004, 756.
[350] Vgl. Engel & Sickendiek 2004, 759.

ven, Relevanzsetzungen, Maßstäbe, Wünsche, Sehnsüchte, Wahrnehmungs- und Denkstrukturen gebunden an einen sozialen Ort."[351]

Daher kann der Klient selbst einen besseren Zugang zu seinen Stimmungen und Impulsen finden, wenn er sich seiner unreflektierten Metaphern bewusst wird und sich mit ihnen auseinandersetzt.[352] Ebenso sollte es dem Berater möglich sein, die Emotionen des Klienten besser wahrzunehmen, wenn er sensibel für den Bedeutungsgehalt von dessen Metaphern ist. Es ist davon auszugehen, dass der Berater beim jeweiligen Klienten nach einiger Zeit bestimmte Metaphern bemerkt, die er wiederholt verwendet. Diese Metaphern geben Aufschluss über den Interpretationsrahmen des Klienten in Bezug auf bestimmte Situationen oder seine eigene Person.[353] Durch eine solche narrative Vorgehensweise kann der Berater Zugang zur Wirklichkeitskonstruktion des Klienten finden.[354] Der Berater kann diese Metaphern auf ihre „gedanklichen Eingrenzungen und Selbstbeschränkungen"[355] und impliziten Wahrnehmungsweisen hin kritisch befragen. Durch dieses Hinterfragen oder den Gebrauch alternativer Metaphern kann der Berater einen neuen Bezugsrahmen einbringen. Unreflektierte Selbstverständlichkeiten werden so aufgedeckt, und neue Metaphern können zum Ansatzpunkt für Veränderungen werden.[356]

2.3.1.2 Die sprachliche Dimension der Beratungsbeziehung

Der reflektierte Umgang mit Metaphern kann dazu beitragen, eine konstruktive Beratungsbeziehung aufzubauen. Das empathische Eingehen des Beraters auf den Klienten wird dadurch erleichtert, dass er sich auf dessen bildhafte Sprache einlässt. Umgekehrt kommt es der Beratungsbeziehung zugute, wenn der Berater selbst eine metaphorische Sprache benutzt. So schreibt der Psychologe und Theologe Stanislaus Klemm: „Die Sprache der Metapher ist ‚aus dem Leben gegriffen', benutzt also keine theoretischen und keine therapeutisierenden Begrifflichkeiten, die auf Ratsuchende häufig störend wirken und manche Abwehr auf den Plan rufen können."[357] Die Arbeit mit Metaphern ermöglicht einen kreativen und spielerischen Umgang mit einem Problem, ohne das Verhalten des Klienten da-

---

[351] Günther 2005, 294.
[352] Vgl. Engel & Sickendiek 2004, 759.
[353] Vgl. Lakoff & Johnson 2011, 11-14.
[354] Vgl. Engel & Sickendiek 2004, 756.
[355] Engel & Sickendiek 2004, 760.
[356] Vgl. Engel & Sickendiek 2004, 759.
[357] Klemm 2003, 32. Auch Siedler schreibt: „Die Barriere-Wirkung der elaborierten therapeutischen Sprache muss kritisch hinterfragt werden. Es sollte nach Kommunikationsformen gesucht werden, die es auch weniger wortgewandten Menschen erlaubt, zur Beratung zu kommen." (Siedler 2006, 157)

bei zu pathologisieren. Metaphern regen die Fantasie an, weil sie im Blick auf ihre wörtliche Bedeutung irrationale Sprachformen darstellen: Schließlich stellt eine Metapher keine rationale Beschreibung der Situation oder Gefühlslage dar, sondern veranschaulicht sie bildhaft.[358] So geht es hierbei nicht darum, Wissen zu vermitteln, sondern durch metaphorische Aussagen neue Sichtweisen zu eröffnen.[359] Berater und Klient können zusammen nach neuen, passenden Metaphern suchen oder sie gemeinsam generieren. Dazu sollte der Berater sich auch mit seinen eigenen Metaphern und den dahinterstehenden Denkkonzepten auseinander gesetzt haben.[360]

Dies alles gilt ebenso für Metaphern aus dem religiösen Bereich, die in vielen Fällen auch in der Alltagssprache des Klienten vorkommen. Spricht der Klient beispielsweise davon, er fühle sich *wie im Himmel*, *erlöst* oder aber, er habe eine *höllische Angst*, kann auf die religiösen Implikationen dieser Metaphern eingegangen werden.

2.3.2 *Erzählung* als erkenntnistheoretischer Schlüsselbegriff

Der Begriff *narrative Beratung* wurde bisher sehr weit definiert. Auch der Bezug zu Erzählungen als einem elementaren Bestandteil menschlicher Kommunikation kann diese Form von Beratung nur eingeschränkt von anderen Beratungsformen abgrenzen. Schließlich sind Erzählungen allgegenwärtig: „Der Begriff ‚Narration' weist ein Bedeutungsspektrum auf, das von der einzelnen Erzählung bis hin zu zusammenhängenden Geschichten oder kulturell geprägten Plots reicht."[361] Erkenntnistheoretisch ist anzunehmen, dass Menschen ihre Erfahrungen grundsätzlich narrativ strukturieren. „Erzählend organisiert das Subjekt die Vielgestaltigkeit seines Erlebens in einen geschlossenen Verweisungszusammenhang."[362]

Menschen binden ihre Erfahrungen daher stets in bestimmte Erzählungen ein, um sich an sie erinnern zu können: „Entwicklungsgeschichtlich ist davon auszugehen, dass Kleinkinder ihre Erfahrungen bereits narrativ organisieren, bevor sie diese tatsächlich sprachlich ausdrücken können."[363] Dabei greift das Subjekt – wie bereits gezeigt wurde – auf die narrativen Strukturen seiner sozialen Umwelt zurück.[364] Aus sozialkonstruktivistischer Perspektive wird davon ausgegangen, „dass unser Verständnis des

[358] Vgl. Engel & Sickendiek 2004, 756.
[359] Vgl. Duss 2003, 238f.
[360] Vgl. Engel & Sickendiek 2004, 760.
[361] Engel & Sickendiek 2004, 751f.
[362] Kraus 1996, 159-160.
[363] Duss 2003, 234.
[364] Vgl. Kraus 1996, 160.

eigenen Lebens, aber auch des Lebens der anderen der Teilhabe an einer Erzählung gleichkommt. *Erkenntnis geschieht im Dialog*"[365].

Der narrativ arbeitende Berater achtet deshalb darauf, auf welche Weise der Klient seine Ansichten und Erfahrungen in Erzählungen zusammenfasst und strukturiert. „Jedes Erlebnis und jede Handlung wird vom Subjekt des Erlebens und Handelns als Element einer Erzählung verstanden."[366] Der Berater analysiert, mit welchen sprachlichen Mitteln der Klient von sich selbst erzählt. Dazu gehören kulturell verankerte Begriffe und Metaphern, die sich mit individuellen Erzählstrukturen und Bedeutungszuweisungen verbinden.[367]

Erzählungen werden so zu einem transformativen Dialog: Die Bedeutung einzelner Erfahrungen ergibt sich aus dem gegenseitigen Erzählen von Erlebnissen. Durch wiederholte Erzählungen wird die eigene Erfahrungswelt stabilisiert. „Menschen können demnach ihre Urteile, Meinungen und Einstellungen gerade dann angemessen bilden und rechtfertigen, wenn sie zu ihnen auf dem Weg narrativ geleiteter Informationsverarbeitung gelangen, also durch die Einbettung von Erfahrungen in Geschichts- und Erzählschemata."[368] Was Menschen erleben, wird im Gedächtnis in narrativen Strukturen abgelegt.

2.3.3 Der Bezugspunkt zur narrativen Psychologie

Den Gedanken, dass das ganze innere Erleben und Erinnern eines Menschen und damit auch seine Beziehungen auf einer narrativen Ordnung basieren, greift die narrative Psychologie auf.[369] Sie versucht, aus diesem Umstand Konsequenzen für die psychologische Arbeit abzuleiten. „Die narrative Psychologie betreibt die Wiederaufnahme eines Ansatzes der Psychologie, mit dem die Bedeutung des Erzählens von Geschichten für das menschliche Verstehen und Handeln hervorgehoben wird."[370]

Vertreter einer narrativen Psychologie greifen in der Regel ein sozialkonstruktivistisches Verständnis menschlicher Bewusstseinsbildung

---

[365] Duss 2003, 237.

[366] Loebbert 2003, 23.

[367] Vgl. Engel & Sickendiek 2004, 749. „Metaphern, Symbole und Bilder sind verdichtete Erfahrungen; was in der Zeit nacheinander geschieht oder in der Realität örtlich voneinander getrennt ist, wird in solchen Sprachfiguren zusammengezogen. Man kann sie daher auch als narrative Abkürzungen verstehen: sie erzählen Geschichten in Geschichten." (Loebbert 2003, 125)

[368] Echterhoff & Straub 2004, 120.

[369] Vgl. Engel & Sickendiek 2004, 752.

[370] Polkinghorne 1998, 13.

auf.[371] Neue Erfahrungen werden dadurch geordnet und an bestehende Erfahrungen angeknüpft, indem sie narrativ organisiert und geformt werden.[372] Dabei fragt die narrative Psychologie zum Beispiel danach, wie gesellschaftliche Entwicklungen dazu beitragen, dass sich der Einzelne immer weniger über kollektive Narrationen definieren kann. Die zunehmende Individualisierung trägt dazu bei, dass individuelle Erzählungen für die Selbstdeutung des Menschen wichtiger werden.[373] Der Einzelne wird zum Erzähler, der sich durch seine Erzählungen in der Welt orientiert. Dies verändert auch die Arbeitsweise der Beratung: „Bedeutsam werden insbesondere jene Konzepte werden, die realisieren, dass die großen Erklärungsmodelle und Geschichten – wie z. B. auch traditionelle psychotherapeutische Schulen und Orientierungen mit eindeutigen Ursachen-, Methoden- und Wirkungsvorstellungen – am Ende sind und auch in der Beratung die ‚kleinen' persönlichen und kollektiven Geschichten und Erzählungen an erste Stelle treten."[374]

Da der Mensch im Allgemeinen ein gutes, gelingendes Leben anstrebt, wird er versuchen, sein Leben als gute und erfolgreiche Geschichte zu erzählen.[375] Allerdings benötigt er dafür eine bestimmte Vorstellung davon, wie eine gute Geschichte für das eigene Leben aussehen und weitergehen könnte. Die Vorstellung darüber und damit die eigenen Lebenserzählungen müssen sich durch neue Erfahrungen permanent erweitern und verändern, um den sich verändernden Umständen gerecht zu werden. Ob der Klient seine Situation als krisenhaft erlebt, hängt demnach davon ab, wie er sie gemäß seiner Lebenserzählungen deutet. „Wenn ein Individuum aufgrund eines Lebensproblems leidet, ist dieses Problem folglich nur aus dem Inneren einer bestimmten Geschichte wahrnehmbar. Zum Beispiel leiden wir häufig dann, wenn wir mit einen Verlust konfrontiert sind, aber auch, wenn wir zurückgewiesen werden oder das Gefühl haben, dass uns das Gespür für die Richtung, die wir einschlagen sollen, abhanden gekommen ist."[376] Ohne eine solche Einordnung in das persönliche Lebensskript, in dem es eine Vergangenheit und bestimmte Erwartungen an die Zukunft gibt, kann die momentane Situationsauffassung des Klienten nicht erklärt werden. Damit lässt sich sagen: Der Berater muss sich zumindest einen Überblick über die Leitstrukturen der Erzählung des Klienten verschaffen, wenn er verstehen will, warum er unter einer bestimmten

[371] Vgl. Polkinghorne 1998, 15.
[372] Vgl. Echterhoff & Straub 2004, 118.
[373] Vgl. Kraus 1996, 159-184.
[374] Engel 2003, 230.
[375] Vgl. Loebbert 2003, 26f.
[376] Gergen & Gergen 2009, 50-51.

Situation leidet. Zum Beispiel wird der Verlust des Arbeitsplatzes nicht bei jedem Betroffenen eine Lebenskrise auslösen. Erst wenn der Berater die Logik und die Ziele der Lebensgeschichte des Klienten kennt, kann er ihm dabei helfen, seine Geschichte gut *weiterzuführen und weiterzuerzählen*.

2.3.4 Zur narrativen Entwicklung des Selbstkonzepts

Diese Ausführungen lassen sich auch in Verbindung setzen zu dem Modell des Selbstkonzepts. Gemäß dem Modell von Schmitz und Hauke ist davon auszugehen, dass Selbsterzählungen dann als sinnvoll interpretiert werden, wenn sie den Prinzipien des eigenen Selbstkonzepts entsprechen. Umgekehrt gilt: Ob das Selbstkonzept als kongruent erlebt wird, hängt wesentlich von der narrativen Interpretationsgrundlage des Klienten ab.

Über die Erzählungen des Klienten kann der Berater erfahren, welchen Sinn und welche Bedeutung er seinen unterschiedlichen Erfahrungen beimisst. „Das Erzählen von Geschichten schafft Sinn und Bedeutung, es verleiht beliebigen Ereignissen und (externalen oder internalen) Handlungen eine pragmasemantische Qualität, die sie nur durch ihre Integration in einen narrativ strukturierten Verweisungszusammenhang [...] erhalten.“[377]

Es ist anzunehmen, dass die Prinzipien bzw. Standards des Selbstkonzepts sich aus den Selbsterzählungen des Einzelnen herleiten lassen. Schließlich konstruiert jede Erzählung nach einiger Zeit bestimmte Kausalitäten: So wird etwa ein Mann, der sich in seinen Erzählungen die Rolle des guten Beamten zuschreibt, wahrscheinlich bestimmte Prinzipien wie Genauigkeit und Verlässlichkeit erkennen lassen. Eine Selbsterzählung, die zum Beispiel stark auf die berufliche Rolle abhebt, kann jedoch durch äußere Veränderungen (wie den Verlust des Arbeitsplatzes) gestört werden oder abbrechen. Die Selbsterzählung ist ja gebunden an die äußeren Lebensumstände: „Das narrative Selbst als der Autor seiner Erlebnisse ist angewiesen auf das, was die Welt und seine soziale Umwelt ihm an Erfahrungschancen bieten (das Material seiner Geschichten).“[378]

Die Erzählung eines Klienten, die bisher stark auf berufliche Leistungen abgehoben hat, wird nach dem Verlust des Arbeitsplatzes einen Bruch bekommen. Das *Material* seiner Erzählung wird von dem abweichen, was der Klient über sich erzählen möchte. Dies kann zur Folge haben, dass die Selbsterzählung fragil wird oder sinnlos erscheint. Beratung soll hier dem Klienten helfen, vergangene Ereignisse für sich und andere sinnvoll ein-

[377] Echterhoff & Straub 2004, 116.
[378] Loebbert 2003, 25.

zuordnen. Dafür soll eine interaktive Erzählsituationen eröffnet werden, damit der Klient aus seinem Erleben wieder eine sinnvolle Erzählung konstruieren kann.

2.3.5 Basiselemente einer Erzählung

Auf beratungstheoretischer Ebene ist an dieser Stelle zu klären, welche Grundelemente eine Erzählung kennzeichnen. Welche Kriterien müssen erfüllt sein, damit die Bezeichnung „Erzählung" zutrifft? Den verschiedenen Modellen zum typischen Aufbau einer Erzählung ist gemeinsam, dass sie zwischen einem Anfang, einem Wendepunkt und einem Ende unterscheiden. Vor allem zu fiktionalen Erzählungen gehört ein dramatischer Aufbau, die „Handlung drängt zu einem Höhe- und Wendepunkt, an dem sich Losung, Antwort und Klärung entscheiden"[379]. Zusammengefasst lässt sich sagen: Eine Erzählung beschreibt einen Veränderungsprozess in mindestens drei Schritten. Diese Definition ist für die narrative Beratungsarbeit jedoch unzureichend.

Hier steht der Umgang mit Narrationen in der direkten zwischenmenschlichen Kommunikation im Vordergrund. Für diesen Fall bietet sich das Modell des Psychologen Kenneth J. Gergen an, der zu diesem Thema sechs Charakteristika einer Erzählung für den westlichen Kulturkreis formuliert hat.[380] Diese sechs Charakteristika werden im Folgenden vorgestellt.[381] Gergen bezieht sich dabei vor allem auf die Selbstnarrationen des Einzelnen. Seine Bedingungen an eine Erzählung lassen sich aber auch auf fiktionale bzw. überlieferte Erzählungen übertragen.

2.3.5.1 Sinnstiftender Endpunkt

Das erste Kennzeichen einer Erzählung ist, dass der Hörer nachvollziehen kann, wo der Erzähler inhaltlich hinzielt. Nach Gergen gibt es für autobiografische Erzählungen ein bestimmtes Spektrum an gesellschaftlich akzeptierten Endpunkten. Kulturelle und soziale Werte entscheiden darüber, welche sinnstiftenden Endpunkte als attraktiv gelten.[382] Zum Beispiel wird hinsichtlich der Berufsbiografie erwartet, dass man eine Ausbildung oder ein Studium abschließt und eine Arbeitsstelle findet. Werden diese Endpunkte nicht erreicht, muss der Erzähler plausibel darlegen können, welche Gründe es dafür gab. Auch die Gründe für das Nichterreichen der Endpunkte müssen dem sozio-kulturellen Wertekanon entsprechen, um

---

[379] Loebbert 2003, 22.
[380] Vgl. Gergen 1998, 170-202.
[381] Vgl. Gergen 1998, 172-176.
[382] Vgl. Gergen 1998, 173.

sozial akzeptiert zu werden. Zum Beispiel ist es für den Arbeitslosen ein Unterschied, ob er als Grund für sein berufliches Scheitern eine allgemeine Wirtschaftskrise anführen kann, oder ob er es mit eigenen fachlichen Mängeln begründen muss. In der Beratung wird nach den individuellen Werten gefragt, aus denen sich gegebenenfalls neue, sinnstiftende Endpunkte ergeben können.[383]

Auch in Bezug auf eine fiktionale Erzählung existieren bestimmte Erwartungen an einen sinnstiftenden Endpunkt, zum Beispiel der Sieg des Guten über das Böse oder der gerechte Lohn für den Helden.

2.3.5.2 Einengung auf relevante Ereignisse

Der sinnstiftende Endpunkt gibt auch eine gewisse Ordnung für die Erzählung insgesamt vor: An ihm entscheidet sich, was für die Erzählung relevant ist. Welche Ereignisse der Erzähler dabei als wichtig erachtet, sagt bereits viel über sein Wirklichkeitsverständnis und seine Bewertungskriterien aus. Anhand dieses Kriteriums zeigt sich zum Beispiel, ob der Erzähler hier überhaupt eine klare Unterscheidung vornehmen kann. Denn eine offene Erzählung, bei der der Erzähler noch nicht genau weiß, zu welchem Ende sie kommt, macht es schwierig, zwischen relevanten und irrelevanten Ereignissen zu differenzieren. Zum Beispiel weiß ein arbeitsloser Mann noch nicht, ob der Endpunkt seiner beruflichen Selbstnarration darin besteht, wieder Arbeit zu finden, oder in der Arbeitslosigkeit zu verbleiben. Welche Konsequenzen sich aus den bisherigen Ereignissen ergeben, ist noch nicht abzusehen.[384]

2.3.5.3 Ordnung der Ereignisse

Erzählungen schaffen eine zeitliche Einbettung der Ereignisse: Es gibt eine Vergangenheit, eine Gegenwart und eine Zukunftsperspektive. So besteht jede Erzählung aus mindestens drei Elementen: einem Ausgangszustand, einem Ereignis und einem Endzustand, der signifikant anders als der Ausgangszustand ist. Erzähler und Hörer müssen sich jedoch darüber verständigen, was als Ausgangszustand und Endzustand definiert wird und in welcher Ordnung die Ereignisse zueinander stehen. In der Regel

---

[383] Vgl. zu diesem Abschnitt Gergen 1998, 172f. Die heutigen gesellschaftlichen Veränderungen erschweren es tendenziell, einen allgemein akzeptierten Endpunkt für sich selbst zu finden. So gibt es in einer modernen, pluralistischen Gesellschaft immer weniger allgemein akzeptierte Lebensentwürfe bzw. sinnstiftende Endpunkte. Stattdessen werden in modernen Lebensentwürfen eher mehrere Teilziele verfolgt. Letztlich wird dadurch jede Biografie erklärungsbedürftig.

[384] Vgl. zu diesem Abschnitt Gergen 1998, 173f.

werden sie in einer linearen zeitlichen Abfolge wiedergegeben.[385] Weicht der Erzähler von dieser Struktur ab, muss er zumindest darauf hinweisen („Ich gehe noch mal etwas zurück in der Geschichte …“).

Gelingt es dem Klienten nicht, dieser Erwartung an eine Erzählung gerecht zu werden, kann das auf seine emotionale Betroffenheit und Instabilität hindeuten. Kann die Person ihre biografischen Stationen nicht in eine logische, lineare Reihenfolge bringen, ist dies auch ein Hinweis darauf, dass sie sich selbst nicht als Gestalter des eigenen Lebens begreift.[386] Dies lässt auf eine eher externale Kontrollüberzeugung schließen. Die Person steht den Ereignissen ihres Lebens dann eher passiv gegenüber und erkennt darin keine narrative Ordnung. Hier sollte die Beratung dem Klienten helfen, zu einer narrativen Grundstruktur zu finden und sich selbst als Akteur in seiner Geschichte zu begreifen.[387]

2.3.5.4 *Stabilität einer Identität*

Die Personen, die in der Erzählung vorkommen, sollten in ihren Eigenschaften und Fähigkeiten eine gewisse Stabilität aufweisen. Zum Beispiel wird die Figur des Räubers in einer Geschichte bestimmte Identitätsmerkmale haben, die sich nicht plötzlich in ihr Gegenteil verkehren sollten. In einer Erzählung können sich die Identitäten der Figuren nur dann verändern, wenn dies erklärt wird. Wird zum Beispiel der Räuber zum Wohltäter, sollte sich diese Entwicklung kausal herleiten lassen. Auch für Selbstnarrationen gilt: „Erfolgreiches Aushandeln des sozialen Lebens macht es erforderlich, daß man in der Lage ist, sich selbst als eine überdauernde, vollständige und kohärente Identität verständlich zu machen.“[388] Der Berater ist hier derjenige, der die Kohärenz in der Identitätsentwicklung bestätigen kann, wenn sie für den Klienten in Frage steht.[389]

2.3.5.5 *Herstellung von Kausalverbindungen*

Im Kontext der westlichen Kultur zeichnet sich eine ideale Narration dadurch aus, dass die darin vorkommenden Ereignisse in einer kausalen Verbindung stehen. Den Ereignissen soll eine logische Abfolge zugrunde liegen. Dem steht nicht entgegen, dass zu einer Erzählung typischerweise

---

[385] Vgl. Gergen 1998, 174f. Doch auch hier bemerkt Gergen, dass eine linear-temporale Anordnung letztlich nur eine sozio-kulturelle Konvention ist.

[386] Vgl. Kraus 2002, 169f.

[387] Vgl. zu diesem Abschnitt Gergen 1998, 174f.

[388] Gergen 1998, 185.

[389] Vgl. zu diesem Abschnitt Gergen 1998, 175.

auch destabilisierende Elemente gehören, die eine gewisse Spannung und Neugier erzeugen.[390] Die Spannung wird dann zum Beispiel dadurch aufgelöst, dass die Kausalverbindungen schließlich doch noch aufgedeckt werden. Zwar weckt eine Erzählung Interesse, wenn auch Barrieren und Hindernisse überwunden werden müssen[391], doch sollten die Komplikationen und unerwarteten Wendungen in der Erzählung nicht so viel Raum einnehmen, dass sie für den Hörer unverständlich wird.[392]

Zum Beispiel kann der Klient von sich selbst berichten, dass er immer fleißig und im Betrieb geachtet war, dann aber plötzlich gekündigt wurde. In der Beratung kann es sein, dass der Klient an dieser Stelle selbst keine Kausalverbindung herstellen kann und seine Erzählung letztlich abbrechen muss. Der Berater kann an dieser Stelle andere Interdependenzen ins Gespräch bringen oder bisherige Kausalverbindungen in Frage stellen. Entscheidend sind aber auch in diesem Fall die individuellen Bewertungskriterien, nach denen Kausalverbindungen logisch erscheinen. Hier kommt es darauf an, ob der Klient das Gefühl hat, dass der Berater seinen Bewertungsrahmen nachvollziehen kann. Es ist zum Beispiel möglich, dass der Berater in der Agentur für Arbeit anders urteilt als der seelsorgliche Berater. Der Erzähler muss somit die Ereignisse nicht nur in eine logische Kausalkette einbauen, sondern unter Umständen auch erklären, nach welchen Kriterien er Kausalitäten konstruiert.[393]

2.3.5.6 Grenzzeichen

In einem Gespräch sollte der Gesprächspartner, der zu einer längeren Erzählung ansetzt, signalisieren, wann er die Erzählwelt betritt oder verlässt. Mit *Grenzzeichen* macht er dies deutlich. Ein klassisches Grenzzeichen für den Einstieg in die Erzählwelt bei Märchen lautet: „Es war einmal...“. Auch der Beginn einer Selbstnarration wird meist mit einer Zeitangabe markiert: „Vor drei Jahren erlebte ich...“.

Erzähler und Hörer verständigen sich durch Grenzzeichen darüber, ob sie sich gerade in der Erzählwelt bewegen. Durch die Grenzzeichen kann die Erzählung auch unterbrochen und wieder aufgenommen werden. Setzt man die Grenzzeichen nicht eindeutig, können sich Erzählwelt und die aktuelle Interaktionssituation vermengen.[394] Dies kann geschehen, wenn der Erzähler keine abschließenden Grenzzeichen setzt, sondern noch während seiner Erzählung damit beginnt, sie zu interpretieren oder zu reflek-

---

[390] Vgl. Echterhoff & Straub 2004, 108.
[391] Vgl. Echterhoff & Straub 2004, 109.
[392] Vgl. zu diesem Abschnitt Gergen 1998, 175f.
[393] Vgl. Kraus 2002, 170.
[394] Vgl. Kraus 2002, 171.

tieren. Bei einer Selbstnarration kann der Hörer in diesem Fall nachfragen, wie es sich mit den Grenzzeichen verhält: „Haben Sie das damals so erlebt, oder fühlen Sie heute so?“[395]

2.3.5.7 *Konsequenzen für die Beratung*

Die narrative Beratung soll den Klienten dazu befähigen, von sich selbst nach diesen Kriterien zu erzählen. Nach Gergen ergibt sich dadurch für eine Erzählung durch die genannten Kriterien ein kohärenter Aufbau mit einer eindeutigen Ausrichtung. Je genauer die Kriterien beachtet werden, desto besser kann der Hörer sie nachvollziehen. „Durch die Berücksichtigung dieser Erzählkonventionen kann man ein Gefühl der Kohärenz und Gerichtetheit von Lebensereignissen erzeugen. Das Leben erhält Sinn, und Geschehnisse werden mit Bedeutung erfüllt.“[396] In einer Krisensituation wird es dem Klient jedoch häufig schwerfallen, diesen Merkmalen einer stimmigen Erzählung zu genügen. Besondere Schwierigkeiten treten auf, wenn der Klient lediglich einen eng definierten sinnstiftenden Endpunkt für seine Selbsterzählung akzeptieren kann. Dies lässt auf ein starres Selbstkonzept schließen.[397]

Untersuchungen legen nahe, dass es Männern schwerer fällt als Frauen, mehrere mögliche Endpunkte anzustreben.[398] Konzentriert sich der sinnstiftende Endpunkt auf ein konkretes Ereignis, etwa den Wunsch, in wenigen Wochen wieder eine gut bezahlte Festanstellung zu finden, wird unter Umständen die gesamte Selbstnarration vom Erreichen dieses Ziels abhängig gemacht. Formuliert der Klient seinen Endpunkt derart eng, besteht die Gefahr, dass seine Selbstnarration als defizitär und unabgeschlossen erscheint.

Persönliche Entwicklungsprozesse benötigen daher eine perspektivische Offenheit. In der Beratung ist danach zu fragen, welche alternativen Endpunkte für die Selbsterzählung in Betracht gezogen werden können. Ebenso kann es sinnvoll sein, von bisherigen Zielvorstellungen stärker zu abstrahieren, um den Entwicklungsspielraum zu erhöhen. Lässt sich ein neuer sinnstiftender Endpunkt finden, fällt es auch leichter, Hindernisse und Schwierigkeiten als notwendige Entwicklungsschritte zu deuten. Retrospektiv kann der Klient dann zu dem Schluss kommen, dass ihn bestimmte Schwierigkeiten sogar gestärkt haben. Bewältigung bedeutet nach diesem Verständnis, zu einer Selbstnarration zu finden, in die der

[395] Vgl. zu diesem Abschnitt Gergen 1998, 176.
[396] Gergen 1998, 176.
[397] Vgl. Kapitel 2.2 im ersten Teil dieser Arbeit.
[398] Vgl. Gergen 1998, 182.

Klient den erfahrenen Verlust so integrieren kann, dass sinnstiftende Endpunkte weiterhin erreichbar erscheinen.

Steht der sinnstiftende Endpunkt noch nicht fest, ist er diffus oder scheint er unerreichbar, besteht die Gefahr der Resignation angesichts bestehender Belastungen. Der Berater sollte jedoch nicht vorschnell bestimmte Ziele vorschlagen. Vielmehr sollte er sich auf offene Erzählungen einlassen können. Tritt er dem Klienten mit einer wertschätzenden Grundhaltung gegenüber, kann dieser sich auch mit seinen unfertigen Selbsterzählungen präsentieren.

2.3.6 Abschlussbemerkung zum Grundverständnis einer narrativen Beratung

In der Beratung sind nicht nur die Selbsterzählungen des Klienten relevant. Es geht auch um Erzählungen des Beraters und um „externe Erzählungen". Hierunter verstehe ich alle Erzählungen, die nicht direkt der Erfahrungswelt des Klienten oder des Beraters entstammen. Wie zum Beispiel die eigene Berufsbiographie interpretiert wird, hängt wesentlich von den Interpretationsparametern des sozialen Umfelds ab, das heißt den jeweiligen Vorstellungskomplexen bzw. Erzählungen von einem erfolgreichen Berufsleben.

Hieraus ergibt sich auch ein wichtiger Ansatzpunkt für die Beratung. Gemäß dem sozialkonstruktivistischen Verständnis sind die Narrationen des Einzelnen auf soziale Bestätigung angewiesen. Es wird zwischen den Sozialpartnern in der alltäglichen Interaktion fortwährend ausgehandelt, ob sich die persönlichen Erzählungen als tragfähig erweisen. Diese Erzählungen erlauben oder hemmen dann persönliche Wahrnehmungen und Sinnkonstruktionen.[399] „Selbst-Narrationen bleiben nicht stabil, sondern bilden und verändern sich in sozialen Aushandlungsprozessen."[400]

Beratungsbedarf besteht vor allem dann, wenn der Einzelne den Eindruck hat, gegen vorherrschende Normvorstellungen verstoßen zu haben und seine Erzählung somit einen Bruch oder Defizite aufweist. „Ob eine gegebene Narration aufrechterhalten werden kann, hängt wesentlich von der Fähigkeit des Individuums ab, über die gegenseitige Bedeutung von Ereignissen mit anderen erfolgreich zu verhandeln. Dies ist besonders notwendig, wenn das Individuum in bezug auf anerkannte Normen falsch

[399] Vgl. Engel & Sickendiek 2004, 754.

[400] Kraus 1996, 171. So schreibt auch Gergen: „Narrative Gültigkeit hängt folglich ganz erheblich von der Zustimmung anderer ab. Diese Angewiesenheit auf andere versetzt den Akteur in eine prekäre, wechselseitige Abhängigkeit." (Gergen 1998, 196)

gehandelt hat."[401] Eine solche Normvorstellung könnte lauten, dass ein gesunder Mann arbeiten soll. Einen Abgleich mit diesen Normvorstellungen kann der Einzelne für sich vornehmen, das heißt er antizipiert die Bewertungen und Reaktionen der anderen. Oder die Selbsterzählungen werden, zum Beispiel in der Beratung, explizit behandelt und man spricht darüber, an welchen Stellen die Erzählungen (vermutlich) auf Widerspruch stoßen. Der Berater übernimmt hier die Funktion des Gegenübers im sozialen Aushandlungsprozess. Besteht ein Vertrauensverhältnis, kann der Berater dazu beitragen, dass der Klient seine Selbsterzählungen als plausibel und kongruent erfährt.

2.4 Zur Arbeit mit einer überlieferten Erzählung

Was ist in der seelsorglichen Beratung zu tun, wenn die narrative Struktur der Lebenserzählung des Klienten durch eine krisenhafte Erfahrung gestört ist oder der Erzählung ihr positives Erwartungspotential verloren geht? Im Folgenden entwickle ich einen Ansatz, der mit einer überlieferten Lehr- und Weisheitserzählung arbeitet. Der Berater präsentiert diese überlieferte Geschichte und setzt das Erzählen als eine reflektierte Beratungsintervention ein.[402] So will er dem Klienten dabei helfen, zu einer kohärenten Selbsterzählung zu finden. Die These lautet: Der Klient bekommt durch eine überlieferte Erzählung eine Hilfestellung, die es ihm erleichtert, in der Beratung sein Leben auf neue Weise zu erzählen und den gewohnten Deutungsrahmen zu verändern.

Dieses Vorgehen wird – wie bereits erwähnt – in der aktuellen Beratungsliteratur kaum behandelt. „Narrative Aspekte finden zwar in letzter Zeit in der Diskussion mehr Beachtung, doch ist dabei meistens von den Erzählungen der Klient/innen die Rede – oder dann von gezielt konstruierten und eingesetzten Therapiegeschichten."[403]

Die Idee, durch eine überlieferte Erzählung dem Klienten dabei zu helfen, seine Selbstnarrationen an die veränderten Umstände nach der Verlusterfahrung konstruktiv anzupassen, ist jedoch nicht neu. Es zeigt sich, dass diese Art der Lebenshilfe in der *Volkspsychologie* tief verwurzelt ist: „Das Anliegen, reale Probleme anhand erdachter Geschichten zu lösen, verfolgen Märchen- und Weisheitstraditionen des Orients wie auch die entspre-

[401] Kraus 1996, 180.

[402] Vgl. Duss 2003, 234.

[403] Duss 2003, 234. Auch nach Mummendey versteht man in der psychologischen Praxis entgegen diesem Ansatz unter einer narrativen Methode häufig nur, den Klienten etwas über sich selbst erzählen zu lassen. Vgl. Mummendey 2006, 213.

chenden Überlieferungen der westlichen Welt."[404] Der Psychiater und Psychotherapeut Nossrat Peseschkian schreibt: „Geschichten waren ein Element der Volkspsychologie, die sich seelischer Konflikte annahm, lange bevor Psychotherapie eine wissenschaftliche Disziplin wurde."[405] Viele Geschichten waren nicht für die Unterhaltung von Kindern gedacht, sondern dienten ursprünglich dazu, Erwachsenen verschiedene Bewältigungsstrategien für ihre Probleme anzubieten.[406] Lange vor der Entstehung moderner Beratungsmodelle wurden Rabbiner und Propheten, Pfarrer und Einsiedler um Rat gefragt.[407] Sie bezogen sich in ihren Antworten vornehmlich auf religiöse Überlieferungen, die in Form von Geschichten tradiert wurden.[408] So ist es nicht verwunderlich, dass in den Anfängen der Psychotherapie als eigener wissenschaftlicher Disziplin zum Beispiel Sigmund Freud und Carl Gustav Jung die klassische Mythologie aufgriffen und neu interpretierten.[409] Der Vorteil von mythologischen Geschichten besteht unter anderem darin, dass ihnen eine Modellfunktion zukommt. Dem Zuhörer liefern sie keine abstrakten Theorien, sondern konkrete Beispiele, wie Schwierigkeiten gelöst werden können. So schreibt Peseschkian: „Eine Verständnishilfe ist das Paradigma, das Beispiel, das sprachliche Bild. Es stellt in irgendeiner Form innerseelische, zwischenmenschliche oder allein gesellschaftliche Konflikte dar und bietet Lösungsmöglichkeiten an. Losgelöst von der unmittelbaren Erfahrungswelt, verhilft das mythologische Paradigma – gezielt eingesetzt – den Patienten zu einem distanzierten Verhältnis den eigenen Konflikten gegenüber. Die Geschichte wird somit zu einem Spiegel, der nicht nur reflektiert, sondern seinerseits reflektiert werden kann."[410]

Aus der immensen Zahl unterschiedlichster Erzählungen wird in dieser Arbeit *eine überlieferte Erzählung* ausgewählt, die einem religiösen Kontext entstammt. An diesem einen Beispiel wird gezeigt, dass sich in sol-

---

[404] Hammel 2009, 16.

[405] Peseschkian 2006, 17.

[406] Vgl. Franzke 1991, 12.

[407] Vgl. Hammel 2009, 15. Davon berichtet zum Beispiel die Bibel in 2 Sam 12,1-15a: Mit seiner Geschichte vom Lamm bringt Natan König David zu einem Schuldeingeständnis. David erkennt durch die Parabel Natans, dass er seiner eigenen Gerechtigkeitsvorstellung nicht genügt. Vgl. auch Gellner 1993, 117.

[408] So schreibt Peseschkian: „Ursprünglich waren Geschichten Instrumente der Pädagogik und der Volkspsycho-therapie, die zum wesentlichen Teil in den Zuständigkeitsbereich der Religionen fielen." (Peseschkian 2004, 193)

[409] Die Religionswissenschaftlerin Karen Armstrong schreibt diesbezüglich: „Als Freud und Jung die moderne Seelenforschung zu skizzieren begannen, griffen sie instinktiv auf die klassische Mythologie zurück, um ihre Erkenntnisse zu erklären, und verliehen den alten Mythen eine neue Interpretation." (Armstrong 2005, 16)

[410] Peseschkian 2004, 193.

chen Erzählungen vielfältige Anknüpfungspunkte für die Beratungsarbeit finden – unter anderem durch die vorhandenen Metaphern. Anhand einer chassidischen Lehr- und Weisheitserzählung wird exemplarisch gezeigt, wie eine überlieferte Geschichte in der Beratung arbeitsloser Männer eingesetzt werden kann. Dieser Beratungsansatz beansprucht keine Alternativlosigkeit, sondern stellt eine Möglichkeit unter vielen dar, auf die sich Klient und Berater verständigen können. Wesentlich ist diesem Ansatz, die Aufgaben der Verlustbewältigung und die Anliegen der Männerberatung mit Hilfe einer überlieferten Erzählung zu behandeln.

2.4.1 Abgrenzung vom mythopoetischen Ansatz

In der Männerarbeit gibt es Konzepte, die davon ausgehen, dass sich überzeitliche Konstanten von Männlichkeit definieren lassen. Es wird behauptet, es gebe eine *männliche Basisidentität*: Unabhängig von der Sozialisation würden demnach Männer aus allen Kulturen bestimmte Eigenschaften und Energien aufweisen, die wesentlich zu ihnen gehören und nur gegen die Natur der Männer verändert werden können. Herauskristallisieren ließen sich diese männlichen Wesenszüge vor allem aus mythischen Erzählungen und Figuren. Die Eigenschaften bestimmter Figuren, wie der des Jägers, Kriegers oder Königs, gehören demnach zur biologischen Grundausstattung jedes Mannes. Erst in der Bewusstmachung und der aktiven Annahme dieser wahren, männlichen Charakteristika würden Männer zu den Energien finden, die sie für ein gelingendes Leben als Mann benötigen.[411] Bekanntester Vertreter dieses Ansatzes ist Robert Bly, aber auch Richard Rohr hat dieses Gedankenkonzept in seinen Schriften adaptiert.[412] Auch in der katholischen Männerarbeit fand dieser sogenannte *mythopoetische Ansatz* Verbreitung, der den männlichen Charakter quasi genetisch anders disponiert sieht als den weiblichen. Dieser Gedanke eines essenziellen Kerns von Männlichkeit stößt in der Männerarbeit weiterhin auf Interesse.[413]

Von diesen Konzeptionen unterscheidet sich der Beratungsansatz der vorliegenden Arbeit deutlich: Ich gehe nicht davon aus, dass sich in Mythen und Weisheitsgeschichten bestimmte männliche Eigenschaften feststellen lassen, die sich genetisch weitervererben. Auch teile ich nicht die Ansicht, dass Mythen und Geschichten der sozialwissenschaftlichen Forschung überlegen sind. Da der mythopoetische Ansatz auf methodischer Ebene Parallelen zu meinem Ansatz aufweist und vor allem die Literatur von Ri-

411 Vgl. Weiß-Flache 2001, 192-195.
412 Vgl. dazu die entsprechenden Bücher: Bly 1991 und Rohr 1987.
413 Vgl. Prömper 2003, 157f.

chard Rohr in der kirchlichen Männerarbeit weite Verbreitung fand, weise ich an dieser Stelle darauf hin.

2.4.2 Chancen einer narrativen Beratungsweise

Gemäß der narrativen Psychologie ist es das Ziel jeder Beratung, „durch den Dialog zwischen Helfer/-in und Hilfesuchendem eine emotionale und kognitive Dekonstruktion einer Narration (Situationsauffassung)"[414] vorzunehmen, um zu einer professionell beeinflussten „Neukonstruktion der Bewertung einer persönlichen Lebenslage"[415] zu kommen. Es wurde bereits auf einige Vorzüge eingegangen, die der narrative Beratungsansatz hier bietet. Je nachdem, welche Vorerfahrungen der Klient mit Beratungsdiensten gesammelt hat, kann allein der Methodenwechsel von Nutzen sein. Für Menschen, die bisher erfolglos versucht haben, ihre Probleme in einer Beratung aufzuarbeiten, kann der narrative Beratungsansatz neu motivieren: „Wer etwas anderes tut als seine Vorgänger, eröffnet auch andere Möglichkeiten als diese."[416]

Im Folgenden werde ich zeigen, wie diese De- und Neukonstruktion einer persönlichen Narration durch die Beschäftigung mit einer überlieferten Narration befördert werden können. Dazu fasse ich die Chancen dieser Arbeitsweise zusammen. Nicht jede der Eigenschaften, die hier genannt werden, wird auf jede überlieferte Erzählung gleichermaßen zutreffen. Abhängig von ihrer Länge, dem kulturellen Entstehungshintergrund und weiteren Faktoren kommen bestimmte Eigenschaften für die narrative Beratungsarbeit stärker oder schwächer zum Tragen. Deshalb wird an anderer Stelle auf die Kriterien zur Auswahl einer überlieferten Erzählung genauer eingegangen.

2.4.2.1 Erzählungen sprechen Fantasie und Intuition an

Eine überlieferte Erzählung öffnet durch ihr *metaphorisches Angebot*[417] einen breiten Raum für individuelle Interpretationen. Der Klient kann darin Erklärungshilfen entdecken, die sich nicht allein aus einer intellektuell-rationalen Analyse ergeben, sondern seine Fantasie und Intuition ansprechen. Dazu bemerkt Peseschkian: „Das Verständnis eigener Probleme wird eher durch anschauliches, bildhaftes Denken und die Fantasie gefördert. Dabei wird eine psychische Funktion angeregt, der sonst nur wenig Wert beigemessen wird, die Intuition."[418] Wie sich im Blick auf die Trau-

---

[414] Giernalczyk 2006, 479f.
[415] Giernalczyk 2006, 480.
[416] Hammel 2009, 19.
[417] Vgl. Duss 2003, 238f.
[418] Peseschkian 2004, 193.

erarbeit gezeigt hat, kann die Verlustbewältigung nämlich nicht allein dadurch gelingen, dass rationale Argumente gegeneinander abgewogen werden. Wer ausschließlich auf rationale Strategien vertraut oder sich allein an äußerlich messbaren Leistungen und Ergebnissen orientiert, blockiert dabei psycho-emotionale Entwicklungsschritte.[419] Nicht jedes Problem kann mit Rationalität und Vernunft gelöst werden. Um aber die Fantasie und Intuition des Klienten anzusprechen, sind Metaphern unverzichtbar.

Geschichten ermöglichen es, eigene Gefühlszustände nicht direkt verbalisieren zu müssen, sondern die emotionale Beteiligung durch die Geschichte zu dosieren.[420] Klienten fällt es häufig schwer, negative Erfahrungen und belastende Gefühle in Worte zu fassen. Geschichten erteilen außerdem die *Erlaubnis*, negative oder sogar aggressive Gefühle gegenüber geliebten Personen haben zu dürfen.[421] Dies hilft insbesondere solchen Männern, die Emotionen sonst mit einer „Überbetonung von Wissenschaftlichkeit, Verstand, Logik“[422] unterdrücken. Diese Gruppe von männlichen Klienten reagiert auf Probleme typischerweise so, dass sie tiefer gehende, offene Fragen möglichst vermeidet und schnelle, glatte Lösungen bevorzugt.[423] „Das Denken und Fühlen in Bildern ist den Männern so abhanden gekommen, hat sich ebenso veräußert wie viele ihrer Gefühle. Bilder aber transportieren Gefühle, und so hat die Arbeit mit Metaphern einen doppelten Sinn.“[424] Die Bildsprache einer Geschichte kann hier eine brach liegende Ressource für die Krisenbewältigung bei den männlichen Klienten aktivieren.[425] So wird die Auseinandersetzung mit inneren Bildern, die Gefühle transportieren, und der eigenen Fantasiewelt gefördert.[426]

Geschichten stehen in ihren Aussagen dem logischen Denken mitunter sogar entgegen, indem sie zum Beispiel von *Wundern* handeln oder in ihnen *Tiere und Gegenstände* sprechen können. Der surreale Charakter vie-

---

[419] Vgl. Armstrong 2005, 121. Vgl. auch Lemke 1981, 16. Vgl. auch Klemm 2003, 30f.

[420] Vgl. Peseschkian 2004, 200.

[421] „Geschichten, die von dem handeln, was einer oft genug bei sich nicht zur Kenntnis nehmen und klären, geschweige denn akzeptieren kann, geben dem, der sich in sie verstricken läßt, eine ganz elementare Erlaubnis, so fühlen und erleben zu dürfen, auch Zorn, aggressives und regressives Verlangen oder gar ‚Todeswünsche‘ geliebten Personen gegenüber haben zu dürfen.“ (Baumgartner 1990c, 567)

[422] Neumann & Süfke 2004, 36.

[423] Vgl. Neumann & Süfke 2004, 79.

[424] Neumann & Süfke 2004, 92.

[425] So schreiben Neumann und Süfke ferner: „Manche Bilder sind entlastend, können das Schwere anschaubar machen, manche schärfen den Blick für das Wesentliche, machen Unklares klar.“ (Neumann & Süfke 2004, 93)

[426] Vgl. Neumann & Süfke 2004, 92f.

ler Geschichten fordert die eigene Vorstellungskraft und das gewohnte Wirklichkeitsverständnis heraus. Zumindest innerhalb der Geschichte gelten nicht mehr die Grenzen, „die sonst die Realität setzt“[427]. So weisen die irrationalen und surrealen Aspekte einer Geschichte darauf hin, dass es sich bei psychischen Prozessen, selbst wenn diese in Beratung oder Therapie begleitet werden, auch immer um chaotische Prozesse[428] handelt.

2.4.2.2 Erzählungen besitzen spielerischen Charakter

Impulse für den eigenen Bewältigungsprozess ergeben sich auch durch den *spielerischen Charakter* vieler Geschichten.[429] Dieser stellt verblüffende Lösungen vor, macht Schwierigkeiten anschaulich und eröffnet so alternative Handlungsmöglichkeiten.[430] Schließlich gilt: Je mehr Varianz der Einzelne mitbringt, um Herausforderungen zu meistern, desto wahrscheinlicher wird eine angemessene Lösung. Der Berater ist auf diese Weise bestrebt, den „Möglichkeitsspielraum des Klienten“[431] zu erweitern. Dies kann auch die Gesprächsatmosphäre in der Beratung positiv beeinflussen: „Erzählungen geben der Beratung eine Leichtigkeit, die in kognitiv orientierten Gesprächen oft fehlt. [...] Humor, Neugier und Optimismus finden so ihren Platz in der Beratung, weil die Aufmerksamkeit der Gesprächspartner vordergründig mit etwas weitaus Angenehmerem beschäftigt ist als mit den Lasten unbewältigter Probleme. Tatsächlich werden die Probleme beim Zuhören oft unbemerkt und nebenbei gelöst.“[432]

In der seelsorglichen Beratung ist dieser Blick auf das Positive schließlich von großer Bedeutung. Der Klient soll angeregt werden, über seine (verlorenen) Träume und Sehnsüchte, seine Freuden und Hoffnungen zu sprechen.[433] Dies unterstützt den Wechsel von einer problemorientierten hin zu einer ressourcenorientierten Blickrichtung.

2.4.2.3 Erzählungen wahren die Entscheidungsfreiheit

Das besondere Potential von Lehrgeschichten besteht auch darin, dass sie sich gut mit dem nondirektiven Ansatz der personzentrierten Beratung verbinden lassen. Sie wahren die Entscheidungsfreiheit des Klienten.[434]

---

[427] Franzke 1991, 11.
[428] Vgl. Kießling 1998, 126-132.
[429] Vgl. Franzke 1991, 131.
[430] Vgl. Peseschkian 2006, 19.
[431] Hammel 2009, 31.
[432] Hammel 2009, 14.
[433] Vgl. Nauer 2010, 182.
[434] Vgl. Baumgartner 1990c, 568.

Der Klient entscheidet selbst, an welchen Stellen er Verbindungen zu seiner eigenen Situation herstellt.[435] Ihm bleibt es überlassen, inwieweit er sich auf die Lösungsmöglichkeiten der Geschichte und deren Konsequenzen einlässt. „Wird dem Suchenden in der Beratung oder seelsorglichen Begleitung eine Geschichte angeboten, dann gibt man ihm nicht einfach eine schlichte Erklärung, auch nicht eine bloße eindimensionale Handlungsanweisung. Vielmehr wird ihm ein *weiter, offener Kontext* zugespielt, den er aufgreifen, in den er sich hineinbegeben und den er in seiner Weise auffüllen kann, aber nicht muß. Er wird davon entlastet, nur von sich erzählen, der Erwartung des Helfers oder seinen eigenen entsprechen zu müssen."[436]

Geschichten laden so dazu ein, sich gegenüber ihren Aussagen zu positionieren, ohne durch Ratschläge oder klar definierte Antworten bestimmte Verhaltensweisen vorzugeben.[437] „Die Geschichten liegen also, was ihre befreiende, heilende, aufrüttelnde, verändernde und motivierende Botschaft angeht, nicht geöffnet vor unserem Ohr, vor unserer Seele, sondern sind versteckt, liegen im Hintergrund, sind verschlüsselt in Symbolen und Metaphern. Sie möchten von uns entschlüsselt, entziffert, erschlossen und entwickelt werden."[438] Dies bedeutet jedoch nicht, dass sich aus überlieferten Geschichten jede beliebige Reaktion ableiten ließe. Oft lassen sich bestimmte Aufforderungen an den Hörer erkennen. Die Geschichte verzichtet demnach nicht „auf die Fähigkeit, Menschen zur totalen Umkehr zu motivieren, aber sie tut dies auf eine sehr stille Art, indirekt, diplomatisch, weil einfühlend, und auf eine manchmal sehr verschlüsselte Art."[439]

2.4.2.4 Erzählungen eröffnen einen Perspektivwechsel

Geschichten schildern Erfahrungen anderer Menschen, die als *Modell für das eigene Experimentieren* dienen können und so verschiedene Lösungsmöglichkeiten eröffnen.[440] Sie fördern damit das Lernen am Modell. „Geschichten bieten bestimmte Handlungs- und Erlebnismuster an, welche entweder die uns gewohnten Muster bestätigen oder diesen mehr oder

[435] So schreibt Baumgartner: „Freilich präsentieren Geschichten ihre Handlungsmaxime nicht fertig zugeschnitt-en auf den individuellen Hörer und sein Problem. Sie erlauben und verlangen, den eigenen Weg erst aus der allgemeinen Orientierung zu erschließen. Existentielle Geschichten weisen deshalb eine Art *Leerstelle* auf, in die einzutreten der Hörer sich verleitet sieht." (Baumgartner 1990c, 568 – Hervorhebung durch den Autor)

[436] Baumgartner 1990c, 567.

[437] Vgl. Peseschkian 2006, 7.

[438] Klemm 2003, 29.

[439] Klemm 2003, 29.

[440] Vgl. Hammel 2009, 14. Vgl. auch Duss 2003, 240f.

weniger fremd sind.“[441] Geschichten können also zum einen gewohnte Sichtweisen in Frage stellen, zum anderen können sie bestimmte Verhaltensmuster stabilisieren.[442] Sowohl ein hoher Zustimmungsgrad zum Handlungsverlauf und zum geschilderten Verhalten als auch Ablehnung und Kritik daran können Impulse geben für den eigenen Entwicklungsprozess. Der Klient kann sich mit einzelnen Figuren der Erzählung identifizieren und sich auf ihre Wege der Problemlösung einlassen.[443] „Wenn Menschen Texte als Erzählungen und Geschichten lesen, spielen Perspektivübernahme und Empathie eine wichtige Rolle. Eine narrative Textrezeption kann somit Menschen dazu veranlassen und darin ‚trainieren', die Perspektiven anderer einzunehmen und an deren Gefühlswelt identifikatorisch zu partizipieren.“[444] Metaphergeschichten ermöglichen es so, die eigenen Probleme aus einem etwas veränderten Blickwinkel wahrzunehmen.[445] Auf diese Weise sind Geschichten offenbar „besonders geeignet, neue kognitive Schemata im Hirn anzulegen“[446].

Geschichten zeigen außerdem beispielhaft, dass in der persönlichen Entwicklung immer wieder Risiken eingegangen und Hindernisse überwunden werden müssen.[447] Die subjektive Interpretation des Klienten lässt dabei vielfältige Rückschlüsse auf seine Selbst- und Weltdeutung zu. Hier ist zu beachten, dass der Berater dem Klienten auch in Bezug auf die Geschichte tatsächlich diese Freiheiten lässt. Der Berater muss eigene Eindrücke, Auffassungen oder Deutungen relativieren und zurückstellen. Seine Aufgabe ist es, sich empathisch auf den Bezug der Geschichte zur Lebensgeschichte des Klienten einzulassen.[448]

2.4.2.5 Erzählungen können zum Mediator werden

Der Berater kann die Geschichte als Medium nutzen, um über sie in mehreren Schritten zu dem zu kommen, was den Klienten belastet. Geschichten übernehmen so eine *Mediatorfunktion*: Über sie erschließt sich ein kreativer, geschützter Raum, in dem es dem Klienten überlassen bleibt, wann und wie er Verbindungen zu seinen eigenen Schwierigkeiten herstellt.[449] „Das Problem soll vom Selbst des Klienten/der Klientin getrennt

[441] Loebbert 2003, 117.
[442] Vgl. Peseschkian 2006, 29.
[443] Vgl. Klemm 2003, 32.
[444] Echterhoff & Straub 2004, 119.
[445] Vgl. Klemm 2003, 33.
[446] Duss 2003, 238.
[447] Vgl. Franzke 1991, 131.
[448] Vgl. Franzke 1991, 8, 21f.
[449] Vgl. Hammel 2009, 19.

werden, es soll ihm ein Name gegeben werden."[450] Versagensängste und das Gefühl, unfähig zu sein, werden auch bei anderen, in dem Fall bei einer Figur innerhalb einer Erzählung, entdeckt.[451] Im Grunde wird so die Externalisierungstendenz bei vielen männlichen Klienten, die eigene Probleme oder Gefühle als etwas Äußerliches betrachten, konstruktiv aufgegriffen. „Wenn ein Problem nicht mehr als Teil der Person, sondern durch die Erzählung als Teil der Geschichte der Person verstanden wird, die auch neu erzählt werden kann, dann kann in diesem Sinn von Externalisierung gesprochen werden."[452]

Auf diese Distanzierungshilfe durch Geschichten hebt insbesondere der australische Psychotherapeut Michael White in seiner Theoriekonzeption ab.[453] In der seelsorglichen Beratung kann Männern, denen es schwerfällt, ihre Gefühle und Gedanken ins Wort zu fassen, dabei geholfen werden, ihre Gefühls- und Gedankenwelt indirekt zu verbalisieren, indem sie über Erfahrungen von Figuren oder Begebenheiten in der Geschichte sprechen. Dies reduziert auch die Wahrscheinlichkeit von Konflikten oder Kommunikationsabbrüchen zwischen Klient und Berater.[454]

2.4.2.6 Erzählungen sind Kulturträger

Gerade in krisenhaften Situationen konzentriert sich die Aufmerksamkeit des Klienten häufig auf gewohnte Denk- und Lösungsmuster. Diese sollen aber in der Beratung unterbrochen werden, damit Alternativen aufgezeigt werden können.[455] Geschichten, vor allem wenn diese außerhalb des eigenen historisch-kulturellen Kontextes entstanden sind, können dem Klienten helfen, alternative Handlungsmuster und Denkweisen für sich zu erschließen. Gewohnte Reaktionsweisen lassen sich anhand von Beispielen aus anderen Kulturen leichter hinterfragen.[456] Die stereotypen Zuschreibungen der eigenen Gesellschaft unterscheiden sich von denen anderer Völker oder früherer Kulturen. Geschichten sind daher *Kultur- und Traditionsträger*: Sie geben Gedanken, Vorstellungen und Assoziationsansätze aus anderen Gesellschaften weiter.[457] Anhand einer Geschichte können somit auch die eigene Sozialisation oder der Familienhintergrund beleuchtet werden.

---

[450] Duss 2003, 239.
[451] Vgl. Franzke 1991, 8.
[452] Duss 2003, 239.
[453] Vgl. White 2010, 20-64.
[454] Vgl. Peseschkian 2006, 29f.
[455] Vgl. Nestmann 2004, 785f.
[456] Vgl. Peseschkian 2006, 9.
[457] Vgl. Peseschkian 2006, 31.

2.4.2.7 Erzählungen ermöglichen eine Komplexitätsreduzierung

Die Arbeit mit einer Geschichte kann dem Klienten dabei helfen, zu den für ihn wesentlichen Fragen vorzudringen. Dazu ist eine gewisse Vereinfachung der jeweils komplexen Problemstellung erforderlich. Wie gezeigt wurde, kann zum Beispiel der Arbeitsplatzverlust eines Klienten auf eine Vielzahl von Faktoren zurückgeführt werden. Unter Umständen führt aber eine Diskussion über Arbeitsmarktpolitik und die Globalisierung der Wirtschaft nur von dem weg, was der Klient für sich aufzuklären hätte, um seine Belastungen zu reduzieren.

Daher bietet sich die narrative Methode an: „Geschichten sind unter systematischem Gesichtspunkt unter anderem deshalb leicht verständlich, weil sie die Komplexität reduzieren und zu ordnen vermögen."[458] Innerhalb der Geschichte können einzelne Metaphern dabei helfen, einen komplexen Sachverhalt begreiflich zu machen.[459] Sie dienen dem Bedürfnis nach „ökonomischer Handhabung der Wirklichkeit"[460], indem sie unter allen Aspekten einer Angelegenheit den Fokus auf wenige Punkte legen.

2.4.2.8 Abschlussbemerkung zu den Chancen einer narrativen Beratung

Eine überlieferte Erzählung kann in der Beratung wie ein *Geländer* genutzt werden, um einen Entwicklungsprozess zu durchlaufen und das innere Chaos zu ordnen. Wenn der eigene Trauer- und Bewältigungsprozess ins Stocken gerät, kann die Dynamik einer überlieferten Geschichte der Verlustverarbeitung neue Impulse geben.[461] Zwar kennen auch überlieferte Erzählungen Phasen der Ruhe und des Stillstands, doch das bleiben Zwischenstationen auf dem Weg zum Endpunkt der Geschichte, auf den alles zustrebt. Dabei stärken tradierte Geschichten das Vertrauen in die eigene Selbstwirksamkeit[462] und die Lösbarkeit von Konflikten.

Durch Geschichten lassen sich die bewussten und unbewussten Widerstände des Klienten verringern, da sie durch ihr metaphorisches Angebot dem Problem auf einer indirekten Ebene einen „neuen Rahmen" setzen.[463] Will der Klient diese alternative Art der Problembewältigung (noch) nicht für sich ausprobieren, muss er sich gegenüber einer überlieferten Erzählung nicht dafür rechtfertigen. Ohnehin erschließt sich der Sinn- und Symbolgehalt einer Geschichte erst dann, wenn der Hörer sich damit ak-

---

[458] Duss 2003, 237.
[459] Vgl. Klemm 2003, 26f.
[460] Klemm 2003, 27.
[461] Vgl. Kast 2000, 35-47.
[462] Vgl. Duss 2003, 240.
[463] Vgl. Klemm 2003, 32.

tiv auseinandersetzt und die Geschichte auf sich wirken lässt.[464] Durch die einprägsamen Bilder einer Geschichte kann sich der Klient jedoch leicht an bestimmte Aussagen erinnern und – unabhängig vom Berater – zu einem späteren Zeitpunkt darauf zurückkommen. Mögliche Konfrontationen zwischen Berater und Klient werden vermieden, da zwischen die beiden das Medium der Geschichte tritt. Man muss nicht fortwährend über die Probleme des Klienten sprechen, sondern kann sich über Probleme und Lösungswege innerhalb der eingebrachten Geschichte austauschen.

Für die Beratung von Männern besteht die zentrale Chance darin, die Auseinandersetzung mit den eigenen Gefühlen durch das Erzählen einzuüben. Das empathische Einfühlen in das Seelenleben einer Figur aus der Geschichte kann schließlich auf die eigene Gefühlswelt übertragen werden.

2.4.3 Zur praktischen Anwendung von Erzählungen

Die soeben beschriebenen Potentiale der Arbeit mit überlieferten Erzählungen kommen nur unter bestimmten Voraussetzungen zum Tragen. Eine Erzählung kann nur dann Einstellungs- und Verhaltensänderungen anstoßen, wenn der Klient selbst dafür bereit ist und nicht mit verschiedenen Geschichten *erschlagen* wird.[465] So wäre es kontraproduktiv, wenn der Klient den Eindruck hätte, der Berater erzählte sie nur zur eigenen Unterhaltung. „Metaphergeschichten sollten auch grundsätzlich nicht zu viel, wahllos oder ständig angeboten werden. Der Berater oder die Beraterin könnten mit Recht als ‚Sprücheklopfer' empfunden werden."[466]

Der Berater muss die Geschichte daher sorgfältig auswählen. Er setzt sie dann bewusst als Impulsgeber für den Dialog mit dem Klienten ein. In der Beratung kann eine Erzählung darum nicht bei der ersten Begegnung eingesetzt werden, da das entsprechende Vorwissen über den Klienten fehlen würde. „Die Ratsuchenden müssen zunächst genügend Zeit in der Beratung haben, ihr Lebensproblem ohne Hektik und Eile darstellen und entwickeln zu können. Hier würde die Einführung von Metaphergeschichten eher stören."[467]

Der Berater wird die Erzählung in jedem Fall ankündigen und die Rezeptionsbereitschaft des Klienten prüfen. Er eröffnet den Erzählraum nur, wenn die zeitliche Situation sich dafür anbietet und der Klient sich emoti-

---

[464] Vgl. Klemm 2003, 25.
[465] Vgl. Peseschkian 2006, 10.
[466] Klemm 2003, 33.
[467] Klemm 2003, 33.

onal darauf einlassen kann.[468] Es ist der situative Kontext zu beachten, in dem die Geschichte erzählt wird. Die Atmosphäre sollte entspannt und ruhig sein. Dann wirkt das Hören einer Geschichte auf der vegetativen Ebene für viele Menschen entspannungsfördernd.[469] Jedoch sollte der Berater vor dem Erzählen darauf hinweisen, dass manche Menschen eine Geschichte sehr intensiv miterleben oder in eine leichte Trance fallen. Hier ist im Vorfeld zu klären, wann die Geschichte gegebenenfalls unterbrochen wird, um zu verhindern, dass der Klient sich ungewollt beeinflusst oder rückblickend ohnmächtig fühlt.[470] Deshalb achtet der Berater nicht nur auf die verbalen, sondern auch auf die nonverbalen Rückmeldungen des Klienten im Verlauf der Erzählung und verhält sich dazu.[471] Ferner sollte der Berater die Geschichte präzise kennen und flüssig erzählen können.[472]

Gerade weil überlieferte Geschichten die Fantasie ansprechen und häufig surreale Aspekte aufweisen, sind die Reaktionen des Klienten kaum abschätzbar.[473] Worauf der Klient seine Aufmerksamkeit richtet, welche Schlüsse er aus den Handlungen der Figuren zieht und welche emotionalen Symptome auftreten, zeigt sich erst bei der Auseinandersetzung mit der Geschichte.[474] So kann es auch zu Abwehrreaktionen[475], einem verzögerten Verarbeiten der Geschichte oder einer zu starken gefühlsmäßigen Beteiligung kommen.[476] Insofern besitzen Geschichten stets ein *chaotisches Potential*. „Es wäre also verfehlt, zu meinen, eine Intervention, etwa das Erzählen einer Geschichte, könne einen im Detail geplanten, vorgefertigten Unterschied in ein anderes System einführen.“[477] Es kann für den Berater daher hilfreich sein, den Klienten nach seinen Vorerfahrungen im Umgang mit Geschichten, zum Beispiel während dessen Kindheit, zu fragen. Gab es hier besondere positive oder negative Erfahrungen? Zeigt sich an dieser Stelle, dass die Person Geschichten grundsätzlich als unsinnig und kindisch abwertet, sollte man auf den Einsatz einer Geschichte verzichten.[478] Erst wenn die innere Bereitschaft gegeben ist, sich auf eine

---

[468] Vgl. Duss 2003, 236.
[469] Vgl. Hammel 2009, 339.
[470] Vgl. Hammel 2009, 20-23.
[471] Vgl. Duss 2003, 236.
[472] Vgl. Duss 2003, 241.
[473] Vgl. Loebbert 2003, 125.
[474] Vgl. Hammel 2009, 26ff.
[475] „Manche entwickelten eine große Vorliebe für die Bildsprache der Geschichten, manche aber ein tief verwurzeltes Mißtrauen und gefühlsmäßig Ablehnung. Sie gilt mitunter weniger den Geschichten als ihrem religiösen Bedeutungszusammenhang.“ (Peseschkian 2006, 39)
[476] Vgl. Franzke 1991, 133.
[477] Duss 2003, 238.
[478] Vgl. Franzke 1991, 129.

Geschichte einzulassen, können sich daraus auch Veränderungen für das eigene Selbstkonzept erschließen.

Ein narrativer Beratungsansatz ist folglich *kein Patentrezept* für einen konstruktiven Gesprächsprozess. Der Berater muss abwägen, ob diese methodische Herangehensweise situativ in Frage kommt. Er sollte daher beim Klienten auch keine zu hohen Erwartungen diesbezüglich wecken. Wer im Umgang mit Geschichten und ihren unterschiedlichen Sinndimensionen nicht geübt ist, wird unter Umständen enttäuscht sein, wenn sich daraus keine schnellen und einfachen Lösungen für die eigenen Probleme ableiten lassen.

2.4.3.1 Kriterien für die Auswahl einer Erzählung

Der Klient wird sich dann mit einer überlieferten Erzählung auseinandersetzen, wenn er sich darin mit seinen Sehnsüchten, Gedanken und Schwierigkeiten wiederfindet. Das bedeutet, für den Klienten kann eine Geschichte nur ihr Potential entfalten, wenn *strukturelle Analogien* zwischen Handlungsmustern und Prinzipien der Geschichte und ihm selbst erkennbar werden. Die Beratungsthematik und die metaphorische Geschichte müssen isomorph sein, das heißt, „die Relationen der einzelnen Parameter in der Thematik müssen in der Metapher beibehalten werden“[479]. Diese Ähnlichkeiten in den Handlungsmustern werden zum Teil offen in der Geschichte formuliert oder müssen erst aus dem inhaltlichen Geschehen erschlossen werden.[480] „Alternativen Erzählungen muss Gewicht und Bedeutung zukommen. Sie müssen sich als passungs- und anschlussfähig in Bezug auf den Klienten und seine Lebenswelt erweisen.“[481] Wenn der Klient Parallelen zum Verlauf seiner eigenen Lebensgeschichte erkennt, können in einem weiteren Schritt diese Handlungsmuster dem eigenen Vorgehen gegenübergestellt werden. Die Metaphergeschichte sollte dann ein „Gegenmuster der üblichen, vergeblichen Problemlösungsvariante favorisieren“[482]. Das heißt, dass die Figur in der Erzählung mit einem gegenteiligen oder zumindest deutlich unterscheidbaren Verhaltensmuster Erfolg hat. Der Klient kann sich dann mit diesem alternativen Verhaltensbeispiel auseinandersetzen und ähnliche Schritte ausprobieren. Dazu muss er in der Beratung genügend Zeit haben, um seine Situation mit der Geschichte zu vergleichen.

---

[479] Duss 2003, 239.

[480] Vgl. Hammel 2009, 26. Der evangelische Theologe und Hypnotherapeut Stefan Hammel greift hier die Weisungen Jesu, etwa „Liebe deinen Nächsten wie dich selbst“ (Mt 22, 39), als Beispiel auf.

[481] Grossmann 2000, 31.

[482] Klemm 2003, 33.

Von großer Bedeutung ist hier die Haltung des Beraters, der die überlieferte Geschichte als Angebot zum Dialog verstehen sollte und nicht als Medium für versteckte Instruktionen.[483] „Wer versucht, eine Geschichte zu eindeutig auf eine bestimmte Situation und Aussage zuzuschneiden, läuft Gefahr, die Zuhörer nicht zu erreichen. Man merkt die Absicht und ist verstimmt."[484] Die überlieferte Geschichte sollte daher offen für die Generalisierung ihrer Inhalte und Aussagen sein. Es gibt schließlich auch Geschichten, die relativ wenig Spielraum für ihre Verallgemeinerung und Übertragung lassen. Geschichten, die zum Beispiel unmissverständliche moralische Appelle an den Leser richten, schließen sich für die Beratungsarbeit aus.

Dem Berater steht bei der Auswahl der Geschichte eine unüberschaubare Fülle an Literatur zur Verfügung.[485] „Rabbinische Anekdoten, orientalische und chinesische Weisheitsgeschichten sind wertvoll, ebenso wie Fabeln von Äsop, Jean de la Fontaine und James Thurber."[486] Die Entscheidung hängt maßgeblich davon ab, welche Geschichte der Berater im Bezug auf den Klienten für passend erachtet. Daneben ist es durchaus ein Kriterium, ob der Berater selbst ein Interesse an der Geschichte zeigt, damit er sie entsprechend vermitteln kann. Geschichten sollten dem Sprecher (Berater), dem Hörer (Klient) und dem Kontext genügen.[487]

2.4.3.2 Biblische Geschichten in der Beratungsarbeit

Es scheint naheliegend, in der seelsorglichen Beratung, bei der eine Metaphergeschichte zur Anwendung kommen soll, eine biblische Geschichte auszuwählen. Es kommt jedoch auch hier darauf an, dass die Auswahl zu den individuellen Voraussetzungen passt. Möglicherweise wird sich der Berater bewusst dagegen entscheiden. So wird in dieser Arbeit exemplarisch auf den Einsatz einer *nicht*-biblischen Geschichte eingegangen. Folgende Gründe sind dafür ausschlaggebend:

a) Arbeitslose Männer sollen anhand der Geschichte vor allem darin unterstützt werden, Zugang zu ihrem inneren Erleben zu finden. So soll ein konstruktiver Bewältigungsprozess auf der Persönlichkeitsebene angestoßen werden. Wird im Beratungsprozess auf eine biblische Geschichte eingegangen, kann leicht der Eindruck entstehen, dass bestimmte Inhalte katechetisch vermittelt werden sollen. Daher

[483] Vgl. Duss 2003, 238.
[484] Loebbert 2003, 125.
[485] Eine Auswahl entsprechender Literatur findet sich zum Beispiel bei Klemm: Siehe Klemm 2003, 31.
[486] Hammel 2009, 243.
[487] Vgl. Loebbert 2003, 162ff.

bietet es sich an, eine Geschichte einzuführen, die religiöse Deutungen von vornherein offen lässt.

b) Biblische Geschichten sind vielen Menschen bereits seit ihrer Kindheit bekannt. Daher bestehen vielfach auch bestimmte Vorstellungen bzw. ein bestimmter Interpretationsrahmen zu diesen Geschichten. Im Beratungsprozess geht es jedoch darum, sich möglichst unvoreingenommen mit der Bildsprache der Erzählung zu beschäftigen. Dem steht bei biblischen Geschichten entgegen, dass viele christliche Metaphern in sich erstarrt sind und sich nur noch bedingt aus sich selbst heraus erschließen.[488] Das Anliegen des seelsorglichen Beraters, christliche Metaphern aus ihrer teils klischeehaften Erstarrung zu befreien, kann in diesem Fall besser erreicht werden, wenn religiöse Metaphern behandelt werden, die für den Klienten neu sind. So gehört es zum propädeutischen Charakter dieses narrativen Beratungsansatzes, den Klienten zu befähigen, sich auf die Komplexität einer überlieferten Geschichte mit ihrer Bildsprache einzulassen. Um biblische Texte erschließen zu können, kann es demnach geboten sein, mit außerbiblischen Erzählungen zu beginnen: „Das Erzählen der biblischen Überlieferung ist anders geartet und akzentuiert, je nachdem, ob die erschließende oder die glaubensstiftende Funktion der Erzählungen im Mittelpunkt steht. Ein ‚erschließendes Erzählen‘ muß biblische Geschichten konfrontieren mit außerbiblischen Mythen und mit Gegenwartstexten, in denen der Lebensgrund auf nichtchristliche oder auf noch ‚vorletzte‘ Weise gedeutet ist, um dadurch zu einem je tieferen Suchen nach dem Lebensgrund anzuregen und herauszufordern.“[489] Man muss um die alternative Logik und die verschiedenen Interpretationsweisen einer Geschichte wissen, um sie mit eigenen existentiellen und transzendentalen Fragen in Verbindung bringen zu können. Hat der Klient gelernt, seine Geschichte mit einer externen Erzählung in Korrelation zu setzen, kann er auch biblische Geschichten auf neue Weise begreifen und für sich deuten. Diese „glaubensstiftende Funktion“ einer Erzählung kann dann im Anschluss an den Beratungsprozess zum Thema werden, falls der Klient daran Interesse zeigt.

c) Beim Klienten soll nicht der Eindruck entstehen, dass das Wort Gottes in der Bibel ein *psychologisches Werkzeug* sei. Um derartige Irritationen zu vermeiden, bietet es sich an, mit einer nicht-biblischen Geschichte zu beginnen.

---

[488] Vgl. Baudler 1982, 86.
[489] Baudler 1982, 44.

d) In der Beratung könnte ein biblischer Text beim Klienten die Frage nach dessen fiktionalen Elementen aufwerfen. Zwar stellen die Bibel bzw. die Evangelien keine fiktionale Literatur dar. Jedoch erzählen sie von realen Personen, die in Kontakt zu einer außersprachlichen Wirklichkeit getreten sind. Dieser Bezug zu einer Wirklichkeit, die den Menschen übersteigt, lässt sich nur metaphorisch ausdrücken. Innerhalb der Beratung zu einem differenzierten Verständnis dieser Zugänge zu biblischen Texten zu kommen, ist schwierig. Der Diskurs über eine historisch-kritische Bibelauslegung sollte an anderer Stelle geführt werden.

Die Pastoraltheologin Nauer merkt an, dass heute viele Seelsorger mit dem pastoralpsychologischen Einsatz der Bibel zurückhaltend seien. Zum einen, weil biblische Grundkenntnisse und Vorwissen bei den Klienten oft kaum noch anzutreffen sind, selbst wenn ihnen einzelne Texte geläufig sind. Zum anderen, weil man die Klienten mit der Bibel nicht *erschlagen* will.[490] Der hier vorgestellte Ansatz zielt nicht darauf, diese Situation zu akzeptieren und vom Gebrauch der Bibel grundsätzlich abzuraten. Wie in *Punkt b* beschrieben, soll er vielmehr eine Bibelarbeit erst ermöglichen, indem er Menschen darin übt, sich mit (religiösen) Geschichten auf sprachlicher Ebene auseinanderzusetzen. Schließlich ist es typisch für religiöse Überlieferungen, dass sie sich einer bildreichen Sprache bedienen und sich darin deutlich von Sachtexten unterscheiden.[491] So kann der Einsatz nicht-biblischer Geschichten darauf vorbereiten, sich den Evangelien als *Erzählwerken*[492] zu nähern.

Zusammenfassend lässt sich sagen, dass die hermeneutische Kompetenz des seelsorglichen Beraters nicht erst dann gefordert ist, wenn biblische Texte für die Menschen von heute erschlossen werden sollen. Vielmehr geht es darum, zunächst dem Klienten die Scheu vor religiösen Sprachformen zu nehmen und deren Bedeutungsreichtum offenzulegen.[493] Gelingt dies dem Berater, dann sind die Voraussetzungen dafür geschaffen, auch biblische Texte in die heutige Zeit zu übersetzen.

---

490 Vgl. Nauer 2010, 228ff.

491 „Die Sprache der Religionen ist eine Sprache in Bildern. Fast alle religiösen Texte vermeiden es, in nüchternen Worten Gebote und Verbote aufzustellen […].“ (Peseschkian 2006, 43) Vgl. dazu auch Leinhäupl-Wilke 2007, 142f.

492 Vgl. Leinhäupl-Wilke 2007, 142ff.

493 Vgl. Nauer 2010, 182.

2.4.3.3 *Auswahlkriterien für eine Erzählung in der Beratungsarbeit mit arbeitslosen Männern*

Die Auswahl einer überlieferten Geschichte muss sich an der Person des Klienten, seiner Problemstellung und auch an der Person des Beraters und seinem Zugang zu bestimmten Erzählwerken orientieren. Die chassidische Erzählung, die im Folgenden vorgestellt wird, ist daher nur eine Möglichkeit unter vielen. Alternativ hätten verschiedene kurze Geschichten bzw. Gleichnisse vorstellt werden können.[494] Ich sehe jedoch ein besonderes Potential in einer längeren Geschichte, die sich in mehrere Sinnabschnitte unterteilen lässt. Während eine kurze Geschichte oder eine einzelne Metapher eine bestimmte Auslegung nahe legen, ist eine längere Erzählung in der Regel mehrdimensional und eröffnet eine Vielzahl von Zugängen und Interpretationsmöglichkeiten.

Für den Kontext der Beratung arbeitsloser Männern habe ich bestimmte Kriterien formuliert, denen die Erzählung genügen sollte. Diese Kriterien, nach denen auch die chassidische Erzählung ausgewählt wurde, lauten wie folgt:

a) In der Erzählung sollte zumindest eine der Figuren einen existentieller Verlust durchleiden und überwinden. Eine existentielle Krise wird in einem oder mehreren Schritten gelöst. Die Erzählung schildert somit eine Wende zum Guten: aus der Verzweiflung zu neuer Hoffnung. Es sollte eine Geschichte ausgewählt werden, die dabei nicht nur erfolgreiche Bewältigungsstrategien vorstellt, sondern auch vom Scheitern menschlicher Vorhaben und Entwicklungen handelt.[495] Interesse wird die Erzählung besonders dann hervorrufen, wenn nicht von Beginn an ersichtlich ist, dass sie auf ein glückliches Ende hinausläuft.[496] Eine solche Erzählung wird folglich sowohl degressive als auch progressive Elemente beinhalten: Erfahrungen des Scheiterns und die Überwindung von Hindernissen. Dies dient auch dem Anliegen, geschlechterstereotype Erzählmuster zu hinterfragen:

[494] Es gibt eine Vielzahl von Erzählformen, traditionellen Erzählungen und kurzen Metaphergeschichten. Art und Länge der Erzählung entscheiden mit darüber, in welcher Gesprächssituation sich ihr Einsatz anbietet. Zum Beispiel kann auch nur eine kurze Sequenz einer Geschichte erzählt werden, die metaphorisch an eine neue Sicht des Problems heranführt und Lösungsvorschläge macht. Derartige Gesprächsinterventionen können vor allem dann hilfreich sein, wenn sich das Beratungsgespräch festgefahren hat und sich im Kreis dreht. Eine treffende Metapher oder ein kurzes Gleichnis können hier spontan eingebracht werden, um eine alternative Sichtweise vorzubringen. Vgl. Klemm 2003, 35.

[495] So werden in vielen traditionellen Erzählungen auch abschreckende Modellsituationen geschildert. Vgl. Peseschkian 2006, 43.

[496] Vgl. Grossmann 2000, 61f.

„Matrizen des Erzählens sind wesentlich von geschlechtsspezifischen Faktoren geprägt. Über lange Zeit hinweg waren Erzählungen der Progression ausschließlich Männern vorbehalten. Der Lebensentwurf von Frauen war primär durch Erzählungen der Stabilität oder Degression determiniert.“[497] Letztlich sollte die Erzählung aber Hoffnung in einer hoffnungslos erscheinenden Situation und existentiellen Umbrüchen vermitteln.[498]

b) In der Geschichte sollten unterschiedliche Lösungswege für bestimmte Schwierigkeiten vorgestellt werden.

c) Die Geschichte sollte sich einer bildreichen Sprache bedienen, die dem Hörer einen emotionalen Zugang erleichtert. Es sollte dem Klienten möglich sein, in der Geschichte unterschiedliche Gefühlszustände bei den Figuren wahrzunehmen, um sie mit den eigenen vergleichen zu können. Dabei sollten sich in der Narration auch die Handlungsmotive und Intentionen der Figuren erkennen oder ableiten lassen.[499] „Einzelne Ereignisse werden eben dann psychologisch bedeutsam, wenn sie zu Intentionen in Beziehung gesetzt werden.“[500]

d) Die Geschichte sollte fantastische Elemente enthalten, die die Restriktivität des logisch-rationalen Denkens durchbrechen. Die Schilderung wundersamer Ereignisse kann auch die Frage nach transzendenten Bezügen in der Geschichte aufwerfen. Wenn sich auf diese Weise irdische und himmlische Realität in metaphorisch-symbolischer Sprache begegnen, werden Klient und Berater zwar nicht unbedingt auf den christlichen Gott zu sprechen kommen, es wird aber zumindest auf diese andere Sinndimension verwiesen und dazu ein Gesprächsangebot gemacht.

Die vom Berater ausgewählte Geschichte muss diesen Anforderungen nicht unbedingt in allen Punkten entsprechen, da sich im konkreten Fall andere Kriterien an eine Erzählung stellen können. Der Berater muss jedoch in jedem Fall seine Auswahl reflektiert haben und begründen können. Unter Umständen kann der Berater eine längere Geschichte auch abkürzen oder nur einen bestimmten Sinnabschnitt oder Erzählstrang aufgreifen. Der Vorteil einer vollständigen Wiedergabe einer Geschichte liegt darin, dass die Dramaturgie der Geschichte den Beratungsprozess strukturieren kann.

---

497 Grossmann 2000, 65.
498 Vgl. Kast 2000, 47.
499 Vgl. Polkinghorne 1998, 16.
500 Echterhoff & Straub 2004, 109.

Es wurde gezeigt, dass Verlustbewältigung und Trauerarbeit häufig nach einem bestimmten Muster ablaufen.[501] Die Vielzahl an Phasenmodellen weist darauf hin, dass es einander ähnelnde Abläufe gibt. So kann die Dramaturgie der Geschichte dem Beratungsgeschehen als Orientierungsrahmen dienen, ohne dass sich daraus eine zwingende Abfolge von Bewältigungsschritten ergibt. Der hier vorgestellte Ansatz greift diesen Gedanken auf, indem der Verlauf einer Geschichte nach den Aufgaben aus der Trauerarbeit nach Worden unterteilt wird. Der Klient hat hier die Möglichkeit, sich an dieser Einteilung zu orientieren. Er kann sich entweder darin wiederfinden oder sich davon abgrenzen.

2.5 Exemplarische Anwendung: am Beispiel einer Lehrerzählung von Rabbi Nachman

Im Rahmen dieser Arbeit stelle ich einen bestimmten narrativen Beratungsansatz vor: die Arbeit mit einer überlieferten Erzählung, die einen Entwicklungsprozess in mehreren Phasen schildert. In einer Lehrgeschichte des Rabbi Nachman, die Martin Buber nacherzählt hat, wird exemplarisch ein Bewältigungs- und Transformationsprozess geschildert, dessen Verlauf idealtypisch abstrahiert wird.

Mein Ansatz arbeitet mit einer *paradigmatischen Dokumentation* eines Veränderungsprozesses. So ermöglichen Geschichten einen „quasiexperimentellen Standortwechsel“[502], aus dem sich neue Problemlösungsmöglichkeiten ergeben. Die Erzählung, mit der im Folgenden gearbeitet wird, zeigt exemplarisch, wie Menschen nach einem Verlust verschiedene Phasen eines Veränderungsprozesses durchlaufen. In der Beratung sollen vergleichbare Erfahrungen des Klienten ebenso zum Thema werden wie seine Irritationen bezüglich der Geschichte. Sowohl Gemeinsamkeiten als auch Unterschiede können den Klienten dabei unterstützen, die eigene Erfahrungswelt zu reflektieren und aus der Geschichte hypothetische Lösungen für das eigene Leben abzuleiten. Ferner kann durch eine Geschichte zumindest ansatzweise antizipiert werden, wie sich bestimmte Verhaltensweisen, zum Beispiel in einem Konflikt, auswirken.[503] Dabei steht jedoch nicht die vollständige Dokumentation bestimmter Handlungsverläufe im Zentrum, sondern die *Imaginationsfähigkeit* des Hörers. Der Hörer soll sich selbst mögliche Konsequenzen und Lösungswege vorstellen.

---

[501] Vgl. dazu Kapitel 3.2 und 3.3 im zweiten Teil dieser Arbeit.

[502] Peseschkian 2004, 193.

[503] Vgl. Peseschkian 2006, 29.

Bevor auf die überlieferte Geschichte konkret eingegangen wird, skizziere ich im Folgenden den Entstehungshintergrund der ausgewählten Geschichte und stelle den Autor kurz vor.

2.5.1 Rabbi Nachman und der Chassidismus

Die Lehrerzählung, die für die vorliegende Arbeit ausgewählt wurde, stammt von Rabbi Nachman. Er gehörte zur jüdischen Bewegung des Chassidismus. Dieser entstand in der Mitte des 18. Jahrhunderts, nachdem Pogrome durch die Kosaken in der Ukraine große wirtschaftliche und soziale Not in der jüdischen Bevölkerung ausgelöst hatten. Die chassidische Reformbewegung bestand aus verschiedenen Gruppen, die sich unabhängig voneinander in Osteuropa bildeten. Typisch für den Chassidismus war seine egalitäre Struktur. Innerhalb der Gruppe sollten soziale und wirtschaftliche Unterschiede ohne Bedeutung sein. Waren zuvor die Gelehrsamkeit und das Wissen um religiöse Normen entscheidend, um als frommer Jude zu gelten, wurde im Chassidismus die Intensität des religiösen Erlebens zu einer zentralen Kategorie.

Die Chassidim (Frommen) suchten sich einen Lehrmeister, der als Zaddik (Gerechter, Getreuer) bezeichnet wurde. Viele Zaddikim wandten sich besondern den Armen und Ungebildeten zu.[504] Der Zaddik war ein autonomer Führer, der religiöse Gesetze neu interpretierte und neue Gebote aufstellen konnte. Diese Uneinheitlichkeit in der Toraauslegung war ein Grund für die häufigen Konflikte zwischen den einzelnen Zaddikim.[505] Dennoch stellt sich der Chassidismus als *eine* Bewegung dar, da sich jeder Zaddik weiterhin dem jüdischen Erbe verpflichtet sah. So schreibt der Judaist und Theologe Clemens Thoma: „Der Zaddik ist keine isolierte Figur, sondern ein die jüdische Tradition gut kennender Mithelfer seiner Glaubensgefährten und ein personales Gefäß, das die heilige Gerechtigkeit Gottes zu den Israeliten hin ausstrahlt."[506]

Der Chassidismus belebte die jüdische Mystik neu und erstrebte die innere Ergriffenheit des Einzelnen in Gebet und religiösen Übungen. Dabei verlor der Chassidismus jedoch nie sein Gemeinschaftsmoment.[507] Schließlich wurde in den Gruppen um ihren jeweiligen Zaddik eine weitere Besonderheit des Chassidismus gepflegt: die Freude als wichtige Quelle religiöser Erkenntnis, die durch gemeinsame Gesänge, Gebete und Tänze erreicht werden sollte.

---

[504] Vgl. Buber 1992, 20ff.
[505] Vgl. Buber 1992, 64f.
[506] Thoma 2002, 123.
[507] Vgl. Buber 1992, 22ff.

Wie gesagt entstand der Chassidismus vor dem Hintergrund von gewaltsamen Repressionen und Verfolgung. Dies trug dazu bei, dass eine große Sehnsucht nach einer messianischen Befreiung aufkam. So verstanden viele Zaddikim ihre Arbeit und Lehre als Teil einer messianischen Sendung und als Anbruch des messianischen Zeitalters.[508] Der Chassidismus wollte den Menschen zeigen, dass Gott sie nicht verlassen hat. Der Glaube sollte dabei helfen, die eigene Resignation durch das Vertrauen auf Gottes Beistand zu überwinden. Aus diesem Vertrauen heraus würde es dann auch gelingen, die eigenen Probleme zu lösen.[509]

2.5.1.1 Zum Autor der Erzählung: Rabbi Nachman

Rabbi Nachman von Brazlaw (1772-1810) war eine wichtige Gestalt im osteuropäischen Chassidismus.[510] Er wurde zu einer Zeit Zaddik, als der Chassidismus bereits an Bedeutung zu verlieren begann. Nachman versuchte daher, dem Chassidismus neue Impulse zu geben. Er wollte ihm eine tiefere und anschaulichere Form geben. So wird Nachman als letzter großer jüdischer Mystiker und Erneuerer des Chassidismus gesehen.[511]

Nachman entstammte einer angesehenen chassidischen Familie und heiratete bereits mit 13 Jahren die Tochter eines Rabbis aus Usjatim. Nach der Heirat zog er in das Haus seiner Schwiegereltern. Thoma schreibt über diese ersten Jahre in Usjatim: „Da der frischvermählte Nachman zunächst noch keinen festen Arbeitsplatz finden konnte, hatte er viel Zeit für Wanderungen durch Wälder und einsame Landschaften. Dabei durchstreifte er geistig auch seine eigene religiöse Naturbetrachtung und Weltanschauung."[512] So entwickelte sich bereits in dieser Zeit seine Naturverbundenheit, die für sein weiteres Frömmigkeitsleben und seine Verkündigung charakteristisch wurde.[513] Die Zeit seiner Arbeitslosigkeit nutzte er, um seine persönliche religiöse Vervollkommnung voranzubringen. Um dieses Ziel zu erreichen, praktizierte er auch eine Vielzahl asketischer Übungen.[514]

Nach einigen Jahren eines eher zurückgezogenen Lebens begann Rabbi Nachman schließlich in der Betstube zu lehren. Er sammelte immer mehr

---

[508] Vgl. Thoma 2002, 92-96, 128-131.
[509] Vgl. Wiesel 1986, 29f.
[510] Vgl. Thoma 2002, 69. Vgl. zur Einführung in sein Leben und Wirken: Horodezky 1910.
[511] Vgl. Horodezky 1910, 11f.
[512] Thoma 2002, 19.
[513] Vgl. Thoma 2002, 23. Vgl. auch Fleischmann 2002, 80-83. Vgl. auch Horodezky 1910, 14-17.
[514] Vgl. Thoma 2002, 23.

Schüler um sich, die seine Art, in der Natur zu beten, übernahmen.[515] Von großer Bedeutung für sein Leben und Wirken wurde schließlich die Wallfahrt nach Israel, die Rabbi Nachman im Jahr 1798 unternahm. Während dieser Fahrt reflektierte er sein eigenes Leben und das des jüdischen Volkes im Blick auf die Tora und den Heilswillen Gottes.[516] Die Reise nach Israel wurde so auch eine wichtige Inspirationsquelle für seine Weisheitsgeschichten. Gleichzeitig war sie Ausweis seiner eigenen messianischen Sendung, die dadurch offenbar werden sollte.[517]

Es lässt sich nicht mit Sicherheit sagen, inwiefern Nachman auch mit dem christlichen Glauben vertraut war. Doch es gibt, wie Thoma schreibt, Hinweise darauf, dass er gewisse Kenntnisse besaß: „Es kann nicht ausgeschlossen werden, dass Rabbi Nachman bei seinen Glaubensdarlegungen sich auch von christlichen Traditionen und Ideen inspirieren ließ. Das christlich-sakramentale und das christlich-hierarchische Denken waren ihm bekannt. Er wird auch das Neue Testament unter der Hand gelesen haben, denn einige seiner messianischen Besonderheiten lassen neutestamentlichen Einfluss zumindest vermuten. Dazu gehören Nachmans Deutungen des Ideals der Kindlichkeit, des Gehorsams gegenüber der Autoritätsperson, verschiedene Leidensdeutungen und das Erzählen von Gleichnissen."[518]

Nachman und seine Anhänger fühlten sich dazu berufen, sich den Armen und Handwerkern, die besonders häufig von Arbeitslosigkeit und Hunger bedroht waren, zuzuwenden.[519] Diese Gruppe von Menschen hatte keine Möglichkeit, sich auf ein langes Studium und komplizierte theologische Gedanken einzulassen. Sein theologisches Programm präsentierte Nachman seiner Anhängerschaft daher vornehmlich in Form von Weisheitsgeschichten, die er eigens für diesen Zweck erfand. Diese Art der Verkündigung, eingefasst in eine schöne, bildreiche Sprache, trug zur Attraktivität seiner Lehre wesentlich bei.[520]

Rabbi Nachman nahm die Traurigkeit und Resignation in den jüdischen Gemeinden seiner Zeit als großes Problem wahr. Für ihn bestand darin eine zentrale Gefahr für das chassidische Leben. So ermutigte er seine Anhänger dazu, weiter zu hoffen und zu arbeiten.[521] Um den Notleidenden neue Zuversicht zu schenken, wurde in der Gemeinschaft auch fröhlich

[515] Vgl. Fleischmann 2002, 107-111.
[516] Vgl. Thoma 2002, 53.
[517] Vgl. Cunz 1997, 49-60.
[518] Thoma 2002, 150.
[519] Vgl. Horodezky 1910, 34.
[520] Vgl. Thoma 2002, 99. Vgl. auch Horodezky 1910, 65-76.
[521] Vgl. Thoma 2002, 135.

getanzt und musiziert. Vom Zaddik versprach man sich darüber hinaus konkrete Hilfe. So wird von Rabbi Nachman und anderen Zaddikim berichtet, dass sie Kranke heilen konnten und zu wundersamen Taten fähig waren.[522]

Da Rabbi Nachman selbst keinen Nachfolger für sich in der Gruppe seiner Anhänger bestimmt hatte, fand die Gemeinschaft nach seinem Tod zu keiner dauerhaften Struktur oder Organisation. Die innerjüdischen Gegner seiner Gruppe agierten außerdem weiter gegen seine Anhängerschaft.[523] Allerdings gibt es bis heute jüdische Gruppen, die sich auf seine Lehre berufen.[524]

2.5.1.2 Die Geschichten des Rabbi Nachman

Rabbi Nachman wandte sich mit seinen Geschichten an die notleidende jüdische Bevölkerung in Osteuropa. Darunter waren auch viele arbeitslose Männer. Nachman wollte den Menschen in seiner Umgebung helfen, ihre Hoffnungslosigkeit zu überwinden. Sein seelsorgliches Tun war dabei eingebettet in einen übergeordneten theologischen Entwurf. Von zentraler Bedeutung war die Erschütterung des Glaubens an den Gott, der seinem Volk in der Tora eine große Zukunft verheißen hatte. Die Juden litten unter ständiger Verfolgung und materieller Not. Ihre Lebensgrundlage wurde wieder und wieder zerstört. Die *Geschichte vom Königssohn und dem Sohn der Magd*[525], die im Folgenden Gegenstand einer narrativen Untersuchung sein wird, versucht diesen Widerspruch zu deuten: „Mit dieser Erzählung signalisiert Rabbi Nachman die Erwählung Israels als Volk Gottes und die ungerechten, anti-israelitischen Erwählungsansprüche der Völker. Mögen die Völker die Nachkommen Esaus, Israel verleumden, unterdrücken – am Ende wird das Bundesvolk Gottes gerechtfertigt dastehen."[526]

Jedoch reduziert sich das Sinnpotential dieser Geschichte nicht auf eine bestimmte Zeit oder eine religiöse Gruppe. Chassidische Geschichten zeichnen sich gerade dadurch aus, dass sie von den Hörern selbst gedeutet werden müssen. „Es geht eben nicht um die klare, letzte Antwort, darge-

---

[522] Vgl. das Vorwort von Salcia Landmann in: Wiesel 1986, 10f.

[523] Vgl. Horodezky 1910, 82-87.

[524] Vgl. Fleischmann 2002, 5-34, 215-220.

[525] Siehe Buber 1993, 58-78. Eine ältere Fassung dieser Erzählung findet sich bei Horodezky 1910, 67-71. Im Vergleich der beiden Fassungen der Erzählung zeigt sich, wie stark Buber sie auch inhaltlich überarbeitet und umgestaltet hat.

[526] Thoma 2002, 115. Nach einer anderen Interpretation findet sich in dieser Geschichte ein Hinweis auf die Thronbesteigung von Napoleon I., der aus kleinadeligen Verhältnisse zum Kaiser aufstieg. Vgl. Horodezky 1910, 71.

stellt am Beispiel eines Jünglings, Schülers oder einer Königstochter, es geht vielmehr um den Anreiz, eine Sache vielleicht einmal von einer ganz anderen Seite zu betrachten, innezuhalten und zu denken. Chassidische Geschichten wollen zuallererst Fragen stellen, damit sich der Zuhörer die Antworten selber gibt.“[527] Der seelsorgliche Berater muss deshalb gegenüber dem Klienten auf unterschiedliche Interpretationen zu einer bestimmten Geschichte nicht explizit eingehen. Jedoch ist es von Vorteil, wenn der Berater über eine Vorstellung vom zeitgeschichtlichen Kontext der jeweiligen Geschichte verfügt.

2.5.1.3 Der Bezug zu Martin Buber

In der vorliegenden Arbeit lässt sich ideengeschichtlich eine Entwicklungslinie nachverfolgen: Die Geschichten und Texte des Rabbi Nachman waren eine wichtige Grundlage für die philosophische Theoriebildung Martin Bubers.[528] Buber wiederum gilt mit seinen Schriften zur Bedeutung der zwischenmenschlichen Begegnung und Beziehung als einer der Wegbereiter der Humanistischen Psychologie, zu der Carl Rogers und sein personzentrierter Beratungsansatz gehören.[529]

Martin Buber befasste sich nicht nur mit dem Erbe Rabbi Nachmans, sondern war vom Chassidismus insgesamt fasziniert und studierte ihn über Jahrzehnte. Als Herausgeber und Übersetzer chassidischer Geschichten war Buber nicht darum bemüht, diese möglichst wortgetreu wiederzugeben. Er nahm sich vielmehr weitgehende künstlerische Freiheiten heraus, um ihre ursprüngliche Botschaft verständlich zu machen.[530] Galten die Geschichten der osteuropäischen Juden zuvor als primitives Schrifttum obskurer Mystiker, brachte Buber sie auf ein literarisches Niveau, das den Schriften zu einer Renaissance im deutschsprachigen Raum[531] verhalf: „Mit großer Lust am Fabulieren dichtete er die märchenhaften Erzählungen des Rabbi Nachman nach und goß sie in die literarische Form der deutschen Neoromantik. Damit gelang ihm, was den osteuropäischen Autoren nicht gelungen war: Er eroberte das deutsche Publikum, Juden und Nichtjuden, und ebnete den chassidischen Legenden den Weg in die deutsche Kultur.“[532]

Buber selbst schreibt, dass ihm die Übertragung nur auf diese Weise gelang. Er musste die Geschichten in sich aufnehmen und in eigenen Worten

---

[527] Lappin 2000, 343.
[528] Siehe dazu zum Beispiel: Buber 2003.
[529] Vgl. Beck 1991. Vgl. auch Weinberger 2008, 20.
[530] Vgl. Lappin 2000, 343.
[531] Vgl. Lappin 2000, 344.
[532] Lappin 2000, 343.

nacherzählen, damit sie ein schlüssiges Ganzes ergaben.[533] Dabei misst er der Form der Erzählung eine große Bedeutung bei: „Das erzählende Wort ist mehr als Rede, es führt das was geschehen ist faktisch in die kommenden Geschlechter hinüber, ja das Erzählen ist selber Geschehen, es hat die Weihe einer heiligen Handlung."[534] Es ist davon auszugehen, dass die Schriften Rabbi Nachmans in vielfältiger Wechselwirkung mit Bubers weiterem Schaffen stehen. So waren die *Geschichten des Rabbi Nachman*, die 1906 publiziert wurden, eine seiner ersten Veröffentlichungen und standen am Beginn seiner Autorenschaft zum Chassidismus.[535]

Die Geschichten Nachmans handeln von vielfältigen Krisen und Umbrüchen im Leben erwachsener Menschen. Auch Buber war überzeugt, dass sich in Lebenskrisen ein besonderes Potential für persönliche Veränderungsprozesse aufbaut.[536] Buber sah hier die Möglichkeit zur Umkehr als *Signum des Menschen*: In der Krise kann der Einzelne zur Umkehr finden und so zur Wahrheit durchbrechen. Umkehr bedeutet dann nicht nur das Ende eines negativen Zustands, sondern wird zum Anfang von etwas Neuem.[537] Auch im Blick auf die Schriften Bubers beschränkt sich die Umkehr eines Menschen nicht auf einzelne Lebensbereiche: „Dieser aus der Krise erwachsene Durchbruch, Umschwung und Neubeginn des Menschen und der Völker umfaßt, wenn er seinen Namen verdient, nicht etwa nur das religiöse Gefühl, die Seele, die moralische Einsicht oder das Umlernen als rein intellektuelle Reorientierung, sondern den ganzen Menschen."[538]

Mit seinen philosophischen Ideen hat Buber das Menschenbild von Rogers maßgeblich geprägt.[539] Es würde den Rahmen dieser Arbeit sprengen, diese Entwicklungslinie genauer nachzuzeichnen.[540] Hier ist lediglich festzuhalten, dass Buber wie Rogers zwischenmenschliche Beziehungen als entscheidend für die menschliche Entwicklung erachten. Buber

[533] Vgl. Buber 1992, 8-9, 11f.
[534] Buber 1992, 5.
[535] Vgl. Buber 1992, 13.
[536] Vgl. Friedenthal-Haase 1991, 20ff.
[537] Vgl. Friedenthal-Haase 1991, 22f.
[538] Friedenthal-Haase 1991, 23.
[539] Vgl. Lemke 1995, 29.
[540] Siehe zu dieser Frage zum Beispiel das Gespräch zwischen Carl Rogers und Martin Buber aus dem Jahr 1957: Buber & Rogers 1984, 52-72. In diesem Gespräch zeigt Buber auch die Unterschiede zwischen seinem anthropologischen Verständnis und der therapeutischen Arbeit auf. Für Buber besteht bei psychischen Erkrankungen des Klienten eine besondere Situation, die sich auf die Beziehung auswirkt. Auf dieses spezielle Beziehungsgeschehen ließen sich seine grundlegenden Aussagen nur bedingt übertragen. Vgl. Buber & Rogers 1984, 56-61.

unterscheidet zwei Formen von Beziehung: Entweder wird der Mensch zum Objekt des eigenen Denkens und Handelns gemacht, oder zwischen zwei Menschen entwickelt sich eine Beziehung, für die das Miteinander in der Begegnung tragend ist. In der ersten Form wird der andere eingeordnet und bewertet, in der zweiten Form bleibt seine Einzigartigkeit und Selbstverfügbarkeit gewahrt.[541] Bubers Menschenbild weist damit auch große Parallelen zum christlichen Verständnis auf, nach dem der Mensch als wesentlich relationales Wesen gesehen wird. Jeder Mensch soll zu einer lebensförderlichen Beziehung zu sich selbst, zu Gott und zur Welt finden.[542]

2.5.2 Die Geschichte vom Königssohn und dem Sohn der Magd

Zu der chassidischen Geschichte, die hier vorgestellt werden soll, ist weder von Rabbi Nachman noch von Martin Buber eine Kapiteleinteilung überliefert. Im Folgenden wird die Erzählung, nach einer kurzen Vorgeschichte, in vier Abschnitte unterteilt. Bei der darauf folgenden Analyse der Geschichte wird jedem dieser Abschnitte eine Traueraufgabe nach Worden zugeordnet.

Vorgeschichte

Zwei Kinder, ein Königssohn und der Sohn einer Magd, werden zur gleichen Zeit geboren. Kurz nach ihrer Geburt werden sie von einer weisen Frau heimlich vertauscht. Der wahre Königssohn wächst bei einem Knecht auf, der Sohn der Magd hingegen am Hof des Königs. Ohne den Grund zu kennen, spüren beide, dass sie an einen anderen Ort gehören: Der Königssohn zeigt eine stolze Art, ein freies Wesen und ein waches Auge. Er macht sich mit den einfachen Menschen seiner Umgebung nicht gemein. Der Sohn der Magd hingegen sehnt sich nach der Arbeit auf dem Acker.[543]

1. Abschnitt

Die weise Frau, die die Kinder vertauscht hatte, wird alt, und ihr Geheimnis bedrückt sie. So kommt das Gerücht von der wahren Herkunft der jungen Männer in Umlauf. Der Sohn der Magd ist mittlerweile König und beginnt wegen dieser Gerüchte, dem wahren Königssohn nachzustellen. Dem Königssohn bleibt nichts anderes übrig, als auf den Rat seines Pflegevaters zu hören und das Land zu verlassen. Sein Pflegevater gibt ihm

---

[541] Vgl. Lemke 1995, 52.

[542] „Die Bibel bekräftigt, dass der Mensch in Beziehung zu anderen Personen existiert: zu Gott, zur Welt und zu sich selbst. Dieser Konzeption entsprechend ist der Mensch nicht ein isoliertes Individuum, sondern eine Person – ein wesentlich relationales Wesen." (Internationale Theologische Kommission 2008, 10)

[543] Vgl. Buber 1993, 58f.

noch Gold und neue Gewänder mit auf den Weg.[544] „Und der Jüngling zog traurig aus dem Lande.“[545]

Dann heißt es: „In der Fremde verbrachte er seine Tage müßig, vertrank seine Goldstücke des Abends mit den jungen Leuten in den Schenken und warf sie den gleißenden Tänzerinnen zu. Aber sein Herz blieb schwer.“[546] Der wahre Königssohn erhält im Traum wiederholt die Weisung weiterzuziehen. Schließlich verschenkt er sein restliches Hab und Gut geht zu dem Markt, den er in seinen Träumen gesehen hat.[547]

2. Abschnitt

Auf dem Markt trifft der Jüngling einen Kaufmann, der ihn als Viehtreiber anstellt. Bald zeigt sich, dass der Kaufmann seine Untergebenen für jede Unachtsamkeit hart bestraft. Als sie durch einen dichten, dunklen Wald kommen, entkommen zwei Tiere aus der Herde des Jünglings. Der Kaufmann droht dem Jüngling daraufhin, ihn zu töten. Der Jüngling beginnt im Wald nach den Tieren zu suchen. Schließlich bricht die Dunkelheit ein, so dass er sich über Nacht in eine Baumkrone flüchtet. Dort ängstigt ihn das unheimliche Brüllen der Tiere.[548]

Am Morgen entdeckt der Jüngling die entlaufenen Tiere und stellt ihnen nach. „Er folgte ihnen bis in die dichteste Mitte des Waldes, wo die wilden Tiere hausen, die die Furcht nicht kennen, weil sie fern von den Wohnstätten der Menschen sind.“[549] Wieder geht der Tag zu Ende, und der Jüngling besteigt aus Angst vor wilden Tieren wieder einen hohen Baum. Auch in dieser Nacht hört er das Brüllen und Schreien der Tiere.

Im Geäst jenes Baumes trifft er zu seiner Verwunderung auf einen anderen Mann. Er freut sich, nun nicht mehr allein zu sein, und fragt den anderen nach seiner Herkunft. Der erzählt ihm, bei der Jagd sein Pferd verloren zu haben und deshalb im Wald geblieben zu sein. Die beiden beschließen, von nun an zusammen zu bleiben, und setzen am nächsten Morgen die Suche nach den vermissten Tieren fort. Der Jüngling erblickt die Tiere aus der Herde des Kaufmanns, gleichzeitig entdeckt der Fremde sein Pferd. Da ihre Tiere in unterschiedliche Richtungen davonlaufen, trennen sie sich wieder, als sie die Verfolgung aufnehmen. Der Jüngling findet auf dem Weg einen Sack mit frischem Brot, isst davon und nimmt den Sack mit.

---

[544] Vgl. Buber 1993, 59ff.
[545] Buber 1993, 61.
[546] Buber 1993, 61.
[547] Vgl. Buber 1993, 61ff.
[548] Vgl. Buber 1993, 63ff.
[549] Buber 1993, 65.

Wo der Wald ins tiefste Dunkel mündet, trifft der Jüngling ein Waldwesen, einen wundersamen Waldgeist. Dieser fordert den Jüngling auf, ihm zu folgen. Während er mit dem Waldgeist geht, trifft der Jüngling den anderen Mann wieder. Dieser verspricht ihm, für immer sein Knecht zu sein, wenn er ihm nur etwas von dem Brot abgebe. Der Jüngling geht auf dieses Angebot ein.[550]

3. Abschnitt

Der Waldgeist führt die beiden jungen Männer tiefer in den Wald und hebt sie schließlich mit sich in den Himmel hinauf, wo sich sein Haus befindet. Hier versorgt er die beiden mit guten Speisen und Getränken. Der Begleiter erzählt dem Jüngling, dass er ein König gewesen sei. Allerdings habe er viel Böses getan, weil ihn das Gerücht verfolgt habe, dass er der Sohn einer Magd sei. In einem Traum sei ihm geboten worden, auf sein Königtum zu verzichten und seine Schuld zu sühnen. Der Jüngling erkennt daraufhin in seinem Begleiter den falschen König, der der Grund für seine Flucht war.

In der Nacht hören die beiden Männer wieder die unheimlichen Stimmen der Waldtiere. „Erst klang ihnen alles wie ein großes Gewirr; je mehr sie aber ihr Ohr hinneigten, empfanden sie, dass es die erhabene Weise eines wunderbaren Liedes war, also dass ihnen alles Glück der Erde eitel dünkte gegen die starke Wonne dieses Gesanges."[551] Der Waldgeist erzählt ihnen, dass die Tiere singen, weil sie dem Mond für sein Licht danken. Außerdem sei er im Besitz eines wundersamen Stabes, der die Kraft besitze, jedes Tier, das damit berührt wird, auf diese Weise singen zu lassen. Mit diesem Stab sei es möglich, jedem Wesen die Stimme seines eigenen Herzens zu entlocken.

Am dritten Morgen bringt der Waldgeist die beiden Männer zurück an die Stelle, wo er sie gefunden hat. Sie sollen in das Reich der Menschen zurückkehren: in das Land, das das *närrische Land mit dem weisen König* genannt wird. „Und zum Abschied reichte er dem Jüngling den wunderbaren Stab, von dem er gesprochen hatte, als Gabe und hieß ihn guter Dinge sein und verschwand."[552]

4. Abschnitt

Der Jüngling und sein Knecht kommen schließlich an das Tor dieses Landes. Der Wächter erzählt ihnen, dass dem Land der König fehle und es, bis ein neuer König gefunden sei, das *weise Land mit dem närrischen König* heiße. Eingelassen werde nur der, der es wage, den ursprünglichen

[550] Vgl. Buber 1993, 65-68.

[551] Buber 1993, 71.

[552] Buber 1993, 72. Vgl. zum dritten Abschnitt Buber 1993, 68-72.

Namen des Landes durch seine Weisheit wiederherzustellen und so zum König zu werden.

Erst zögert der Jüngling, beschließt dann aber, sich der Aufgabe zu stellen, und wird zu den Fürsten des Landes geführt. Sie geben ihm die Aufgabe, in einen Garten zu gehen, aus dem bisher alle Menschen von Geistern wieder vertrieben wurden. Der Jüngling versteht es, die Geister zu bannen, und erhält eine zweite Aufgabe: Er soll das Rätsel um den Thronsessel lösen, vor dem geflügelte, goldene Tiere stehen. Bisher hätten diese Tiere um Mitternacht auf wunderbare Weise gesungen, nun schwiegen sie und verschlängen jeden, der sich auf den Thron setze. Der Jüngling aber kann am Thronsessel die Dinge wieder in die richtige Ordnung bringen. „Und er begriff, dass der alte König vor seinem Tode alles mit Absicht so verwirrt hatte, auf dass der Weise gefunden werde, der es wiederherstellen und jedes Ding an seinen rechten Ort bringen könnte."[553] Als er das Rätsel um die goldenen Tiere gelöst hat, beginnen diese, auf wunderbare Weise zu singen.

So wird der Jüngling schließlich zum König. Zu seinem Begleiter, der sein Knecht geworden ist, sagt der Jüngling: „Nun verstehe ich, dass ich in Wahrheit der Königssohn bin und du in Wahrheit der Sohn der Magd."[554]

2.6 Analyse der Lehrerzählung: Relevante Erzählelemente für die Beratung von arbeitslosen Männern

Eine Textanalyse der vorliegenden Erzählung kann unter vielen unterschiedlichen Gesichtspunkten vorgenommen werden. In dieser Arbeit ergibt sich der Referenzrahmen für die Analyse aus den vorangegangenen Kapiteln: Das handlungsspezifische und beratungstheoretische Wissen für die Zielgruppe arbeitsloser Männer soll auf diese Erzählung transferiert werden. Hierbei geht es nicht darum, eine bestimmte Deutung als die richtige zu präsentieren, sondern zu zeigen, welche Elemente der Geschichte in der Beratung produktiv aufgegriffen werden können. Der subjektive Zugang und der Interpretationsrahmen des Klienten zu dieser Geschichte können aus dem Beratungswissen für dieses Handlungsfeld, wenn auch nur in begrenztem Umfang, abgeleitet werden. Es soll gezeigt werden, welche Ansatzpunkte sich aus der Geschichte für den Beratungsprozess ergeben und auf welche Weise diese Erzählung zur Problembe-

[553] Buber 1993, 77f.

[554] Buber 1993, 78. Vgl. zum vierten Abschnitt Buber 1993, 72-78.

wältigung beitragen kann. Schließlich geht es in der konkreten Beratung nicht um eine *literaturwissenschaftliche* Rezension einer überlieferten Erzählung, sondern um ihre im Beratungsgespräch eröffnete und wechselseitig erfahrene Bedeutung.[555] Weder kann es dabei gelingen, tatsächlich alle denkbaren Bezüge zu nennen, noch ist damit gesagt, dass in der konkreten Beratung möglichst alle diese Ansatzpunkte aufgegriffen werden müssen. Es wird hier vielmehr ein *Tableau* eröffnet, an dem sich ablesen lässt, welches Potential eine Geschichte für die seelsorgliche Beratung haben kann. So werden zentrale Fragestellungen und Erkenntnisse der vorangegangenen Kapitel aufgriffen, um zu zeigen, wo diese in der Geschichte vorkommen.

Im Blick auf die vorliegende Erzählung wird ein Schwerpunkt auf die Analyse von Metaphern gelegt. Ausgehend von der Beobachtung, dass Metaphern unsere Wahrnehmung regulieren,[556] wird danach gefragt, wie die Interpretation der verwendeten Metaphern den Beratungsprozess konstruktiv begleiten kann.

2.6.1 Zuordnung zur ersten Traueraufgabe: Den Verlust als Realität akzeptieren

Inhalt der Geschichte
In der Geschichte wird der Jüngling aus seinem gewohnten Umfeld vertrieben. Obwohl er sich in seinem bisherigen Leben fremd gefühlt hat, weil ihm die Tätigkeit in der Landwirtschaft nicht entsprach, verlässt er traurig seinen Pflegevater. Anschließend verbringt er seine Zeit müßig in Schenken. In Träumen wird er wiederholt dazu aufgefordert, diese Situation zu beenden und aufzubrechen.[557]

Bezug zum Beratungskontext
Der Jüngling flüchtet sich nach dem Verlust seiner Heimat in ein untätiges Leben. Er unternimmt vorerst nichts, um für seine Situation eine Lösung zu finden. Dieses Verhalten erinnert an die erste Traueraufgabe nach Worden: Sie besteht darin, den Verlust zu akzeptieren. Allerdings ist dieses Eingeständnis schmerzhaft. Es ist normal, wenn der Betroffene versucht, die Konfrontation mit der Wirklichkeit nach einem tiefgreifenden Verlust zu vermeiden.[558] „Die Vergegenwärtigung und Klärung eines Problems erfolgt in der Regel nicht mühelos und linear. Vielmehr ist damit zu rechnen, dass der Gesprächspartner von der Tendenz geleitet ist, für ihn kriti-

[555] Vgl. Engel & Sickendiek 2004, 753.
[556] Vgl. Lakoff & Johnson 2011, 18-21.
[557] Vgl. Buber 1993, 61ff.
[558] Vgl. Levang 2002, 78f.

sche Themen, negative Affekte und die damit verbundene Bedrohung seines – fragilen – Selbstwertgefühls zu vermeiden. Er hat bereits lange vor der Beratung Strategien ‚erfunden' und automatisiert, die ihm helfen, die Konfrontation mit den angstbesetzten Aspekten seines Problems zu umgehen."[559]

Der Klient wird seine Trauer darum kaum von sich aus thematisieren. In der Trauerforschung wird hier von der Phase gesprochen, in der der Hinterbliebene den Verlust nicht wahrhaben will.[560] Auch nach einem Arbeitsplatzverlust besteht häufig noch keine innere Bereitschaft, sich mit dieser Erfahrung auseinanderzusetzen. Die Anerkennung der Realität benötigt eine gewisse Zeit, da zu Beginn der Arbeitslosigkeit häufig berechtigte Hoffnung besteht, „diesen Status schnell wieder verlassen zu können"[561]. Schoppa schreibt, dass es rund ein halbes Jahr dauere, bis der Betreffende entweder resigniert oder die Realität akzeptiert und sich neu orientiert.[562] Die Möglichkeit zur differenzierten Auseinandersetzung mit der Vergangenheit, mit den Vor- und Nachteilen der bisherigen Arbeitsstelle, ist in der Regel noch nicht gegeben.[563] Daher ist es auch eher unwahrscheinlich, dass ein Klient in dieser „Schockphase" von sich aus eine Beratung aufsucht.

Art und Weise des Verlustes
Analog zur Geschichte deutet sich der Verlust des Arbeitsplatzes häufig an und ist somit selbst ein Prozess, der sich über einen längeren Zeitraum hinzieht. So sind Kündigungen von Seiten des Arbeitgebers in vielen Fällen mittelfristig absehbar. Dieser Zustand der Unsicherheit und des Wartens wird bereits negativ erfahren.[564] Unmittelbar nach der Kündigung fühlen sich viele Betroffene daher sogar für kurze Zeit erleichtert.[565] Ferner beeinflusst die Art und Weise des Verlustes den Bewältigungsprozess: „Je deutlicher die Hilflosigkeitserfahrung beim Eintritt in die Arbeitslosigkeit gewesen ist, desto unbeeinflussbarer wird sie womöglich auch in Bezug auf die Wiedererlangung einer Beschäftigung erhalten bleiben."[566] In der Geschichte erfährt sich der Jüngling als hilflos gegenüber seinem Widersacher. Er kann sich nur durch Flucht dessen Angriffen entziehen und setzt sich anschließend keine neuen Ziele.

---

[559] Baumgartner 2007a, 39.
[560] Vgl. dazu Kapitel 3.2 und 3.3 im zweiten Teil dieser Arbeit.
[561] Schoppa 2010, 37.
[562] Vgl. Schoppa 2010, 37f.
[563] Vgl. Siedler 2006, 152f.
[564] Vgl. Mohr 2001, 112.
[565] Vgl. Mohr 2001, 126.
[566] Schoppa 2010, 40.

2.6.1.1 Metaphorisches Angebot: Betäubung und Ablenkung

In der Geschichte muss der Kontakt zum Pflegevater abgebrochen werden, und das bisherige Vater-Sohn-Verhältnis wird durch die Gerüchte von der wahren Elternschaft in Frage gestellt. Auch durch den Arbeitsplatzverlust werden gewohnte Beziehungskonstellationen verändert: Der Kontakt zu den Kollegen wird zumindest eingeschränkt oder reißt durch den Arbeitsplatzverlust ganz ab. Diese Trennung vom sozialen Umfeld kann mit dazu beitragen, dass der Betroffene in einen apathischen Zustand abgleitet. In der Geschichte reagiert der Jüngling auf die Trennung von seinem bisherigen Lebensumfeld, indem er sich bei ausschweifenden Festen betäubt. Trotz des scheinbar schönen, müßigen Lebens wird diese Zeit als negative Erfahrung beschrieben. So heißt es: „Aber sein Herz blieb schwer."[567] Erst ein wiederkehrender Traum drängt ihn dazu, diesen Zustand zu überwinden.

In der Beratung kann dieser Abschnitt der Erzählung als metaphorisches Angebot aufgegriffen werden. Der Arbeitslose kann hier möglicherweise eigene Verhaltensweisen erkennen, durch die er sich der Konfrontation mit seiner Leidenswirklichkeit entzieht. Schließlich lässt sich bei vielen, die arbeitslos geworden sind, beobachten, dass ihre gewohnte Zeitstruktur nach und nach verloren geht. Die Konfrontation mit dem Verlust kann unter anderem dadurch aufgeschoben werden, dass der Betroffene seine Probleme mithilfe von Alkohol oder anderen Suchtmitteln ausblendet.[568] Männliche Klienten leugnen offensichtliche Verlusterfahrungen zum Beispiel, um ihr Selbstbild von einem erfolgreichen Mann aufrecht zu erhalten. Lässt sich diese Realitätsverweigerung aber, zum Beispiel bei Arbeitslosigkeit, nicht länger durchhalten, reagieren viele Männer darauf mit Apathie. Es fehlen erlernte Verhaltensmuster, um mit Erfahrungen des Leidens und der Schwäche umzugehen.[569]

Es erschwert die Beratungsarbeit, wenn der Klient versucht, sich der Konfrontation mit der eigenen Situation zu entziehen. Dann wird der Beratungsprozess abgebrochen, weil sich die Situation scheinbar geklärt hat oder er nach einem ersten Treffen keine Notwendigkeit für weitere Bera-

---

[567] Buber 1993, 61.

[568] Wie viele Männer aufgrund des Arbeitsplatzverlustes ihren Alkoholkonsum steigern, ist in der Forschung jedoch nicht eindeutig geklärt. Manche Studien zeigen zwar einen eindeutigen Zusammenhang zwischen Arbeitslosigkeit und Alkoholmissbrauch. Die Psychologen Gisela Mohr und Peter Richter äußern sich zu diesen Zusammenhängen allerdings zurückhaltender. Mohr und Richter schreiben, die Datenlage sei in dieser Hinsicht widersprüchlich. Es dürfe folglich nicht generell unterstellt werden, dass arbeitslose Männer suchtgefährdeter seien. Vgl. Mohr & Richter 2008, 26f.

[569] Vgl. dazu Kapitel 2.3 im zweiten Teil dieser Arbeit.

tungsgespräche mehr sieht. Der Beratung kommt hier die Aufgabe zu, zu Veränderungen zu ermutigen und dem Abgleiten in einen apathischen Dauerzustand entgegen zu wirken.

2.6.1.2 Metaphorisches Angebot: Traum

Der Jüngling zeigt typische Symptome nach einem Verlust: Seine Träume lassen sich zum Beispiel als veränderte mentale Zustände deuten. So berichten viele Hinterbliebene von intensiven Träumen nach einem Personenverlust.[570] Diese Träume gehören zu einer Trauerbewältigung dazu. Im Traum wird der Jüngling immer wieder dazu gedrängt, seine Situation zu ändern und aufzubrechen. Der Jüngling ist sich der Botschaft bewusst, kann sie aber über einige Zeit ignorieren. In der Beratung kann die Metapher des Traums aufgegriffen werden: Wovon träumt der Klient? Welche Ahnung von einem besseren Leben trägt er in sich? In der Beratung kann nach diesen – vielleicht noch sehr diffusen – inneren Vorstellungen von möglicher Veränderung gefragt werden. Die Metapher des Traums weist darauf hin, dass der Berater empathisch wahrnehmen sollte, welche Sehnsüchte und Wünsche den Klienten bereits beschäftigen, ohne dass er sich ihnen bewusst ist. Er kann dann den Klienten dazu ermutigen, sich mit seinen Träumen auseinanderzusetzen. Vielleicht erzählt der Klient auch von eigenen Träumen, die als Aufruf zu Verhaltensänderungen gedeutet werden können. Zumindest in der Geschichte folgt der Jüngling schließlich den Weisungen seines Traums und verschenkt sein Hab und Gut. Er nimmt sich damit selbst die Möglichkeit, weiterhin müßig und verschwenderisch zu leben.

Die Metapher des Traums weist auch darauf hin, dass Bewältigungsprozesse über eine rationale Problemreflexion hinaus gehen. Die kognitive Einsicht, dass ein Angehöriger sterben wird oder eine Arbeitstelle verloren geht, kann zu einem frühen Zeitpunkt erfolgen, ohne dass der Betroffene dabei emotional reagiert. Der äußere Wandel, wie ein Personen- oder Arbeitsplatzverlust, wird unter Umständen gefasst aufgenommen. Bei einem Personenverlust erfolgen emotionale Reaktionen zum Beispiel manchmal erst während der Bestattung des Toten. Kognitive und emotionale Prozesse, äußere und innere Veränderungen, geschehen somit bis zu einem bestimmten Grad unabhängig voneinander. Konstruktiv verläuft eine Beratung erst, wenn auch diese emotionalen Erfahrungen zugelassen werden, und wenn man über sie sprechen kann. Zum Beispiel „wissen" arbeitslose Menschen in der Regel, dass ein unstrukturierter Tagesablauf oder ein erhöhter Alkoholkonsum ihre Situation verschlechtern. Diese

[570] Vgl. dazu Kapitel 3.3 im zweiten Teil dieser Arbeit.

Einsicht wird der Berater nicht logisch herleiten müssen, um eine etwaige Verhaltensänderung beim Klienten zu erreichen. Vielmehr geht es darum, den Klienten in seiner Verzweiflung und Hoffnungslosigkeit zu verstehen, um danach fragen zu können, was ihm neuen Lebenssinn geben könnte. Dabei vertraut der Berater auf die grundsätzliche Fähigkeit des Klienten, sich selbst zu helfen. So schafft der Berater eine Atmosphäre, in der sich der Klient traut, auch scheinbar unlogische oder irrationale Erfahrungen wie die eines Traums anzusprechen. Der Klient soll befähigt werden, sich mit all seinen Empfindungen auseinanderzusetzen. Zu welchen Ergebnissen er bei dieser Auseinandersetzung kommt, bleibt zunächst offen. Der Berater soll dem Klienten dabei helfen, zu einer selbst verantworteten Entscheidung zu kommen. Er kann diese Entwicklung des Klienten nicht beschleunigen oder erzeugen, sondern schafft lediglich die erforderlichen Rahmenbedingungen.[571]

2.6.2 Zuordnung zur zweiten Traueraufgabe: Den Trauerschmerz erfahren

Inhalt der Geschichte

Der Königssohn folgt schließlich dem Anruf, der im Traum an ihn erging, und sucht sich eine Arbeitsstelle als Viehtreiber. Jedoch leidet er bald unter dem strengen Besitzer der Viehherde. Als ein Tier aus der Herde entläuft, droht der Besitzer, ihn zur Strafe zu töten. Voller Angst folgt er dem entlaufenen Tier in einen Wald. Weil er es nicht zurückholen kann, muss er schließlich in der Wildnis übernachten.[572]

Bezug zum Beratungskontext

Die zweite Traueraufgabe lautet, den Trauerschmerz zu erleben. Nachdem der Betroffene den Verlust akzeptiert hat, muss er sich emotional dieser Erfahrung öffnen. In der Geschichte wird dieser emotionale Aufbruch metaphorisch ausgedrückt. Der Jüngling flieht in die Wildnis, um das entlaufene Tier zu suchen. Er fürchtet um sein Leben, wenn er es nicht findet. Die erneute Flucht offenbart seine verzweifelte Situation: Trotz seiner Angst, die Nacht allein in der Wildnis zu verbringen, bleibt ihm keine andere Wahl. Hier werden die negativen Gefühle beschrieben, die der Jüngling in dieser Situation durchleben muss.

Die Geschichte zeigt, wie mühsam sich ein Veränderungsprozess gestalten kann: Trotz wiederholter Aufbrüche aus untragbaren Situationen ist auch in dieser Phase nicht erkennbar, dass sich eine dauerhafte Lösung abzeichnet. Die Rolle des Viehtreibers kann nur eine Passage sein, da der

---

[571] Vgl. Schmid 1989, 102ff.

[572] Vgl. Buber 1993, 63ff.

Leidensdruck des Jünglings weiter zunimmt. Seine Lage verschlechtert sich: In der Wildnis ist er hungrig und einsam. Man würde sogar verstehen, wenn er sich den Zustand als Müßiggänger zurückwünschte, in dem er vergleichsweise sicher und angenehm leben konnte.

Übertragen auf einen Veränderungsprozess in der Beratung lässt sich sagen: Der Fortschritt zur vorhergehenden Phase besteht darin, dass der Verlust nicht mehr geleugnet wird. Die Probleme und die Notwendigkeit, sie zu lösen, werden eingestanden. Das Paradoxe an der Aufbruchsphase ist aber, dass man das Gewohnte verlässt, ohne ein Ziel für die eigene Zukunft klar benennen zu können.[573] Ein *sinnstiftender Endpunkt* zeichnet sich noch nicht ab. Sicherlich ist mit dem Aufbruch eine Verbesserung intendiert, doch wie diese Verbesserung wirklich erreicht werden kann, bleibt vorerst offen. Es kommt zu einer „Situation der Orientierungslosigkeit"[574]. Bleibt zum Beispiel die Stellensuche über einen längeren Zeitraum erfolglos, wird das Vertrauen auf die Wirksamkeit eigener Anstrengungen tendenziell abnehmen. Es kann zu *motivationalen* Störungen kommen. Hier wäre in der Beratung zu klären, wie stark der Zusammenhang zwischen eigenen Anstrengungen und dem Bewerbungserfolg ist. Eventuell sind andere Faktoren, wie zum Beispiel die konjunkturelle Situation, entscheidend für den Misserfolg. Es hat sich gezeigt, dass gerade hoch motivierte Bewerber, die alles unternehmen, um möglichst bald wieder in einem Arbeitsverhältnis zu stehen, unter erfolglosen Bewerbungsversuchen leiden. Eine überdurchschnittliche Motivation kann dann sogar in umso größere Verzweiflung umschlagen.[575] In der Beratung sollte zu diesem Thema eine differenzierte Auseinandersetzung erfolgen. Sonst besteht auch in dieser Situation die Gefahr, dass bestimmte negative Erfahrungen generalisiert werden und sich die Selbstwirksamkeitserwartung reduziert.

2.6.2.1 Metaphorisches Angebot: Was das eigene Leben bedroht

In der Geschichte ist der Jüngling einer dreifachen Bedrohung ausgesetzt: Er flüchtet vor dem falschen König, dem grausamen Besitzer der Viehherde und den wilden Tieren im Wald. Das metaphorische Angebot an dieser Stelle betrifft all die Dinge, die das eigene Leben bedrohen und gefährden.

---

[573] Vgl. Lemke 1981, 108.
[574] Kast 2000, 47.
[575] Vgl. dazu Kapitel 1.3.2 im zweiten Teil dieser Arbeit.

In der Beratung von Arbeitslosen kann darauf Bezug genommen werden: Was trägt dazu bei, dass sich der Klient in seiner Existenz bedroht fühlt? Was macht ihm Angst?

In diesen Erfahrungen findet sich unter Umständen sogar ein Moment der Todesnähe und der Bewusstwerdung der eigenen Endlichkeit. Obwohl dieses Gefühl der Angst negativ erlebt wird, sollte ihm in der Beratung nicht ausgewichen werden. So kann die Betrachtung der eigenen Ängste den Klärungsprozess befördern: Die Angst bringt den Klienten dazu, das für ihn Wichtige und Wertvolle zu erkennen, sich dafür einzusetzen oder neue Werte anzunehmen.[576]

In der Beratung soll eine annehmende Atmosphäre dazu beitragen, es dem Klienten zu ermöglichen, „die unguten Lebenserfahrungen: die Verletzungen, Ängste usw. auszusprechen und das tiefe innere Leid wie Bedrohtsein herauszusprechen bzw. die Trauer, die innere Verzweiflung und Wut auszudrücken und damit herauszulassen"[577]. Wenn der Klient seine Angst zulassen kann, ist er auch in der Lage sich selbst und seine Umwelt positiv zu verändern.[578]

Seelsorglicher Aspekt: Kontingenzerfahrungen thematisieren
Die Metapher der Lebensbedrohung kann auch zu der Frage überleiten, was dem eigenen Leben Sicherheit bietet bzw. was sein tragender Grund ist. Schließlich kann der Arbeitsplatzverlust das Gefühl auslösen, ein tragendes Element der eigenen Selbstdefinition verloren zu haben. Wer die gewohnten Arbeits- und damit Lebensbezüge (gezwungenermaßen) verlässt, spürt vielleicht auf neue Weise die eigene Verletzlichkeit und Begrenztheit. So kann der Verlust des Arbeitsplatzes zu einer Kontingenzerfahrung werden. Der seelsorgliche Berater kann diese Erfahrung aufgreifen: „Einsicht in die Endlichkeit bedeutet, dass die Leidensmöglichkeit, die soziale Angewiesenheit, die Sterblichkeit und nicht zuletzt die je eigene Fehlerfähigkeit jedes Menschen, auch des eigenen menschlichen Schicksals, anerkannt wird. Dies relativiert das Setzen auf eine einzige Form des Gewinns, der dann zum präponderanten Steuer des eigenen Schicksals wird."[579]

Religiöse Kommunikation hat die „Aufgabe, die existentiellen lebensweltlichen Kontingenzen bewältigbar zu machen"[580]. Aus christlicher Sicht sind solche krisenhaften Erfahrungen einerseits Momente, in denen

---

[576] Vgl. Kast 2000, 54. Vgl. auch Kast 2001, 33f.
[577] Pompey 1986, 204. Vgl. dazu auch Kast 2000, 62ff.
[578] Vgl. Kast 2000, 54.
[579] Mieth 2010, 181-182.
[580] Schützeichel 2004, 134. Vgl. dazu auch Kießling 2012, 64.

der Einzelne sich als weit entfernt vom Gott des Lebens erfährt. Schließlich erkennt er, wie groß der Unterschied zwischen ewigem Schöpfer und endlichen Geschöpfen ist. Andererseits ist Jesus Christus dem Menschen gerade an den „neuralgischen Stellen des Lebens“[581] nahe. Durch seine Präsenz in schwierigen Zeiten offenbart er Wege zur Versöhnung und zeigt Auswege aus Verzweiflung und Hoffnungslosigkeit.[582] Im Bewusstsein der eigenen Kontingenz akzeptiert der Gläubige die Begrenztheit der eigenen Existenz und erkennt Gott als Geheimnis an, das ihn übersteigt. Gleichzeitig ist der Mensch eingeladen, auf die Liebe und Güte dieses Gottes zu vertrauen. „Das eröffnet aber dem Menschen die Hoffnung, dass ihm selbst nach dem Zusammenbruch weltlich aufgebauter und getragener Identität im Tod nicht letzte und endgültige Beziehungslosigkeit zukommt.“[583] Die Hinwendung zu Gott eröffnet nach dem schmerzhaften Verlust bisheriger Visionen und gewohnter Sicherheiten neue Lebensmöglichkeiten.[584] Der Gläubige vertraut darauf, dass Gott seine eigene Kontingenz übersteigt und Leben ermöglicht, wo dies kaum noch möglich erscheint. „Dort erst realisiert sich christlicher Glaube, wo der Mensch von dem Bewußtsein erfaßt und umgetrieben wird, daß sein Leben und Schicksal und das Leben und Schicksal seiner näheren und ferneren Umgebung von einer Macht umgriffen ist, die nicht in letzter Weise steuerbar und verfügbar ist.“[585]

Nicht nur im Blick auf einen religiösen Lernprozess ist die Auseinandersetzung mit der eigenen Kontingenz unerlässlich. „Ob nun im psychischen oder im religiösen Leben eine Wende erfolgt – stets bedeutet Umkehr für den Ratsuchenden ein Erkennen und Sicheingestehen, dass seine bisherige Lebensgestaltung nicht seiner Bestimmung entspricht, und er sie vom jetzigen Zeitpunkt an zu ändern gedenkt.“[586] Da der Wandel Kraft erfordert, ist er auf die Verheißung eines besseren Lebens angewiesen. In der Zeit großer Belastungen ist die Hoffnung nötig, dass die Krise auch eine Chance darstellt. Falls dies nicht gelingt, drohen zermürbende Selbstzweifel bis hin zu Suizidgedanken.[587]

---

[581] Deselaers 2001, 52.

[582] Vgl. Deselaers 2001, 52.

[583] Zulehner 1979, 79.

[584] Vgl. Zulehner 1979, 93.

[585] Baudler 1982, 42.

[586] Lemke 1981, 110.

[587] Besondere Vorsicht ist auf Seiten des seelsorglichen Beraters geboten, wenn der Klient indirekt oder direkt die Absicht einer Selbsttötung mitteilt. Hier muss der Berater offen nachfragen, um die Gefahr einschätzen zu können und den gefährdeten Menschen ggf. vor sich selbst schützen zu können. Vgl. Kießling 2012, 62f.

Der Berater steht vor der Aufgabe, dem Klienten angesichts einer Krise mit einem ungewissen Ausgang Mut zu machen. Er ermutigt dazu, „sich auf ein Leben einzulassen, das eines Tages sicher mit dem Tod endet und deshalb immer wieder dazu herausfordert, sich mit Angst und der Notwendigkeit, Sinn zu stiften, zu konfrontieren“[588]. So hilft der Berater dem Klienten dabei, sein eigenes Leben unter der Perspektive der Hoffnung neu zu erzählen und sich selbst anzunehmen.[589] Unabhängig davon, ob der Glaube dabei selbst zum Thema wird, schöpft der seelsorgliche Berater seine Zuversicht aus der eigenen Verbindung mit Gott. Er kann Leidenssituationen hoffnungsvoll mittragen, weil er selbst darauf vertraut, dass Gott helfen wird. Indem er dieses Vertrauen ausstrahlt, trägt er dazu bei, die „,Wirk'-lichkeit des Heiligen Geistes heilvoll gegenwärtigzusetzen“[590].

2.6.2.2 *Metaphorisches Angebot: Rückzug in die Wildnis*

Nach der Flucht aus dem Kulturraum des Menschen findet sich der Jüngling in der Natur wieder. Diese Natur ist befremdlich und vor allem in der Nacht beängstigend. Doch der Jüngling beginnt, sich mit dieser Welt vertraut zu machen. Der Wald und die darin lebenden Tiere können in der Beratung zur Chiffre für die unterdrückten Gefühle des Klienten werden. Der Wald kann als Sinnbild für die eigene Gefühlswelt gedeutet werden. Der Berater kann hier dem Klienten dabei helfen, die eigenen Empfindungen nicht mehr als fremd und bedrohlich abzuspalten. So kann der Klient erkennen, dass er seine Gefühlswelt nicht mehr unbedingt kontrollieren muss, sondern sich frei in ihr *bewegen* kann. Dadurch kann er all die Gefühle wahrnehmen, die er bisher nicht zulassen konnte.

Das metaphorische Angebot des Rückzugs in den Wald kann noch auf eine andere Weise aufgegriffen werden. Die Metapher der Wildnis lädt dazu ein, sich mit Zuschreibungen bestimmter Interaktionspartner bzw. gesellschaftlichen Stereotypen kritisch auseinanderzusetzen. Im Wald ist der Jüngling in der Geschichte unabhängig von den Rollenmustern, die sein Leben als Sohn, Bauer und Viehtreiber bestimmt haben. Er hat sich maximal von seinem sozialen Umfeld entfernt. So ist er keinen fremden Erwartungen oder Zuschreibungen mehr ausgesetzt.

Wie Laskowski zeigt, ist es für Veränderungen des Selbstkonzepts wichtig, sich von Erwartungen anderer distanzieren zu können. Sie spricht hier

---

[588] Hauke 2001, 21.

[589] „Es ist die Hoffnung von Seelsorge als heilsames Erzählen, dem hoffnungslosen Menschen die Möglichkeit zu eröffnen, angesichts der Endlichkeit die eigene biographische Erzählung als Annahme-Erzählung erzählen zu können.“ (Streib 1996, 356)

[590] Pompey 1991, 151.

von der Notwendigkeit zur *Dissozialisierung*. Dies unterstützt den Klienten dabei, das innere Selbstgespräch aufzunehmen und sich selbst wertschätzend wahrzunehmen.[591] In der Beratung kann diese Textstelle die Frage danach aufwerfen, wie der Klient Distanz zu seinen bisherigen Rollenmustern gewinnen kann. Das gesellschaftliche Umfeld stellt zum Beispiel bestimmte Erwartungen an den Zeitrahmen und das Alter für die Persönlichkeitsentwicklung. Werden bestimmte Rollenübergänge nicht innerhalb gewisser Fristen abgeschlossen, wird der Betreffende als unverantwortlich oder inkompetent betrachtet. Die Angst vor entsprechenden Zuschreibungen erschwert es dem Klient häufig, sich die nötige Zeit zu nehmen, um Veränderungs- und Entwicklungsprozesse zu durchlaufen und abzuschließen.[592]

Durch den Verlust des Arbeitsplatzes tritt unfreiwillig eine Trennung vom beruflichen sozialen Umfeld ein. Insofern geschieht zumindest eine teilweise *Dissozialisierung*. Gleichzeitig ändert sich in der Regel die gesellschaftliche Attribution: Dem Klienten wird aufgrund seiner Arbeitslosigkeit zum Beispiel Faulheit auf Kosten anderer unterstellt. Die Beratung soll den Klienten befähigen, sich von diesen negativen Zuschreibungen zu distanzieren. Wenn es ihm gelingt, sich nicht auf Stereotype von Arbeitslosen reduzieren zu lassen, kann er sich unabhängig von diesen negativen Zuschreibungen als eigenständige Person verstehen, die ihre individuellen Ressourcen und Fähigkeiten im Blick hat.[593]

Theologische Aspekte: Analogien zum christlichen Lebenswissen
Der seelsorgliche Berater weiß, dass jeder persönliche Veränderungsprozess Zeiten der Besinnung, der Ruhe und der Einsamkeit braucht.[594] „Heilsame Unterbrechung zu kultivieren, ist die Empfehlung der Theologie für die Gestaltung der seelsorglichen Beratung. Dann werden Beraterinnen und Berater entdecken, dass sie in ihrer Auffassung vom Menschen andere Akzente zu setzen haben als die gesellschaftlich hoch im Kurs stehenden."[595] Die Leerstelle, die durch einen Verlust entstanden ist, lässt

---

[591] Vgl. Laskowski 2000, 180f.
[592] Vgl. Brandstätter 2007, 103.
[593] Dies muss jedoch nicht so sein: Immerhin gibt es große gesellschaftliche Gruppen, die keiner Erwerbstätigkeit nachgehen und trotzdem nicht als Arbeitslose stigmatisiert werden. Zum Beispiel beziehen viele Rentner, Hausfrauen/-männer oder Studierende ihr Selbstwertgefühl aus anderen Quellen.
[594] Solche Phasen der Trennung von der *menschlichen Welt* pflegten auch die Anhänger Rabbi Nachmans, die sich zumindest für eine Stunde am Tag in die Einsamkeit zurückziehen sollten. Rabbi Nachman empfahl ihnen dabei, freie Gebete in der jüdisch-deutschen Umgangssprache statt im Hebräischen zu sprechen. Vgl. Fleischmann 2002, 107-111.
[595] Baumgartner 2007b, 25.

sich nicht schlagartig füllen, sondern benötigt eine Zeit des Wachstums.[596] Nach dem Rückzug aus vertrauten Beziehungen und Lebensorten ist der Wald der Ort des *Dazwischen*: ein Ort, an dem das neue Wachstum beginnt, aber auch ein Ort, der sich nicht dazu eignet, um dauerhaft als Mensch darin zu leben. Der Protagonist befindet sich an einem „Ort des Nicht-Mehr und des Noch-Nicht"[597]. In den Kulturen des Vorderen Orients wird statt des Waldes von der Wüste als dem Ort gesprochen, an dem der Mensch sich absondern kann, um zu sich selbst zu finden.[598] Die Wüste war dabei seit jeher auch ein Ort der Gottesbegegnung. Auch Jesus zog sich vor Beginn seines öffentlichen Auftretens in die Wüste zurück.[599]

Die christliche Tradition ist reich an Formen des Rückzugs aus dem Lebensalltag, um wieder neu zu sich selbst zu finden und die Gottesbeziehung zu stärken. In der Beratung selbst sind nur in sehr begrenztem Rahmen derartige „Wüstenzeiten" möglich. Unter Umständen kann der seelsorgliche Begleiter aber auf Klöster verweisen, die entsprechende Angebote der Alltagsunterbrechung machen.[600] „Wüstenzeiten, Wüstentage, Wüstenerfahrungen sind für viele Menschen, die in der Fülle des Konsums und materiellen Wohlstands zu leben gewohnt sind, eine Chance, durch die Konzentration auf das Wesentliche, durch Gebet und materiellen Verzicht zum eigentlichen Kern ihres Lebens durchzustoßen."[601]

2.6.3 Zuordnung zur dritten Traueraufgabe: Sich an eine Umwelt anpassen, die sich durch den Verlust verändert hat

Inhalt der Geschichte

In der Geschichte werden der Jüngling und sein Begleiter in das himmlische Haus des Waldgeistes emporgehoben. Dort werden sie mit guten

[596] Um sich ablösen zu können, benötigt der Betroffene einen Schutzraum, in dem er sich auf Emotionen einlassen kann. „Durch das bewusste Unterbrechen von körperlichen, materiellen und geistigen Konsum-Gewohnheiten und Abhängigkeiten können sich dem Menschen nicht nur an seinem Leib, sondern auch in seinem Geist neue – oder alte – Freiräume erschließen." (Hetterich 2007, 266)

[597] Kast 2000, 44.

[598] Der Wald, oder in der biblischen Tradition die Wüste, charakterisieren indes nicht eine harmlose Ruhe. Der Wald steht vielmehr für Gefahren und Entbehrungen. Dabei war es zu früheren Zeiten weitaus gefährlicher als heute, sich in einem größeren Wald allein aufzuhalten. Ein einzelner Mensch hatte Grund, den Wald zu fürchten, wie es in der Geschichte mehrfach anklingt. Wilde Tiere, Nahrungsmangel und Orientierungsverlust bedrohten das Leben dort. Aber gerade dieser Verlust gewohnter Sicherheiten kann die Sinne schärfen und den Menschen auf das Wesentliche verweisen. So werfen die Wüste wie auch der Wald den Menschen zurück auf das Stadium eines einfachen Lebens.

[599] Vgl. Mk 1,12-13.

[600] Vgl. Hetterich 2007, 267.

[601] Hetterich 2007, 266.

Speisen und Getränken versorgt. Drei Tage verbringen sie in diesem Haus, in dem sie weder Hunger noch Durst oder Angst vor wilden Tieren haben müssen. Sie müssen hier nichts leisten, es werden keine Erwartungen an sie gerichtet. Außerdem werden wichtige Fragen beantwortet: Der Jüngling erfährt, wer sein Begleiter in Wirklichkeit ist und was es mit dem allnächtlichen Chor der Tierstimmen auf sich hat. Schließlich erhält der Jüngling eine besondere Gabe: den Stab, der jedes Tier auf wundersame Weise singen lässt. Am dritten Tag kehrt der Jüngling in das Reich der Menschen zurück. Ihm wird gesagt, wohin er aufbrechen soll.[602]

Bezug zum Beratungskontext
Auch dieser Abschnitt der Geschichte lässt sich in Bezug auf eine der Traueraufgaben deuten. Die dritte Traueraufgabe lautet: sich an eine Umwelt anpassen, die sich durch den Verlust verändert hat. In der Geschichte finden sich verschiedene Hinweise darauf, wie diese Aufgabe bewältigt werden kann. Zum einen klärt sich die Beziehung zwischen dem Jüngling und seinem Begleiter: Es stellt sich heraus, dass dieser der falsche Königssohn ist, wegen dem er seine Heimat verlassen musste. Vom Auslöser seiner Verlusterfahrung geht nun keine Gefahr mehr für den Jüngling aus. Die beiden jungen Männer ziehen schließlich auch gemeinsam weiter. Übertragen auf den Beratungsprozess bedeutet dies: Eine destruktive Beziehung wird überwunden und in eine neue, konstruktive Beziehungsstruktur überführt.

Ferner findet der Jüngling einen Ort, an dem er sich sicher fühlt. So hat er die Möglichkeit, sich mit seiner Situation in Ruhe auseinanderzusetzen. Um sich an eine veränderte Umwelt anzupassen, ist ein solcher Klärungsprozess erforderlich. Für die Beratung lassen sich aus diesem Erzählabschnitt zwei Anregungen übernehmen: Erstens ist eine Reflexion nötig über die Umwelt, ihre Signale und die eigene, neue Rolle in diesem Zusammenspiel. Zweitens geht es darum, die Beratung als einen Ort erfahrbar zu machen, an dem der Klient sich sicher fühlt.

2.6.3.1 Metaphorisches Angebot: Hilfe

Im Haus des Waldgeistes ist der Jüngling kein Flüchtling mehr, der vom falschen Königssohn oder dem hartherzigen Kaufmann verfolgt wird. Vielmehr erfährt er dort Unterstützung, und ihm bietet sich schließlich eine Perspektive. Das metaphorische Angebot der Hilfe kann in der Beratung aufgegriffen werden. Es kann danach gefragt werden, wo und auf welche Weise der Klient selbst Hilfe erfährt oder bekommen könnte. Ziel ist es, dass der Klient sich aktiv auf die Suche nach sozialer Unterstützung

[602] Vgl. Buber 1993, 67-72.

begibt. Dies kann bedeuten, dass er Menschen aufsucht, die ähnliche Erfahrungen gemacht haben. Der Klient sucht über die Beratung hinaus das Wissen und die Unterstützung anderer.

In der Geschichte erhält der Königssohn vom Waldgeist eine besondere Gabe: einen wundersamen Stab, der ihm erlaubt, Tiere zum Singen zu bringen. Für die Beratung kann dies bedeuten, den Blick auf das Positive, auf die eigenen Gaben und Ressourcen zu lenken. Der Fokus liegt auf dem individuellen Potential des Klienten: Seine Fähigkeiten und sozialen Ressourcen werden zum Thema. Der seelsorgliche Berater bestärkt den Klienten darin, seine Talente und Möglichkeiten wahrzunehmen. Darüber hinaus wird nach den positiven Erwartungen an das eigene Leben gefragt.[603]

Der Verlust und die daraus resultierenden Belastungen sollen gegenüber den individuellen Stärken und Gestaltungsfreiräumen in den Hintergrund treten. Ziele und Hoffnungen in der Beratung zu besprechen soll die Motivation für eine persönliche Weiterentwicklung erhöhen.[604] Indem der Berater die Grundhaltung der unbedingten Wertschätzung nach Rogers einnimmt, spürt der Klient, dass der Berater „an ihn glaubt" und ihm diese positiven Veränderungen zutraut. Gelingt dieser Bewältigungsschritt, ist das an den Reaktionen und Äußerungen des Klienten ablesbar: „Sein Erzählen kreist um personale und soziale Möglichkeiten der Bewältigung von Verlust. Es fokussiert den Umbau von Selbst-Erzählungen und mögliche Reorganisation seiner Lebenswelt."[605]

In der personzentrierten Beratung wird davon ausgegangen, dass eine als positiv erlebte soziale Interaktion dazu beitragen kann, sich selbst anders wahrzunehmen und das eigene Wahrnehmungsspektrum zu erweitern. Der Klient nimmt seine Gefühle ganzheitlich wahr und kann sich ihnen öffnen. In der Geschichte verliert der Jüngling seine Angst vor den Tiergeräuschen. Der Waldgeist hilft dabei, diese als Gesang wahrzunehmen. Hier können die Tierstimmen als eine Metapher für eine veränderte Gefühlswahrnehmung gedeutet werden.

2.6.3.2 *Metaphorisches Angebot: Das himmlische Haus*

Nach einer existentiellen Verlusterfahrung durchlebt der Betroffene häufig ungewohnte emotionale und mentale Zustände, die sich zum Beispiel in

---

603 So schreibt Nauer: „Seelsorge stachelt Menschen dazu an, von sich, d.h. von (verlorenen) Träumen und Sehnsüchten, von Verletzungen, Freuden und Hoffnungen zu reden." (Nauer 2010, 182)

604 Vgl. Brandstätter 2007, 106.

605 Grossmann 2000, 35.

chaotischen Gefühlszuständen, Visionen oder Träumen äußern.[606] Betroffene trauen sich oft kaum, darüber zu sprechen, da sie nicht als verrückt gelten wollen. Hier können die fantastischen und surrealen Elemente der Geschichte dabei helfen, ungewohnte Bewusstseinszustände anzusprechen.

In der Geschichte bietet sich dafür die Metapher des himmlischen Hauses an. Der Jüngling verbringt drei Tage im himmlischen Haus des Waldgeistes. Diese Textstelle ist besonders geeignet, um die Fantasie des Klienten anzuregen. Die Vorstellung des Besuchs im himmlischen Haus des Waldgeistes steht einer streng rationalen Beratungsarbeit entgegen. So können neben einer intellektuell-rationalen Analyse von Problemen auch stärker kreative und intuitive Elemente in der Beratung zum Tragen kommen.

Anfangs kann es durchaus vorkommen, dass diese Episode durch ihren fantastischen Charakter bei manchen Klienten Widerstände erzeugt. Sie könnte zum Beispiel dahingehend missverstanden werden, dass der Berater dadurch ein *magisches Wirklichkeitsverständnis* befördern wolle. So mag es nicht unmittelbar möglich sein, dass der Klient sich auf diese *kindliche Perspektive* einlässt. „Der Rückgriff auf die Fantasie besitzt innerhalb der leistungsbetonten Gesellschaft die Bedeutung einer Regression, eines Rückschritts in frühere Entwicklungsstufen: Wenn ich mich mit Geschichten beschäftige, verhalte ich mich weniger wie ein typischer mitteleuropäischer Erwachsener, sondern wie ein Kind oder wie ein Künstler, dem Abweichungen von gängigen Leistungsnormen und der Zugang zur Welt der Fantasie noch zuerkannt werden."[607]

Theologischer Aspekt: Sich dem Himmel zuwenden
Die Metapher des Himmels bietet sich in besonderer Weise dafür an, die religiöse Lebensdimension des Klienten anzusprechen. Die Zeit im himmlischen Haus wird in der Geschichte als eine positive Erfahrung geschildert. In der Beratung kann damit die Frage verknüpft sein, an welchen Orten oder in welchen Situationen der Klient Erfahrungen der Gottesnähe und Geborgenheit gemacht hat. Wo hat er Gottes Liebe gespürt und sich von ihm beschützt gefühlt?

Darüber hinaus bietet die Geschichte auch einen konkreten Anknüpfungspunkt in Bezug auf die christliche Heilsgeschichte. In der Erzählung befiehlt der Waldgeist dem Jüngling und seinem Genossen am dritten Morgen: „Kehret nun in das Reich der Menschen zurück!" In der christlichen Tradition ist der dritte Tag der Tag der Auferstehung Jesu. Es ist der Tag,

[606] Vgl. Kast 1982, 25-56.
[607] Peseschkian 2006, 32.

an dem die Sünde und der Tod überwunden werden. In Jesus Christus hat Gott selbst Schmerz, Trauer und Tod menschlichen Lebens durchlitten. Die Botschaft des Glaubens lautet hier, dass in Gott alles Leid und sogar der Tod überwunden werden können. Gott ermöglicht so den Übergang in ein neues, ewiges Leben. Im Vertrauen auf diese Kraft und den Heilswillen Gottes kann der Einzelne der Zukunft positiv entgegensehen. In der Beratung kann und darf diese christliche Hoffnung zur Sprache kommen. Daran kann sich die Frage anschließen, ob die Beziehung zu Gott dem eigenen Leben neuen Sinn und neue Hoffnung geben kann.

2.6.3.3 Metaphorisches Angebot: Aussöhnung

In der Beratung geht es nicht darum, alle Schwierigkeiten zu lösen und alles Leid zu heilen, sondern darum, dass sich der Klient auch mit seiner eigenen Fragmentarität, seinem Scheitern und seinen Schwächen aussöhnen kann.[608] Hier zeigt sich noch einmal, in welchem Zusammenhang das Menschen- und Gottesbild des Beraters stehen. „Gerade Seelsorgerinnen, die auf dem Hintergrund eines höchst komplexen trinitarischen Gottes- und mindestens ebenso komplexen Menschenbildes tätig sind, wissen um die Komplexität, Ambivalenz und Fragmentarität menschlicher Existenz.“ [609] Arbeitslose Klienten müssen zum Beispiel für sich klären, wem sie die Verantwortung für die Kündigung zuschreiben, und welche Vorwürfe sie dabei sich selbst und anderen machen.

In der Geschichte kann für diese Fragen die Aussöhnung zwischen dem wahren und dem falschen Königssohn aufgegriffen werden. Der Jüngling erfährt, um wen es sich bei seinem Begleiter handelt. Dieser erzählt dem Jüngling, dass er der falsche Königssohn ist und ihm im Traum geboten wurde, seine Schuld zu sühnen. Der Jüngling könnte seine neue Position gegenüber seinem Begleiter dazu nutzen, ihm vergangene Grausamkeiten heimzuzahlen. Stattdessen begleitet der falsche Königssohn ihn auch weiterhin. Eine unklare, bedrohliche Beziehung hat sich in der Erzählung zum Guten gewandelt.

---

[608] Vgl. Nauer 2007, 54-55. Diesbezüglich äußert Baumgartner auch Kritik an Rogers, der vom Ziel einer *voll funktionierenden Person* spricht. Baumgartner betont demgegenüber, dass Menschsein fragmentarisch sei und sich nicht jedes Leid durch Selbstexploration und ein flexibles Selbstkonzept auflösen lasse. Vgl. Baumgartner 2007b, 15.

[609] Nauer 2010, 185. Nauer spricht an dieser Stelle nur von Seelsorgerinnen, da sie in ihrem Text die Bezeichnung Seelsorger/Seelsorgerin abwechselnd benutzt, aber jeweils beide Geschlechter meint.

Die Beratung soll dem Klienten dabei helfen, sich mit ihm widerfahrenem Unheil oder der Schuld anderer Menschen auszusöhnen.[610] Zu diesem Prozess gehört auch, bestimmte Gegebenheiten und Erfahrungen so anzunehmen, wie sie sind. Es ist eine weitere Kontingenzerfahrung des Menschen, dass er bestimmte Erfahrungen im Nachhinein nicht mehr verändern kann. Der seelsorgliche Berater unterstützt den Klienten dabei, diese Schritte der Vergebung und des Loslassens zu gehen.

2.6.4 Zuordnung zur vierten Traueraufgabe: Emotionale Energie abziehen und in eine andere Aufgabe investieren

Inhalt der Geschichte
In der Geschichte kehrt der Jüngling in das Reich der Menschen zurück. Er zögert jedoch, das Land zu betreten, das ihm der Waldgeist gewiesen hat. Ein Wächter an der Grenze dieses Landes erzählt ihm von der Größe der damit verbundenen Aufgabe.[611] Schließlich geht der Jüngling aber das Wagnis ein und kann in dem fremden Königreich alle Rätsel lösen. So stellt er die ursprüngliche Ordnung wieder her und wird zum neuen König ernannt.[612]

Bezug zum Beratungskontext
Der Abschluss der Geschichte erinnert an die vierte Traueraufgabe nach Worden: emotionale Energie abziehen und in andere Beziehungen investieren. Der Jüngling hat nun nicht mehr vor, den verlorenen Tieren nachzujagen oder zu seinem Pflegevater zurückzukehren. Vielmehr betritt er ein ihm fremdes Land und löst die Aufgaben, die ihn dort erwarten. Er erarbeitet sich dadurch eine neue soziale Position.

2.6.4.1 Metaphorisches Angebot: Sich neuen Aufgaben stellen

In der Beratung geht es besonders in der letzten Phase darum, die konkreten Handlungsoptionen des Klienten zu besprechen. Ein zentrales Merkmal gelungener Krisenbewältigung ist erfüllt, wenn der Klient sich neuen Herausforderungen und Zielen zuwendet. Veränderungen am Selbstkonzept manifestieren sich nicht allein im Gespräch, sondern vor allem in ei-

---

[610] „Die Erfolge der Gesprächspsychotherapie und der annehmenden Seelsorge sind mit Sicherheit auch darauf zurückzuführen, dass nach berechtigtem Zorn auf Vergangenes auch die Versöhnung gelingt, so dass die Gegenwart ohne alte Zwänge gelebt werden kann." (Lemke 1995, 123)

[611] Diese Textstelle erinnert an die Parabel *Vor dem Gesetz* von Franz Kafka. Ich nehme an, dass Kafka mit den Erzählungen der osteuropäischen Chassidim in Berührung gekommen ist und von ihnen inspiriert wurde.

[612] Vgl. Buber 1993, 72-78.

ner entsprechenden Praxis.[613] In der Geschichte nennt der Waldgeist dem Jüngling den Ort, an dem er seine Gabe in Zukunft einsetzen kann.[614] Dieses metaphorische Angebot einer konkreten Aufgabe kann aufgegriffen werden, um den Klienten nach seinen praktischen Plänen für die Zukunft zu fragen. Hier kann sich zeigen, ob sich das neue Selbstbild sich als realitäts- und persönlichkeitsgerecht erweist.[615] Für die hier relevante Zielgruppe gilt dies in besonderem Maße, da sich Männer stark über ihre eigenen Leistungen definieren. „Männer sind es gewohnt, ihre Probleme auch ganz praktisch anpacken zu wollen, durch Bewegung, durch Handeln eine Lösung herbeizuführen."[616] So sind in der Beratung auch äußere Erfolge nötig, um die Arbeit am Selbstbild plausibel zu machen und den Klienten darin zu bestärken, den Veränderungen zu trauen. Erst praktische Bewährungsproben können den inneren Einstellungswandel nach außen erfahrbar und sichtbar machen.

Seelsorglicher Aspekt: Menschliche Arbeit in all ihren Dimension wahrnehmen

In der seelsorglichen Beratung soll das Verständnis von menschlicher Arbeit, ihrem Wert und ihrer Würde, geweitet werden. Ökonomische Aspekte sollen nicht mehr alle weiteren Dimensionen der Arbeit überdecken. Der Sinn einer Tätigkeit geht über die finanzielle Vergütung hinaus. So ist danach zu fragen, welchen Sinn sich der Klient von einer neuen Aufgabe erhofft. Welchen Beitrag kann sein Tun zu seiner persönlichen Entwicklung leisten? Auf welche Weise dient er damit auch anderen? Besteht zum Beispiel keine Aussicht auf eine neue feste Anstellung in einem Betrieb, kann die neue Aufgabe auch im familiären oder ehrenamtlichen Kontext angesiedelt sein.

2.6.4.2 Metaphorisches Angebot: Eine neue Ordnung finden

Der Jüngling betritt das fremde Reich und löst von nun an die an ihn gestellten Aufgaben eigenständig. Auffällig ist, dass nicht der Wunderstab des Waldgeistes der Schlüssel zum Erfolg ist, sondern seine genaue Wahrnehmung von Störungen der Ordnung und seine klugen Lösungen dieser Probleme. So kommt er zu dem Schluss, dass der König absichtlich die Ordnung verrückt habe, damit der wahre, weise neue König offenbar

---

[613] Vgl. Schoppa 2010, 130.

[614] So schreibt die Psychologin Verena Kast im Blick auf die inhaltliche Botschaft vieler Märchen, dass die Abkehr von der äußeren Welt sehr wichtig sein könne, „um neue Ressourcen zu finden, aber diese Abkehr nicht ewig dauern darf." (Kast 2000, 43) Auch hier ist der Jüngling aufgefordert, in die Welt der Menschen zurückzukehren und seine neu gewonnenen Ressourcen einzusetzen.

[615] Vgl. Franzke 1991, 137.

[616] Neumann & Süfke 2004, 102.

werde. Das Chaos und die Probleme haben folglich kein sinnloses Leid bewirkt, sondern waren notwendig, um zur wahren Einsicht zu finden: „Nach vielen Schicksalsschlägen, Irrwegen und Feindschaften kommt schließlich die Wahrheit ans Licht und der wahre Königssohn wird zum königlichen Hoffnungsträger. Er kann sein Amt aber erst antreten, nachdem er den für ihn bestimmten Königsthron genau beobachtet hat und dabei festgestellt hat, was an ihm noch fehlerhaft war.“[617]

Das metaphorische Angebot besteht an dieser Stelle darin, nach der neuen Ordnung im Leben des Klienten zu fragen. Durch den Arbeitsplatzverlust ist die gewohnte Ordnung, der bisherige Lebensrhythmus, zumindest gestört. Für sein Leben muss der Arbeitslose zu einer neuer, selbstverantworteten Ordnung finden.

In der Geschichte zeigt sich schließlich, wer der wahre König ist. Diese Erkenntnis muss auch auf die Beratungssituation übertragen werden: Viele Erwerbslose werden am Ende des Beratungsprozesses nicht das Gefühl haben, zu einem „König“ geworden zu sein. Es geht auch an dieser Stelle darum, die Metapher sinnvoll zu deuten. So wird in der Geschichte nicht davon berichtet, wie prunkvoll der neue König nun sein weiteres Leben verbringt. Vielmehr geht es um einen Wandel der Machtverhältnisse: Der, der in Wirklichkeit der Knecht war, hatte Macht über ihn. Er selbst fühlte sich als Knecht ausgeliefert und schwach. Er entwickelte kaum eigene Initiativen, sondern reagierte nur auf äußeren Druck. Mehrmals floh er vor der Konfrontation mit seinen Widersachern. Bei seiner Ankunft im fremden Königreich verhält er sich anders: Er handelt selbstständig, erkennt Zusammenhänge und stellt eine neue Ordnung her. So ist von zentraler Bedeutung, dass der Jüngling ein neues Ziel für sein Leben findet und eine Rolle einnehmen kann, die ihm entspricht. Sein passives, abwartendes Verhalten gibt er zugunsten eines aktiven, planenden Handelns auf.[618] Diesen Verhaltenswandel gilt es auch in der Beratung zu unterstützen: Der Klient soll sich nicht in eine scheinbar vorgegebene „Ordnung“ und Rolle als Arbeitsloser einfügen, sondern in seiner Selbstwirksamkeitserwartung gestärkt werden, um selbstbestimmt vorzugehen. Die Metapher vom König kann dahingehend ausgelegt werden, dass der Klient sein Leben selbstbestimmt führen kann.

---

617 Thoma 2002, 115.

618 So schreibt Kast: „Dieses alles zu tun, was in der eigenen Macht liegt, und sich dann helfen lassen, offen zu sein für rettende Einfälle, scheint eine Grundregel für das gelingende Leben im Märchen zu sein. Das erfordert zum einen eine sehr aktive Einstellung dem Leben gegenüber mit viel Mut zur Angst, zum anderen eine kontemplative (oder meditative) Einstellung, die offen ist für Einfälle.“ (Kast 2000, 46)

Seelsorglicher Aspekt: Orientierung im Glauben finden
Die Metapher der neuen Ordnung soll nicht so verstanden werden, als ginge es um eine komplette Trennung von allen bisherigen Verhaltensweisen. Vielmehr soll im individuellen Fall unterschieden werden, welche guten und welche problematisch gewordenen Haltungen und Handlungsweisen das bisherige Leben geprägt haben. Der Klient soll lernen, die eigene Vergangenheit differenziert wahrzunehmen. Zu Beginn der Beratung mag dies noch kaum möglich sein, da Gefühle wie Wut, Zorn und Verzweiflung die Auseinandersetzung erschweren. Hier kann der Spannungsbogen der Erzählung aufgegriffen werden, um dem Klienten bei der Differenzierung seiner Erfahrungen zu helfen. Im Laufe der Geschichte werden mehrere klare Gegensätze gezeichnet: Der Jüngling bewegt sich aus der Welt der Menschen, der Kultur, in den Bereich der Natur und dann von der Erde in ein himmlisches Haus. Weitere Gegensätze in der Geschichte bilden Tag und Nacht, Mensch und Tier sowie Herr und Knecht. Jeder dieser Gegensätze nimmt zuerst an Spannung zu, um schließlich in eine neue, harmonische Ordnung überführt zu werden. Der Jüngling wird vom misshandelten Knecht zum rechtmäßigen König, die Nacht verliert ihre Bedrohlichkeit, weil die Tiere wieder ihren wunderbaren Gesang anstimmen. Der Jüngling hört nicht nur das Lied der Tiere, er kann es schließlich auch hervorrufen. In vielen Märchen und Mythen symbolisiert das *Verstehen der Sprache der Tiere* einen höheren Weisheitsgrad.[619] Der Held versteht nun, dass alle Dinge miteinander verbunden sind und nicht losgelöst voneinander zu einer guten Existenz finden können.[620]

In der Geschichte muss kein böser Feind besiegt werden, damit der Jüngling wieder gut leben kann. Vielmehr obliegt es ihm, den Dingen auf den Grund zu gehen, sie an die richtige Stelle zu bringen und eine Ordnung herzustellen, die allen zugutekommt.[621] Auch der falsche Königssohn wird nicht vom Jüngling bestraft, erst durch ihn konnte schließlich das wahre Wesen der Dinge offenbar werden. Auch hier begegnet uns ein typisches Element der Symbolsprache vieler Märchen und Geschichten: Der Jüngling wird zum König, einem „König mit jener besonderen Fähigkeit, *unmittelbare Einsicht in verborgene Welt- und Lebenszusammenhänge zu*

[619] Ähnlich verhält es sich in traditionellen Jägergesellschaften, in denen es zur Ausbildung des Schamanen gehört, die Sprache der Tiere zu erlernen. In diesen Kulturen gelten Tiere als weise und als Träger besonderen Geheimwissens. Vgl. Armstrong 2005, 30.
[620] Vgl. Laiblin 1956, 295.
[621] Ein typisches Element in der Symbolsprache der Märchen für einen Erlösungsvorgang: das innere und äußere Ordnungschaffen als Voraussetzung für die persönliche und kollektive Weiterentwicklung. Häufig wird dieser Vorgang begleitet von einem Akt der Neueinkleidung, Häutung oder Erhellung. Vgl. Laiblin 1956, 294.

besitzen“[622]. Es werden Wandlungsphänomene beschrieben, bei denen das Alte für die Gestaltung des Neuen notwendig und nützlich ist.[623] In der seelsorglichen Beratung können diese Erzählungen dem Klienten Orientierung bieten, damit die eigene Biografie nicht als ständiger Kampf zwischen verschiedenen Gegensätzen erscheint. Der Klient soll stattdessen darin unterstützt werden, in seinem Leben zu einer Ordnung zu finden, in der nichts bekämpft oder besiegt werden muss.

Ferner ist der Mensch aus biblisch-theologischer Sicht prinzipiell als ein *Wesen der Transzendenz*[624] zu begreifen. Jeder ist wie der Jüngling dazu berufen, *Einsicht in verborgene Welt- und Lebenszusammenhänge* zu erhalten. Aus dieser Perspektive des religiösen Menschen, der in Beziehung zu einer Wirklichkeit tritt, die ihn übersteigt, werden auch die Herausforderungen des Lebens anders wahrgenommen.

2.6.5 Wenn der Beratungsprozess endet

Zu Beginn und während der Beratung ist es wichtig, keine zu hohen Ansprüche an die Ergebnisse zu stellen.[625] Vielfach werden sich die *Früchte der Beratung* erst zeitverzögert zeigen. Auch nach dem Beratungsprozess ist der Klient herausgefordert, sich persönlich weiterzuentwickeln und sich mit neuen Problemen und Veränderungen auseinanderzusetzen. Gegenüber diesem lebenslangen Wachstumsgeschehen ist die Beratung nur ein begrenztes Ereignis.[626] Beratung findet demnach nicht dann ein Ende, wenn der Klient in vollkommener Harmonie leben kann. „Es gilt sich von der Illusion zu verabschieden, als könnte man sich selbst vollkommen verwirklichen, als hätten Beratung und Seelsorge ihren Teil erst dann geleistet, wenn alle Probleme gelöst sind.“[627]

Gleiches gilt für die *religiöse Persönlichkeitsentwicklung*: Umkehr ist ein Prozess, der im Leben eines Menschen zu keinem Abschluss kommt.[628] Es geht darum, aus der Kraft des Evangeliums heraus zu leben.[629] Heil und Befreiung vermittelt nicht der Berater, sondern werden von Gott geschenkt.[630] Entscheidend ist, dass der Klient die Beziehung zu Gott sucht

[622] Laiblin 1956, 298.
[623] Vgl. Franzke 1991, 8.
[624] Vgl. Nauer 2007, 42f.
[625] Vgl. Bamberger 2001, 152f.
[626] Vgl. Pompey 1987, 53.
[627] Baumgartner 2007b, 19.
[628] Vgl. EN 54.
[629] Vgl. Zulehner 1979, 57f.
[630] Vgl. Pompey 1987, 53f.

und auf dessen Heilswillen vertraut.[631] Dabei kann sich das Geschenk seiner Gnade auf andere Weise auswirken, als es der Klient zunächst erwartet.

Am Ende der Beratung erfolgt trotz dieses Verständnisses einer lebenslangen Weiterentwicklung der Persönlichkeit eine Lösungsevaluation: Welche Veränderungen sind gelungen? Durch bestätigende Rückmeldungen soll der Klient in der Überzeugung gefestigt werden, dass er selbstwirksam handelt und in der Lage ist, sich einer veränderten Situation anzupassen.[632] Schließlich geht es darum, den Klienten seine Probleme selbst lösen zu lassen. Am Ende der Beratung ist er frei, jede Richtung zu wählen, und wird sich dabei nach Rogers für „positive und konstruktive Wege“[633] entscheiden. Dieses Ziel der Beratung deckt sich mit dem Ziel der Seelsorge: „Seelsorge kommt dann an ihr Ziel, wenn der Mensch an seine inneren konstruktiven Kräfte Anschluss findet, sein Potenzial der Selbst-Hilfe freisetzen kann, damit er im Blick auf konkrete Probleme die ihm angemessene Lösung findet.“[634]

2.7 Fazit zum narrativen Beratungsansatz

Seelsorgliche Beratung soll den Klienten zum Erzählen über sich selbst anregen. Schließlich soll er zu einer Selbsterzählung finden, die trotz einer existentiellen Verlusterfahrung eine sinnstiftende Perspektive eröffnet. Helfen kann dem Klienten dabei die Dramaturgie und Metaphorik einer Erzählung, die der Berater einbringt. Wie anhand der Erzählung Rabbi Nachmans dargelegt wurde, kann der Klient durch dieses methodische Vorgehen dabei unterstützt werden, seine Situation zu deuten. Ihm werden Erfahrungsmuster, Sprachbilder und mögliche Entwicklungsschritte auf eine nondirektive Weise angeboten. Die innere Dynamik einer Geschichte kann der Klient aufgreifen, wenn er in seinem Bewältigungsprozess auf der Stelle tritt.

Außerdem wurde gezeigt, welche metaphorischen Angebote die Geschichte bietet und wie sich die Erzählung als Ganze dafür eignet, die Traueraufgaben nach Worden narrativ abzuschreiten. Dabei ist besonders darauf zu achten, welche Gefühle sich mit einzelnen Sprachbildern ver-

---

631 „Alles (seelsorgliche) Handeln im Namen Gottes ist darauf ausgerichtet mitzuwirken an der Realisierung des Reiches Gottes im Wissen darum, dass es eine eschatologische Größe ist, weshalb es unter irdischen Bedingungen durch keinerlei menschliche Strategie jemals hergestellt werden kann.“ (Nauer 2007, 27)

632 Vgl. Bamberger 2001, 137f.

633 Rogers 1987, 84.

634 Nauer 2001, 162.

binden lassen. Statt die eigenen Gefühle direkt zu verbalisieren, kann die Identifikation mit einer Metapher (etwa: *ich fühle mich wie im Himmel, wie in einem dunklen Wald*) bereits für sich sprechen.

Zusammengefasst wurde auf folgende konstruktive Bewältigungsstrategien[635] Bezug genommen:

1. Der Klient kann sich mit seinen Gefühlen einem anderen Menschen anvertrauen.
2. Er söhnt sich mit seiner eigenen Lebensgeschichte aus und ordnet negative Erfahrungen so ein, dass sie in ihm keine Ängste mehr auslösen.
3. Er stellt sich der Sinnfrage für sein Leben und überlegt, durch welche Aufgaben er Sinn finden kann.
4. Er geht aktiv planend vor, um seine Probleme zu lösen.
5. Er sucht – über die Beratung hinaus – aktiv nach Unterstützung, um seine Probleme besser lösen zu können.

Eine narrative Arbeitsweise in der Beratung eröffnet demnach keine exklusiven Bewältigungsstrategien. Die Besonderheit liegt vielmehr darin, *wie* sie dem Klienten solche Strategien erschließt. Dabei ist der Berater hinsichtlich seiner Kompetenz in der Gesprächsführung und seines Wissens um die spezifischen Ausgangsbedingungen seiner Klientel genauso gefordert, als würde er auf andere Methoden zurückgreifen. Offen bleibt, ob sich durch dieses narrative Vorgehen für den Klienten Glaubensfragen stellen. Wie gezeigt wurde, lassen sich viele Metaphern auch religiös deuten. Auch hier hängt es aber von der Bereitschaft des Klienten ab, ob es zu solchen Interpretationen kommt.

---

635 Vgl. zu den folgenden fünf Punkten Schmitz 2005, 141f.

Abschluss

Ziel der vorliegenden Arbeit war es, seelsorgliche Beratung im Blick auf die Zielgruppe arbeitsloser Männer zu spezifizieren. Durchgängig wurden dazu die theologische Perspektive und die beraterische Perspektive zusammengebracht und aufeinander bezogen.

Im *ersten Teil* wurden allgemeine Grundlagen für den seelsorglichen Beratungsprozess vermittelt. Es wurde eine Verhältnisbestimmung von Seelsorge und Beratung vorgenommen. Von seelsorglicher Beratung kann gesprochen werden, wenn die beraterischen Grundvoraussetzungen, wie die Selbstbestimmung des Klienten und ein Vertrauensverhältnis zum Berater, gegeben sind. Darüber hinaus wurde das Beratungsmodell von Carl Rogers vorgestellt, das in der Seelsorge breit adaptiert wird. Außerdem wurde anhand des Begriffs vom Selbstkonzept gezeigt, wie Menschen Vorstellungen über sich selbst entwickeln. Von diesen Vorstellungen hängt ab, wie der Einzelne auf den Verlust des Arbeitsplatzes reagiert. Um einen solchen existentiellen Verlust konstruktiv zu bewältigen, braucht er ein Selbstkonzept, das sich gegenüber Veränderungen als offen erweist.

Im *zweiten Teil* wurde gezeigt, welche theologischen Aspekte im Blick auf die Beratung arbeitsloser Männer relevant sind. So wurde anhand von Erkenntnissen der Arbeitslosen- und Männerberatung festgestellt, dass der Beratungsprozess über die Zweierbeziehung von Klient und Berater hinausgeht. Seelsorgliche Beratung mit arbeitslosen Männern kann nicht unabhängig von den jeweiligen Menschen aus dem sozialen Nahbereich und den gesellschaftlich-strukturellen Zusammenhängen geleistet werden. In der Beratung gilt es, dafür zuerst ein Bewusstsein zu schaffen, um die negative Dynamik aus Selbstvorwürfen und Minderwertigkeitsgefühlen beim Klienten zu durchbrechen. Daher müssen sowohl wirtschaftliche und politische Missstände mit der Situation des Einzelnen in Zusammenhang gebracht, als auch die vorherrschenden Geschlechterstereotype hinterfragt werden, die die Leidenswirklichkeit des Klienten beeinflussen. Seelsorgliche Beratung sollte eine Kontextualisierung der Situation vornehmen und in einem weiteren Schritt nach Möglichkeiten suchen, selbst auf gesellschaftliche Bedingungen einzuwirken. Dazu bietet sich eine Vernetzung mit anderen kirchlich-caritativen Gruppen oder politischen Initiativen an. Dennoch zeigt sich hier, dass seelsorgliche Beratung sich nicht in ihrer Bedeutung überschätzen sollte. Der Klient ist eingebunden in eine gesellschaftliche Umwelt, die seine Vorstellungen über die Bedeutung beruflicher Leistung, über Männlichkeit und über den christlichen Glauben mitbestimmt. Sich zum Beispiel von bestimmten geschlechtertypischen Verhaltensweisen zu emanzipieren, kann in der Beratung zwar als Wunsch formuliert werden – ob es dem Klienten in seinem sozialen Umfeld jedoch tatsächlich dauerhaft gelingt, hängt auch von der Veränderungsbereitschaft dieses Umfeldes ab. Es geht folglich nicht darum, Männer und ihr Verhalten einseitig zu problematisieren, so als läge es allein in ihrer Verantwortung, wenn sich bestimmte Geschlechterstereotype weiterhin reproduzieren.

Ferner wurde erörtert, wie Menschen existentielle Verlusterfahrungen bewältigen können. In Analogie zu einem Personenverlust wurde gezeigt, vor welchen Traueraufgaben Männer nach einem Arbeitsplatzverlust stehen.

Im *dritten Teil* der Arbeit ging es verstärkt um die Frage nach dem seelsorglichen Profil der Beratung. Seelsorgliche Beratung findet nicht nur dann statt, wenn religiöse Themen explizit behandelt werden. Dem Klienten kann auch dann aus dem Glauben heraus geholfen werden, wenn er selbst diesen Glauben nicht teilt. Entscheidend ist in diesem Fall das christliche Menschenbild des Beraters, auf dessen Grundlage er die Beziehung zum Klienten gestaltet. In mehreren Schritten wurde anschließend der Frage nachgegangen, was zu tun ist, wenn der Klient am christlichen Glauben Interesse zeigt. Hier wurden auch die Grenzen der seelsorglichen Beratung aufgezeigt. Das christliche Lebenskonzept kann innerhalb eines Beratungsprozesses nur bedingt vermittelt werden. Andernfalls müsste der christliche Glauben auf eine psychische Bewältigungsressource reduziert werden. Der christliche Glaube stellt nicht deswegen eine potentielle Bewältigungshilfe dar, weil er eine vergleichsweise einfache und schnelle Art der Bewältigung wäre. Im Gegenteil stellt jede wirkliche Umkehr viele Denk- und Verhaltensmuster grundlegend in Frage. Eine existentielle Hinwendung zum Glauben setzt einen größeren Bezugsrahmen bzw. andere Arbeitsweisen voraus, als sie in der Beratung gegeben sind. Somit gehört es ausdrücklich nicht zum Profil der seelsorglichen Beratung, in der Hinwendung zu Gott eine überlegene oder gar einzige Option für die Krisenbewältigung des Klienten zu sehen.

Es wurde ein eigener Beratungsansatz entwickelt, der dem Klienten die narrative Dimension menschlicher Selbst- und Weltdeutung erschließen soll. Dazu gebe ich dem seelsorglichen Berater eine Methodik an die Hand, wie er dem Klienten die Selbstexploration und die Verbalisierung seiner Gefühle erleichtern kann. In diesem Beratungsansatz werden die Erkenntnisse der vorhergehenden Kapitel der Arbeit gebündelt und für die Beratungspraxis adaptiert.

Damit lassen sich die Ergebnisse der gesamten Arbeit wie folgt zusammenfassen:

- Arbeitslose Männer sind in mehrfacher Hinsicht verunsichert – sie sind stigmatisiert als Arbeitslose, aber auch in ihrer Geschlechterrolle angefragt. Es besteht die Gefahr, dass Männer in solch einer Situation verstärkt auf scheinbar einfache Geschlechterstereotype zurückgreifen. Durch die damit verbundene Überbetonung von Stärke, Unabhängigkeit und Gefühlskontrolle werden eine persönliche Auseinandersetzung mit der Situation und ihre Bewältigung jedoch meist zusätzlich erschwert.
- Seelsorgliche Beratung greift deshalb das Anliegen der personzentrierten Beratung wie auch der Männerberatung auf, dem Klienten bzw. dem Mann die Angst vor den eigenen Gefühlen zu nehmen, um eine konstruktive Verlustbewältigung zu unterstützen. Dabei kann in der seelsorglichen Beratung vor allem mit *inneren Bildern* gearbeitet werden, da sich Gefühlszustände am besten in metaphorischen Sprachbildern verbalisieren lassen. Der Klient lernt, sich mit den Sprachbildern der Seele auseinanderzusetzen. So fällt es ihm leichter, sich seinem emotionalen Erleben gegenüber zu öffnen und sich darüber mitzuteilen. Dies hilft ihm sowohl bei der Bewältigung persönlicher Entwicklungs- und Veränderungsprozesse als auch beim Verständnis religiöser Texte und Sinnkonzepte. Anhand dieser Methode soll dem Klienten zum einen bei seiner Selbstexploration und Problembewältigung geholfen werden, zum anderen soll seine religiöse Sprachfähigkeit gestärkt werden.
- Der seelsorgliche Berater kann hier auf sein Wissen um religiöse Sprachbilder und Erzählungen zurückgreifen. Schließlich hat sich gezeigt, dass Sprachbilder umso besser auf die Situation des Klienten übertragen werden können, wenn sie in einen narrativen Kontext eingebettet sind. In der seelsorglichen Beratung bietet sich die Arbeit mit religiösen Erzählungen an, wenn in ihnen Schwierigkeiten überwunden werden und Sinnfindungsprozesse beschrieben werden. In der vorliegenden Arbeit wurde exemplarisch gezeigt, wie auf diese Weise dem Klienten geholfen werden kann, sein Selbstkonzept weiterzuentwickeln.
- Indem das Medium einer Erzählung in der Beratung eingesetzt wird, kann das seelsorgliche Profil klarer zutage treten. Der Klient kann einerseits selbst entscheiden, auf welche Sprachbilder er sich einlässt und auf welche Weise er sie interpretiert. Andererseits kommt das Welt- und Menschenbild der seelsorglichen Beratung zum Tragen:

Nach christlichem Verständnis verwirklicht der Mensch seine Freiheit, wenn er nach dem Sinn fragt, der über sein persönliches Wohlbefinden hinausgeht. Wenn er seine Beziehung zu Gott lebendig gestaltet und sich dem Mitmenschen sozial verpflichtet weiß, kann er sich selbst entsprechen. In der seelsorglichen Beratung sollen diese Überzeugungen um des Klienten willen wahrnehmbar sein. Schließlich wird davon ausgegangen, dass die Lebensgeschichte des Einzelnen mit der Heilsgeschichte Gottes in jedem Fall verwoben ist. Dies zu erschließen kann nur gelingen, wenn die eigene Lebensgeschichte narrativ erschlossen wird und mit religiösen Erzählungen in Verbindung gebracht werden kann. Durch diese Vorgehensweise bleibt die Eigenständigkeit des Klienten gewahrt. Er kann sich von der christlichen Lebensdeutung inspirieren lassen und danach fragen, wie seine Lebensgeschichte mit der Heilsgeschichte Gottes korreliert. Er kann jedoch auch anderen Sinnoptionen nachgehen. Schließlich gibt es eine Vielzahl von Möglichkeiten, die Belastungen nach einem Arbeitsplatzverlust konstruktiv zu bewältigen.

- Mir war es wichtig zu zeigen, dass die Sprachfähigkeit des Klienten sowohl für seine Persönlichkeitsentwicklung als auch für die Beschäftigung mit religiösen Fragen von großer Bedeutung ist. Im Blick auf männliche Klienten in der Beratung wurde wiederholt festgestellt, dass sie vornehmlich rational argumentieren und ihre Gefühle oft kaum verbalisieren können. Um an dieser Stelle die Sprachfähigkeit zu fördern, wird die seelsorgliche Beratung versuchen, eigene und fremde Sprachbilder neu zu erschließen. In der Beschäftigung mit der Vieldeutigkeit einzelner Sprachbilder kann sich auch ein Bewusstsein dafür entwickeln, welchen Sinn religiöse Geschichten in sich tragen. So ist jede Rede von Gott auf Metaphern angewiesen. Ich ziehe daraus den Schluss, dass seelsorgliche Beratung nicht nur im Blick auf die Gruppe arbeitsloser Männer eine Sensibilität für Sprache und Narrationen benötigt. In jedem Beratungskontext geht es schließlich darum, eine gemeinsame sprachliche Ebene zu finden.

Insgesamt halte ich fest, dass die Entwicklung der Persönlichkeit und des Selbstkonzepts mit den Selbsterzählungen und Sprachbildern des Klienten in enger Verbindung steht. Hinsichtlich der Selbsterzählungen leben wir einerseits in einer pluralen Gesellschaft, in der es scheinbar unendlich viele zulässige Elemente von Selbsterzählungen gibt. Andererseits steht diese Pluralität auf tönernen Füßen, wenn letztlich der ökonomische Erfolg des Einzelnen darüber entscheidet, welche Selbsterzählung sozial akzeptiert wird. Vor allem bei Männern gelten oft lediglich die Selbsterzählungen, in denen berufliche Leistungen und Erfolge im Zentrum stehen. Hier kann sich über den christlichen Glauben ein Sinnsystem eröffnen, das gegenüber dieser Leistungsideologie alternative Wertvorstellungen enthält. Ein solches Sinnsystem wird im Idealfall nicht nur vom Berater vertreten, sondern ist auch in der kirchlichen Gemeinschaft mit ihren Gruppen und Gemeinden vor Ort erfahrbar.

Weiteren Forschungsbedarf sehe ich in der Frage, wie sich der hier präsentierte narrative Beratungsansatz in der Praxis bewährt. Dazu bietet sich eine empirische Studie an. Ferner wäre zu ermitteln, wie es gelingen kann, in oder nach der Beratung auch biblische Geschichten zu erschließen. Das seelsorgliche Anliegen, die Geschichte Gottes mit der Geschichte des einzelnen Menschen in Korrelation zu bringen, führt schließlich notwendigerweise zur Beschäftigung mit biblischen Texten. So wäre danach zu fragen, wie der Klient, der sich auf die religiöse Sprachwelt eingelassen hat, an die Texte der Heiligen Schrift herangeführt werden kann.

Literaturverzeichnis

Die Bibelstellen sind der Einheitsübersetzung entnommen.

Verzeichnis der Abkürzungen der weltkirchlichen Dokumente (werden mit den Artikelnummern im Text statt den Seitenzahlen zitiert):

DCE — Benedikt XVI.: Enzyklika „Deus Caritas est“ (Verlautbarungen des Apostolischen Stuhls 171), herausgegeben vom Sekretariat der Deutschen Bischofskonferenz, Bonn 2006.

EN — Paul VI.: Apostolisches Schreiben „Evangelii Nuntiandi“ über die Evangelisierung in der Welt von heute (Verlautbarungen des Apostolischen Stuhls 2), herausgegeben vom Sekretariat der Deutschen Bischofskonferenz, Bonn 1975.

FC — Johannes Paul II.: Apostolisches Schreiben „Familiaris Consortio“ an die Bischöfe, Priester und Gläubigen der ganzen Kirche über die Aufgaben der christlichen Familie in der Welt von heute (Verlautbarungen des Apostolischen Stuhls 33), herausgegeben vom Sekretariat der Deutschen Bischofskonferenz, Bonn 2011.

GD — Internationale Theologische Kommission: Gemeinschaft und Dienstleistung. Die menschliche Person – geschaffen nach dem Bilde Gottes (Arbeitshilfen 223), herausgegeben vom Sekretariat der Deutschen Bischofskonferenz, Bonn 2008.

GS — Zweites Vatikanisches Konzil: Pastorale Konstitution über die Kirche in der Welt von heute „Gaudium et spes“, verkündet am 7. Dezember 1965, in: Karl Rahner & Herbert Vorgrimler: Kleines Konzilskompendium. Sämtliche Texte des Zweiten Vatikanums mit Einführungen und ausführlichem Sachregister, 23. Aufl., Freiburg i. Br. 1991.

KKK — Katechismus der Katholischen Kirche. Neuübersetzung aufgrund der Editio typica Latina. Korrigierter Nachdruck der Ausgabe 2003, München - Wien 2005.

LG — Zweites Vatikanisches Konzil: Dogmatische Konstitution über die Kirche „Lumen gentium“, verkündet am 21. November 1964, in: Karl Rahner, Herbert Vorgrimler: Kleines Konzilskompendium. Sämtliche Texte des Zweiten Vatikanums mit Einführungen und ausführlichem Sachregister, 23. Aufl., Freiburg i. Br. 1991.

ZuMF — Kongregation für die Glaubenslehre: Schreiben an die Bischöfe der Katholischen Kirche über die Zusammenarbeit von Mann und Frau in der Kirche und in der Welt (Verlautbarungen des Apostolischen Stuhls 166), herausgegeben vom Sekretariat der Deutschen Bischofskonferenz, Bonn 2004.

Abele, Andrea E. & Stief, Mahena: Prädiktoren von Akademikererwerbslosigkeit: Ergebnisse der Erlanger Längsschnittstudie zur beruflichen Laufbahnentwicklung von Hochschulabsolventinnen und -absolventen im Vergleich (BELA-E), in: Jeannette Zempel, Johann Bacher & Klaus Moser (Hrsg.): Erwerbslosigkeit. Ursachen, Auswirkungen und Interventionen, Opladen 2001, 61–82.

Andriessen, Hermann: In existentiellen Glaubensfragen, in: Konrad Baumgartner & Wunibald Müller (Hrsg.): Beraten und Begleiten. Handbuch für das seelsorgliche Gespräch, Freiburg i. Br. - Basel - Wien 1990, 274–283.

Armstrong, Karen: Eine kurze Geschichte des Mythos. Aus dem Englischen von Ulrike Bischoff, Berlin 2005.

Bamberger, Günter G.: Lösungsorientierte Beratung. Praxishandbuch, 2., völlig neu bearbeite und erweiterte Auflage, Weinheim 2001.

Baudler, Georg: Einführung in symbolisch-erzählende Theologie. Der Messias Jesus als Zentrum der christlichen Glaubenssymbole, Paderborn - München - Wien - Zürich, 1982.

Bauer, Christian: Männerpastoral. Praktisch-theologische Konsequenzen eines Praxisjahres an der Nürnberger Frauenkirche, in: Maria Elisabeth Aigner & Johann Pock (Hrsg.): Geschlecht quer gedacht. Widerstandspotenziale und Gestaltungsmöglichkeiten in kirchlicher Praxis (Werkstatt Theologie; Band 13), Wien - Berlin - Münster 2009, 189–216.

Bauer, Dieter: „Bis dass der Tod euch scheidet“? Eine Beziehungsgeschichte zwischen Abraham und Lot (Genesis 13,1–13), in: Dieter Bauer & Angelika Meissner (Hrsg.): Männer weinen heimlich. Geschichten aus dem Alten Testament, Stuttgart 1993, 18–27.

Baumeister, Roy F.: Wozu sind Männer gut? In: Psychologie Heute 35/2008, Heft 3, 20–29.

Baumeister, Roy F.: Is There Anything Good About Men? How Cultures Flourish by Exploiting Men, New York 2010.

Baumgartner, Konrad: Heute Seelsorger / Seelsorgerin sein, in: Konrad Baumgartner & Wunibald Müller (Hrsg.): Beraten und Begleiten. Handbuch für das seelsorgliche Gespräch, Freiburg i. Br. - Basel - Wien 1990a, 12–19.

Baumgartner, Konrad: In existentiellen Verlustsituationen, in: Konrad Baumgartner & Wunibald Müller (Hrsg.): Beraten und Begleiten. Handbuch für das seelsorgliche Gepräch, Freiburg i. Br. - Basel - Wien 1990b, 232–240.

Baumgartner, Konrad: Pastoralpsychologie. Einführung in die Praxis heilender Seelsorge, Düsseldorf 1990c.

Baumgartner, Isidor: Menschen in Lebenskrisen personzentriert begleiten: Pastoralpsychologische Leitlinien, in: Manfred Belok & Ulrich Kropač (Hrsg.): Seelsorge in Lebenskrisen. Pastoralpsychologische, humanwissenschaftliche und theologische Impulse, Zürich 2007a, 29–43.

Baumgartner, Isidor: Menschen in Lebenskrisen seelsorglich begleiten: Pastoralpsychologische Leitlinien, in: Manfred Belok & Ulrich Kropač (Hrsg.): Seelsorge in Lebenskrisen: Pastoralpsychologische, humanwissenschaftliche und theologische Impulse, Zürich 2007b, 11–28.

Bayer, Ute & Gollwitzer, Peter M.: Selbst und Zielstreben, in: Werner Greve (Hrsg.): Psychologie des Selbst, Weinheim 2000, 208–225.

Beck, Harald: Buber und Rogers. Das Dialogische und das Gespräch (Person und Umwelt; Band 2), Heidelberg 1991.

Becker, Ulrike: Personwahrnehmung und Selbstkonzept. Zur Beziehung individueller Tendenzen in der Personwahrnehmung zum Selbstkonzept des Wahrnehmenden (Europäische Hochschulschriften, Reihe 6: Psychologie; Band 198), Frankfurt a. M. - Bern - New York 1987.

Becker-Schuh, Mariette: Der Arbeitslosigkeit zuvorkommen – Bewerbertraining für Hauptschüler/innen im Dekanat Bernkastel, in: Georg Köhl & Gundo Lames (Hrsg.): Abenteuer Hoffnung. Lebenszeugnisse und Glaubenszeugen, Berlin 2012, 442–450.

Bedford-Strohm, Heinrich: Schöpfung (Bensheimer Hefte, Ökumenische Studienhefte 12), Göttingen 2001.

Beelitz, Thomas: „Gib deinem Sinn ein Leben!“ Über hermeneutische Kompetenz als das Spezifische des pastoralpsychologischen Ansatzes – ein persönlicher Werkstattbericht, in: Transformationen. Pastoralpsychologische Werkstattberichte 15 (2011) 107–141.

Belau, Dirk: Personenzentrierte Männerberatung, in: Gruppendynamik und Organisationsberatung 42 (2011) 17–25.

Bilden, Helga, Geschlechtsspezifische Sozialisation, in: Klaus Hurrelmann & Dieter Ulich (Hrsg.): Neues Handbuch der Sozialisationsforschung, 4., völlig neubearbeitete Auflage, Weinheim - Basel 1991, 279–301.

Blattner, Jürgen: Quellen der seelsorglichen Beratung und Begleitung, in: Konrad Baumgartner & Wunibald Müller (Hrsg.): Beraten und Begleiten. Handbuch für das seelsorgliche Gepräch, Freiburg i. Br. - Basel - Wien 1990, 42–50.

Bly, Robert: Eisenhans. Ein Buch über Männer. Aus dem Englischen von Ulrike Wasel und Klaus Timmermann, München 1991.

Bodamer, Joachim: Der Mann von heute. Seine Gestalt und Psychologie, 4. Auflage, Freiburg i. Br. - Basel - Wien 1982.

Böhnisch, Lothar: Die Entgrenzung der Männlichkeit. Verstörungen und Formierungen des Mannseins im gesellschaftlichen Übergang, Opladen 2003.

Böhnisch, Lothar: Männliche Sozialisation. Eine Einführung, Weinheim - München 2004.

Börsch, Ekkehard: Ethik der Arbeit als Ethik der Leistung, in: Luise Schottroff & Willy Schottroff (Hrsg.): Mitarbeiter der Schöpfung. Bibel und Arbeitswelt, München 1983, 209–240.

Bowlby, John: Verlust, Trauer und Depression (Bindung und Verlust; Band 3). Aus dem Englischen von Elke vom Scheidt, München - Basel 2006.

Boxberg, Maria & Lefrank, Alex: Mittendrin. Die gesellschaftliche Dimension der geistlichen Begleitung, in: Sekretariat der Deutschen Bischofskonferenz (Hrsg.): „Da kam Jesus hinzu ...“ (Lk 24,15). Handreichung für geistliche Begleitung auf dem Glaubensweg (Arbeitshilfen 158), Bonn 2001, 58–67.

Brandes, Holger: Der männliche Habitus (Männerforschung und Männerpolitik; Band 2), Opladen 2002.

Brandstätter, Jochen: Das flexible Selbst. Selbstentwicklung zwischen Zielbindung und Ablösung, Heidelberg 2007.

Brizendine, Louann: Das männliche Gehirn. Warum Männer anders sind als Frauen. Aus dem Englischen von Sebastian Vogel, Hamburg 2010.

Buber, Martin & Rogers, Carl R.: Carl Rogers im Gespräch mit Martin Buber. Gesprächsprotokoll vom 18. April 1957. Übersetzt von Susanne Pratscher und Reinhold Stipsits, in: Arbeitsgemeinschaft Personenzentrierte Gesprächsführung (Hrsg.): Persönlichkeitsentwicklung durch Begegnung. Das personenzentrierte Konzept in Psychotherapie, Erziehung und Wissenschaft, Wien 1984, 52–72.

Buber, Martin: Die Erzählungen der Chassidim, 12. Auflage, Zürich 1992.

Buber, Martin: Die Geschichten des Rabbi Nachman. Nacherzählt von Martin Buber, 3. Auflage, Freiburg i. Br. - Basel - Wien 1993.

Buber, Martin: Der Weg des Menschen nach der chassidischen Lehre, Sonderausgabe der 14. Auflage, Gütersloh 2003.

Bucher, Rainer: Gerechtigkeit – und mehr. Gendersensible Pastoraltheologie als unausweichliches Forschungsfeld, in: Maria Elisabeth Aigner & Johann Pock (Hrsg.): Geschlecht quer gedacht. Widerstandspotenziale und Gestaltungsmöglichkeiten in kirchlicher Praxis (Werkstatt Theologie; Band 13), Wien - Berlin - Münster 2009, 7–21.

Bundesanstalt für Arbeitsschutz und Arbeitsmedizin: Sicherheit und Gesundheit bei der Arbeit 2011 – Unfallverhütungsbericht Arbeit, Dortmund 2013.

Bürger, Tim: MännerRäume bilden. Männer und die evangelische Kirche in Deutschland im Wandel der Moderne (Geschlecht, Gewalt, Gesellschaft; Band 5), Berlin - Münster 2006.

Connell, Robert W.: Der gemachte Mann. Konstruktion und Krise von Männlichkeiten. Aus dem Englischen übersetzt von Christian Stahl. Hrsg. und mit einem Geleitwort versehen von Ursula Müller, 3. Auflage, Wiesbaden 2006.

Cornelißen, Waltraud & Stürzer, Monika: Einleitung, in: Monika Stürzer, Henrike Roisch, Annette Hunze & Waltraud Cornelißen: Geschlechterverhältnisse in der Schule, Opladen 2003, 13–20.

Cunz, Martin: Die Fahrt des Rabbi Nachman von Brazlaw ins Land Israel (1798–1799). Geschichte, Hermeneutik, Texte (Texts and studies in medieval and early modern Judaism; Band 11), Tübingen 1997.

Deselaers, Paul: Die Gestalt der Begleitperson. Hintergrund und Erfahrungshinweise, in: Sekretariat der Deutschen Bischofskonferenz (Hrsg.): „Da kam Jesus hinzu ..." (Lk 24,15). Handreichung für geistliche Begleitung auf dem Glaubensweg (Arbeitshilfen 158), Bonn 2001, 48–57.

Dietrich, Walter: König David – biblisches Bild eines Herrschers im altorientalischen Kontext, in: Walter Dietrich & Hubert Herkommer (Hrsg.). König David – biblische Schlüsselfigur und europäische Leitgestalt (19. Kolloquium der Schweizerischen Akademie der Geistes- und Sozialwissenschaften), Fribourg - Stuttgart 2003, 3–31.

Döge, Peter: Alles nur Konstruktion? Männer- und Frauenbilder zwischen Biologie und Kultur, in: Rainer Volz & Paul M. Zulehner (Hrsg.): Männer in Bewegung. Zehn Jahre Männerentwicklung in Deutschland / ein Forschungsprojekt der Gemeinschaft der Katholischen Männer Deutschlands und der Männerarbeit der Evangelischen Kirche in Deutschland (Bundesministerium für Familie, Senioren, Frauen und Jugend, (Forschungsreihe; Band 6), Baden-Baden 2009, 324–341.

Duss, Daniel: Geschichten erzählen als Beratungsintervention, in: Organisationsberatung, Supervision, Coaching 17 (2003) 233–243.

Dweck, Carol S.: Selbstbild. Wie unser Denken Erfolge oder Niederlagen bewirkt. Aus dem Englischen übersetzt von Jürgen Neubauer, Frankfurt a. M. - New York 2007.

Echterhoff, Gerald & Straub, Jürgen: Narrative Psychologie, in Gerd Jüttemann (Hrsg.): Psychologie als Humanwissenschaft. Ein Handbuch, Göttingen 2004, 102–133.

Eckart, Angelika M.: Beratung in der Seelsorge, in: Christoph Steinebach (Hrsg.): Handbuch Psychologische Beratung, Stuttgart 2006, 385–399.

Eckart, Angelika M.: Systemische Seelsorge – „Gesegnet sei, wer da nichts erwartet", in: Arnd Götzelmann (Hrsg.): Seelsorge systemisch gestalten. Konstruktivistische Konzepte für die Beratungspraxis in Kirche, Diakonie und Caritas, Norderstedt 2008, 15–28.

Engel, Frank: Beratung – ein eigenständiges Handlungsfeld zwischen alten Missverständnissen und neuen Positionierungen, in: Praxis der Kinderpsychologie und Kinderpsychiatrie 52 (2003) 215–233.

Engel, Frank & Sickendiek, Ursel: Narrative Beratung. Sprache, Erzählungen und Metaphern in der Beratung, in: Frank Nestmann, Frank Engel & Ursel Sickendiek (Hrsg.): Handbuch der Beratung, Band 2: Ansätze, Methoden und Felder, Tübingen 2004, 749–763.

Engelbrecht, Martin & Rosowski, Martin: Was Männern Sinn gibt. Leben zwischen Welt und Gegenwelt, Stuttgart 2007.

Epstein, Seymour: Entwurf einer Integrativen Persönlichkeitstheorie, in: Sigrun-Heide Filipp (Hrsg.): Selbstkonzept-Forschung: Probleme, Befunde, Perspektiven, 3. Auflage, Stuttgart 1993, 15–45.

Farrokhzad, Schahrzad: Verschieden – Gleich – Anders? Geschlechterarrangements im intergenerativen und interkulturellen Vergleich, Wiesbaden 2011.

Fatzer, Gerhard: Qualität und Leistung von Beratung, in: Gerhard Fatzer, Kornelia Rappe-Giesecke & Wolfgang Looss (Hrsg.): Qualität und Leistung von Beratung. Supervision, Coaching und Organisationsentwicklung, 2. Auflage, Köln 2002, 7–26.

Faulstich-Wieland, Hannelore: Beratung und Gender, in: Christoph Steinebach (Hrsg.): Handbuch Psychologische Beratung, Stuttgart 2006, 117–133.

Fetscher, Iring: Die Zukunft der Arbeit, in: Elmar Altvater, Martin Baethge u.a. (Hrsg.): Arbeit 2000. Über die Zukunft der Arbeitsgesellschaft, Hamburg 1985, 159–177.

Filipp, Sigrun-Heide: Entwurf eines heuristischen Bezugsrahmens für Selbstkonzept-Forschung. Menschliche Informationsverarbeitung und naive Handlungstheorie, in: Sigrun-Heide Filipp (Hrsg.): Selbstkonzept-Forschung. Probleme, Befunde, Perspektiven, 3. Auflage, Stuttgart 1993, 129–152.

Filipp, Sigrun-Heide: Selbstkonzept-Forschung in der Retrospektive und Prospektive, in: Werner Greve (Hrsg.): Psychologie des Selbst, Weinheim 2000, 7–14.

Fleischmann, Lea: Rabbi Nachman und die Thora. Das Judentum verständlich gemacht, München 2002.

Fosler, Gail: Dynamischer Kapitalmarkt und strukturelle Arbeitslosigkeit, in: Kurt E. Becker & Hans Peter Schreiner (Hrsg.): Geht uns die Arbeit aus? Beschäftigungsperspektiven in der Gesellschaft von morgen, Frankfurt - New York 1998, 154–164.

Frances, Allen: Normal. Gegen die Inflation psychiatrischer Diagnosen. Aus dem Englischen übersetzt von Barbara Schaden, Köln 2013.

Franzke, Erich: Märchen und Märchenspiel in der Psychotherapie. Der kreative Umgang mit alten und neuen Geschichten, 2., korrigierte und ergänzte Auflage, Bern - Stuttgart - Toronto 1991.

Frenzel, Peter; Keil, Wolfgang W.; Schmid, Peter F. & Stölzl, Norbert (Hrsg.): Klienten-/Personenzentrierte Psychotherapie. Kontexte, Konzepte, Konkretisierungen, Wien 2001.

Frey, Dieter; Jonas, Eva; Frank, Elisabeth & Greve, Werner: Das Wissen über sich selbst und andere im eigenen Handeln nutzen. Zur Anwendungsrelevanz der Selbstkonzeptforschung, in: Werner Greve (Hrsg.): Psychologie des Selbst, Weinheim 2000, 339–359.

Friedel, Heiko: Arbeitslosigkeit und Krankheit. Eine gesundheitsökonomische Studie, Marburg 2000.

Friedenthal-Haase, Martha: Krise und Bewährung. Martin Buber zu Grundlagen der Bildung im Erwachsenenalter (Oldenburger Universitätsreden; Band 44), Oldenburg 1991.

Fuchs, Gotthard: Theologische Männerforschung. Ein Gebot der Stunde, in: Diakonia 24 (1993) 159–169.

Gellner, Christoph: Von der Glut der Begierde in der Bibel. David und Batseba, in: Dieter Bauer & Angelika Meissner (Hrsg.): Männer weinen heimlich. Geschichten aus dem Alten Testament, Stuttgart 1993, 112–129.

Gergen, Kenneth J.: Selbsterkenntnis und die wissenschaftliche Erkenntnis des sozialen Handelns, in: Sigrun-Heide Filipp (Hrsg.): Selbstkonzept-Forschung. Probleme, Befunde, Perspektiven, 3. Auflage, Stuttgart 1993, 75–95.

Gergen, Kenneth J.: Erzählung, moralische Identität und historisches Bewußtsein. Eine sozialkonstruktionistische Darstellung. Aus dem Englischen von Jürgen Straub und Alexander Kochinka, in: Straub, Jürgen (Hrsg.): Erzählung, Identität und historisches Bewußtsein. Die psychologische Konstruktion von Zeit und Geschichte, Frankfurt am Main 1998, 170–202.

Gergen, Kenneth J. & Gergen, Mary: Einführung in den sozialen Konstruktionismus. Aus dem Englischen übersetzt von Karin Roth, Heidelberg 2009.

Gerstenberger, Erhard S. & Schrage, Wolfgang: Frau und Mann (Biblische Konfrontationen; Band 1013), Stuttgart - Berlin - Köln - Mainz 1980.

Giernalczyk, Thomas: Beratung in Lebenskrisen, in: Christoph Steinebach (Hrsg.): Handbuch Psychologische Beratung, Stuttgart 2006, 460–484.

Greve, Werner: Das erwachsene Selbst, in: Werner Greve (Hrsg.): Psychologie des Selbst, Weinheim 2000, 96–114.

Grobe, Thomas G. & Schwartz, Friedrich W.: Arbeitslosigkeit und Gesundheit, in: Robert Koch-Institut (Hrsg.): Gesundheitsberichterstattung des Bundes (Heft 13), Berlin 2003.

Gross, Peter: Jenseits der Erlösung. Die Wiederkehr der Religion und die Zukunft des Christentums, 2. Auflage, Bielefeld 2008.

Große Kracht, Hermann-Josef: Der Mensch – ein arbeitendes Wesen? Theologisch-sozialethische Anmerkungen zur Bedeutung menschlicher Arbeit in modernen Gesellschaften, in: Albert Biesinger & Joachim Schmidt (Hrsg.): Ora et labora. Eine Theologie der Arbeit, Ostfildern 2010, 185–200.

Grossmann, Konrad Peter: Der Fluss des Erzählens. Narrative Formen der Therapie, Heidelberg 2000.

Günther, Ralf: Seelsorge auf der Schwelle. Eine linguistische Analyse von Seelsorgegesprächen im Gefängnis (Arbeiten zur Pastoraltheologie; Band 45), Göttingen 2005.

Hagemann-White, Carol: Sozialisation: weiblich – männlich (Alltag und Biografie von Mädchen; Band 1), Opladen 1984.

Hammel, Stefan: Handbuch des therapeutischen Erzählens. Geschichten und Metaphern in Psychotherapie, Kinder- und Familientherapie, Heilkunde, Coaching und Supervision, Stuttgart 2009.

Hannover, Bettina: Das kontextabhängige Selbst oder warum sich unser Selbst mit dem sozialen Kontext verändert, in: Werner Greve (Hrsg.): Psychologie des Selbst, Weinheim 2000, 227–238.

Hauke, Gernot: Persönliche Werte, in: Psychotherapie 6 (2001) 5–29.

Heil, Friedrich E. & Scheller, Reinhold: Berufliche Entwicklung und Selbstkonzepte, in: Sigrun-Heide Filipp (Hrsg.): Selbstkonzept-Forschung. Probleme, Befunde, Perspektiven, 3. Auflage, Stuttgart 1993, 253–271.

Helle, Horst Jürgen: Religionssoziologie. Entwicklung der Vorstellungen vom Heiligen, München - Wien 1997.

Hengsbach, Friedhelm: Ein Menschenrecht auf Arbeit? Orientierungen christlicher Gesellschaftsethik, in: Johannes Rehm & Hans G. Ulrich (Hrsg.): Menschenrecht auf Arbeit? Sozialethische Perspektiven, Stuttgart 2009, 153–184.

Hetterich, Antje: Die Menschen nicht um Gott betrügen. Vom Mehrwert christlicher Umkehr angesichts postmoderner Bußfertigkeiten (Online-Veröffentlichung am 04.12.2007: http://www.freidok.uni-freiburg.de/volltexte/3610/), Freiburg i. Br. 2007.

Hollstein, Walter: Was vom Manne übrig blieb. Krise und Zukunft des „starken“ Geschlechts, Berlin 2008.

Horodezky, Samuel Aba: Rabbi Nachman von Brazlaw. Beitrag zur Geschichte der jüdischen Mystik, Berlin 1910.

Hutter, Christoph & Plois, Bernhard: Quo vadis Beratung? – Kirchliche Beratung angesichts aktueller Zeitdiagnosen, in: Christoph Hutter, Norbert Kunze, Renate Oetker-Funk & Bernhard Plois (Hrsg.): Quo vadis Beratung? Dokumentation einer Fachtagung zur Zukunftsfähigkeit kirchlicher Beratungsarbeit (Band 1) 2006, 13–27.

Jerneizig, Ralf; Langenmayr, Arnold & Schubert, Ulrich: Leitfaden zur Trauertherapie und Trauerberatung, Göttingen 1991.

Jhi, Jun-Hyung: Das Heil in Jesus Christus bei Karl Rahner und in der Theologie der Befreiung (Forschungen zur systematischen und ökumenischen Theologie; Band 116), Göttingen 2006.

Junker, Thomas & Paul, Sabine: Der Darwin-Code. Die Evolution erklärt unser Leben, 2. Auflage, München 2009.

Justen, Rainer: Welche Theologie braucht eine hoffnungsvolle Seelsorge heute, in: Georg Köhl & Gundo Lames (Hrsg.): Abenteuer Hoffnung. Lebenszeugnisse und Glaubenszeugen, Berlin 2012, 112–120.

Karrer, Leo: Was die Seele nährt. Spiritualität im Prozess der Menschwerdung, in: Franz Weber, Thomas Böhm, Anna Findl-Ludescher & Hubert Findl: Im Glauben Mensch werden. Impulse für eine Pastoral, die zur Welt kommt. Festschrift für Hermann Stenger zum 80. Geburtstag (Tübinger Perspektiven zur Pastoraltheologie und Religionspädagogik; Band 7), Münster 2000, 233–242.

Kast, Verena: Trauern. Phasen und Chancen des psychischen Prozesses, Stuttgart - Berlin 1982.

Kast, Verena: Erzählen und Zuhören: Das Narrativ im therapeutischen Dialog, in: Peter Buchheim, Manfred Cierpka & Theodor Seifert (Hrsg.): Das Narrativ – aus dem Leben Erzähltes (Lindauer Texte), Berlin - Heidelberg - New York u.a. 1998, 33–50.

Kast, Verena: Lebenskrisen werden Lebenschancen. Wendepunkte des Lebens aktiv gestalten, 2. Auflage, Freiburg i. Br.- Basel - Wien 2000.

Kast, Verena: Vom Sinn der Angst. Wie Ängste sich festsetzen und wie sie sich verwandeln lassen, 3. Auflage, Freiburg i. Br.- Basel -Wien 2001.

Katholische Bibelanstalt Stuttgart u. a. (Hrsg.): Die Bibel. Altes und Neues Testament, Einheitsübersetzung, Stuttgart 1980.

Kegler, Jürgen: Arbeitsorganisation und Arbeitskampfformen im Alten Testament, in: Luise Schottroff & Willy Schottroff (Hrsg.): Mitarbeiter der Schöpfung. Bibel und Arbeitswelt, München 1983, 51–71.

Kehl, Medard: Und Gott sah, dass es gut war. Eine Theologie der Schöpfung. Unter Mitwirkung von Hans-Dieter Mutschler und Michael Sievernich, Freiburg i. Br. - Basel - Wien 2006.

Kieselbach, Thomas: Sozialer Konvoi und nachhaltige Beschäftigungsfähigkeit: Perspektiven eines zukünftigen Umgangs mit beruflichen Transitionen, in: Jeannette Zempel, Johann Bacher & Klaus Moser (Hrsg.): Erwerbslosigkeit. Ursachen, Auswirkungen und Interventionen, Opladen 2001, 381–396.

Kieselbach, Thomas: Vor allem Zuhören (Interview mit Maren Soehringin), in: Die Zeit Nr. 21 vom 20. Mai 2010, 72.

Kießling, Klaus: Psychotherapie – ein chaotischer Prozeß? Unterwegs zu einer postcartesianischen Psychologie, Stuttgart 1998.

Kießling, Klaus: Seelsorge bei Seelenfinsternis. Depressive Anfechtung als Provokation diakonischer Mystagogie, Freiburg i. Br. - Basel - Wien 2002.

Kießling, Klaus: Arbeit und Menschenwürde – in theologischen Konturen, in: Albert Biesinger & Joachim Schmidt (Hrsg.): Ora et labora. Eine Theologie der Arbeit, Ostfildern 2010a, 115–132.

Kießling, Klaus: Erfahrung der Gnade. Ein konzeptioneller Zugang zu Geistlicher Begleitung, in: Klaus Kießling (Hrsg.): Geistliche Begleitung. Beiträge aus Pastoralpsychologie und Spiritualität (Edition Wege zum Menschen), Göttingen 2010b, 17–27.

Kießling, Klaus: Stellvertretung weltweit! – Grundzüge einer Pastoralpsychologie der Hoffnung, in: Georg Köhl & Gundo Lames (Hrsg.): Abenteuer Hoffnung. Lebenszeugnisse und Glaubenszeugen, Berlin 2012, 59–72.

Kiss, Friedrich: Die menschliche Arbeit als Thema der Theologie, in: Luise Schottroff & Willy Schottroff (Hrsg.): Mitarbeiter der Schöpfung. Bibel und Arbeitswelt, München 1983, 11–32.

Kitzmüller, Erich: Über die Arbeitsgesellschaft hinaus, in: Erich Kitzmüller & Ina Paul-Horn (Hrsg.): Alternative Ökonomie, Wien 1998a, 28–36.

Kitzmüller, Erich: Von der Erwerbs- zur Tätigkeitsgesellschaft, in: Diakonia 29 (1998b) 13–22.

Klemm, Stanislaus: „Lerne vom einfachen Kochtopf ...“. Hilfreiche Metaphergeschichten in der Lebensberatung, in: Beratung aktuell 4 (2003) 23–37.

Klessmann, Michael: Pastoralpsychologie. Ein Lehrbuch, Neukirchen-Vluyn 2004.

Knieling, Reiner: Männerspezifische Perspektiven in Kirche und Theologie oder: Wozu die Männerstudie 2008 kirchliche Arbeit und theologische Wissenschaft herausfordert, in: Rainer Volz & Paul M. Zulehner (Hrsg.): Männer in Bewegung. Zehn Jahre Männerentwicklung in Deutschland / ein Forschungsprojekt der Gemeinschaft der Katholischen Männer Deutschlands und der Männerarbeit der Evangelischen Kirche in Deutschland (Bundesministerium für Familie, Senioren, Frauen und Jugend, Forschungsreihe; Band 6), Baden-Baden 2009, 390–399.

Knieling, Reiner: Männer und Kirche. Konflikte, Missverständnisse, Annäherungen, Göttingen 2010.

Krampen, Günter: Handlungstheoretische Persönlichkeitspsychologie. Konzeptuelle und empirische Beiträge zur Konstrukterhellung, Göttingen - Toronto - Zürich 1987.

Kraus, Wolfgang: Das erzählte Selbst. Die narrative Konstruktion von Identität in der Spätmoderne, Pfaffenweiler 1996.

Kraus, Wolfgang: Falsche Freunde. Radikale Pluralisierung und der Ansatz einer narrativen Identität, in: Jürgen Straub & Joachim Renn (Hrsg.): Transitorische Identität. Der Prozesscharakter des modernen Selbst, Frankfurt a. M. 2002, 159–186.

Kreienbaum, Maria Anna: Vom Umgang mit Mädchen und Jungen in der Schule, in: Karin Bräu & Ulrich Schwerdt (Hrsg.): Heterogenität als Chance. Vom produktiven Umgang mit Gleichheit und Differenz in der Schule, Münster 2005, 71–84.

Kreutzer, Ansgar: Arbeit und Muße. Studien zu einer Theologie des Alltags (Forum Religion & Sozialkultur – Abt. A: Religions- und Kirchensoziologische Texte; Band 19), Wien - Berlin - Münster 2011.

Krupp, Michael: Nicht nur Strukturen … Sorgenvolle Gedanken eines langjährigen Pfarrgemeinderatsmitglieds im Bistum Trier, in: Georg Köhl & Gundo Lames (Hrsg.): Abenteuer Hoffnung. Lebenszeugnisse und Glaubenszeugen, Berlin 2012, 181–183.

Kübler-Ross, Elisabeth: Interviews mit Sterbenden. Mit einem einleitenden Essay von Christoph Student, Neuauflage, Freiburg 2009.

Kuhnert, Peter: Arbeitslosenberatung: Entwicklung und Perspektiven, in: Frank Nestmann, Frank Engel & Ursel Sickendiek (Hrsg.): Handbuch der Beratung, Band 2: Ansätze, Methoden und Felder, Tübingen 2004, 959–975.

Kurten, Petra: Umkehr zum lebendigen Gott. Die Bekehrungstheologie August Hermann Franckes als Beitrag zur Erneuerung des Glaubens (Paderborner theologische Studien; Band 15), Paderborn - München - Wien - Zürich 1985.

Ladenhauf, Karl H.: „… dem Menschen als solchem dienen, nicht bloß den Katholiken". Pastoralpsychologie als Diakonie, in: Franz Weber, Thomas Böhm, Anna Findl-Ludescher & Hubert Findl: Im Glauben Mensch werden. Impulse für eine Pastoral, die zur Welt kommt. Festschrift für Hermann Stenger zum 80. Geburtstag (Tübinger Perspektiven zur Pastoraltheologie und Religionspädagogik; Band 7), Münster 2000, 201–208.

Laiblin, Wilhelm: Wandlung im Märchen, in: Wilhelm Bitter (Hrsg.): Vorträge über die Wandlung des Menschen in Seelsorge und Psychotherapie (Tagungsberichte der Stuttgarter Gemeinschaft Arzt und Seelsorger; Band 4), Göttingen 1956, 276–300.

Lakoff, George & Johnson, Mark: Leben in Metaphern. Konstruktion und Gebrauch von Sprachbildern. Aus dem Englischen übersetzt von Astrid Hildenbrand, 7. Auflage, Heidelberg 2011.

Lammer, Kerstin: Den Tod begreifen. Neue Wege in der Trauerbegleitung, 4. Auflage, Neukirchen-Vluyn 2006.

Lamp, Ida & Smith, Sabine: Trauer und Beratung. Trauer als Beratungsinhalt oder Trauerberatung als eigenes Beratungsfeld?, in: Frank Nestmann, Frank Engel & Ursel Sickendiek (Hrsg.): Handbuch der Beratung, Band 2: Ansätze, Methoden und Felder, Tübingen 2004, 1139–1149.

Langenmayr, Arnold: Trauerbegleitung. Beratung, Therapie, Fortbildung, Göttingen 1999.

Lappin, Eleonore: Der Jude 1916–1928. Jüdische Moderne zwischen Universalismus und Partikularismus (Schriftenreihe wissenschaftlicher Abhandlungen des Leo Baeck Instituts; Band 62), Tübingen 2000.

Laskowski, Annemarie: Was den Menschen antreibt. Entstehung und Beeinflussung des Selbstkonzepts, Frankfurt a. M. - New York 2000.

Lehmann, Karl: Umkehr zum Leben für alle. Ursprung und Tragweite der missionarischen Grunddimension des christlichen Glaubens (Der Vorsitzende der Deutschen Bischofskonferenz. Eröffnungsreferat bei der Herbst-Vollversammlung der Deutschen Bischofskonferenz in Fulda, 20. September 2004), herausgegeben vom Sekretariat der Deutschen Bischofskonferenz, Bonn 2004.

Lehmann, Karl: Neue Zeichen der Zeit. Unterscheidungskriterien zur Diagnose der Situation der Kirche in der Gesellschaft und zum kirchlichen Handeln heute (Der Vorsitzende der Deutschen Bischofskonferenz. Eröffnungsreferat bei der Herbst-Vollversammlung der Deutschen Bischofskonferenz in Fulda, 19. September 2005), herausgegeben vom Sekretariat der Deutschen Bischofskonferenz, Bonn 2005.

Lehmann, Karl: Arbeit als Realisierung der Gottesbeziehung, in: Albert Biesinger & Joachim Schmidt (Hrsg.): Ora et labora. Eine Theologie der Arbeit, Ostfildern 2010, 13–31.

Leinhäupl-Wilke, Andreas: Lebendige Erinnerung. Evangelien als Erzählwerke, in: Bibel und Kirche 62 (2007) 142–144.

Lemke, Helga: Verkündigung in der annehmenden Seelsorge. Religiöse Erfahrung durch Begegnung, Stuttgart - Berlin - Köln - Mainz 1981.

Lemke, Helga: Seelsorgerliche Gesprächsführung. Gespräche über Glauben, Schuld und Leiden, Stuttgart - Berlin - Köln 1992.

Lemke, Helga: Personzentrierte Beratung in der Seelsorge, Stuttgart - Berlin - Köln - Mainz 1995.

Levang, Elizabeth: Männer trauern anders. Aus dem Englischen von Marielies Urban, Freiburg i. Br. - Basel - Wien 2002.

Loebbert, Michael: Storymanagement. Der narrative Ansatz für Management und Beratung, Stuttgart 2003.

Lutz, Bernd: Umkehr als Prozess ständigen Neu-Werdens. Praktisch-theologische Überlegungen zu Möglichkeiten und Grenzen christlich motivierter Erneuerung (Studien zur Theologie und Praxis der Seelsorge; Band 3), Würzburg 1989.

Mackmull, Ralph: Der Mann und die Kirche – Eine Beziehung in der Krise? Von Gefahren und Chancen kirchlicher Männerarbeit (MenschenArbeit. Freiburger Studien; Band 21), Konstanz 2006.

Maes, Jürgen, Schmal, Andreas & Schmitt, Manfred: Arbeitslosigkeit aus einer gerechtigkeitspsychologischen Perspektive, in: Johann Bacher, Klaus Moser & Jeannette Zempel

(Hrsg.): Erwerbslosigkeit. Ursachen, Auswirkungen und Interventionen, Opladen 2001, 187–205.

May, Rollo: Die Kunst der Beratung. Aus dem Englischen von Brigitte Stein, Mainz 1991.

Mayer, Susanne: Familienkrach, in: Die Zeit Nr. 11 vom 10. März 2005, 60.

Meier, Christian: Zur Krise der Arbeit – Eine anthropologisch-historische Bestandsaufnahme, in: Kurt E. Becker & Hans Peter Schreiner (Hrsg.): Geht uns die Arbeit aus? Beschäftigungsperspektiven in der Gesellschaft von morgen, Frankfurt - New York 1998, 30–47.

Metz-Göckel, Sigrid: Koedukation – nicht um jeden Preis. Eine Kritik aus internationaler Perspektive, in: Britta Behm, Gesa Heinrichs & Holger Tiedemann (Hrsg.), Das Geschlecht der Bildung – Die Bildung der Geschlechter, Opladen 1999, 131–147.

Mielke, Rosemarie: Soziale Kategorisierung und Selbstkonzept, in: Werner Greve (Hrsg.): Psychologie des Selbst, Weinheim 2000, 167–185.

Mieth, Dietmar: Arbeit und Menschenwürde, Freiburg - Basel - Wien 1985.

Mieth, Dietmar: Wandlungen in der christlichen Spiritualität der Arbeit, in: Albert Biesinger & Joachim Schmidt (Hrsg.): Ora et labora. Eine Theologie der Arbeit, Ostfildern 2010, 155–184.

Mohr, Giesela: Langzeiterwerbslosigkeit, in: Johann Bacher, Klaus Moser & Jeannette Zempel (Hrsg.): Erwerbslosigkeit. Ursachen, Auswirkungen und Interventionen, Opladen 2001, 111–131.

Mohr, Gisela & Richter, Peter: Psychosoziale Folgen von Erwerbslosigkeit und Interventionen, in: Aus Politik und Zeitgeschichte (Beilage zur Wochenzeitung Das Parlament), 2008, Heft 40/41, 25–32.

Moser, Martin: Personzentrierte Seelsorge – eine ausbaufähige Qualität. Der Personzentrierte Ansatz in der kirchlichen Seelsorge, in: Gesprächspsychotherapie und personzentrierte Beratung 42 (2011) 81–85.

Müller, Wunibald: Beratung und Begleitung im Kontext von Seelsorge, in: Konrad Baumgartner & Wunibald Müller (Hrsg.): Beraten und Begleiten. Handbuch für das seelsorgliche Gepräch, Freiburg i. Br. - Basel - Wien 1990, 20–30.

Mummendey, Hans-Dieter: Methoden und Probleme der Messung von Selbstkonzepten, in: Sigrun-Heide Filipp (Hrsg.): Selbstkonzept-Forschung. Probleme, Befunde, Perspektiven, 3. Auflage, Stuttgart 1993, 171–189.

Mummendey, Hans Dieter: Psychologie des „Selbst“. Theorien, Methoden und Ergebnisse der Selbskonzeptforschung, Göttingen - Bern - Wien u. a. 2006.

Nauer, Doris: Seelsorgekonzepte im Widerstreit. Ein Kompendium, Stuttgart - Berlin - Köln 2001.

Nauer, Doris: Seelsorge in der Caritas. Spirituelle Enklave oder Qualitätsplus, Freiburg i. Br. 2007.

Nauer, Doris: Seelsorge. Sorge um die Seele, 2., aktualisierte Auflage, Stuttgart 2010.

Nauer, Doris: Aus Fehler lernen – Historische Hypotheken und glaubwürdige Neuaufbrüche in der Seelsorge, in: Georg Köhl & Gundo Lames (Hrsg.): Abenteuer Hoffnung. Lebenszeugnisse und Glaubenszeugen, Berlin 2012, 798–809.

Nell-Breuning, Oswald: Arbeit vor Kapital. Kommentar zur Enzyklika „Laborem exercens" von Johannes Paul II., München - Wien - Zürich 1983.

Nestmann, Frank: Beratungsmethoden und Beratungsbeziehung, in: Frank Nestmann, Frank Engel & Ursel Sickendiek (Hrsg.): Handbuch der Beratung, Band 2: Ansätze, Methoden und Felder, Tübingen 2004, 783–796.

Neumann, Wolfgang & Süfke, Björn: Den Mann zur Sprache bringen. Psychotherapie mit Männern, 2., korrigierte Auflage, Tübingen 2004.

Nidetzky, Werner: Allgemeine Ziele der seelsorglichen Beratung und Begleitung, in: Konrad Baumgartner & Wunibald Müller (Hrsg.): Beraten und Begleiten. Handbuch für das seelsorgliche Gepräch, Freiburg i. Br. - Basel - Wien 1990, 51–60.

Ockenfels, Wolfgang: Kleine Katholische Soziallehre. Eine Einführung – nicht nur für Manager, 4., korrigierte und erweiterte Auflage, Trier 1992.

Ortkemper, Franz-Josef: Ein Mann des Widerspruchs. Jeremia, in: Dieter Bauer & Angelika Meissner (Hrsg.): Männer weinen heimlich. Geschichten aus dem Alten Testament, Stuttgart 1993, 145–159.

Paul, Karsten Ingmar & Moser, Klaus: Negatives psychisches Befinden als Wirkung und als Ursache von Arbeitslosigkeit. Ergebnisse einer Metaanalyse, in: Jeannette Zempel, Johann Bacher & Klaus Moser (Hrsg.): Erwerbslosigkeit. Ursachen, Auswirkungen und Interventionen, Opladen 2001, 83–110.

Paul, Karsten Ingmar, Zempel, Jeanette & Moser, Klaus: Arbeitslosigkeit, in: Dieter Frey, Lutz von Rosenstiel & Carl Graf Hoyos (Hrsg): Wirtschaftspsychologie, Weinheim 2005, 5–13.

Pawlowsky, Gerhard: Empathie in der Psychotherapie. Überlegungen aus personenzentrierter und psychoanalytischer Sicht, in: Arbeitsgemeinschaft Personenzentrierte Gesprächsführung (Hrsg.): Persönlichkeitsentwicklung durch Begegnung. Das personenzentrierte Konzept in Psychotherapie, Erziehung und Wissenschaft, Wien 1984, 128–139.

Peseschkian, Nossrat: Positive Psychotherapie. Theorie und Praxis, 7. Auflage, Frankfurt a. M. 2004.

Peseschkian, Nossrat: Der Kaufmann und der Papagei. Orientalische Geschichten als Medien in der Psychotherapie – mit Fallbeispielen zur Erziehung und Selbsthilfe, 28. Auflage, Frankfurt a. M. 2006.

Polkinghorne, Donald E.: Narrative Psychologie und Geschichtsbewußtsein. Beziehungen und Perspektiven. Aus dem Englischen von Jürgen Straub und Alexander Kochinka, in: Jürgen Straub (Hrsg.): Erzählung, Identität und historisches Bewußtsein. Die psychologische Konstruktion von Zeit und Geschichte, Frankfurt am Main 1998, 12–45.

Pompey, Heinrich: Theologisch-psychologische Grundbedingungen der seelsorglichen Beratung, in: Eckhard Lade (Hrsg.): Christliches ABC heute und morgen. Handbuch für Lebensfragen und kirchliche Erwachsenenbildung, Bad Homburg 1978 ff. (Ergänzungslieferung Nr. 6, 1986), 179–209.

Pompey, Heinrich: Handlungsperspektiven kirchlicher Beratung, in: Sekretariat der Deutschen Bischofskonferenz (Hrsg.): Studientag „Kirchliche Beratungsdienste" der Herbstvollversammlung der Deutschen Bischofskonferenz 1986 (Arbeitshilfen 51), Bonn 1987, 44–68.

Pompey, Heinrich: Der Weg der Kirche ist der Mensch, in: Gisbert Greshake (Hrsg.): Ruf Gottes – Antwort des Menschen. Zur Berufung des Christen in Kirche und Welt, Würzburg 1991, 146–177.

Prast, Franz: Leben ohne Arbeit? Arbeitslosigkeit als sozialpolitische Herausforderung, in: Johannes Rehm & Hans G. Ulrich (Hrsg.): Menschenrecht auf Arbeit? Sozialethische Perspektiven, Stuttgart 2009, 39–49.

Promberger, Markus: Arbeit, Arbeitslosigkeit und soziale Integration, in: Aus Politik und Zeitgeschichte (Beilage zur Wochenzeitung Das Parlament) Nr. 40/41 (2008) 7–15.

Prömper, Hans: Emanzipatorische Männerbildung. Grundlagen und Orientierungen zu einem geschlechtsspezifischen Handlungsfeld der Kirche (Glaubenskommunikation Reihe „Zeitzeichen"; Band 12), Ostfildern 2003.

Rahner, Karl: Würde und Freiheit des Menschen, in: Ders.: Schriften zur Theologie, Band 2, Einsiedeln - Zürich - Köln 1955, 247–277.

Rahner, Karl: Hörer des Wortes. Zur Grundlegung einer Religionsphilosophie, neu bearbeitet von J. B. Metz, München 1963.

Rahner, Karl: Theologie der Freiheit, in: Ders.: Schriften zur Theologie, Band 6, Einsiedeln - Zürich - Köln 1965, 215–237.

Rahner, Karl: Von der Arbeit, in: Ders.: Alltägliche Dinge, 7. Auflage, Einsiedeln 1968, 10–11.

Rahner, Karl: Wagnis des Christen. Geistliche Texte, Freiburg - Basel - Wien 1974.

Rahner, Karl: Der Mann in der Kirche, in: Ders.: Sendung und Gnade. Beiträge zur Pastoraltheologie, 5., erweiterte Auflage, Innsbruck - Wien 1988, 282–306.

Rahner, Karl: Grundkurs des Glaubens. Einführung in den Begriff des Christentums. 9. Auflage der Sonderausgabe von 1984, Freiburg - Basel - Wien 2001.

Rat der Evangelischen Kirche in Deutschland & Sekretariat der Deutschen Bischofskonferenz (Hrsg.): Für eine Zukunft in Solidarität und Gerechtigkeit. Wort des Rates der Evangelischen Kirche in Deutschland und der Deutschen Bischofskonferenz zur wirtschaftlichen und sozialen Lage in Deutschland, Hannover - Bonn 1997.

Richter, Horst Eberhard: Der Gotteskomplex. Die Geburt und die Krise des Glaubens an die Allmacht des Menschen, Hamburg 1979.

Rogers, Carl R.: Die klientenzentrierte Gesprächspsychotherapie. Mit Beiträgen von Elaine Dorfman, Thomas Gordon und Nicholas Hobbs. Aus dem Englischen von Erika Nosbüsch. Nachdruck der 2. Auflage der Kindler-Studienausgabe (Geist und Psyche; Band 2175), Frankfurt am Main 1976.

Rogers, Carl R.: Entwicklung der Persönlichkeit. Psychotherapie aus der Sicht eines Therapeuten. Aus dem Englischen von Jacqueline Giere, 4. Auflage, Stuttgart 1982.

Rogers, Carl R.: Therapeut und Klient. Grundlagen der Gesprächspsychotherapie. Mit Beiträgen von Madge K. Lewis, John M. Shlien und John K. Wood. Herausgegeben und mit einem Vorwort versehen von Wolfgang M. Pfeiffer. Aus dem Englischen von Ute Seesslen, Frankfurt a. M. 1983.

Rogers, Carl R.: Der neue Mensch. Aus dem Englischen von Brigitte Stein, 3. Auflage, Stuttgart 1987.

Rogers, Carl R.: Ein klientenzentrierter bzw. personenzentrierter Ansatz in der Psychotherapie, in: Carl R. Rogers & Peter F. Schmid: Person-zentriert. Grundlagen von Theorie und Praxis (mit einem kommentierten Beratungsgespräch von Carl Rogers). Aus dem Englischen von Manfred Werkmeister und Peter F. Schmid, Mainz 1991a, 238–256.

Rogers, Carl R.: Klientenzentrierte Psychotherapie, in: Carl R. Rogers & Peter F. Schmid: Person-zentriert. Grundlagen von Theorie und Praxis (mit einem kommentierten Beratungsgespräch von Carl Rogers). Aus dem Englischen von Manfred Werkmeister und Peter F. Schmid, Mainz 1991b, 185–237.

Rogers, Carl. R.: Eine Theorie der Psychotherapie, der Persönlichkeit und der zwischenmenschlichen Beziehung (mit einem Vorwort von Jürgen Kriz). Aus dem Englischen von Gerd Höhner und Rolf Brüsecke, München - Basel 2009.

Rohfleisch, Monika: Kleine Schritte im großen Ganzen. Schlaglichter auf das Engagement eines Dekanates im Bereich Arbeitslosigkeit, in: Diakonia 41 (2010) 260–263.

Rohr, Richard: Der wilde Mann. Geistliche Reden zur Männerbefreiung. Aus dem Englischen übersetzt, bearbeitet und mit einer Vorrede versehen von Andreas Ebert, 5. Auflage, München 1987.

Roth, Wolfgang: Humanistische Konzepte der Beratung, in: Christoph Steinebach (Hrsg.): Handbuch Psychologische Beratung, Stuttgart 2006, 195–217.

Sander, Hans-Joachim: Das Lebenszeichen Arbeit und der Sprachverlust der Arbeitslosen. Die Herausforderung eines Zeichens der Zeit, in: Diakonia 29 (1998) 33–39.

Sander, Hans-Joachim: Das Recht auf Arbeit und die verletzten Menschenrechte arbeitender Menschen. Andersorte Gottes – Die Pastoral des Arbeitens nach Gaudium et spes, in: Albert Biesinger & Joachim Schmidt (Hrsg.): Ora et labora. Eine Theologie der Arbeit, Ostfildern 2010, 91–114.

Sanders, Rudolf: Die Beziehung zwischen Ratsuchendem und Berater, in: Frank Nestmann, Frank Engel & Ursel Sickendiek (Hrsg.): Handbuch der Beratung, Band 2: Ansätze, Methoden und Felder, Tübingen 2004, 797–808.

Schaupp, Klemens: Geistliche Begleitung – Abgrenzung und Kooperation mit anderen Begleitungsdiensten, in: Sekretariat der Deutschen Bischofskonferenz (Hrsg.): „Da kam Jesus hinzu ...“ (Lk 24,15). Handreichung für geistliche Begleitung auf dem Glaubensweg (Arbeitshilfen 158), Bonn 2001, 68–81.

Schaupp, Klemens & Tillmanns, Hildegard: Geistliche Begleitung – Berufung oder Beruf? Überlegungen zum Problem der Professionalisierung der geistlichen Begleitung, in: Sekretariat der Deutschen Bischofskonferenz (Hrsg.): „Da kam Jesus hinzu ...“ (Lk 24,15). Handreichung für geistliche Begleitung auf dem Glaubensweg (Arbeitshilfen 158), Bonn 2001, 82–92.

Schmid, Peter F.: Personale Begegnung. Der personzentrierte Ansatz in Psychotherapie, Beratung, Gruppenarbeit und Seelsorge, Würzburg 1989.

Schmid, Peter F.: Personzentrierte seelsorgliche Beratung und Begleitung im Einzelgespräch, in: Konrad Baumgartner & Wunibald Müller (Hrsg.): Beraten und Begleiten. Handbuch für das seelsorgliche Gepräch, Freiburg i. Br. - Basel - Wien 1990, 74–82.

Schmid, Peter F.: Begegnung ist Verkündigung. Paradigmenwechsel in der Seelsorge, in: Diakonia 25 (1994) 15–30.

Schmid, Peter F.: Was wir einander schulden …, in: Diakonia 37 (2006) 77–83.

Schmitz, Edgar & Hauke, Gernot: Die Erfahrung von Lebenssinn und Sinnkrisen. Ein integratives Modell, in: Integrative Therapie – Zeitschrift für vergleichende Psychotherapie und Methodenintegration 18 (1992) 270–291.

Schmitz, Edgar & Hauke, Gernot: Sinnerfahrung, innere Langeweile und Modi der Stressverarbeitung, in: Integrative Therapie – Zeitschrift für vergleichende Psychotherapie und Methodenintegration 25 (1999) 42–63.

Schmitz, Edgar: Sinnkrisen, Belastung, Lebenssinn – psychologische Perspektiven, Konzepte und Forschung, in: Hilarion G. Petzold & Ilse Orth (Hrsg.): Sinn, Sinnerfahrung, Lebenssinn in Psychologie und Psychotherapie (Band I: Sinn und Sinnerfahrung – interdisziplinäre Perspektiven), Bielefeld - Locarno 2005, 123–155.

Schneider, Michael: Umkehr zum neuen Leben. Wege der Versöhnung und Buße heute, Freiburg i. Br. 1991.

Schoppa, Hans-Günter: Verlust des Arbeitsplatzes. Beratung für arbeitslose Menschen, Göttingen 2010.

Schottroff, Luise: Das geschundene Volk und die Arbeit in der Ernte Gottes nach dem Matthäusevangelium, in: Luise Schottroff & Willy Schottroff (Hrsg.): Mitarbeiter der Schöpfung. Bibel und Arbeitswelt, München 1983, 149–208.

Schottroff, Willy: Arbeit und sozialer Konflikt im nachexilischen Juda, in: Luise Schottroff & Willy Schottroff (Hrsg.): Mitarbeiter der Schöpfung. Bibel und Arbeitswelt, München 1983, 104–148.

Schulze, Gerhard: Die Erlebnisgesellschaft. Kultursoziologie der Gegenwart. Um den Anhang gekürzte und mit einem neuen Vorwort versehene 2. Auflage, Frankfurt a. M. - New York 2005.

Schützeichel, Rainer: Von der Buße zur Beratung. Über Risiken professionalisierter Seelsorge, in: Rainer Schützeichel & Thomas Brüsemeister (Hrsg.): Die beratene Gesellschaft. Zur gesellschaftlichen Bedeutung von Beratung, Wiesbaden 2004, 111–140.

Segbers, Franz: „Erinnere dich daran, dass du selbst ein Sklave, eine Sklavin in Ägypten warst …“ (Dtn 5,15). Biblische Impulse für Humanität in der Arbeit, in: Johannes Rehm & Hans G. Ulrich (Hrsg.): Menschenrecht auf Arbeit? Sozialethische Perspektiven, Stuttgart 2009, 11–38.

Sekretariat der Deutschen Bischofskonferenz (Hrsg.): Pastorale Anregungen zum Problem der Arbeitslosigkeit. Ein Wort der deutschen Bischöfe an die Priester, Pfarrgemeinden und Verbände (Die Deutschen Bischöfe: Hirtenschreiben, Erklärungen 31), Bonn 1982.

Sekretariat der Deutschen Bischofskonferenz (Hrsg.): Umkehr und Versöhnung im Leben der Kirche. Orientierungen zur Bußpastoral (Die Deutschen Bischöfe: Hirtenschreiben, Erklärungen 58), Bonn 1997.

Sekretariat der Deutschen Bischofskonferenz (Hrsg.): „Zeit zur Aussaat“. Missionarisch Kirche sein (Die Deutschen Bischöfe: Hirtenschreiben, Erklärungen 68), Bonn 2000.

Sekretariat der Deutschen Bischofskonferenz (Hrsg.): „Als Mann und Frau schuf er sie“. Das Verhältnis der Geschlechter in Ehe und Familie – Familiensonntag 2001 (Arbeitshilfen 155), Bonn 2001.

Sekretariat der Deutschen Bischofskonferenz (Hrsg.): Richtlinien für die Männerseelsorge und kirchliche Männerarbeit (Arbeitshilfen 178), Bonn 2003.

Sekretariat der Deutschen Bischofskonferenz (Hrsg.): Chancengerechte Gesellschaft. Leitbild für eine freiheitliche Ordnung (Die deutschen Bischöfe: Kommission für gesellschaftliche und soziale Fragen 34), Bonn 2011.

Siedler, Rolf: Arbeitslosigkeit macht krank – Arbeit auch. Arbeit und Arbeitslosigkeit als Kontext der Beratung, in: Christoph Hutter, Norbert Kunze, Renate Oetker-Funk & Bernhard Plois (Hrsg.): Quo vadis Beratung? Dokumentation einer Fachtagung zur Zukunftsfähigkeit kirchlicher Beratungsarbeit (Band 1) 2006, 149–157.

Siedler, Rolf & Zweigle, Hartmut: „Bleibe hier und schaff mit uns". Mit Betriebsseelsorger Paul Schobel im Gespräch. Mit einem Geleitwort von Friedhelm Hengsbach, Ostfildern 2008.

Smeding, Ruthmarijke: Das Loch, in das ich fiel, wurde zur Quelle, aus der ich lebe. Wege durch die Trauer, in: Angelika Daiker (Hrsg.): Selig sind die Trauernden. Trauer- und Gedenkgottesdienste, Ostfildern 1998, 13–24.

Sölle, Dorothee: Kleine Theologie der Arbeit, in: Luise Schottroff & Willy Schottroff (Hrsg.): Mitarbeiter der Schöpfung. Bibel und Arbeitswelt, München 1983, 33–50.

Sonnenmoser, Marion: Psychotherapie mit Männern: Was sie wirklich wollen, in: Deutsches Ärzteblatt PP (September 2011) 405–406.

Sozialgesetzbuch (SGB) Drittes Buch (III) – Arbeitsförderung – Artikel 1 des Gesetzes vom 24. März 1997 (BGBl. I S. 594), das zuletzt durch Artikel 9 des Gesetzes vom 17. Juni 2013 (BGBl. I S. 1555) geändert worden ist.

Steinmetz, Bernd: Über den Wandel der Arbeit und das Problem der Arbeitslosigkeit (Sozialpädagogik/Sozialarbeit im Sozialstaat; Band 7), Münster 1997.

Straumann, Ursula E.: Klientenzentrierte Beratung, in: Frank Nestmann, Frank Engel & Ursel Sickendiek (Hrsg.): Handbuch der Beratung, Band 2: Ansätze, Methoden und Felder, Tübingen 2004, 641–654.

Streib, Heinz: Heilsames Erzählen. Pastoraltheologische und pastoralpsychologische Perspektiven zur Begründung und Gestaltung der Seelsorge, in: Wege zum Menschen 48 (1996) 339–359.

Syed, Renate: „Ein Unglück ist die Tochter". Zur Diskriminierung des Mädchens im alten und im heutigen Indien, Wiesbaden 2001.

Thien, Ulrich: Die Arbeits- und Gewinnergesellschaft mit der Trauer und den Ängsten der Verliererinnen und Verlierer wahrnehmen, in: Diakonia 29 (1998) 22–33.

Thoma, Clemens: Nachman von Brazlaw, Freiburg - Basel - Wien 2002.

Tillich, Paul: Systematische Theologie. Band I/II, aus dem Englischen von Renate Albrecht u. a., unveränderter photomechanischer Nachdruck der in einem Band zusammengefassten 8. Auflage (1984) der Bände I und II, Berlin - New York 1987.

Tobler, Sibylle: Arbeitslose beraten unter Perspektiven der Hoffnung. Lösungsorientierte Kurzberatung in beruflichen Übergangsprozessen (Praktische Theologie heute; Band 67), Stuttgart 2004.

Ulich, Dieter: Anatomie als Schicksal? Affirmative Funktionen von Geschlechtsstereotypen, in: Klaus Kienzler & Elisabeth Reil (Hrsg.): Als Mann und Frau schuf er sie. Theologische Grundlagen und Konsequenzen (Theologie interdisziplinär; Band 9), Donauwörth 1995, 66–102.

Ulrich, Hans G.: Menschliche Arbeit und die Formen der Gerechtigkeit. Sozialethische Perspektiven, in: Johannes Rehm & Hans G. Ulrich (Hrsg.): Menschenrecht auf Arbeit? Sozialethische Perspektiven, Stuttgart 2009, 125–152.

Vogt, Markus: Sozialdarwinismus. Wissenschaftstheorie, politische und theologisch-ethische Aspekte der Evolutionstheorie, Freiburg - Basel - Wien 1997.

Volz, Rainer & Zulehner, Paul M. (Hrsg.): Männer in Bewegung. Zehn Jahre Männerentwicklung in Deutschland / ein Forschungsprojekt der Gemeinschaft der Katholischen Männer Deutschlands und der Männerarbeit der Evangelischen Kirche in Deutschland (Bundesministerium für Familie, Senioren, Frauen und Jugend – Forschungsreihe; Band 6), Baden-Baden 2009.

Wahl, Christoph: Ein Mann mit Zivilcourage. Jeremia (Jeremia 1–52), in: Christoph Wahl (Hrsg.): Bruderzwist und Männerfreundschaft. Männer der Bibel, Stuttgart 1993, 42–46.

Wegner, Gerhard: Die Utopie der Inklusion aller in die Kirche. Über alte und neue alltägliche Distanzen zwischen Arbeitern und Kirche, in: Johannes Rehm & Hans G. Ulrich (Hrsg.): Menschenrecht auf Arbeit? Sozialethische Perspektiven, Stuttgart 2009, 185–204.

Weinberger, Sabine: Klientenzentrierte Gesprächsführung. Lern- und Praxisanleitung für psychosoziale Berufe, 12. Auflage, Weinheim - München 2008.

Weinrich, Harald: Narrative Theologie, in: Concilium 9 (1973), 329–334.

Weiß-Flache, Martin: Befreiende Männerpastoral. Männer in Deutschland auf befreienden Wegen der Umkehr aus dem Patriarchat. Gegenwartsanalyse – theologische Optionen – Handlungsansätze (Tübinger Perspektiven zur Pastoraltheologie und Religionspädagogik; Band 10), Münster - Hamburg - London 2001.

Wendel, Saskia: „Als Mann und Frau schuf er sie“. Auf dem Weg zu einer genderbewussten theologischen Anthropologie, in: Herder Korrespondenz 63 (2009) 135–140.

West, Candace & Zimmerman, Don H.: Doing Gender, in: Judith Lorber & Susan A. Farrell (Hrsg.): The Social Construction of Gender, Newbury Park - London - New Delhi 1991, 13–37.

Wetterer, Angelika: Konstruktion von Geschlecht. Reproduktionsweisen der Zweigeschlechtlichkeit, in: Ruth Becker & Beate Kortendiek (Hrsg.): Handbuch Frauen- und Geschlechterforschung. Theorie, Methoden, Empirie, 3., erweiterte und durchgesehene Auflage (Geschlecht und Gesellschaft; Band 35), Wiesbaden 2010, 126–136.

White, Michael: Landkarten der narrativen Therapie. Aus dem Englischen von Astrid Hildenbrand, Heidelberg 2010.

Wiesel, Elie: Was die Tore des Himmels öffnet. Geschichten chassidischer Meister. Mit einem Vorwort von Salcia Landmann und einem Nachwort von Jakob J. Petuchowski; aus dem Englischen übersetzt von Elisabeth Hank, 2. Auflage, Freiburg i. Br. - Basel - Wien 1986.

Wölfle, Norbert: Aufgabe und Chancen kirchlicher Männerarbeit, in: Diözesane Arbeitsgemeinschaft Erwachsenenbildung der Erzdiözese Freiburg (Hrsg.): Für das Leben lernen. Neue Entwicklungen in Kindertagesstätten, Schulen, Hochschulen und Erwachsenenbildung als Herausforderung für die kirchliche Bildungsarbeit (Informationsbroschüre zum diözesanen Thema „Bildung“ 2006/2007), Freiburg i. Br. 2006, 91–94.

Worden, J. William: Beratung und Therapie in Trauerfällen. Ein Handbuch. Mit einem Nachwort von Meinrad Perrez; aus dem Englischen übersetzt von Thomas M. Höpfner und Tonia Rihs, 3. Auflage, Bern 2007.

Zerfass, Rolf: Beratung – ein Zankapfel zwischen Caritas und Pastoral?, in: Konrad Baumgartner & Wunibald Müller (Hrsg.): Beraten und Begleiten. Handbuch für das seelsorgliche Gespräch, Freiburg i. Br. - Basel - Wien 1990, 31–41.

Zulehner, Paul M.: Umkehr. Prinzip und Verwirklichung – am Beispiel Beichte, Frankfurt a. M. 1979.